구원의 길

구원의 길

· 초판 1쇄 발행 2014년 9월 20일

· 지은이 김종택
· 펴낸이 민상기 · 편집장 이숙희 · 펴낸곳 도서출판 드림북
· 등록번호 제 65 호 · 등록일자 2002. 11. 25.
· 경기도 의정부시 가능1동 639-2(1층) · Tel (031)829-7722, Fax(031)829-7723

· 책번호 68
· 독자의 의견을 기다립니다.
· E-mail : saehan21@hanmail.net

영원한 구원을 위한 필독서

구원의 길

김 종 택 지음

드림북

1930년 제가 태어났을 때 아버지(고 金光銖목사)께서는 일찍이 평양신학을 졸업하시고 고향인 경주 지방에서 목회하고 계셨습니다. 그때만 하더라도 교회의 형세란 시골 세 칸 초가에 초라한 간판만 단 영수님의 자택이었습니다. 그런 교회를 아홉 곳을 동시에 시무하시면서 두루마기에 괴나리봇짐을 메시고 집을 떠나시면 두어 달 후에 돌아오시곤 하셨습니다.

그렇게 그 어른은 일생동안에 칠십 두 교회를 설립하셨습니다. 저자는 어려서부터 아버지를 도와 교회의 여러 가지 일에 열심을 다했으나, 회개하고 새로운 삶을 시작한 것은 18세 때였습니다. 그리고 아버지의 뒤를 이어 목사가 되겠다고 서원했었지요. 그러나 대구 계성학교(6년제)를 졸업할 즈음 6.25 사변이 터져 학도병으로 종군하게 되었고, 대학과 대학원을 경북대학교에서 화학을 전공하여 대구 계성학교 교사로 취업하게 되었습니다. 그 얼마 후 6년이라는 세월을 처자식을 두고 해외로 유학하여 학위를 취득한 후에 모교인 경북대학교에서 근무하였습니다.

처음 결심했던 길에서 이탈하게 된 것을 자책하면서 교수로서 할 수 있는 일을 찾아 노력해 보았습니다. 그리하여 나의 연구실은 학생들을 위한 신앙 도서실이 되었고 목요일 점심시간에는 성경공부 모임터가 된 것입니다. 그리고 13개의 기독학생 서클을 결집하여 연합회를 만들고 선배교수님들과 뜻을 모아 기독교수 협의회를 창설하게 되었지요. 그리고 캠퍼스 내 성경공부 모임을 독려하였더니 교내에 45개의 성경공부 동아리로 불어나게 되었습니다.

하나님의 역사하심을 보고 사재를 털어 대구에서 30킬로미터 떨어진 가산 깊은 산골짜기에 '가산 수양관'을 짓고 금요일 저녁과 토요일 그리고 방학 때에 젊은이들과 정열을 불태우며 세월을 훌쩍 보냈습니다.

그때는 성령의 역사가 뜨거웠고 신앙사조도 오늘처럼 복잡하지 않았으나 젊은이들이 던진 질문들은 깊고 날카로웠습니다. 그 질문들을 회상하며 글을 모아 보았습니다. 이 글을 쓰면서 되도록이면 객관적인 입장에 서서 젊은이들이 갖는 문제들을 다루어 보았으며, 아직도 구원의 길을 찾지 못한 초신자들의 신앙 지침이 되기를 바라는 마음에서 썼습니다.

진리는 상반 되는 둘이나 셋이 될 수 없습니다. 둘이나 셋을 다 인정하는 것도, 그 중 하나에 치우치는 것도 소경의 코끼리 탐색에 불과하며 진리에 이르지 못한 증거일 뿐입니다. 그리고 "다 그렇고 그런 거지" 하는 식상한 믿음도 진리를 깨친 믿음이라고는 할 수 없습니다. 구원의 진리는 깊고 오묘하여 "숨겨진 보화"라고 했습니다. 남이야 무어라고 하던 나만의 확신하는 믿음(롬8:39-39)이 필요한 때라고 봅니다.

성경에는 상반 되게 보이는 말씀도 있고 오해하기 쉬운 대목도 많습니다. 그러나 그것은 인간의 착오이며 진리는 바다와 같아 아무리 넓어도 하나입니다. 사람들이 태평양이니 대서양이니 동해니 서해니 각각 다르게 이름을 붙입니다. 그러나 바다는 하나입니다. 바다 아닌 갈릴리 호수나 사해를 바다라 부른다고 바다가 될 수 없습니다.

어떤 이는 자기 생각에 맞는 말씀만 하나님의 말씀으로 보고 다른 부분은 부인하는 경향이 있어 견해가 대립 되고 파가 갈려집니다. 그러나 성경은 어느 부분이나 버릴 것이 없는 진리라고 확신합니다. 단지 인간이 자기 취향에 따라 멋대로 해석하는 것 같습니다. 그러나 낱말의 해석 차이로 뜻이 왜곡 되고 교파간에 의견이 대립 된다면 그것은 인간의 한계선 탓입니다. 그런 부분에 한해서 원문을 부득불 상고 해 보았습니다.

다른 종교와 달리 기독교의 핵심은 논리에 있는 것이 아니고 말씀과 성령의 역사에 있다고 봅니다. 즉 그가 가신 길, 그의 자취를 "따라오게 하려하심"(벧전2:21)에 있습니다. 주님은 분명히 자국을 남기시며 영생의 길을 보여 주셨습니다. 그것은 포장된 길이 아니라 좁고 협착한 길에 선명히 자국을 남기신 길이었습니다. 여기 "따라오게 하다"는 그의 "자국(롬4:12,고후12:18)을 밟는다"는 뜻입니다. 지난 2천년 동안 많은 주의 종들이 그 자국을 밟고 지나간 흔적이 오늘도 선명하게 남아 있습니다. 순종이란 믿음으로 그의 발자국을 뒤따라 밟는 경험을 말합니다. 그의 길도 자국도 분간하지 못한다면 구원 문제의 심각성은 크다고 봅니다.

나는 지금은 보잘 것 없는 한 늙은 촌부에 지나지 않지만, 그 심각성을 깨닫고 많은 고민을 하는 젊은이들과 평신도들에게 '구원의 비밀'(딤전3:9)을 전하려는 열정으로 글을 썼습니다. 나는 이 글의 교정에 수고하신 밴쿠버 한사랑교회 한옥주 권사님의 조력과 나의 동지인 아내의 격려와 나의 아우 김의도 장로의 도움이 없었다면 불가능했다는 것을 밝힙니다. 이 글을 읽으시는 분에게 성령의 역사가 있기를 바랍니다.

저자 김종택

차 례

제 3 장 전 환

제 4장 성 장

제 5 장 성 화

1장

부르심

{ 01 부르심

1) 우물(프레아르)과 샘(페게에)

예수님께서 복음을 전하신 지역은 주로 유대민족이 거주하는 유대 지방과 갈릴리 지방이었다. 갈릴리에서 예루살렘까지는 백 킬로가 넘어 걸어서 족히 대엿새 걸리는 길이다. 그것도 유월절에 집단으로 사마리아를 질러 갈 경우(눅9:51)였으며 보통은 '부정한'(민19:22) 사마리아인과의 접촉을 피하기 위해 동쪽 페레아를 통과하는 우회도로를 이용하고 있어서 하루나 이틀이 더 걸렸다.

유대인과 사마리아인 사이의 적대관계는 야곱이 요셉의 두 아들을 축복할 때에 팔을 어긋나게 뻗어 장자 므낫세의 축복을 아우 에브라임에게 했을 때부터 시작된다. 그 이후 이스라엘 백성이 가나안으로 귀환하여 땅을 분배하면서 남쪽은 유다지파와 시므온지파가 차지하고 나머지 10지파가 북쪽 땅을 차지하면서 남쪽 유다와 북쪽 이스라엘로 분리가 시작 된다(BC922). 에브라임 지파인 여호수아가 가장 비옥한 중앙지 사마리아를 분배 받아 북 이스라엘을 장악한다. 그때까지만 해도 야곱의 축복이 그대로 이루어졌다.

그 이후 북쪽 이스라엘왕국은 아합왕을 위시하여 우상 숭배 국가로 전락하여 이윽고 하나님의 진노를 쌓아 주전 721년 앗수르에게 침략을 당하고 포로가 된다(왕하17:3-6). 그 134년 후(BC587) 남쪽 유다 왕국도 함락되어 약 70년간 포로생활을 하다가 함께 본국으로 귀환 되었다. 그때까지 약 200년 동안 북 이스라엘은 앗수르인과 혼혈 되면서(왕하7:24-40) 우상신앙에 물들고 말았다.

그로 인해 유대인들은 사마리아인들을 에브라임의 후손이라 부르지 않고 '구타'(Kuthaer)라고 부르며 멸시했다. 즉 앗수르의 구타에서 이주해 온 이방인이라는 뜻이다. 그래서 '굿 사람'(왕하17:28-30)을 우상숭배자라고 했고 예수님께서도 사마리아인을 '이방인' 이라고 말씀하셨다(눅17:18). 즉 '이방인' 이란, 혈통을 두고 한 말이라기보다 이질적 신앙을 가진 '이교도' 라는 뜻이다.

그럼에도 사마리아인들 자신은 야곱의 후손으로 자칭하고 주전 4세기에 그리심산에 예루살렘 성전을 모방한 성전을 세웠고, 그로 인해 그들 사이에 적대감이 더욱 심화되었다. 그러던 것이 주전 100년경 유다 왕 요한 히스카누스가 세겜을 정복하고 그리심산의 성전을 파괴하고, 완화책으로 사마리아인에게 일시적으로 예루살렘 성전 안뜰에 들어갈 수 있는 권한을 주었다. 그러나 그들 사이의 멸시와 반감은 여전이 이어져 왔다.

예수님께서는 이 무서운 관행을 깨고 사마리아의 수가성을 지나 갈릴리로 가시기로 작정하셨다. 사마리아의 수도 세겜에 당도하셨을 때는 한낮이었고 "피곤하여 우물 곁에 앉으셨다"(요4:6). 그리고 그곳으로 한 사마리아 여자가 물을 길러 왔다. 예수님께서는 그가 동네 아낙네들까지 외면하는 복잡한 사연을 가진 여자라는 것을 미리 아시고 계셨던 것 같다.

그 우물가는 해질 무렵이 되면 동네 아낙네들이 모여 이집 저집의 소문을 퍼뜨리며 수다를 떠는 곳이었다. 그러나 이 불쌍한 여인은 동네 아낙네들의 따가운 눈총과 따돌림을 피해 사람들의 발길이 뜸한 정오 시간을 택했다. 작렬하는 불볕이 오히려 더 따가운 눈총 보다 견디기 쉬웠던 것이다. 차별과 천대 아래 추한 삶을 살고 있는 이 가련한 이방 여인을 대화의 상대로 삼으시려고 예수님은 일부러 찾아오신 것이었다. 가당치도 않는 일을 예수님은 계획하셨다.

당시 여인들은 외출 시에는 반드시 두 겹으로 된 면사포 두건을 썼다. 여인이 길에서 다른 남정네와 대화를 나누는 것이 발견되면 남편은 그를 내쫓을 의무가 있었고 계약서에 규정된 이혼 보상금도 주지 않게 되어 있었다. 집 밖에서 이웃 사람과 인사를 한다거나 남자 친척이나 자기 남편과도 대화가 금지되어 있었다. 하물며 유대인 남자가 사마리아 여인과 대화를 나눈다는 것은 상상도 할 수 없는 일이었다.

어찌 된 영문인지 예수님께서는 아무 일도 아닌 것처럼 이 엄청난 일을, 그것도 부정한 사마리아 여인에게 "물을 좀 달라"고 하시지 않았는가? 깜짝 놀란 것은 그 여자였다. 그는 두렵고 놀라 예수님에게 간신히 말문을 열었다.

"당신은 유대인으로서 어찌하여 사마리아 여자인 나에게 물을 달라 하나이까?"

그는 "죄인인 나에게"나, "추하고 더러운 나에게" 혹은 "이방인인 나에게"라고 하지 않고 "사마리아 여자인 나에게"라고 했다. 어쩌면 예수님께서 자신을 정상적인 '사마리아 여자'로 보아준 데 대한 고마움과 감격으로 그렇게 물었는지도 모른다.

이 열대지방에는 우물이 귀했고 우물의 깊이는 백자도 훨씬 넘었다. 우물을 파서 다행히 물이 얻어지면 소유주의 이름이 붙게 되었고 가문의 귀중한 재산이 되었다. 우물은 유목민에게 축복의 상징이었고 생명줄이었다. 우물을 중심으로 도성과 세력이 형성되었고 우물 탈취 싸움에 얽힌 사연들도 우물마다 있었다(창26:15-21, 창33:19). 그리고 '야곱의 우물'이 자기들을 보호한다는 '집단 무의식'은 그들의 신앙으로 자리 잡고 있었다.

예수님께서는 비참한 처지에서도 붙들고 있는 그 여인의 자존심을 무너뜨리셨다. "네가 하나님의 선물과 내가 누군지 알았더면 내게 물을 달라했을 것이요 내가 생수를 주었을 것이라"고 알아듣지 못할 말로 대화의 실마리를 풀어가셨다.

그 불쌍한 여인은 분명 예수님에 관해서 아는 바가 없었던 것 같다. 그뿐 아니라 그에게서 '생수'란 생소한 말을 들었을 때 또 한 번 미궁에 빠졌을 것이다. 오아시스와 같이 솟아나는 샘(Spring)이라 하더라도 그릇이 있어야 물을 뜰 수 있다. 그런데 "그릇도 없고 두레박도 없는데 무엇으로 생수를 얻겠다는 것인지" 도무지 알 수 없었다. 말도 안 되는 싱거운 장난꾼으로 보았는지도 모른다.

사실 야곱의 우물 물을 먹는 그에게는 야곱의 우물밖에 아는 것이 없었고 조상 야곱 이상 위대한 이는 없다고 믿고 있었다(요4:12). 그래서 그 여인은 "당신이 야곱보다 더 크냐?"고 불쾌감을 나타내었다. 그는 분명 야곱보다 위대한 이는 바위에서 샘물이 솟게 한 모세였던 것을 알고 있었는지도 모른다. 그래서 그는 "당신이 뉘기에 가당치도 않게 모세나 되는 것처럼 말하느냐"는 것이었다.

그러나 그 여인이 크게 관심을 나타낸 것은 우물이 아니라 생수를 내는 샘에 있었다. 우물(프래아르, well)과 샘(페게에, Spring, Fountain)은 다 같이 식수를 공급하지만 질과 양에 있어서 천양지차가 있다. 우물은 땅속 깊이 인간이 파 내려가 얻어진 고인 물이지만 샘은 얕은 곳에서 저절로 솟아난 물이다.

우물물은 흙 사이로 스며 나는 것이어서 물의 양도 적고 흙 성분과 이물질이 함유되어 있어 경도가 높고 침전물과 유기질 함량도 높다. 그래서 수질을 위해서 이따금 사람이 직접 내려가 바닥 청소를 해야만 했다. 그러나 샘은 전혀 다르다. 이것은 자연적으로 암반 사이에 열린 수로를 통해서 펑펑 솟아나는 물이어서 얕아도 수량이 많고 수질이 좋아 침전물과 불순물이 없고 특히 용존 산소의 함량이 높아 생수라고 부른다.

어항에 공기를 주입하면 산소의 일부가 녹게 된다. 물고기는 물을 먹고 사는 것이 아니고 물속에 녹은 산소를 호흡하고 사는 것이다. 사람에게도 이 생수의 산소는 음식물의 소화를 도우며 혈액의 헤모글로빈과 결합하여 인체를 활성화시킨다. 그래서 정지된 물은 썩지만 거친 대양에서 흔들리는 배 안에 있는 탱크의 물은 썩지 않는다.

유대나라에 이런 생수는 참으로 귀한 것이었고, 그런 샘을 만든 사람은 하나님의 능력을 힘입은 모세밖에 없었다. 모세는 홍해를 지나 사흘 동안 사막에서 기진맥진한 백성에게 마라의 샘물을 단물로 바꾸어 마시게 했다(출15:23). 그리고 신광야 르비딤에서 반석을 쳐 생수가 솟아나게 했다(출17:1-7). 그 바위는 스스로 굴러 광야를 지나는 동안 이스라엘 백성을 따라 다니다가 게네사렛 호수로 들어갔다는 전설이 그들 가운데 남아 있었다.

그래서 "당신이 야곱보다 크냐?"고 반문한 것이었다. 예수님께서는 당연히 "내가 모세보다 못한 줄 아느냐?"고 반문하시지 않고 "내가 주는 물"은 육을 위한 것이 아니라 영혼에 생기를 주는 생명수인 "생수"로, 한 번 마시면 "영원히 속에서 솟아나는 물"이라고 하셨다. 이거야원 또 무슨 뚱딴지같은 이야기인지 그 여인은 도무지 알 수 없었다.

스가랴 선지자의 예언에 "그날에 죄와 더러움을 씻는 샘이 다윗의 족속과 예루살렘 거민을 위하여 열리리라"(슥13:1)라고 했고, 이사야의 대언(代言)에 "오호라! 너희 목마른 자들아 물로 나아오라. 돈 없는 자도 오라! 너희는 와서 사 먹되 돈 없이, 값 없이 와서 포도주와 젖을 사라!'(사55:1)고 했다. 여기 "돈 없이"는 금전 대가를, "값(메첼) 없이"는 노동 대가(사45:13)를 말한다. 그리고 "사라"(샤발)는 '길을 트자' 또는 '거래를 열자'는 뜻이다. 하나님께서는 인간에게 이 생명수를 주시기를 예정해 두셨던 것이다.

그리고 인간의 죄를 값없이 씻으시는 정결수를 제사의식에서 사용하신 것을 본다. 죄를 씻는 정결수는 멍에 메지 아니한 붉은 암송아지를 제물로 잡아 그 피는 회막 앞을 향하여 일곱 번 뿌리고, 그 몸은 불태워 재를 거두어 죄를 씻는 "속죄의 물"(민8:7)을 만들었던 것을 말한 것이다(민19:1-9). 예수님께서 인간의 죄를 씻기 위해 십자가에서 처형 당하실 것을 예언한 것이다.

그것이 예수님께서 "누구든지 목마르거든 내게로 와서 마시라 나를 믿는 자는 성경에 이른 바와 같이 그 배에서 생수의 강이 흘러나리라"(요7:37-38)하신 생수였다. 그것은 성령을 가리키신 "생수의 강"(요7:39)을 뜻하신 것이었고, 성령을 마시면 지속적으로 속에서 솟아나는 샘(폐게에)이 될 것을 뜻하신 것이다.

인간은 누구에게나 "야곱의 우물"이 있고 그것을 떠 마시는 두레박이 있다. 그 두레박에는 긴 줄이 매달려 있다. 사람들은 그 줄이 길면 길수록 깊은 샘에서 퍼 올린 물이라 고귀하다고 자랑한다. 그래서 줄이 긴 '인생철학'에서 삶의 의의를 찾는다. 깊은 우물일수록 이성의 두레박을 손에 든 군상들이 와자글 모여든다. 그러나 그것으로는 타는 기갈을 해소 할 수 없다. 오늘 이 세상에는 인간이 판 도와 종교와 철학이 있어 서로 자기들의 우물이 더 깊다고 자랑한다. 그리고 기독교의 진리를 너무 얕고 단순하다고 비웃는다.

그러나 이 샘의 특징은 "이 물을 마시는 자마다 다시 목마르려니와 내가 주는 물을 먹는 자는 영원히 목마르지 아니하리니"에 있다. 여기 "목마르다(디페소)"는 "갈증으로 고통을 당하는(suffer from thirst)" 심각한 상태를 말한다. 목마름은 물을 갈망하는 갈증이다. 우물물을 갈망하는 자는 우물을 찾을 것이고, 그리스도의 샘을 갈망하는 자는 그 샘물을 찾을 것이다. 그러나 그리스도의 샘은 한번 마시면 자신의 가슴이 샘이 되어 넘쳐나게 솟아난다는 뜻이다.

그래서 "내가 주는 물"은 "그 속에서 영생하도록 솟아나는 샘물이 되리라"(요4:14)고 하셨다. 그 말을 들은 사마리아 여인은 아마 예수님을 그저 살기에 급급한 속된 인간에게 갈증을 덜어주는 특별한 물을 만드는 선지자 정도로 생각했던 것 같다. 어쩌면 사렙다 과부의 그릇을 곡식 가루와 기름으로 채워 떨어지지 않게 한 엘리야(왕상17:14-16)를 상상했는지도 모른다.

그는 예수님의 말씀하신 뜻을 이해하지 못했다. 그가 말한 "영생하도록(조오엔- 아이오니온 에이스 게네세타이)"의 '에이스(towards)'는 '위하여'(마17:27) 또는 '하도록'(요4:14)이라는 뜻이어서 목표를 나타내는 전치사이다. 즉 '영생을 목표로 솟아나는 샘물', '영생을 얻도록 하는 샘물'이라는 뜻이다. 그것은 "영원히 솟아나는 샘물"이라는 뜻도, 사람의 몸안에서 지속적으로 솟아난다는 뜻도 아니었다. 그는 "영생을 얻게하는 샘물"이라는 뜻을 이해하지 못했다.

그 뜻은 '개내세타이(will become)' 즉 미래에 샘이 될 것이라는 기대를 나타내는 말이다. 자기와 남들이 마실 수 있는 구원의 샘이 될 것이라는 뜻이다. 만일 이 샘에 대한 기대가 이루어지지 못할 때는 "물 없는 샘"(벧후2:17)으로 말라 버리게 할 수도 있고, "샘이 변하여 마른 땅"(시107:33,렘51:36)이 되게도 하신다. 결코 마시는 순간부터 가만히 있어도 '지속적으로 솟아난다'는 뜻도 아니다.

흔히 부흥회에서 어떤 감격과 뜨거움을 느낄 수 있다. 그러나 그것이 지속되지 않는 이유가 무엇일까? 받은 것이 생수가 아닌 우물물이 었다는 말인가? 그런 것이 아니라, 자기 속에서 솟아나는 샘물, 영의 뼈와 살을 견고케 하며 믿음이 자라나게 하는 하나님의 능력의 샘(사58:11)이 솟아나지 않기 때문이다. 그 이유는 그 생수에 대한 갈급함이 끊어졌기 때문이다.

예수님께서 이르시되 "이 물을 마시는 자마다 다시 목마르려니와"는 세상적인 물이요, "내가 주는 물을 마시는 자는 영원히 목마르지 아니하리니"(요4:13-14)는 긍휼하심을 받아 또 다른 샘물의 근원이 되어(사49:10, 계7:17) 영생을 얻게 하기 위하여 항상 솟아나는 샘(시104:10, 사44:4), 끊어지지 않는 샘(사58:11)이 된다는 뜻이다. 그러나 영원히 솟아나는 샘이라는 뜻은 아니다.

그렇다면 이런 생수는 무작위로 예정 된 자에게만 주는 것인가? 아니면 어떤 자에게 주는가? 생각해 볼 일이다. "나는 알파와 오메가요 처음과 마지막이라. 내가 생명수 샘물을 목마른 자에게 값없이 주리니"(계21:6)하셨고 "성령과 신부가 말씀하시기를 ... 원하는 자는 값없이 생명수를 받으라"(계22:17)는 말씀이 있다. 주석가는 "신부"를 '교회'로 보고 교회와 성령을 통해서 생명수를 받으라는 것이라고 했다. 여기 분명한 말씀은 "목마른 자"와 "원하는 자"라는 자격조건이 명시되어 있다. 즉 선택 된 어떤 특정인에 한해서가 아니라 원하는 자면 받을 수 있다는 뜻이다.

이 생수는 성령(요7:39)과 말씀을 뜻한다(사85:11)고 되어 있다. 성령의 생수는 속에서 역사하여 속사람이 변하게 하며 자라게 하심으로 종국에 영생을 얻게 한다는 뜻이며, 말씀과 더불어 회개와 죄 사함과 확신과 본질의 변화까지 일으키신다는 뜻이 담겨 있다. 그러나 "목마른 자", "원하는 자"에 한해서 주신다는 것이다.

여인은 그 말을 이해하지 못했다. 아니 그가 아니더라도 이해할 수 없었을 것이다. 그는 "영생하도록"의 영생이라는 말도 이해하지 못했다. 하루하루의 삶에 생존 위협을 느끼는 그에게는 '영생'이란 가당치도 않는 뜬금없는 말에 불과했다.

그때만 하더라도 '영생(조오엔―아이오니온)'의 뜻을 아는 사람은 많지 않았던 것 같다. 사실 '아이오니오스'란 '끝나지 않는' 혹은 '항상 있는'이라는 뜻도 있어 그 여인은 얼마 동안의 지속적인 물 공급을 바랐을 뿐이었다. 그는 예수님의 진지한 모습을 흠씬 훔쳐 본 후 부터 그가 여느 남정네와는 확연히 다른 점을 간파할 수 있었다. 그 순간 그는 막연했지만 어떤 희망 같은 것을 느끼고 "주여 이런 물을 내게 주사 목마르지도 않고 여기 물 길러 오지도 않게 하옵소서" 했다.

사마리아 우물가에서 핼쑥하고 초라한 예수님의 겉모습에서 그 여인은 무엇을 짐작했을까? 주님께서 우리에게 진정 원하시는 것은 그런 야곱의 우물이 아니라 영생하도록 솟아나는 샘은 한 자 깊이도 채 안 되는 가슴 속의 샘이라는 것을 그는 알 수 있었을까?

2천 년 전 예수님께서 영생을 가르치신 이 야곱의 우물 위에는 오늘날 웅장하게 돌로 지은 러시아 정교회가 자리 잡고 서 있다. 지하계단을 통해 그 우물가로 내려갈라치면 바닥에서 105피트 아래 물의 수면을 눈으로 볼 수 있게 조명 시설이 되어 있다. 그리고 그 주위의 벽화에는 예수님께서 그 불쌍한 여인과 대화하시는 장면이 그려져 있다.

오늘 지구상에는 헤아릴 수 없이 많은 교회들이 서 있다. 화강석과 대리석 건물에 붉은 양탄자, 화려한 조명과 귀가 따가운 확성기 그리고 현란한 학위 가운과 찬양대.… 그런 것들이 다 깊은 우물에 드리워진 찬란한 조명만큼이나 야단스럽다. 그러나 그 아래 반사된 수면은 야곱의 우물일 뿐 그리스도의 "생명의 샘"이 아니라는 것을 알지만, 사람들은 조명시설에 약하다.

웅장한 것도 좋다! 화려한 것도 좋다! 까마득한 35미터 아래 눈으로 볼 수 있게 한 조명에만 눈이 어두워져 주님이 말씀하신 보이지 않는 '샘'은 까마득히 잊고 있는 것이 문제다. 그리하여 전도인은 "예수 믿고 복 받으십시오!"라고는 하지만 "영생을 얻으십시오!"라고 말하는 이는 드물다. 사업 성공, 건강 유지, 행복 충만을 뜻하는 축복의 야곱의 우물은 있어도, 영생을 공급하는 하나님의 샘은 없는 것인가? 교회의 크기만큼이나 비대해진 기복사상은 영생에 대한 소원보다 깊다.

주님은 오늘도 죄 많은 사마리아인에게 "이 우물을 보지 말고 네 샘이 너로 하여금 영생을 얻도록 솟아나고 있는가 보라!" 하실 것이다. 내게 잠시도 쉬지 않고 솟구쳐 오르는 구원의 샘! 책망자로서, 권면자로서, 때로는 위안자로서 잠시도 쉬지 않고 뽀글뽀글 속삭이는 샘 줄기가 있는가? 생각해 볼 일이다.

목이 타는 이 광야 세상! "죽음의 골짜기"(시23:4)에서 허덕이는 고달픈 죄인들에게 "영생의 물"을 주시려 오신 주님! "나의 메마른 우물 물을 메꿔 버리고 때 묻은 두레박을 부셔 던지오니 주여 그 생수를 내게 주시옵소서!"

그러면 그분께서는 반겨 말씀하실 것이다.

"그래 사랑하는 내 아들아! 내가 주는 물은 그 속에서 영생하도록 솟아나는 샘물이니라!"

2) 네 남편을 불러 오라!

주님께서는 그 여인에게 있어서 그의 영생을 가로 막고 있는 장애물이 무엇인지 확연히 알고 계셨다. 그것은 그 비천한 여인의 파란 만장했던 과거도, 땅에 떨어진 위신도 아니었다. 그것은 바로 아직도 그에게 버팀목인 그들의 '집단 무의식' 인 '조상에 대한 긍지' 였다. 그것을 무참히 무너뜨리는 길밖에 다른 길은 없었다. 그리고 주님은 치명적인 암환자 앞에 선 전문의와 같이 짧고 예리한 수술 칼을 골라 잡으셨다. 그리고 단호하게 그의 가슴을 찌르셨다.

"네 남편을 불러오라!"

이것은 남편이 없는 그 여인의 치명적인 치욕을 드러내는 명령이었다. 예수님께서 이 불쌍한 여인에게 남편이 없다는 것을 모르실 리 없었다. 그러면서 이런 치욕을 들먹여 상처를 주시다니! 그에게 영생을 가르치시는 마당에 남편이 무슨 소용이 있어서 불러오라는 것이었단 말인가?

낯선 남정네에게 자기 비밀의 정곡을 찔린 여인은 잠시 당황할 수밖에 없었다. 그리고 그는 엉겁결에 떨리는 목소리로 대답했다. "우크 에코 안드라! (나는 남편을 가지고 있지 않습니다)". 즉 "나는 지금은 남편이 없습니다"라고 한 것이다. 이것은 깊은 회한을 숨기려고 꾸민 말이었다.

"나는 혼자입니다"라는 이 답은 어쩌면 약고 교활한 대답이었다. 예수님께서는 그의 겸연쩍게 얼버무리는 어조의 속내를 아시고 어떻게 받아들이셨을까? 남편 없는 여자가 한 둘인가? 독신으로 사는 여인도 있고, 남편이 죽은 사람도 있다. 그리고 남편이 멀리 출타한 여자일 수도 있고, 이혼 당한 여자일 수도 있었을 것이다. 그래서 "나는 지금

혼자입니다(I am single now)"라는 말은 부정한 여인들이 흔히 써먹는 어투다.

예수님께서는 그쯤하시고 넌지시 넘어갈 만도 한데 그의 모호한 대답을 못마땅히 생각하시고 결판이라도 내시겠다는 듯 그의 아픈 상처를 더 깊게 찌르셨다. 그리고 깊이 곪은 덩어리를 도려내셨다. "네가 남편이 없다 하는 말이 옳다. 네가 과거에 남편 다섯이 있었으나 지금 있는 자는 네 남편이 아니다!"

예수님께서는 그가 단순한 독신자나 이혼자가 아니라, 더럽고 추잡한 여인이라는 것을 조금도 희석시키지 않고 그대로 드러내셨다. 그 여인이 받은 충격은 너무도 커 까무러질 뻔 했을 것이다. 그의 아픈 부위를 깊이 찔러 파헤친 비수는 한 가닥 남은 가냘픈 미래에 대한 기대도 삽시간에 앗아간 쓰나미와도 같은 것이었다.

당시에도 남자가 여자를 싫어하여 이혼증서를 써서 내보내면 다른 남자와 합법적으로 재혼할 수 있었다. 그렇게 한두 번 이혼을 당했을 때는 남들의 쑤軍대는 말썽들을 그래도 견딜 수 있었다. 그런데 무슨 영문인지 이 여인은 다섯 번씩이나 이혼 당한 드문 여자였다. 사람의 얼굴을 가지고서야 도저히 고개를 들고 다닐 수 없는 창피스러운 일이었다. 아마 그의 버림받은 이유며 일상생활은 먼 이웃 동네에까지 화제거리가 되었을 것이다.

그러나 이 여인은 다섯 번째 남자와 이혼한 후부터는 아무 남자와 추잡한 삶을 살고 있었다. 그는 더 이상 율법의 정상적인 규범을 따라 어떤 보호를 받을 기대도 할 수 없는 천박한 여자로 전락해 있었다. 주님은 많은 사람들 중에 하필이면 이런 추잡한 여인을 골라 대화의 상대로 삼으셨다. 그러나 주님께서는 그 추잡한 여인이 밑바닥까지 타락한 인류의 상징임을 알고 계셨던 것이다.

그것은 그렇다손 치더라도 주님께서는 모른 척 덮어 두시고 위로라도 할 만한데 "지금 있는 자는 네 남편이 아니다"는 비극적 파국을 여지없이 드러내서야만 하셨을까? 그 이유는 그토록 타락한 여인에게는 아직도 그릇된 자존심이 살아있어 회개를 가로막고 있었기 때문이다. 그리고 그것은 그 여인을 향한 주님의 구원의 열정이 얼마나 컸던가를 여실히 보여준 것이다.

"남편 없이 살고 있습니다!" 하나님 앞에 정절을 서약한 "남편이 없습니다!" 이것은 고통 속에 신음하는 전 인류의 고백을 대신한 것이었다. 이것은 피 섞인 깊은 원한의 응어리를 토해낸 고백이었다. 그러나 그것만으로는 불충분 했다. 주님께서는 연민의 두 손으로 그 응어리를 받으시면서 말했다. "알레테스 에이레카스! (네 말이 참 되도다!)"

남편의 보호와 돌봄이 있어도 위안을 받기가 어려운 마당에 남편도 없이 살기 위해 몸부림치고 있는 것이 너무도 가련해 보였던 것이다. 그것이 어쩌면 모든 인류에게서 듣기를 원하시는 답이었는지도 모른다. "나를 돕는 남편이 없습니다!"

나의 남편은 몇이었던가? 내가 지금 섬기고 의지하는 남편은 누구인가? "내 백성이 나무(우상)를 향하여 묻고 그 막대기(점치는 막대, 넘어지는 방향에 따라 예언 응답)는 저희에게 고하나니 이는 그들이 음란한 마음에 미혹되어 하나님을 버리고 음행하였음이니라"(호 4:12). "그들의 행위가 그들로 자기 하나님에게 돌아가지 못하게 하나니 이는 음란한 마음이 그 속에 있어 여호와를 알지 못하는 까닭이라"(호5:4). 첫 남편에게 돌아가지 못할 처지를 밝히고 있다.

하나님의 말씀이다. "그들이 여호와께 정조를 지키지 아니하고 사생아를 낳았으니 그러므로 새 달이 그들과 그 기업을 함께 삼키리로다"(호5:7). 하나님께 정조를 지키지 않았다는 것은 하나님과의 사랑의 언약(계명)을 지키지 않았다는 것이며, 사생아란 하나님을 떠나 추잡한 정욕의 우상들과의 교제로 죄를 잉태했다는 것이다. 그리고 '새 달'이란 그들이 희생제물을 바친 달을 뜻한다.

주님은 단 한 번이라도 이혼하는 것을 허용하시지 않았다(막 10:11,12). 결혼은 하나님 앞에 맺은 서약이요 맹세다. 정조와 순결은 인간과 하나님과의 관계처럼 변절되지 않고 지켜져야 할 귀중한 상징이다(계14:4). 그것이 하나님께서 사람을 지으실 때 원하셨던 것이다 (마19:6). 그러나 인간은 간음한 여인처럼 남편을 바꾸고 변절하기를 몇 번이었던가(호2:2, 3:4,5)?

인간은 짝사랑하는 하나님을 떠나 물질, 돈, 명예 그리고 향락을 남편으로 바꾸어 가며 섬겼다. 하나님께서 "나 이외에 다른 신을 섬기지 말라, 다른 숭배의 상징물을 두지 말라 그리고 그를 숭배하고 흠모하지 말라. 그리고 내 날을 기억해 달라"고 언약과 함께 당부하셨지만 인간은 그것을 대수롭지 않게 여겨 버리고 정조를 더럽힌 것이다.

'죄 (하말티아)'란 '목표(과녁)를 벗어났다'는 말이다. 활을 쏘는 사람이나 사냥하는 사람뿐만 아니라 세상에서 살고 있는 사람이면 누구나 과녁과 목표가 있다. 그 목표는 하나님께서 인간을 지으셨을 때 인간이 꼭 지켜야 할 남편의 요구였다. 그리고 그것을 잊지 말 것을 율법과 함께 당부하셨다. 그러나 인간은 그 목표에서 너무도 멀리 벗어나고 말았다.

하나님께서 세상을 지으셨을 때 가졌던 목표는 너무도 아름답고 평화롭고 선하고 거룩한 것이었다. 그래서 그들을 창조하셨을 때마다 "좋았더라!", "좋았더라!"고 목표가 달성된 것을 만족해 하셨다. 그리고 마지막으로 인간을 창조하셨을 때에는 자기 형상을 따라 남자와 여자를 창조하시고 "그들에게 복을 주시며… 심히 좋았더라!"(창1:27-31)고 하셨다.

그리고 하나님께서 짝 지워 주신 것을 사람이 나누지 못하게 하셨다(마19:6). 그것으로 그의 목표가 달성된 것을 확인할 수 있었다. 그리고 아내는 남편을 존경하고, 남편은 아내를 사랑하는 것이 교회와 하나님의 관계와 같음을 지적하시면서 그 관계가 티나 주름 잡힘이 없이 유지되기를 원하셨다(엡5:25-27).

여기서 말하는 '티'(수피로스)는 도덕적 행위상의 결함을 뜻하며 '주름'(루티도스)은 성품과 생활에서 오는 습관적 결함을 말한다. 유태인의 옷은 주름이 없다. 특히 신부의 옷에 오점이나 구김살이 잡혀서는 안 된다. 즉 순수한 순종(행위)과 온전한 사랑(성품)의 옷을 신부가 입어야 하듯 하나님과 인간의 관계에 티나 주름이 없어야 한다는 것이다.

신부란 자유분방한 처녀와는 다른 약혼한 자다. 모든 면에 바른 행동을 지키며 단정한 삶을 살아야 하는 서약들을 모름지기 지켜야 할 의무를 받은 자다. 따가운 햇살 아래 물을 길어 목숨을 유지하려는 이 사마리아 여인은 이미 정절을 지키지 못해 신부의 자격을 잃은 지가 오래된 인간을 대표하고 있었다. 주님께서 그에게 꼭 하시고 싶은 말씀이 있으셔서 그를 찾아오신 것이었다.

자비로운 하나님께서는 "오라 우리가 여호와께로 돌아가자 여호와께서는 우리를 찢으셨으나 도로 낫게 하실 것이요 우리를 치셨으나 싸매어 주실 것임이라!"(호6:1). 이 말씀을 하시려고 자기 아들을 보내신 것이다.

바울이 이렇게 권면하였다. "형제들아 너희를 권하노니 규모 없는 자들을 권계하며 약한 자들을 안위하고"(살전5:14)에 "규모 없는 자(아탁토스)들"이라는 말이 나온다. 이 낱말, "아—탁토스"는 '탁토스, 품위를 갖춘 자'(행12:21))에 '아(反)'가 붙어 "규모 없는 자"를 나타내고 있다.

이 "규모 없는 자"란 성경에 단 두 번밖에 나오지 않지만 '규모'란 사전에는 품위(status)나 품행(behavior), 질서(order), 군기(discipline) 등을 뜻하는 말로 의복과 행동과 습관과 정신상태가 단정한 것을 말한다. 군인은 군인으로서의 규모가 있고, 신부는 신부로서 지켜야 할 품위가 있다. 그래서 규모 없다는 뜻은 삶이 휴지같이 구겨지고 주름 잡혀 개판이 된 것을 뜻한다. 이런 자도 버리지 말고 찾아가 안위하고 권계하라는 당부시다. 그 본을 주님께서 보이신 것이다.

신자가 갖춰야 할 규모는 신부가 다소곳이 남편만을 기다리며 섬기는 약혼한 규수의 품위(마25:1-13)와 같다. 이 품위는 각자의 천성이나 성격과는 별개의 것이다. 이 품위는 태어나서 자라는 동안에 반복된 습관과는 다른 것이다. 그것은 주어진 신분에 따라 부모나 스승이나 친구나 이웃들의 관심과 충고와 지도에 의해 형성된 제 2의 천성이며 속에 숨겨진 〈무의식〉을 말한다.

'천성은 좋은데 배운 바가 없는 자'도 있고 '천성은 원래 나빴는데 품위(규모,탁토스)는 남다른 자'도 있다. 그래서 이 규모를 '덧입는 겉옷'으로 보기도 한다. 이것은 결코 속보다 겉치레만 중시한다는 뜻이 아니다. 단정한 마음가짐과 질서 잡힌 품행이 어찌 가식에서 올 수 있겠는가? 겉은 속의 발현이며 열매는 뿌리의 결실에 지나지 않는다. 변화된 속사람은 반드시 겉모습으로 나타나는 법이다.

남편이 아닌 남자와 산다는 것은 하나님께서 극히 싫어하시는 창녀의 삶이다(잠6:20-25,7:6-23). 하나님께서는 그들이 받을 보응을 예비해 두시고(신32:32-35) 항상 이런 마지막 기회를 주시는 것 같다. 그래서 "네 남편을 불러오라!"고 주님께서는 자기가 사랑하시는 자에게 오늘도 애타게 윽박지르고 계신다.

나의 솔직한 대답은 단 하나 "나는 남편이 없습니다!" "남이 볼 때에 남편이 있는 것 같이 보일지 모르지만 사실은 그들은 다 임시로 기대기 위해 길들인 간부들일 뿐입니다! 주님!" "그것이 얼마나 부끄럽고 더러운 삶이라는 것을 알면서도 하루하루 삶을 부지하기 위해 그렇게 살아왔습니다". "이것이 나의 진실입니다".

주님께서는 내 등을 쓰다듬으시며 말씀하실 것이다.

"알레테스 에이레카스!" - "네 말이 진실임을 안다!"

3) 한 젊은이의 질문

어느 날 큰 손자가 내 방에 들어와 질문한 적이 있다. 그는 당시 고등학교 졸업반으로 이성이 예민해져 있었다. 그는 매일 성경을 읽는 기특한 버릇을 가지고 있어 이따금 말씀에 의문이 생기면 질문하는 아이였다.

그런데 그 날만은 머뭇거리더니 가까스로 이런 난처한 질문을 하는 것이었다. 왜 이스라엘이 가나안 침공 때 죄 없는 어린 아이까지 그렇게 잔혹하게 몰살하도록 하나님께서 명하셨느냐 하는 것이었다. 사실 가나안 족은 따지고 보면 노아의 아들 함의 후손이었고(창10:6) 계보를 보면 이스라엘과 한 집안 식구였다. 그런데 사랑의 하나님께서 죄 없는 어린 아이까지 몰살하도록 명하실 수 있느냐는 것이다.

그리고 또 다른 질문은 예수님께서 인용하신 이사야서의 말씀이었다. "이 백성들의 마음이 완악하여져서 그 귀는 듣기에 둔하고 그 눈은 감았으니"까지는 이해할 수 있으나 그 다음 대목에서 "눈으로 보고 귀로 듣고 마음으로 깨달아 돌아와서 고침을 받을까 두려워함이라"(마13:15,요12:40)가 이해할 수 없다는 것이다. 나는 그가 이렇게 깊이 생각하고 있다는 것에 감탄하며 눈을 감고 하나님께 도움을 청했다.

나는 죄 중에는 사함을 받을 수 없는 죄가 있다는 것과 인간의 성품 중에는 개선이 불가능한 성품이 있다는 것을 말해 주었다. 하나님께서는 오래 참고 기다리시지만 거듭된 나쁜 습관은 종래 마음을 완악하게 하고 목을 곧게 만들어 하나님의 진노를 자초하게 만든다는 것(롬2:4-5)도 설명했다. 그리고 "개가 토하였던 것에 돌아가고 돼지가 씻었다가 더러운 구덩이에 도로 누웠다 하는 말이 저희에게 응하였다"(벧후2:22)는 말씀도 개선이 불가능한 처지를 일컬어 하신 말씀이라고 설명했다.

그리고 하나님께서 천지를 창조하셨을 때 그분에게는 분명한 섭리(목적과 계획)가 있었고 그 섭리에 의해서 창조가 이루어졌을 뿐만 아니라 현재에도 인간이 지켜야 할 법을 주시고 운영하신다는 것도 일러 주었다. 그럼에도 사람들은 아담을 위시하여 하나님의 뜻을 배반하고 불순종하며 패역한 길로 갔다. 하나님께서는 여러 번 회개의 기회를 주시며 기다렸으나 태어나는 자식들마저 여망이 없다는 것을 아셨을 때 불가피하게 대청소를 하시게 되는 것을 말해 주었다.

"여호와께서 사람의 죄악이 세상에 관영함과 그 마음의 생각의 모든 계획이 항상 악할 뿐임을 보시고 땅 위에 사람 지으셨음을 한탄하사 마음에 근심하시고 가라사대 나의 창조한 사람을 내가 지면에서 쓸어버리되…"(창6:5-7)라고 하셨다. 여기 "항상 악함"으로 "한탄하시고" "근심하신" 연후에 "쓸어버리기로" 작정하신 것을 설명했다.

그랬더니 손자는 손을 들어 말을 중단시키고 "그것은 그렇다 하더라도 죄 없는 어린아이까지 죽일 필요는 없잖아요?"라고 항의하는 것이었다. 나는 다시 성경을 들고 읽었다. "너희는 예루살렘 거리로 빨리 다니며 그 넓은 거리에서 찾아보고 알라 너희가 만일 정의를 행하며 진리를 구하는 자를 한 사람이라도 찾으면 내가 이 성읍을 용서하리라"(렘5:1). 그 "단 한 사람" 속에는 어린이도 포함 되어 있다는 것을 말하고 있다. 그리고 "네 자녀가 나를 버리고..."(렘5:7-8)는 자녀들이 부모를 닮아 부모의 말버릇과 습성과 행동을 그대로 답습하고 있다는 뜻이다.

"여호와께서 너희의 말소리를 들으시고 노하사 맹세하여 가라사대 이 악한 세대 사람들 중에는 내가 그들의 열조에게 주기로 맹세한 좋은 땅을 볼 자가 하나도 없으리라"(신:34)를 얼핏 보면 하나님께서 맹세를 번복하신 것처럼 보인다. 그러나 실은 열조에게 주기로 맹세한 "좋은 땅", 즉 화평과 사랑과 하나님의 의가 살아있는 '좋은 땅'을 지키기 위해 그들이 나와 맺은 언약을 배반하고 그들 스스로가 폐기한 것을 회복하시겠다는 뜻이다.

"이것으로 인하여 하나님의 진노가 임하느니라"(골3:5,6)고 하시면서 하나님의 선하신 계획과 인간의 배반에 대한 하나님의 반응을 나타내셨다. 이것은 옛날이나 오늘이나 변함없이 "죄를 묵과할 수 없는" 하나님의 의로운 통치 방법이었다. 여기 "하나님의 진노"란 사랑하는 자가 그를 배반하고 악한 길로 갈 때, 타이르고 권면하다가(사1:16,17) 폭발하는 감정 표현(사5:1-7)이다. 하나님은 마지막 날에만 심판하시는 것이 아니고 현재에도 관리하시고 다스리시고 심판하신다.

그런데 중요한 대목은 "저희 마음을 완고하게 하셨으니 그가 마음으로 깨달아 돌아와서 고침을 받을까 두려워함이라"(마13:15)는 이사야서의 말씀에 있다. 즉 "그 귀는 듣기에 둔하고 눈은 감은" 이유가 예수님의 말씀으로 변화를 받을까 두려워한다는 것은 그들의 의도적 거부를 예언한 것이다. 그러나 요한복음에는 "저희로 하여금 눈으로 보고 마음으로 깨닫고 돌이켜 내게 고침을 받지 못하게 하려 함이라"(요 12:40)고 기록되어 있다. 원어에는 "눈을 소경으로 만들고(테튜프로켄) 마음을 굳어지게 하여(에폴로센)"로 하나님의 의도적 거부를 말하고 있다.

특히 "돌이켜 내게 고침을 받지 못하게" 하는 하나님의 뜻을 어떻게 설명할 수 있을까? 여기서 "돌이켜(에피스트래페인)"는 악이 선으로의 변화(conversion)하는 것은 하나님께서 인간에게 궁극적으로 원하셨던 것이 아니던가? 그런데 보지 못하고 깨닫지 못하게 하셔서 변화를 거부하셨다는 것이 말이 되는가?

절대로 "고침을 받지 못하게" 하시는 이유에 대한 설명은 다양하다. 그 첫째는 예정설이다. 즉 누구나 구원받기를 원하시는 하나님이시지만 그 중에 멸망이 예정된 자에 한해서는 그가 타락할 미래를 미리 아시고 형벌을 내리셨다는 견해이다. 즉 멸망 받도록 예정된 자가 구원으로 돌아올 가능성을 배제한 것으로 구원파에서 강조하는 대목이다. 그러나 이것은 하나님의 "선하신 뜻"을 오도하는 것으로 비판을 받고 있다.

그리고 두 번째로는 하나님께서 기다리시는 한계설과 심판 시기설이다. 하나님께서 사랑과 인내로 기다리시는 때가 있고, 하나님의 공의의 심판과 분노(Wrath)의 때가 있다는 것이다. 이는 사울왕이나 발람에게 내리신 심판이나 노아 때나 소돔의 멸망이나 이스라엘이 광야에서 처형당한 예들로 확인할 수 있다. 이것이 "심을 때가 있고 거둘 때가 있다"는 것을 뜻한다. 추수 때에 새 싹을 기대하고 물주고 거름

주는 사람은 아무도 없다.

　사랑과 인내와 기다림이란 반드시 한계가 있다. 공의란 원래 바른 잣대로 그은 선이어서 거기에는 한 치의 여유도 없다. 그 좁은 한계가 사랑과 인내로 어느 정도 여유를 보이셨을 뿐이다. 죄란 돌 위에 돌을 쌓는 위험한 장난이다. 어느 높이까지 쌓으면 무너지는 것은 사필귀정이다. 그럼에도 사람들은 "공든 탑이 무너지랴!"고 배짱을 부린다. 그 배짱은 완악이며 불신자에게만 있는 것이 아니라 믿는 사람에게도 있다.

　이것은 인내의 한계설과 비슷하다. 처음에는 하나님께서 사랑과 자비를 보여 깨닫도록 노력하신다(롬1:20). 그럼에도 그들이 돌아서지 아니하고 우상과 정욕에 매여 합당치 못한 일을 많이 범하고(롬1:23-31), "그 일 행하는 것이 사형에 해당한다는 하나님의 정하심을 알고도 자기들만 행할 뿐 아니라 또한 그 일을 행하는 자를 옳다 하는"(롬1:32) 패역의 단계에 이르면 하나님의 진노를 피할 수 없게 되는 것이다.

　사람들은 진노를 사랑의 반대어로 착각한다. 뒤에 미움에 대해서 다시 말하겠으나, 진노는 미움과도 다르며 사랑하기 때문에 참았다가 한계점에서 나타나는 것이다. 아버지가 사랑하는 자식을 매질한다. 매질하지 않는다면 그는 사생자요 참 아들이 아니라고 했다(히12:8). 어떤 이는 하나님의 본성도 시대에 따라 변한다고 주장한다. 그것은 눈부신 백광(白光)과 붉은 저녁노을을 보고 태양도 때에 따라 변한다고 보는 사람이다. 그 변화는 빛이 통과하는 지구의 공기 두께 탓이라는 것을 모르고 하는 말이다.

　"이런 일을 행하는 자를 판단하고 같은 일을 행하는 사람아 네가 하나님의 판단을 피할 줄로 생각하느냐? 네가 하나님의 인자하심이 너를 인도하여 회개케 하심을 알지 못하여 그의 인자하심과 용납하심과 길이 참으심의 풍성함을 멸시하느뇨?"(롬2:3,4) 이 말씀들은 하나님의 진노가 있기 전에 풍성한 인자하심과 기다림이 있었다는 것을 밝히신 것이다.

이스라엘이 회개하고 예레미야에게 나아와 여호와의 "목소리가 우리에게 좋든지 좋지 않든지를 막론하고 순종하려 함이라"(렘42:6)고 탄원한다. 예레미야가 하나님에게 10일간을 기도하였더니 하나님의 응답이 왔다. 그것은 "내가 너희에게 내린 재난에 대하여 뜻을 돌이킴이라"(렘42:10)였다. 그러나 "여호와의 말씀을 복종하지 아니하고... 너희가 만일 애굽에 들어가서 거기에 살기를 고집하면... 나의 노여움과 분을 너희에게 부으리니"(렘42:13-18) 하신 것이다.

그리고 세 번째가 중죄에 대한 보답설이다. 죄 중에는 사함을 받을 수 있는 죄가 있고 받을 수 없는 죄도 있다. 사함을 받을 수 없는 죄에 대해서는 다음 장에서 상세히 상고하기로 하고 다만 사함을 받을 수 없는 죄란 본인이 만일에 돌이켜 회개한다 하더라도 사하심을 받을 수 없는 죄를 말한다. 이런 자는 보아도 보지 못하며 들어도 듣지 못하며 마음으로 깨닫지 못하게 막으신다는 것이다(마13:13-15).

이사야 5장과 6장에 있는 "기름진 산과 땅"(5:3)은 가나안 땅을 말하고 "돌을 제했다"는 것은 불의를 제했다는 뜻이며 "극상품 포도나무"는 믿음의 후손들을 이야기 한다. 즉 선지자를 통해서 악을 제거하고 법도를 세워 의롭게 살도록 지시하셨다. 그런데 "좋은 포도 맺기를 기다렸더니 들 포도를 맺힘은 어찌 된 일인고?" 이것이 하나님께서 한탄하시고 종내 포도원을 황폐화하기로 결심하시기에 이른다. 로마의 키케로(Cicero BC106-43)의 말처럼 "인간은 참으로 구제불능"인가?

파스칼(B.Pascal,AD1623-1662)은 죄로 인해 철저하게 부패된 인간의 본질을 '괴물'이라고 말하면서 "얼마나 기괴하며, 얼마나 무질서하며, 모순되며 비정상적인가? 오류의 시궁창이요 우주의 쓰레기다!" 청교도 지도자 얼라인(Joseph Alleine AD1634-68)은 "비참한 인간이여! 죄가 너를 얼마나 괴물로 만들었는가! 하나님은 너를 천사보다 조금 못하게 만드셨건만 죄는 너를 악마와 다름없게 만들었도다!"라고 한탄했다.

그러나 하나님께서는 그것으로 포기하지 않으시고 "그 못된 나무들은 다 베임을 당하여도 그 그루터기는 남아 있는 것 같이 거룩한 씨가 이 땅의 그루터기니라"(사6:13) 하신다. 그루터기가 중요한 것이 아니고 그루터기에서 난 연한 새싹이 접붙일 수 있는 희망을 주기 때문이다. 아무리 좋은 꽃과 과일 나무도 몇 대가 지나면 퇴화하기 마련이다(히1:11-12). 그러면 농부는 둥치를 베고 그루터기에서 새싹을 기대한다.

늙어 속이 썩고 병든 나무의 밑둥치를 베면 대부분의 나무들은 그것으로 끝나고 만다. 그러나 밤나무나 상수리나무는 하나님의 백성을 뜻하며(사44:14) 뿌리가 왕성하여 죽은 것 같은 그루터기에서 새로운 싹이 트는 법이다. 하나님의 심판의 목적은 여기에 있다. 믿음의 깊은 뿌리를 가진 그루터기에서 새 싹이 돋아날 것을 기대하시고 진노를 내리신다. 그렇게 함으로 하나님께서 다스리는 줄을 알게 될 것이라고 했다(단4:26). 그래서 심판은 종식이 아니라 축복의 서곡인 것이다.

예수님께서 사역 말기에 나귀 새끼를 타시고 예루살렘으로 입성하셨다. 유월절이어서 전국에서 모여든 구경꾼들은 인산인해를 이루었다. 그들은 겉옷과 종려나무 가지를 길에 펴며 "호산나!"를 합창했다. 로마의 종의 굴레를 벗고 해방되기를 원했던 것이다. 그는 초라한 나귀의 등에 엎혀 연민의 눈빛으로 군상을 바라보시며 조용히 지나가셨다.

그런데 그 다음 순간 성전에 들어가시면서부터 시위를 떠난 화살마냥 걷잡을 수 없는 돌풍으로 변하신다. 채찍을 만드사 성전 안에서 매매하는 자들을 내어 쫓으시며 돈 바꾸는 자들의 상과 비둘기 파는 자들의 의자를 둘러 엎으시고 고래고래 고함을 지르셨다. 이것은 예수님의 평소의 온유한 모습과는 전혀 딴 판이었다. 그들이 기대했던 메시아가 이런 분이었다는 것을 보고 그들은 경탄해 마지 않았을 것이다.

아마 봉두난발한 주님의 얼굴은 붉게 타오르고 눈은 분노로 가득 찼으며 손은 가늘게 떨고 계셨을 것이다. 온유하신 예수님께서 발하신 분노였다. 그러나 그것은 예수님만의 분노는 결코 아니었다. "내가 이 세대를 노하여 가로되 저희가 항상 마음이 미혹되어 내 길을 알지 못하는도다. 내가 노하여 맹세한 바와 같이 저희는 내 안식에 들어오지 못하리라"(히3:10,11)에 두 번이나 하나님의 노하심을 말씀하셨다. 그 노는 '프로소크티조 Angry'로서 참았던 그의 감정 폭발을 말한다.

그리고 두 번째 노가 있다. 그 노는 진노(올게에 Wrath 요3:36, 롬 1:18, 12:19) 또는 노(히4:3), 심판(마3:7,눅3:7) 등으로 번역되어져 있다. 이 진노(올게에)는 하나님만이 하실 수 있는 심판을 뜻한다. "너희가 친히 원수를 갚지 말고 하나님의 진노하심에 맡기라"(롬12:19)는 하나님의 특수 권한이요 최종 처방이라는 것을 말한다. 그러나 이 '올게에'를 하나님께서 놓은 '올가미'로 오해하지만 '올가미(Trap)'는 마귀의 소유물이지 하나님의 것은 아니다.

예수님께서 가이사랴 빌립보에서 멀지 않은 변화산에서 하늘 사자를 만나시는 동안, 제자들은 산 아래서 간질병으로 고생하는 어떤 사람의 아들을 고치려고 씨름을 하고 있었다. 예수님께서 그들의 믿음이 부족해서 고치지 못한 것을 보시고 이렇게 말씀하셨다.

"믿음이 없고 패역한 세대여 내가 얼마나 너희를 참으리요"(마 17:17). 여기 '참는다(아넥소마이)'는 용서하며 견딘다는 뜻이다. "믿음이 없고 패역한 세대"를 하나님께서 오늘도 참고 견디시는 것을 잊어서는 안 될 것이다(사1:1-6). 하나님의 진노의 대상은 결코 죄가 범람하는 패역만 아니라 믿음이 부족한 패역도 대상임을 잊어서는 안 된다. 단 한 번도 병자를 위해 기도로 고쳐보지 못한 사람, 그리고 체험적 신앙경험을 얻기 위해 모험을 시도해 보지 못한 제자도 대상이 된다.

"슬프다 범죄한 나라요 허물진 백성이요 행악의 종자요 행위가 부패한 자식이로다. 그들이 여호와를 버리며 이스라엘의 거룩한 자를 만홀히 여겨 멀리하고 물러갔도다…. 너희가 내 앞에 보이러 오니 그것을 누가 너희에게 요구하였느뇨? 내 마당만 밟을 뿐이니라. 헛된 제물을 다시 가져오지 말라. 분향은 나의 가증이 여기는 바요, 월삭과 안식일과 대회로 모이는 것도 그러하니 성회와 아울러 악을 행하는 것을 내가 견디지 못하겠노라"(사1:4-13). 이 말씀에는 신자들을 향한 인내의 독백을 읽을 수 있다. 바울의 간증 속에 코끝이 찡해지는 대목이 있다.

"미쁘다 모든 사람이 받을만한 이 말이여!
그리스도 예수께서 죄인을 구원하시려고 세상에 임하셨다 하였도다.
죄인 중에 내가 괴수니라!
그러나 내가 긍휼을 입은 까닭은,
예수 그리스도께서 내게 먼저 일체 오래 참으심을 보이사
후에 주를 믿어 영생 얻는 자들에게 본이 되게 하려 하심이라.
만세의 왕…. 홀로 한 분이신 하나님께

존귀와 영광이 세세토록 있을 지이다!

아멘!'(딤전1;15-17).

4) 율법과 죄

파스칼은 팡세 제5편에서 사회의 법과 하나님의 법에 대해서 이렇게 말하고 있다. "사회의 법은 강자의 이론에서 생겨났다. 그래서 강자의 생각에 따라 법이 바뀐다. 피레네 산맥 이편의 진리와 합법이 산맥 저편에서는 오류요 불법이다. 위도 3도의 차이와 자오선으로 판가름 나는 정의가 무슨 보편성이 있겠는가?'

그는 말했다. "수립된 지 석 달이 멀다고 기본법이 바뀐다면 사회의 법이 공의에 기반을 두고 있다는 생각은 환상에 지나지 않는다. 우연과 습관과 상상의 산물에 지나지 않는 것이다. 공허한 사회질서와 법의 모순에 대한 끝없는 요청 그리고 그에 대한 긍정과 부정의 끝없이 되풀이 되는 대립은 인간의 법이 불완전하다는 것을 말하고 있지 않는가?'

파스칼은 세상은 위도 3도의 차이로 선악이 구별되는 곳임을 파악했다. 이 사회의 모든 성공도 전형관의 단 1점차로 당락이 결정되고, 배심원의 단 한 투표 차로 사형과 무죄가 판가름 난다. 선거 유세기간에는 백중세를 이루다가 불과 몇 표의 투표 차로 지도자와 법이 바뀐다. 그것도 투표율이 40%도 되지 못하고 투표 당일까지 결정을 미루어 오다가 눈감고 찍은 표가 당락을 마무리했다면 인간 상정(詳定)에 공의도 정당성도 인정할 수 없다.

어떤 동네에 어린 아이들이 법을 정했다. "아무리 화가 나서 싸울 때에라도 주먹으로 머리나 얼굴을 치거나 돌이나 막대기를 사용하지 말자"라고 약속을 했다. 얼마 후 친구 간에 사소한 말다툼을 하다가 덩치가 큰 친구가 먼저 다른 친구의 어깨를 떠밀었다. 그러자 힘이 약한 상대는 벌렁 땅 바닥에 뒹굴어 넘어졌다. 화가 난 그는 일어나면서 돌 뭉치를 집어 던졌다. 상대는 머리가 깨어져 피투성이가 되어 병원으로 갔다.

다른 동무들이 회의를 열었다. 그들은 법을 어긴 작은 친구를 불러 법을 어겼으니 어떻게 벌하여야 할 것인가 의논을 했다. 덩치가 작은 친구가 말했다. "바보야! 화났는데 골라 가며 치는 사람이 어디 있어. 그리고 바보들의 법을 지키려면 약자는 죽으란 말이냐?"라고 불평하며 나가버렸다. 국제간에도 다를 것은 없다. "전쟁 시에 생화학 무기를 쓰면 안 된다"는 법이 있고 수출 전쟁과 생존 경쟁에서도 강자 위주의 불균형한 관례는 어린아이들 보다 나을 것이 없다.

하나님의 법의 첫 번째 차이점은 그런 상대적인 모순이 없다는데 있다. 완전하신 신의 결정에 의한 절대적인 법(노모스)을 계명(토라) 혹은 명령이라고 하여 시대에 따라 변함이 없는 절대성을 지니고 있다. 그리고 법을 지켜야 할 의무가 모든 인류에게 부과되어 있다. 그 법을 어기는 것을 죄, '차타(히브리어)', 또는 '하말티아(희랍어)'라 하여 양심적 가책을 뜻하는 '아이티온(눅23:4,14)' 보다 중죄로 본다. 이것이 인류가 심판을 피할 수 없는 이유이다(요8:21,9:34,15:22,롬 3:20).

국법이나 형법이나 사회 윤리가 지적하는 죄와 기독교의 죄는 전혀 다르다. 교통 법규를 어겼다거나 집회규정에 어긋났다거나 건축법이나 조세법에 어긋났다 하더라도 하나님의 법에 죄가 되지 않을 수도 있고, 그와 반대로 사회법으로 중죄 선고를 받았다 하더라도 내면을 판단하시는 하나님 앞에서는 상 받을 대상이 될 수도 있다. 하나님의 법은 인간의 외모를 보시지 않기 때문에 특권층의 특혜도 없다. 하나님의 법의 첫 번째 특징은 그의 공의에 있다.

　그리고 두 번째 다른 점은 하나님의 법은 내면적 인간 본질인 마음에 관한 것이고 인간의 법은 겉으로 나타난 행위(범주)에 국한된 것이다. 즉 아무리 법철학이 발달하여 범죄의 동기와 목적을 파악하려 하더라도 인간은 행위로 나타난 범주 이상을 파악할 수 없다. 이것이 인간의 상대적인 불완전한 사회법보다 절대적인 신의 심판에 굴복하지 않으면 안 되는 이유다.

　인간의 의식이란 실존주의에서 말하는 인식이며 그것은 전통이라는 철조망과 왜곡 된 집단 무의식의 산물에 지나지 않는다. 근본적으로 실존이란 하이데거(Martin Heidegger)가 '존재와 시간'에서 말한 것처럼 관련된 시간과 공간의 산물에 지나지 않는다. 칼 야스퍼스(Karl Yaspers)는 ' Phylosophie Ⅲ'에서 본질(Ousia)은 시간을 초월한 불변의 존재로서 나타나지 않은 것이라고 했다. 그와 반대로 '나타난(Emerged) 것'을 실존(에크지스테레 Existere)이라고 하면서 신만이 본질이며 실존은 경험할 수 있는 불완전한 실체(Reality)로 보았다.

　제3의 실존주의자라고 불리는 훗서얼(Husserl)은 이성을 초월한 정신적 실존주의를 강조하여 정신과 영혼도 경험 대상에 포함시켰다. 그는 현실 물질주의와 실존주의가 인간으로 하여금 천박한 육체와 표피에 치우쳐 내면적 인간의 절대성을 상실하게 했다고 보고 플라톤이 주장한 선험(先驗 Priori)이나 영감에 의한 영적 경험으로 신에게 접근할 수 있다고 보았다. 어쨌든 실존주의가 객관적 경험주의를 심었다. 남들이 보고 듣고 증명할 수 있는 것만을 실체로 보게 된 것이다.

현실 기독교인들도 이 실존주의의 영향을 받아 죄(Sin)와 사회적 범죄(Crime)를 구분하지 못해 죄를 지어도 양심의 가책을 느끼지 않게 되었다. 그것을 회개가 사라진 현실이 증명하고 있다. 기독교의 죄는 속사람인 인간 본질에 관한 것이지만 사회적 죄는 겉사람 즉 실존에 관한 것이다. 사회의 법은 살인과 강간과 사기 등 행동으로 나타난 범주만을 다룬다. 그러나 하나님의 법은 마음 속의 미움과 음욕과 외식을 중죄로 본다(마5:21-28). 그럼에도 현실 기독교인은 그것을 인정하지 않는 것이 문제다. 이것을 기독교의 세속화라고 한다.

세 번째로 기독교의 법의 다른 점은 소극적인 법보다 적극적인 법을 더 중요시하고 있다는 점이다. 법에는 "하지 말라"는 소극적인 법(Negative Law)과 "하라"는 적극적인 법(Positive Law)이 있다. 사회법은 소극적인 법에 대한 의무와 제재에 치중되어 있으며 선행은 권장할 뿐 벌칙이 없다. 그러나 기독교는 악을 행하는 것도 죄이지만 선을 행하지 않는 것을 더 큰 죄로 본다(약2:20,26,요일3:14). 그렇게 보면 바울이 "사람이 선을 행할 줄 알고도 행하지 아니하면 죄니라"(약4:17)한 것도 중죄를 암시하는 대목이다.

하나님께서 금하신 죄란 다 같은 무게를 가진 것이 아니다. 죄의 무게는 계명의 차례에 잘 나타나 있다. 하나님을 유일신으로 섬기는 것(제1-4계명), 그 다음이 부모의 은혜, 그 다음이 생명의 존엄성(제6계), 그 다음이 순결성(제7계), 그 다음이 욕심(제8계)과 신실성(제9계) 그리고 탐욕(제10계)에 관한 것이다. 1-4계까지는 하나님과 인간관계 그리고 5-10계까지는 인간과 인간관계에 관한 것이다. 그런데 "하라"는 적극적 법(제1, 제5 계명)이 다른 "하지 말라"는 소극적 법보다 앞에 있다.

그리고 부모에 대한 제5계명이 인간법 중에 간음이나 살인보다 더 중하며 하나님께 대한 제1계명이 다른 모든 계명의 기초가 되는 것을 나타내고 있다. 그것은 은혜의 중요성을 부각시키는 것으로 은혜를 저버리는 죄는 다른 죄보다 중하다는 뜻이다. 부모를 공경하지 않는 것이 살인이나 간음이나 도적질보다 더 중한 죄라는 뜻이다. 하나님과 부모의 은혜를 저버리고 다른 선행을 한다는 것은 서열이 바뀐 큰 잘못이라는 것이다.

하나님께서는 죄를 다 미워하시지만 그들 사이에는 무거운 죄와 가벼운 죄의 차이를 두셨다. 구약의 율법에는 죽임을 받을 죄도 있고 태벌이나 보상으로 끝나는 죄도 있다. 신약에도 불의의 삯은 사망(롬1:18,벧후2:15)이라는 말씀도 있지만 "모든 불의가 죄로되 사망에 이르지 아니하는 죄도 있다"(요일5:17)는 말씀도 있다. 성경에는 죄의 종류와 죄의 경중을 자상하게 나타내고 있다.

1) '하말티아'는 하나님의 창조 목적을 따라 지으신 기본법(노모스), 즉 계명을 의도적으로 이탈하여 배반하는 것을 말한다. 하나님은 권능의 창조자요 자식을 돌보는 아버지시며 선하신 목자이시다. 그를 알고 숭배하며 사랑하고 순종하는 것이 선의 기본이라는 것을 말한다. 하나님의 뜻은 선하고 의롭고 거룩한 것이다. 하나님을 섬기라는 것은 그의 뜻을 숭상(崇尙)하라는 뜻이다. 하나님의 법을 무시하고 따르지 않을 때 '거역'이라는 중죄로 보는 것이다.

죄란 법을 어긴 것을 말한다. 사회적 법을 어긴 것을 범죄(Crime)라 하고 도덕적 법을 어긴 것을 불륜(Guilt)이라고 한다. 그러나 기독교는 하나님의 법을 범하는 것을 그저 죄(Sin)라고 하기 때문에 사회적 죄와 도덕적 죄보다 경한 것으로 착각하기 쉽다. 사회적 범죄(Crime)는 정치적, 사회적 조류에 따라, 그리고 도덕적 죄(Guilt)는 풍습과 사상 조류에 따라 변하지만 하나님 앞에 지은 죄는 하나님께서 정하신 것임으로 시대와 역사에 따라 변치 않는 특징이 있다.

"여호와께서 말씀하시기를 내가 자식을 양육하였거늘 그들이 나를 거역하였도다. 소는 그 임자를 알고 나귀는 주인의 구유를 알건마는 이스라엘은 알지 못하고 나의 백성은 깨닫지 못하는도다"(사1:2,3)라고 했다. 인간을 특별한 기대로 창조하시고 자식처럼 아끼셨다. 그러나 인간은 하나님의 은혜도 선한 목적도 저버리고 짐승보다 못하게 방향이탈(하말티아)한 것이다. 지으신 이를 따르는 것은 짐승들도 지키는 쉬운 일이지만 각별하게 지은 인간만은 그렇지 않다는 것이다.

2) '오페이로'는 은혜를 갚지 않는 빚을 말한다. 사람들은 은혜란 값없이 받은 것이어서 갚아야 할 빚으로 생각지 않는 것이 문제다. 즉 사람은 누구나 은혜의 빚을 지고 태어나고 자라며 살고 있다. 젖으로 키워 준 어머니의 은혜, 늘 경제적으로 돌본 아버지의 은혜, 스승의 은혜, 친구의 은혜, 의사의 은혜, 이웃의 은혜, 나라의 은혜, 학자의 은혜, 농부의 은혜, 그리고 그 모두의 배후에 숨은 하나님의 직접적 은혜를 빚지고 산다. 그러나 사람들은 값없이 준 은혜가 왜 빚이냐? 누가 갚겠다고 약속한 적이 있느냐고 반문한다. 그러나 바른 양심은 은혜를 빚으로 안다.

부모의 빚을 값으로 따지어 양육비 교육비가 10억이나 20억이라면 마음씀과 애씀은 백억을 넘을 지도 모른다. 더욱 하나님의 빚은 호흡하는 산소 값, 물 값, 햇빛 값, 난방비, 아름다운 자연이며 돌보심, 더욱 극에 달한 죄를 속량하시려고 자기 아들을 희생시키신 은혜를 다 말할 수 없다. 그 은혜와 사랑의 값을 누가 다 갚으라고 했는가? 다만 그 은혜를 알아 최소한의 백 데나리온의 보답을 잊었다면 큰 죄가 아니겠는가?(마18:26-33). 그것이 만 달란트에 해당하는 제1-4계명이 백 데나리온에 해당하는 제5-10계명보다 중한 이유이다.

3) '파라바시스'의 '범죄(Transgression)' (롬2:25-27)는 법을 알면서 반항하는 것을 말한다.

즉 하나님의 일반적인 계율을 알면서도 범한 불순종의 죄(신10:12, 시119:97-104)를 말한다. 그 밖에도 "부지중에 지은 죄"(레4:27)를 '아그노에마타' (히9:7,롬2:4,10:3)라 하고, '불법(아노미아,요일3;4)' 또는 '불의(아디키아,벧후2:15,요일1:9)' 라고 했다. 이들은 하나님의 나라에도 계율을 과실로나 의도적으로 어기는 것을 불순종의 반항으로 본다.

4) '포내리아'는 "사악한 양심의 부패"를 뜻한다. 이것은 앞서 말한 오페이로나 파라바시스가 습관화 된 것을 뜻하며 극도에 달하면 패역(디아스트래포 Distortion 롬4:15,5;14,딤전2:14), 또는 궤계(도로스 Deceit 고후12:16,살전2:3), 또는 궤휼(고후11:13,벧전2:1), 궤사(벧전2:22)로 구원 받을 수 있는 가능성은 희박해진다. 이상의 죄들은 마귀의 궤계에 의하여 "육신이 연약함으로"(롬6:19) 정욕에 끌려 범하게 되는 죄들이다(약1:13-15).

5) 그 밖에도 편파적인 감정과 지혜의 부족에서 오는 좌로나 우로치우치는 죄도 있다. "내가 네게 명한 율법을 다 지켜 행하고 좌로나 우로나 치우치지 말라" (신5:32,28:14,수1:7)는 말씀을 흔히 선이나 악에 치우치지 말라는 뜻으로 오해하기 쉽다. "다 지켜…. 치우치지 말

라"는 말씀을 보면 계명 중에서 무겁다고 치우치고 가볍다고 빠뜨리지 말라는 뜻이다. 죄 없는 사람은 없다(롬3:11)고 하신 뜻을 이해할 수 있다.

특히 예수님께서 주신 새 계명에는 "네 마음을 다하고 목숨을 다하고 뜻을 다하여 주 너의 하나님을 사랑하라 하셨으니 이것이 크고 첫째 되는 계명이요, 둘째는 그와 같으니 네 이웃을 네 자신 같이 사랑하라 하셨으니 이 두 계명이 온 율법과 선지자의 강령이니라"(마22:37-40)라고 되어 있어 적극적인 명령으로 나타나 있다.

그리고 요한복음에서도 "새 계명을 너희에게 주노니 서로 사랑하라 내가 너희를 사랑한 것 같이 너희도 서로 사랑하라"(요13:34) 그리고 "간음하지 말라, 살인하지 말라, 도둑질하지 말라, 탐내지 말라 한 것과 그 이외에 다른 계명이 있을지라도 네 이웃을 네 자신과 같이 사랑하라 하신 그 말씀 가운데 다 들었느니라... 그러므로 사랑은 율법의 완성이니라"(롬13:9-10) 하셨다. 특히 여기 "강령이니라"나 "완성이니라"가 시사하는 뜻은 깊다.

그러면 이것은 이전 계명이 잘못 되었다고 고발하는 것인가? 그것은 예수님의 답에서 알 수 있다. "모세가 너희 마음의 완악함을 인하여"(마19:8) 그 정도로 허락한 것이며 "원래는 그렇지 않다"고 하셨다. 요한도 "내가 새 계명을 너희에게 쓰는 것이 아니라 너희가 처음부터 가진 옛 계명이니"(요일2:7) 하시면서 형제 사랑을 강조하셨다. 즉 옛 계명의 근본 뜻은 형제를 사랑하라는 뜻이지만 인간의 마음이 완악함으로 철없는 어린아이에게 타이르듯 소극적 계명을 주신 것이다.

세상의 모순되고 불완전한 법을 어기는 것도 형을 피할 수 없다면 하나님께 대한 과실과 범죄를 따진다면 구원 얻을 자가 없을 것이다(롬3:9-18). 그러나 하나님께서는 죄를 깨닫고 뉘우치고 회개하여 바른 양심으로 거듭나는 자에게는 모든 무거운 죄를 속량 받을 수 있는 길을 주셨고(레4:2-3,22-23), 그리스도를 보내사 회개하는 자에게 구속의 길을 여신 것이다(롬3:24-25). 얼마나 감사하고 다행한 일인가?

계명을 완벽하게 지킨 부자 관리가 예수님께 "내가 무엇을 하여야 영생을 얻겠습니까?"라고 질문을 했다(눅18:18). 예수님께서 그가 어렸을 때부터 다 지켰다는 답을 들으시고 기뻐하시면서 "그만하면 족하다" 하시지 않으시고, "아직도 한 가지(Yet one) 부족한 것이 있다" 하셨다. 무엇이 부족했던가?

"네게 있는 것을 다 팔아 가난한 자들에게 나눠 주라"(눅18:22) 하신다. 이 말씀은 계명에도 613가지 계명과 율례에도 없는 말씀이 아닌가? 그런데 그는 이어서 "그리고 와서 네 십자가를 지고 나를 따르라"(막10:21) 하신다.

율법으로 흠잡을 것이 없는 그 부자는 근심하고 돌아갔다. 그가 이루지 못한 "아직도 한 가지(에티 엔 Yet One)"는 다른 율법을 지키는 것보다 힘드는 "이웃 사랑"이었던 것이다. "하지말라!'는 소극적인 율법에 완벽했던 그는 참 된 하나님의 은혜를 깨닫지 못해 돌아갔다.

"만일 우리가 하나님과 사귐이 있다 하고 어둠에 행하면 거짓말을 하고 진리를 행하지 아니함"(요일1:6)이라는 말씀에서 "어둠에 행한다"는 뜻이 무엇인가? 어떤 이는 범죄를, 혹은 비관적 삶을, 낙담과 절망을, 소극적 삶을, 마귀의 지배를, 혹은 정욕과 욕망을 지적할 수도 있을 것이다. 심리적으로는 열린 마음보다 닫힌 마음을, 자기반성보다 자기 방어를 일삼는 행위로 볼 수도 있다. 그러나 성경은 죄와 사망 권세 아래 있음을 말한다(롬6:6,7:23).

예수님의 말씀 중에 "좋은 나무마다 아름다운 열매를 맺고 못된 나무가 나쁜 열매를 맺나니 좋은 나무가 나쁜 열매를 맺을 수 없고 못된 나무가 아름다운 열매를 맺을 수 없느니라. 아름다운 열매를 맺지 아니하는 나무마다 찍혀 불에 던져지느니라"(마7:17-20) 하신 대목이 있다. "아름다운 열매"는 선행을 "나쁜 열매"는 범죄를 뜻하지만 근본 뜻은, 첫째 본질이 변해야 좋은 열매를 맺을 수 있다는 것, 둘째 나쁜 열매를 맺지 않는 것 보다 좋은 열매가 없으면 구원 받을 수 없다는 것을 지적하고 있다(마3:11-12,23:3).

그러나 예수님께서 말씀하신 씨 뿌리는 비유가 있다. 길가, 돌밭, 가시밭 그리고 옥토에 꼭 같이 말씀의 씨앗이 떨어졌다(마13:3-23). 이 예화가 지적하는 근본 뜻은 인간 본질인 마음 밭은 옥토가 따로 있고 돌짝밭이나 가시밭이 따로 있다는 것이 아니다. 인간은 다 길가밭, 돌짝밭, 가시밭이 함께 있다는 것을 말한다. 그리하여 아무리 좋은 씨앗(말씀)이 떨어졌다 하더라도 회개와 변화가 일어나 옥토로 전환 되지 못하면 결실이 없다는 진리다.

인간이 은혜를 깨닫지 못하는 이유는 근본적으로 교만과 음탕과 사악과 탐욕이 태어날 때부터 깊게 자리 잡고 있기 때문이다(성악설 性惡說 요9:34,41,롬3:10,20,요일1:8). 그래서 날 때부터 옥토는 없다. 오로지 회개로 굳은 땅을 경작하며 돌을 제거하고 가시와 잡초를 성령의 도움으로 뽑아내어 거듭나는 대 변화가 있어야 말씀의 씨앗이 자라나 수확을 기대할 수 있다는 것을 말한다.

그리고 가라지 비유(마13:36-43)는 또 다른 악의 원인이 있음을 시사하고 있다. "천국은 좋은 씨를 제 밭에 뿌린 사람과 같으니 사람들이 잘 때에 그 원수가 와서 곡식 가운데 가라지를 덧뿌리고 갔더니"(마13:24-30) 한 것이다. 이것은 옥토로 경작한 연후에 그리고 말씀의 좋은 씨가 뿌려진 연후에 원수(마귀)가 몰래 가라지, '지자니아(Darnel)' 라는 '독보리' 를 뿌렸다는 것이다. 여기서 말한 밭은 세상과 교회를 뜻한다고 하셨다. 즉 누구의 밭이라 할 것 없이 온 들판에 독보리를 사람들이 잠들어 "총명이 어두워져 무지함과 마음이 굳어졌을 때"(엡4:17-19) 뿌렸다는 것이다.

"이 세상도 그 정욕도 지나가되 오직 하나님의 뜻을 행하는 자는 영원히 거하느니라"(요일2:17). 천국 백성이라는 뜻은 그 나라의 법을 이 세상에서 몸에 익혀 영원히 사는 것이다.

신자 되기 원합니다 진심으로 진심으로!
사랑하기 원합니다 진심으로 진심으로!
거룩하기 원합니다 진심으로 진심으로!
예수 닮기 원합니다 진심으로 진심으로!

5) 새 계명과 구원

앞서 말했지만 기독교에는 십계명을 포함하여 613가지나 되는 옛 율법과 규례가 있다. 그리고 예수님의 사랑의 계명(요13:34,14:15) 등 지켜야 할 새 계명들이 있다. 은혜로 하늘나라 백성이 된 신도에게 이토록 많은 율법을 주어 구속하는 이유를 이해하기 어렵다.

예수님 당시에도 이 많은 율법과 계명과 규례를 다 지켜야 하느냐에 고민이 있었다. 그리고 그 많은 율법을 어차피 다 지킬 수 없다면 그중 어느 것을 꼭 지켜야 구원을 받을 것인가 하는 의문이 편만해 있었다. 그래서 랍비들의 견해도 다양했던 것 같다. 나라의 법은 그때그때 정권을 잡은 사람에 따라 변하고 사회의 법은 사회 여건에 따라 변하는 법이다. 그런데 율법만은 약 1400여년이라는 긴 세월 동안 단 한 자의 변화도 없이 지켜졌던 것이다. 그리하여 메시아가 오시면 율법의 무거운 굴레에서 해방될 것이라는 기대가 컸던 것이다.

그것을 아시고 예수님께서는 사역 초기에 자기의 입장을 분명히 하셨다. "내가 율법이나 선지자를 폐하러 온 줄로 생각하지 말라... 완전하게 하려 함이라... 누구든지 이 계명 중의 지극히 작은 것 하나라도 버리고 또 그같이 사람을 가르치는 자는 천국에서 지극히 적다 일컬음을 받을 것이요"(마5:17-19)라고 하셨다. 이 말씀을 보면 그는 계명의 절대성을 강조하면서 그 중에 한 가지 계명을 지키지 않아도 그 책임을 물을 것을 나타내셨다.

어두운 밤에 한 젊은 법관이 예수님을 찾아왔다. 그리고 "내가 무슨 선한 일을 하여야 영생을 얻겠습니까?"(마19:16-21)라고 질문을 했다. 예수님께서는 "네가 생명에 들어가려면 계명들을 지키라"고 하셨다. 그 젊은 관원은 그제야 문제의 핵심을 드러낸다. "어느 계명이오니이까?" 이 질문은 모든 유대인들이면 누구나 가지고 있었던 질문이었다. 예수님께서 십계명을 나열했을 때 그는 속으로 환호성을 질렀을 것이다. "이 모든 것을 내가 지키었사온대 아직도 무엇이 부족하나이까?"라고 마무리를 재촉했다.

그가 완벽주의자라는 것을 아시고 예수님께서 대답하신다. "네가 온전하고자 할진대 가서 네 소유를 팔아 가난한 자들에게 주라. 그리고 와서 나를 따르라!"고 하신다. 그는 의외의 말씀에 아연실색했을 것이다. 이것은 계명에도 없는 무슨 뚱딴지같은 소리가 아닌가? 그가 둘둘 외우며 자상하게 알고 있는 율법에는 그런 말이 없지 않는가? 그렇다면 율법을 완전하게 하려 오셨다는 뜻이 고작 그것이었다는 말인가? 그 속에 숨은 뜻을 알지 못해 구원의 문전에서 그는 되돌아 갔다.

예수님께서 사역 초기에 자기가 오신 목적을 말씀하시면서 모세를 통해 하달하신 율법을 "완전케하러 오셨다"(마5:17)고 하셨다. 그렇다면 완전치 못한 율법을 주신 이유가 무엇인가? 주님께서는 그 이유를 인간의 "마음의 완악함을 인해서" 그들에 맞게 적합한 규정이었다고 하신다(마19:8). 그리고 바울은 인간들이 너무 어리고 유치해서 율법이라는 잔소리꾼인 '후견인'(갈4:2-3)을 둘 수밖에 없었다고 말하고 있다. 그렇다면 율법이 완전치 못한 이유가 무엇인가?

첫째로 율법이 죄인을 의롭게 하지 못하는 약점이 있다(롬3:20,28, 행13:39,갈2;16,21). 율법은 하나라도 어기면 전체를 어기는 연대성이 있어(약2:10-12), 율법으로 의인은 있을 수 없으며(롬3:11,20,갈2:16) 율법으로 판결되는 죄의 값은 사망밖에 없었다(롬6:21).

둘째로 율법으로는 인간으로 하여금 육의 정욕에서 자유케 하지 못한다(약1:22-25). 즉 죄의 정욕을 없앨 수 없으며(롬7:5) 죄와 사망의 굴레에서 놓임을 받게 하지 못한다(롬8:2,갈2:19). 그리하여 하나님의 심판(롬3:19-21)과 진노(롬4:5,4:15,갈3:10,13) 아래 있게 할 뿐이다.

셋째는 모세의 율법은 완전한 것의 그림자요 거울(히8:4,약1:22)에 지나지 않는다. 율법의 제사의식은 약점을 가진 제사장이 사람이 아닌 소와 양을 대신하여 희생 제물로 삼아 인간의 죄를 사함 받게 한 것이어서 주님의 십자가 대속의 그림자에 불과하다(히7:27-28,9:19-22). 그것이 할례를 금지하며(갈2:3) 제사를 폐기하게 한 바울의 주장(히8:6)이었다.

넷째로 율법을 지키는 자에게는 축복을 주신다고 하셨다. 그러나 그 축복은 재물과 강건과 풍작과 부유, 장수와 자손(특히 남자)에 관한 것이었다. 이사야서에 성령의 축복이 있고 에스겔서에 하나님을 섬기는 제사장의 축복이 있으나 하나님의 후사가 된다는 것은 가당치도 않는 일이었다(갈4:5-7).

그렇다면 어떻게 이런 약점이 많은 율법을 폐하러 오시지 않고 온전케 하려 오셨다고 하셨는가? 이 점이 예나 지금이나 많은 기독교인들이 혼돈을 일으켜 율법 혼합주의에 빠지게 한다. 그들 중에는 갈라디아인들 뿐만 아니라 베드로와 야고보와 바나바 같은 사도들 사이에도 논란이 있었던 것을 볼 수 있다(갈2:6-13).

당시에도 율법을 무조건 찬양하며 따르는 사람, 참뜻을 이해하지 못해 방황하는 사람 그리고 율법 자체가 죄를 만든다고 반박하는 사람들이 있었다. 그래서 바울도 "그런즉 우리가 무슨 말을 하리요? 율법이 죄냐? 그럴 수 없느니라"(롬7:7)라고 해명했다. 그리고 율법을 폐기할 수 없는 이유를 들었다.

1) "율법으로 말미암지 않고는 죄를 알지 못한다"(롬7:7)는 것이다. 율법이 죄를 상세히 밝힌 탓으로 새계명에는 죄에 대한 상세한 설명이 필요치 않게 된 것이다.

2) 율법의 가치는 죄에 대한 지식뿐만 아니라 하나님의 뜻과 지극히 선하시고 의로우시고 거룩하신 하나님의 성품(롬2:18-19,7;:6)을 알게 하신 것이다. 따라서 계명은 거룩한 것(롬7:12)이며 율법은 신령한 것(롬7:14)이라고 했다.

3) 예수님께서 새 계명을 주셨으나(요14:21) 그것은 "처음부터 있었던 옛 계명"(요일2:7-8)이라고 하셨다. 즉 새 계명은 옛 계명의 핵심이요 강령이다. 이 점이 율법을 폐할 수 없는 이유였다(마5:17-19,롬3:31).

4) 예수님은 그의 가르침 속에 옛 계명을 들먹여 주지시키시며(마5:17-18,19:17,눅18:20) 옛 계명을 더 깊이 심화시키셨다(마5:27-42). 이것이 온전케 하러 오셨다고 하신 것이다.

여기 온전케 한다(프레로마 Fulfil)의 근본 뜻은 성취한다는 것이다.

옛 율법은 옛날 신정 당시 자기 백성에게 제사법, 사회법, 가정법, 범죄를 다스리기 위한 민법, 형법 그리고 통치를 위한 행정법을 총 망라한 법이다. 그래서 육법전서와 같이 다양하고 세밀하다. 그것은 마치 어린 아이에게 자상하게 당부한 어린이 법이었다면 예수님의 법은 성인에게 주신 율법의 강령이다.

옛 계명에 "눈은 눈으로 이는 이로 갚으라"(마5:38)는 말씀이 있다. 이것은 해를 입은 만큼 가해자에게 갚으라는 뜻이 아니라 남의 눈이나 이를 해치는 것은 자기의 눈이나 이를 해치는 것으로 알라는 뜻이다. 이 원리에서 오늘날 사회의 민법과 형법이 생겨났다. 옛 계명은 소극적 범죄 방지법이었다면 새 계명은 그것을 능가하여 용서와 사랑을 강조하는 적극적 죄의 예방법이다.

옛 계명은 육의 통제를 위한 초보적인 의문(儀文)이었다(롬2:25). 그러나 그리스도께서 오셔서 속사람이 거듭나 새로운 영적 세계를 열면서 영과 마음을 통제하는(롬2:29) 새 법이 필연적으로 필요하게 된 것이다. 그것이 하나님의 자녀(요일3:9)로서 필요한 차원 높은 새 계명을 주신 이유이다.

옛 계명에는 살인하지 말라! 간음하지 말라! 도적질하지 말라! 거짓 증거하지 말라!... 로 되어 있으나 새 계명에는 "사랑하라"(마22:39)고 되어 있다. "…말라!... 말라!"의 소극적 법이 "네 몸같이 사랑하라!"의 적극적 법으로 변한 것이다. 여기 "네 몸과 같이"는 "네가 네 몸을 사랑하는 만큼"이라는 뜻이어서 모든 율법을 함축하고 있다.

한번은 예수님께서 십일조를 철저히 바치는 바리새인들에게 "너희가 십일조는 드리되 율법의 더 중한 바 공의와 긍휼과 믿음은 버렸도다. 그러나 이것도 행하고 저것도 버리지 말아야 할지니라"(마23:23)라고 경고하셨다. 너희들이 잘 지키는 율법에는 엄격한 형벌 탓으로 어두움만 있는 것이 아니라 그 속에는 공의와 긍휼과 믿음, 이 세 가지 보화가 숨겨져 있다는 것이다.

여기서 말한 의 또는 공의(크리시스)란 의로운 심판을 말하지만 악을 '구별'하고 약자를 '변호한다'는 뜻이 있다. 그리고 긍휼(엘레오스)은 용서가 담긴 자비(골3:12-13)를 뜻한다. 그리고 믿음(피스틴)은 신실을 뜻하고 있다. 한 말로 표현한다면 인간을 죄에서 구원하시려는 사랑과 신실하심이 옛 율법 속에 숨어 있다는 뜻이다.

십일조는 곡식, 과일, 포도주, 기름 등과 농축산물의 총생산의 십분의 일을 매년 하나님께 바치는 율법이다(레27:30,32,신14:22). 만일 일부를 정한 시기에 봉헌하지 못하고 늦어지면 미납된 부분은 20퍼센트의 과태료가 붙게 된다(레27:31). 그리고 그것을 이행하지 않는 자는 도적이 된다(말3:8,10). 이 올가미 같은 율법 속에 무슨 인간을 향한 긍휼과 자비가 있다는 말인가? 얼핏 이해가 가지 않는다.

십일조는 토지를 소유하지 않는 레위지파를 위해서 남은 11지파가 돕는 제도이다. 그뿐 아니라 3년째의 십일조, 즉 삼 년간의 십일조 총액의 3분의 1은 별도로 곳간에 보관하여 객과 고아와 과부들을 먹여 살리도록 정하셨다(신14:28-29). 왜 성전을 보수 유지하며 제사를 드리는 레위인들을 십일조로 먹여 살려야 하느냐? 성전은 성결된 곳이어서 아무나 성소에 들어갈 수 없었고 피 냄새와 동물의 불타는 역겨운 악취로 가득한 화장터였다. 특히 요제는 제물을 높이 들어 장시간 흔드는 고된 일이었다. 즉 그들은 추악한 인간을 대신하여 속죄 제물을 바치며 그것을 위하여 항시 몸을 단정히 하며 성결되게 살아야만 했다. 그들 자신이 산 제물이 된 것이다.

그렇다면 그들의 생활을 다른 11지파가 10분의 1을 바쳐 먹여 살리는 것은 공평한 배려였으며 그것으로 그들은 간신히 생활을 유지할 수 있었을 것이다. 그런데 그 십일조의 1/3를 떼어 구제에 사용했다면 레위족의 인구가 작다 하더라도 생활은 백성의 평균 이상의 수준은 되지 못했을 것이다. 여기에 레위지파에 해당하는 오늘 교회의 교역자가 받아야 할 생활 봉급 수준이 명시 되어있다. 연봉이 일억이니 퇴직금이 수십억이니 하는 것은 율법을 범하는 처사다. 캐나다 연합교회(장로교, 감리교, 성공회)에서는 교역자의 월급을 노회에서 원목사 부목사 할 것 없이 동일하게 월 3천불이 겨우 넘는다. 그 대신 사택과 퇴직 후 연금을 지급한다.

율법 속에는 의와 자비가 숨어 있다. 공의와 자비란 공평과 사랑으로 불쌍한 자를 위한 것이다. 가난한 객과 고아와 과부들의 생활을 돕기 위해 십일조의 1/3까지 염려한 법이다. 그렇다면 율법에 공의와 사랑(인)과 믿음(신)이 숨어있는 것이 아닌가? 그러나 오늘의 교회의 구제비가 총 예산의 30%가 되는 교회가 있던가? 반성할 일이라 하겠다.

성경에 이런 말씀이 있다. "안식일이 사람을 위하여 있는 것이요 사람이 안식일을 위하여 있는 것이 아니니"(막2:27) 이 말씀은 마가복음에만 있는 이해하기 어려운 안식일 정의이다. 그렇다면 안식일의 주인이 누구인가? 계명에는 하나님의 날이라고 했고 창조가 끝난 뒤 쉬셨기 때문이라는 이유까지 적혀 있다. 그런데 이 계명의 목적이 "나 여호와가 안식을 복되게 하여 그 날을 거룩하게" 하려고 정했다고 기록되어있다. "누구를 복 되게 하였다"는 말인가?

여기 "사람을 위하여 있다"의 "위하여(디아)"의 뜻은 "인하여"(마10:22,13:21,15:3) 혹은 "때문에"(눅5;19)라는 뜻이 담겨 있다. 즉 안식일의 주인은 하나님이지만 인간을 위하여 책정하셨다는 뜻이다. "엿

새 동안에 일을 하고 일곱째 날에는 쉬라 네 소와 나귀가 쉴 것이며 네 여종의 자식과 나그네가 숨을 돌리리라"(출23:12,신5:14)에 설명 되어 있다. 이 말씀의 종들과 자식과 나그네의 '숨' 은 생명을 뜻하여 쉼으로 영과 육이 강건해져 복을 받으라는 말이다. 그렇다면 교회나 안식일은 하나님의 날이지만 하나님을 위해 있는 것이 아니라 사람을 위해 있는 것이다.

율법에는 할례나 제사규정이 많다. 그러나 예수 그리스도의 속죄하심으로 우리는 그 율법에서 해방되었다(히9:13-15). 예수님 자신은 율법을 배반하거나 안식일을 어기신 일은 없었다. 그러나 유대인들이 볼 때에는 안식일에 병자를 고치신 일 등이 못마땅 했었다. 형식에만 치우친 그들은 율법의 배후에 숨어 있는 의와 자비는 깨닫지 못했던 것이다.

바울은 율법과 선지자들의 글에 기록된 것은 다 믿는다고 고백하면서(행24:14) 한 술 더 떠서 그리스도의 율법을 따랐다. "율법아래 있는 자들에게는 내가 율법 아래 있지 아니하나 율법 아래 있는 자 같이"(고전9:20) 행동하였고 "율법 없는 자에게는 그리스도의 율법 아래 있는 자"(고전9:21)라고 이중인격(?)을 밝히고 있다. 그러나 모세의 율법도 인정하나 사실은 그리스도의 율법 아래 있다"는 입장 표명이다. 여기에 분명히 모세의 율법과 그리스도의 율법이 근본 뜻과 목적은 같다 하더라도 형식에 있어서는 다른 것임을 명시 하셨다.

그것이 내면적 변화가 일어난 자에게는 옛 율법을 폐기할 필요 없이 그로부터 해방되는 것을 말하며 "그리스도 안에서는 육신의 할례는 효력이 없고"(갈5:6) 오히려 "율법이 연약하여 무익하다"(히8:19)고 그 이유를 밝히고 있다. 즉 육의 통제는 기초법이요 영의 통제는 완성법이라는 말이다.

주님께서 예루살렘에 입성하시고 성전을 내청소 하신 후 그 밤을 베다니 나사로의 집에서 유하신다. 그리고 그 다음 날 성전에 다시 들르시고 자기를 따른 무리와 제자들에게 긴 마지막 가르치심을 주셨다 (마21:23-23:39). 그 때 "네 마음을 다하고 목숨을 다하고 뜻을 다하여 주 너의 하나님을 사랑하라 하셨으니 이것이 크고 첫째 되는 계명이요 둘째는 네 이웃을 네 자신같이 사랑하라 하셨으니 두 계명이 온 율법과 선지자의 강령이니라"(마22:37-40) 하신다.

여기 '강령(크레만누미)' 이란 '매단다' (Hang up)는 뜻이다. 새 계명의 기둥에 옛 계명이 주렁주렁 매달려 있다는 뜻이다. 옛날 천막생활을 하던 유목시대에는 천막 중심에 든든한 지주가 있었다. 그 지주에는 천막은 물론 족보나 가보나 무기나 중요한 것들을 주렁주렁 매달고 살았던 것이다. 그의 새 계명의 중심주(中心柱)에 모세와 선지자들의 율법이 다 "매달려 있다"는 뜻이다. 예수님께서 세우신 삶의 중심주(中心柱)! 삶을 떠받들고 있는 기둥! 이것이 새 계명이라는 뜻이다. 주님의 든든한 기둥에 나의 삶의 천막과 보화가 매달려 있는 것이다.

옛 희랍 철학자는 교육원리를 '체질(Sieving)' 로 보았다. "적절한 교육이란 체의 눈의 크기를 맞추는 것" 이라고 정리하였다. 유치원의 체(Sieve)와 초등학교의 체의 다른 점은 체 눈의 크기가 커졌다는 것이다. 사람은 자기의 체의 눈 크기 만큼 이해하며 체 아래로 빠지는 만큼 자기 것으로 삼는다. 옛 계명의 체눈은 좁쌀눈이었다면 주님이 주신 새 계명의 체눈은 아름다운 열매가 빠질만한 주먹 눈이라고 보여진다. 구원의 구멍은 단지 둘(새계명)이었으나 그 속에 모든 것이 담겨져 있었다.

"이와 같이 우리도 어렸을 때에 이 세상의 초등 학문 아래에 있어서

종노릇하였더니 때가 차매 하나님이 그 아들을 보내사... 율법 아래 있는 자들을 속량하시고 우리로 아들의 명분을 얻게 하려 하심이라"(갈 4:3-5). 그리고 "믿음이 오기 전에 우리는 율법 아래에 매인 바 되고 계시될 믿음의 때까지 갇혔느니라"(갈3:23)라고 하신 것도 이해할 수 있다.

여기 "믿음이 오기까지"의 '믿음(텐 피스틴)'은 정관사 '텐'이 있어 아무 믿음이 아니고 의롭게 보신 아브라함의 믿음(갈3:6)을 말한다. 그는 주전 1700년경의 사람이었고 그보다 300여년 후에 모세를 통해 율법을 주신 것이다(갈3:11). 율법이 없어도 의롭다 함을 받은 "그 믿음"은 오로지 하나님과 직접 대화하며 그의 뜻을 순종한 믿음이다. 하나님의 음성을 듣고 고향을 떠나 먼 척박한 미개지로 천신만고를 무릅쓰고 순종한 믿음이다. 그 이후에 세월이 흐르면서 하나님의 음성을 들으려는 자가 없어졌다. 하나님께서는 부득불 모세를 통해 돌판에 새긴 계명과 율법을 주시게 된다. "믿음이 오기까지"는 성령시대를 뜻하신 것이다.

그리고 "믿음이 오기까지"의 두 번째 의의는 율법이라는 '초등 교사'의 보호 아래 두신 과거를 회고한 것이다(갈3:24). 이 초등교사(파이다고고스)란 주인의 종 중에서 선발된 신임받은 종을 말한다. 즉 주인의 어린 자녀를 맡아 학교에 가고 올 때, 그리고 외출할 때 그를 보호하며 주인이 정한 법으로 감시하는 자였다. 그의 간섭은 그를 위험에서 보호하는 것이었으나 자녀에게는 큰 구속이었다. 그런데 주님께서 오셔서 아브라함처럼 성숙한 믿음의 자녀에게 새 법을 주신 것이다.

"그런즉 (모세의) 율법이 무엇이냐 ... 약속하신 이가 오시기까지"(갈3:19) 임시 대책이었다는 것이다. 그리고 율법에서 해방시키셨다는 것은 유대인으로 말미암은 구원(요4:22)을 예수 그리스도와, 그리고 그가 보내신 성령의 가르치심을 아브라함처럼 믿고 순종함으로 구원이 있게 하셨다는 것이다. 그것을 모세의 율법에서 해방 되어 '믿음의 자손'이 되게 하시기 위해(갈3:26-29) 새 계명을 주셨다고 한 것이다.

그래서 "온 율법은 네 이웃 사랑하기를 네 몸과 같이 하라 하신 한 말씀에 이루었나니 ...성령을 쫓아 행하라 그리하면 육신의 욕심을 이루지 아니하리라... 너희가 만일 성령의 인도하시는 바가 되면 율법 아래 있지 아니하리라"(갈5:14-18)라고 하신다. 여기에 예수님께서 간단한 새 율법으로 과거의 복잡한 옛 율법을 커버할 수 있는 방도를 제시하고 있다. 그것이 성령의 인도하심이다. 성령이 임하시면 육신의 욕심을 제어하고 '이웃사랑'이 실천 되도록 돕는다는 것이다.

여기에 "성령을 쫓아 행하라"는 말과 "성령의 인도하시는 바가 되면"이라는 구체적이고 분명한 두 단계의 조치가 주어져 있다. 이 두 조치는 비슷한 것 같으나 다르다. 첫 단계는 차는 내가 몰되 성령님의 지시를 따르는 초기 단계이다. 그러나 "인도하시는 바가 되면"은 성령님이 운전대를 잡고 자신은 조수 자리로 옮겨진 것을 뜻한다. 1단계는 아직도 자기가 살아 있는 단계요, 2단계는 자기는 죽고 그리스도가 산 단계이다(갈2:20). 칼빈주의는 첫 단계를 무시하며 웨슬레는 두 번째 단계에 치중해 있다.

자기 차에 대한 자부심과 자기가 운전하는 재미가 커서 누구나 자기 운전대를 남에게 맡기려 하지 않는다. 그것이 세상 재미요 사는 맛이다. 그러나 차 사고나 교통 위반 책임은 운전자가 져야한다는 것도 알아야 한다. 운전자가 교통법규에 구속되듯 율법의 구속(롬7:7)에 매임(롬7:1-4) 받는 이유다. 인도하심을 받아 육은 죽고 영으로 사는(롬7:6) '초월의 상태', 즉 조수(助手)로 물러나면 근심과 염려와 심판에서 해방되어 천국을 이루는 것이 기독교의 백미다.

이것이 역접목(롬11:17)의 원리요 어린아이가 되어야 하는 원리다. 자기는 죽고 그리스도에게 모든 것을 맡기는 삶이 곧 천국이다. 그러나 자신의 정욕과 욕심과 야망이 다 죽은 후에(갈5:24-25) 이루어지는 것이어서 속인에게는 불가능한 일이며 그런 자에게 "나의 계명을 지키라"(요14:15,21) 하신 것이다. 그 말씀은 역접고 힘든 일로 보일 것은 분명하나 나를 죽이는 믿음을 가진자에게는 그 이상 기뻐하고 감사할 일이 없을 것이다(빌4:4). 많은 사람이 자기 운전대를 잡고 "무거운 것"과 "얽매이기 쉬운 죄를 벗"지 못하는 이유가 여기에 있다.

"이같이 한즉 하늘에 계신 너희 아버지의 아들이 되리니... 그러므로 하늘에 계신 너희 아버지의 온전하심과 같이 너희도 온전하라"(마5:45-48). 여기에 "이같이 한즉"은 "악한 자를 대적지 말고... 원수를 사랑하며 너희를 핍박하는 자를 위하여 기도하는"(마5:29-44), 그리고 "자기가 가진 것을 다 팔아 가난한 자들에게 주고 자기 십자가를 지고 주를 따르는"(막10:21) 것을 말한다.

온전한 구원을 희망한 젊은 관원에게 하신 예수님의 대답은 공관복음에 다 실려 있다(마19:21,막10:21,눅18:30). 그러나 마가복음에만 "자기 십자가를 지고"라는 말이 있었다. 그러나 그것마저도 옛날 성경(KJV)이외에는 생략되어 버린 이유를 알 수 없다. 어쨌든 온전한 구원이란 쉽지 않다는 것만은 분명하다. "그리고 와서 자기 십자가를 지고 나를 쫓으라"하신 지시를 순종하는 자라야 구원에 이를 수 있을 것이다. 이것이 조수의 사명인 것이다.

그렇다면 누가 감히 하나님을 "나의 아버지"라고 부를 수 있겠는가? 그러나 실망하지 않고 " ...온전하게 하시는 이인 예수를 바라보자!"(히12:1-2)는 권면을 받는 자에게 희망은 있다.

"너희가 육신대로 살면 반드시 죽을 것이로되 영으로써 몸의 행실을 죽이면 살리니 무릇 하나님의 영으로 인도함을 받는 사람은 곧 하나님의 아들이라"(롬8:13-14). 아멘!

온전케 하시는 주여! 이 모든 굴레를 벗고 자유하기를 원합니다.
내게 임재하사 나는 죽고 그리스도가 내 속에 살아나게 하소서!
그리고 그리스도의 새 계명이 나의 숨과 삶이 되게 하소서!
감히 아버지라 부를 수 없는 죄인을 긍휼히 여기사 주의 자녀로 만드소서!

6) 응보와 은혜

나와 친분이 있는 한 장로님이 며느리를 보면서 몇 가지 조건을 내걸었다. 그 조건의 제 일항이 삼대 기독교 신자여야 한다는 것이었다. 그런 어려운 조건에 해당하는 사람이 얼마나 되겠느냐고 주위에서 걱정스레 만류하였더니 그는 아브라함이 22대 하나님의 백성인 리브가를 며느리로 삼기 위해 2천 킬로가 넘는 고향까지 사람을 보낸 것이 아니냐고 답했다. 조상의 축복이 후손에게 미친다는 진리를 그는 굳게 믿고 있었다.

원인은 반드시 결과를 낳고 어떤 행위든지 갚음이 있다는 자연의 원리를 인과응보라고 한다. 특히 불교에서는 각자가 쌓은 선악의 원인만으로 길흉과 화복이 나타나는 것이 아니라 본인과 인연이 된 모든 사람의 과업이 서로 연관되어 결과를 낳고 영구히 윤회하는 생명에 나타난다고 믿고 있다.

고대 희랍 철학자 플라톤은 모든 원인(Cause)은 결과를 유발하고 그 결과는 연쇄적으로 또 다른 원인이 되고 그것이 또 다른 결과로 이어진다고 보았다. 인류역사를 거슬러 올라가면 우주의 제일 원인이 있고 그것을 신으로 보았다. 거기서 창조자를 야웨(YHWH 모든 것의 원인)라고 부르게 된 것이다. 모든 결과는 이전 원인에서 생겨났고 그 결과는 다음 결과의 원인이 됨으로 결과(Result)라고 하기보다 효과(Effect) 또는 효과적 결과(Effective R.)라고도 한다.

효과는 종적으로도, 횡적으로도 이어진다. 아이의 건강이나 성품은 부모의 유전효과도 있으나 횡적으로 교우효과, 교육효과, 관습효과, 사회효과 등 다양한 효과의 영향을 받는다. 이들 관련된 주변 효과를 집약한 거시적 견해와 그와 반대로 각 개인 위주로 보는 미시적 견해가 있다. 거시적 견해는 역사적 효과, 사회적 효과, 정치적 효과, 유전효과 등이며, 미시적 견해는 각 개인의 자유의지와 이성과 양심 그리고 습성과 감정과 심리상태 등을 분석한다.

불경에는 "한 몸은 부모의 연(緣 연줄)으로 태어나고 식물과 경험의 연으로 자라난다. 비가 오는 것, 바람이 부는 것, 잎이 떨어지는 것도 다 연이다. 그물의 한 토막이 옆의 한 두 매듭만으로 이루어질 수 없듯이 모든 것은 서로 많은 매듭으로 연결되어져 있다"라고 했다. 그래서 그들은 가족, 이웃, 전생 그리고 환경과의 복잡한 인연에 얽매인 연(緣)에 구속된 삶, 즉 숙명적 인생을 강조한다. 그리고 번뇌는 그 인연 때문에 생기며 번뇌에서 벗어나는 것을 '해탈'이라고 한다.

기독교에서도 어떤 면에서 보면 주변효과를 중요시하는 것처럼 보인다. 아브라함의 신앙이 자손에게 축복으로 미치고 악한 자가 받는 저주도 자손 3, 4대에 미치는 것(출34:7)이나, 노아와 그 아들들이 구원받은 일(창7:1), 소돔에 몇 사람의 의인이 없어 전 도성이 멸망 받은 일(창18:26-33) 그리고 아간 한 사람의 실수로 병사 3천명이 참사를 당한 어처구니 없는 일(수7:2-5) 등은 횡적 인연에 의한 연대 책임을 말한 것이다. 그리고 자식이 부모의 영향을 받아 선해지기도 하고 그와 반대로 악해질 수도 있다. 그리고 사회적 풍조와 전통과 집단 무의식의 영향도 있다.

좋은 나무(원인)는 예외 없이 좋은 열매(결과)를 맺고, 열매를 보아 나무를 알 수 있다는 미시적 원리를 예수님께서 말씀하셨다(마12:33). 참 감람나무에서 좋은 감람열매를 기대할 수 있으나 돌감람나무에서 올리브유를 기대할 수 없다는 것을 말씀하셨다. 그리고 가지의 접붙임과 뿌리의 진액(롬11:17)에 대한 말씀에서는 가지와 뿌리와의 인연을 중요시하고 있다. 그러나 자세히 보면 가지의 노력과 협조성을 강조하고 있어 주변 효과 보다 개인적이며 미시적 견해에 속한다고 본다.

부모의 유산으로 부유하게 사는 사람도 있고, 부모나 형제의 드러난 죄목으로 피해를 보는 사람도 적지 않다. 그러나 기독교에서는 외적 원인보다 내적 원인을 중요시하며 하나님의 심판은 각자의 내면적 본질인 영혼의 상태만으로 이루어지는 것이 특색이다. 각자의 죄와 의의 책임을 자기 이외의 남에게 돌리거나 팔자나 신에게 돌리려는 소극적 견해를 숙명론(宿命論)이라고 하며 모든 행위의 책임이 각자의 의지와 마음에 있다고 보는 적극적 견해를 운명론(運命論)이라 한다.

선지자를 통한 하나님의 말씀에 "나는 질투하는 하나님이니 나를 미워하는 아비의 죄를 그 자식에게 갚되 삼, 사대까지 벌할 것이다" (출20:5,34:7,신5:9,14:18,렘32:18)라고 했고 예수님의 말씀 가운데 "너희가 너희 조상의 형(刑)량을 채우라. 뱀들아 독사의 새끼들아 너희가 어떻게 지옥의 판결을 피하겠느냐?" (마23:32,33) 하시면서 '새끼' 의

'연대 저주'를 밝히신 대목도 있다.

여기에 먼저 하나님의 축복과 응답의 성격을 이해할 필요가 있다. 성경적으로는 보이는 것보다 보이지 않는 것, 현상적인 것보다 비현상적인 것, 임시적인 것보다 영구한 것을 중요로운 것으로 보고 있다는 점이다. 머리가 명석하다거나 외모가 아름답다거나 혹은 부자가 되었다거나 성공한다거나 하는 따위의 세상적인 것을 선으로 보지 않는다. 오히려 부한 자들을 경고했고(마19:23-24,딤전6:17,약1:0), 말의 지혜(고전1:19)나 세상 지혜(고전1:20,2:6,3:19)를 부정했다.

그리고 기독교는 죄의 궁극적 책임은 죄를 지은 각 개인에게 있다고 본다. "아비는 그 자식들을 인하여 죽임을 당치 않을 것이요 자식들은 그 아비를 인하여 죽임을 당치 않을 것이라. 각 사람은 자기 죄에 죽임을 당할 것이니라"(신24:16)라고 했다. 도시 국가로 발전하면서 "죄악이 관영"하여 연대 책임을 물으신 경우도 있다. 그러나 근본적 죄의 책임은 각 당사자에게 있다. 그것이 "각자의 행위를 따라... 심판을 받는"(레20:12-13) 율법의 원칙에서 알 수 있다.

그리고 선지자 예레미야를 통해서 말씀하셨다(렘31:29-30). "그 때에 그들이 다시는 이르기를 아비가 신 포도를 먹었으므로 아들들의 이가 시다 하지 아니하겠고 신 포도를 먹는 자마다 그 이가 심 같이 각기 자기 죄악으로만 죽으리라". 그리고 에스겔서에는 "내가 나의 삶을 두고 맹세하노니 너희가 이스라엘 가운데서 다시는 이 속담을 쓰지 못하게 하리라"(겔18:2,3)고 되어 있다. 이 말씀을 보면 그 당시에도 숙명론자들이 많았다는 것을 짐작할 수 있다.

여기 '그 때'와 '다시는'에 유의할 필요가 있다. 전에는 원죄로 인한 징계, 가문의 저주, 조상으로 인한 축복, 민족의 연대 책임, 가문의 죄, 도시의 죄, 민족의 죄 등이 인정되었다. 그리고 죄란 빚과 같아 조상이 갚지 못한 빚을 후손이 책임지듯 원죄에 대한 연대책임을 믿고 있었다. 그렇지만 '그 때'가 되면 그렇지 않다는 것이다. 그 때에는 은혜의 새 언약에 의해 개인의 믿음에 따라 은혜의 혜택이 주어질 것을 뜻한 것이다(요3:18).

그리고 기독교의 선과 악은 각자의 인위적 노력으로 이루어지는 것도, 착한 천성이나 주위의 영향으로 이루어지는 것도 아니라고 본다. 그리고 누구를 막론하고 다 같은 죄인이요 의인이 될 수 없다는 것을 밝히고 있다(롬3:11-18). 오직 개인의 믿음과 순종으로 하나님의 능력을 힘입는 그리스도의 특수 효과가 아니면 인간은 재기 불능한 '전적 패괴(敗壞)' 상태에 있어 하나님의 심판을 기다릴 뿐이다(롬2:4).

그것이 "그리스도 예수 안에 있는 속량으로 말미암아 하나님의 은혜로 값없이 의롭다하심을 얻은 자 되고"(롬3:24), "그로 말미암아 우리가 믿음으로 서 있는 은혜...를 얻었으며"(롬5:2) 그리고 "주 예수 그리스도로 말미암아 영생에 이르게 하려 함이라"(롬5:21)고 하신 것이다. 여기 '말미암아'는 무엇을 말하는가? 원인(Cause)을 밝히는 것이어서 의로워진 원인, 믿음에 서 있는 원인, 영생에 이르는 원인이 예수 그리스도에게 있다는 것이다. 이 원인을 은혜(카리스 Grace)라 한다.

은혜에는 신학적으로 보통은혜가 있고 특별은혜가 있다. 자연, 생명, 건강, 재능, 이성, 양심 등 누구에게나 동일하게 주신 은혜를 보통은혜(욥32:8,33:4, 시104:29-30, 사42:5)라 하며 어거스틴은 그것을 '자연적 은혜'(마5:45)라고 했다. 그리고 사하심의 은혜(롬3:24, 딛3:5), 성령의 임재(행11:23-24), 많은 유익(행18:27), 지혜롭고 강해짐(고전4:10,딤후2:1), 주안에서 수고(고전15:10), 온전해짐(고후12:9), 왕노릇(롬5:17) 등은 믿는 자에게만 한해서 주시는 특별은혜다.

그런데 문제는 이 특별은혜가 하나님의 일방적 시혜(施惠)인가? 인간의 양심과 의지의 반응인가? 하는 문제를 두고 의견이 첨예하게 대립 되어 왔다. 그 중에서도 초대 동방교회의 교부였던 펠라기우스는 "특별은혜는 사람의 의지와 진리에 계몽 된 양심 위에 간접적으로 공작하신다"고 했고, 그에 반하여 어거스틴은 "사람의 의지와 상관없이 하나님만이 독점적이고 일방적으로 공작하신다"고 보았다. 그리고 중간노선을 취한 신과 인간의 협력을 주장하는 준 펠라기우스 주의도 있다. 알메니안과 가톨릭은 이 협력적 은혜(Cooperating Grace)를 주장한다.

여기서 짚고 넘어가야 할 부분이 있다. 그것은 은혜(카리스 Grace)라는 낱말의 근본 뜻이 무엇이냐 하는 것이다. 박형용 박사의 책에는 첫째로 '받아들일 수 있는(Acceptable) 것' (눅4:22,골4:5-6), 둘째로 '총애와 호의' (고후8:9), 그리고 셋째로 '감사' (고전10:30,딤전1:12) 라는 뜻이 담겨 있다고 했다. 이 세 가지 조건을 종합하면 '받아들여 감사로 나타나는 총애(寵愛)' 라고 할 수 있다. 즉 은혜는 하나님의 총애를 받아들여 감사하는 사람에게만 은혜가 된다는 뜻이다.

그렇게 본다면 은혜란 인간이 하나님의 은혜를 거역할 수도 자원할 수도 없다고 본 칼빈의 '불가항력(不可抗力)적 은혜' 란 맞지 않는다. 인간에게 선택의 자유와 결단의 의지가 허용 된 것인가? 그렇지 않는가? 하는 문제와 관계 된다. 그래서 존 칼빈은 어떤 사람이 어떤 직업을 갖는 것, 어떤 사람과 결혼하는 것, 신을 믿는 것 등 모든 사건을 숙명론적으로 생각했다. 그래서 구원 받을 자와 멸망 받을 자를 미리 정해 두셨다는 절대 선택설을 주장하기에 이른다.

그러나 믿는다는 것이 타의에 의해서 될 수 있는 것인가 하는 근본 문제부터 생각해 볼 필요가 있다. "만일 너희가 믿음이 있고 의심하지 않으면 이 무화과나무에게 된 이런 일만 할 뿐 아니라 이 산더러 들려

바다에 던져지라 하면... 믿고 구하는 것은 다 받으리라"(마21:21-22)
고 말씀하셨다. 여기 "만일에(에안 if) 니희가 믿음이 있고 의심하지
않으면..."라고 한 것은 의심하거나 믿는 자유는 인간에게 있다는 전
제를 나타내는 말이다.

어떤 이는 "돌감람나무인 네가 그들 중에 접붙임이 되어 참감람나
무 뿌리의 진액을 함께 받는 자가 되었은즉..."(롬11:17)에서 '접붙임'
은 농부이신 하나님(요15:1)의 일이요, 가지의 의사와는 무관하다. 그
리고 '진액'이라는 특별 은혜(특혜)의 근원은 뿌리에 있다는 것을 들
어 가지의 선택 권한이 없다고 주장한다. 그러나 다른 이는 가지가 접
붙임을 받은 후에 성장을 위한 진액이 어디서 오는가를 말할 뿐이며
인간 가지는 달라 자유 선택권이 있다고 주장한다.

말씀에는 비유와 은유와 예화 등이 많다. 신자를 일꾼(마20:10), 또
는 양(마10:6)으로 보기도 하셨으나, 때로는 소금(마5:13), 그릇(롬
9:21), 가지(롬11:17), 갈대(마11:7) 등으로 빗대어 말씀하셨다. 그리하
여 말씀을 읽으면서 그 뜻을 오해하기가 쉽다. 이 갈대는 '생각하는
갈대'요, 이 가지는 열매(선행) 맺는 가지요, 이 그릇은 돌아다니며 사
역하는 도구요, 그리고 소금은 감각(맛)을 가진 인간 소금을 말한다.

그런데 이런 말씀도 있다. "내 안에 거하라 나도 너희 안에 거하리
라. 가지가 포도나무에 붙어 있지 아니하면 스스로 열매를 맺을 수 없
음 같이 너희도 내 안에 있지 아니하면 그러하리라"(요15:4). 여기 "있
지 아니하면(에안 메 if not)"이 4절에서 7절 사이에 네 번 나온다. 여
기에 귀중한 구원의 진리가 숨겨져 있다. 즉 붙어 있는 것이나 붙어 있
지 않는 책임이 가지에게 있다는 것, 그리고 가지가 나무에 붙어 있는
것이지 둥치가 가지에 붙어 있는 것이 아니라는 것, "네가 내안에 거
하는 것"이 먼저요 그 다음 "나도 너희안에 거하리라"는 것이다. 이것

은 논리적이기보다 실증적 진리이다.

종교에는 자연 속의 진리를 논리적으로 탐구하는 논리적 형태(Logical Form)가 있고, 신비적 체험이나 계시를 바탕으로 하는 실증적 형태(Evidential Form)가 있다. 불교나 힌두교, 도교, 유교 등은 인위적으로 출발한 종교여서 인간의 이성적 추리와 깨달음을 통한 논리적 형태에 속한다. 그럼으로 그 속에서는 깊은 깨달음은 있으나 절대적 진리라고 할 수 있는 통일된 개념이 없다. 그러나 예수님의 수훈이나 설교는 논리적 가르침이 아니라 오히려 모순투성이인 선언(Declaration)이 대부분이어서 이치로 맞지 않는다. 그러나 믿는 자에게는 그 모순이 진리로 나타나는 것이다.

논리적 종교는 신의 직접 계시보다 자연을 통한 간접 계시를 중요시 한다. 그리고 자연 계시로 나타나는 선악의 기준은 각 개인의 불확실한 상상과 양심의 반사에 의해 추정됨으로 사람에 따라 다를 수밖에 없다. 그래서 해인사의 팔만대장경은 성서의 오백 배 분량이나 된다. 그것도 전 세계적으로 본다면 극히 작은 부분에 불과하여 부처들의 오도(悟道)의 다양성을 나타내기에는 불충분하다.

논리적 종교의 특징은 선을 행한 만큼 보응을 받는다는 것이다. 낙원의 특별 보상을 주장하는 이슬람교도 심판대에는 저울이 있는데 한쪽에는 선한 업적을 반대쪽에는 악한 업적을 얹어 달아 저울이 어느쪽으로 기울어지느냐에 따라 지옥과 낙원에 이른다는 것이다(Sura13:102-140). 그러나 기독교는 우리의 업적과 상관없이 "은혜에 의하여 구원을 받았으니 이것이 하나님의 선물이라"(엡2:8-9,딛3:5-7)고 밝히고 있다.

파스칼은 "있다"와 "없다"나 "이다"와 "아니다"는 확률적으로 어느 쪽이 50%를 넘느냐에 달려 있다고 했다. 불교와 힌두교는 죄를 사함 받는 은혜란 "없다"고 주장하고 기독교는 "있다"를 주장한다. 한쪽은 성령은 없다고 주장하고 이쪽은 있다고 주장한다. 긴가민가하는 초기에는 55%의 긍정으로 시작한 믿음이 체험과 더불어 95%로 자라나는 것은 하나님의 은혜 탓이라고 하겠다.

일본의 불교 대승 이마나시 가구젠 (今成覺禪)도 그의 저서에서 "기독교의 방언이나 치유나 입신이나 예언 등은 이해가 안되는 성령의 신비"라고 말했다. 만일 그가 신자들에게 용솟음 치는 기쁨과 희열과 평안을 은혜로 체험할 수 있었다면 그도 기독교로 개종했을지도 모를 일이다. 오늘 날 이 신비의 기적이 그리스도를 믿는 각자에게 일어나고 있다는 것이 살아계신 하나님을 증거하고 있는 것이다.

논리적 종교의 특징은 선과 악에 대한 신 또는 자연의 보응이 한치도 여유 없이 정확하게 나타난다고 보는 데 있다. 그것을 불교에서는 인과응보(Retribution)라고 한다. 기독교에서도 "자기 행위를 따라 책들에 기록된 대로 심판을 받는다"(계20:12)고 되어 있고, 율법을 엄격히 다 지키지 못하거나 형제에게 노하거나 욕 하거나 형제와 화목하지 못하거나 마음에 음욕을 품거나...하면 지옥에 던져진다(마5:17-37)고 말씀하시면서 "진실로 네게 이르노니 네가 한 푼이라도 남김이 없이 다 갚기 전에는 결코 거기서 나오지 못하리라"(마5:26)라고 말씀하셨다.

그러나 "우리 하나님이 우리 죄악보다 형벌을 가볍게 하시고"(스9:13)나 ,"우리의 죄를 따라 우리를 처벌하지는 아니하시며 우리의 죄악을 따라 우리에게 그대로 갚지는 아니하셨으니"(시103:10,욥11:6)라는 말씀에는 형벌의 후한 감면(가말 Recompense)을 나타내고 있다. 하나님의 이 '가말(히)' 이 없었다면 인간 중에 구원 받을 수 있는 사람은 아무도 없을 것이다. 그러나 이 은혜 탓으로 "낙타가 바늘귀로 들어가는" 기적이 일어나는 것이다(마19:24-26).

인간의 행위에 대한 하나님의 심판을 성경에는 '보응'(신32:35,겔 16:43,호9:7,12:2), '보복'(요엘3:4) '갚음'(겔7:8-9,롬12:17), '베풂' (렘32:18) 등으로 번역했다. 그런데 그 갚음에는 두 가지 방법으로 나누어진다. 그 하나는 죄와 악에는 징벌과 진노로 갚으시고(겔 7:3-4,8-9) 선과 의로움에는 상급으로 갚으시는 '미슈파트'(삼하22:21-22,시 18:20-24)가 있다. 이것이 하나님의 공의를 나타낸다.

하나님의 특성 중의 하나가 '공의'(公義 Justice)이다. 공의란 사전에는 높은 수준의 의와 옳음을 뜻하며 선과 악에 대한 공평한 보상(報償), 즉 공정한 갚음(Fair Reward)을 뜻한다고 되어있다. 그런데 "여호와여 주께서 죄악을 지켜보실진대 주여 누가 서리이까. 그러나 사유하심이 주께 있음은 주를 경외하게 하심이니이다"(시130:3-4)라고 했다. 즉 주를 경외하면 사유하심을 받을 수 있다는 것이다. 즉 죄를 회개하고 주께로 돌아오면 사하신다는 것이다.

이것은 분명 큰 은혜이다. 살인자가 사형 받기 직전에 "내 잘못을 깨달았습니다"라고 한다고 해서 석방 될 수는 없다. 벌은 과거에 이미 지은 죄과에 대한 대가다. 그 대가를 무시하는 것이 공의가 될 수는 없다. 그렇다면 회개하고 돌아온다고 해서 사유하신다는 것은 공의인가? 은혜인가? 분명히 하나님의 사랑은 자신의 공의를 초월한 은혜이다. 이것을 '가말의 은혜'라고 한다.

"우리의 죄를 따라 우리를 처벌하지는 아니하시며 우리의 죄악을 따라 우리에게 그대로 갚지는 아니하셨으니 이는...그의 인자하심이 크심이로다"(시103:10-11). 이 '인자의 갚음'(가말)으로 우리는 간신히 희망을 얻은 것이다.

여기에 "우리의 죄악을 따라"는 "as we deserve"로서 '우리가 마땅히 받을 죄값을 따라' 라는 뜻이다. 그러나 그 죄값대로 갚지 않으시고 인자하게 갚으신다는 뜻이다. 이것이 "하나님이 우리의 죄악보다 형벌을 가볍게 하시고(less than we deserve)"(스9:13)라고 하신 이유이다. 하나님은 공의로우셔서 "눈은 눈으로 이는 이로" 갚으시리라고 짐작한다. 그러나 예수님께서는 말씀하셨다. "이런 말을 너희가 들었으나 나는 너희에게 이르노니 악한 자를 대적하지 말라 ... 너희 원수를 사랑하며 너희를 핍박하는 자를 위하여 기도하라. 이같이 한즉 하늘에 계신 너희 아버지의 아들이 되니니"(마5:38-48)라고 하신 것이다.

구약과 신약의 '약(Testament)'이란 '언약(Covenant)'이란 뜻이다. 이 언약은 상벌을 언약의 내용대로 갚으시겠다는 언약이 아니라, 하나님은 인간을 버리지 않으시고 참고 기다리시고 용서하시고 찾으셨다는 구약과, 자기 아들을 보내셔서 새로운 구원 계획을 따라 새언약을 세우신 것이 신약이다. 흔히 구약은 손톱만큼도 여유 없는 엄격한 계율로 보지만 "내가 그들에게 악행을 사하고 다시는 그 죄를 기억하지 아니하리라 여호와의 말씀이니라"(렘31:34)는 긍휼의 보상(가말)을 나타내셨다.

다윗에게 잘못된 인간성이 적지 않았으나 그의 장점은 아량과 자애가 많아 가말의 덕을 잃지 않았다. 그가 사울을 살려 준 것이나 자기 아들 압살롬의 반역으로 도망자가 되었을 때 길르앗의 부호 바르실래가 음식과 잠자리를 그와 그의 수종자들에게 제공한다. 다윗이 난이 지나고 예루살렘으로 귀성할 때 바르실래에게 함께 환궁할 것을 권한다. 그 때 그가 "왕께서 어찌하여 이같은 상(가말)으로 갚으시나이까?' 라고 한다. 자기가 한 일은 적은데 상급이 너무 후하다는 것이다.

예를 들면 식당에 들어가 음식을 먹고 정해진 값을 치르는 것은 '미슈파트'의 보상이며 계약에 의한 것이다. 그 연후에 테이블 위에 팁을 놓는 것은 '가말'의 보상이라 하겠다. 이를테면 점심식사를 하고 정가에 따라 10불을 지불하면 그속에 수고비와 이익이 포함 되어있다. 그런데 나오면서 2불이나 3불을 팁으로 놓아두고 나온다. 팁은 정해진 액수가 없어 어떤 이는 이십불을 성큼 내놓고 가는 사람도 있다. 하나님께서는 회개하는 자에게는 만달란트의 빚도 탕감하신다고 했다(마18:24). 이것이 불교의 인과응보(Retribution)에서는 볼 수 없는 진리다.

성경에는 '충만한 은혜'(요1:14)라는 말씀도 있고 "우리가 그의 충만한 데서 받으니 은혜 위에 은혜러라"(요1:16)는 말씀도 있다. 여기 "충만하다(프레로마토스)"는 "가득하다", "차고 넘친다"는 뜻이다. "은혜 위에 은혜"는 "카린(은혜) 안티(위하여) 카리토스(은혜)"로서 "은혜를 위한 은혜"라는 뜻이다. 즉 "충만한 은혜", "넘치는 은혜"라는 뜻이다.

왜 은혜가 넘치도록 충만한가? 하나님의 본성이 사랑과 자비가 충만하시기 때문이다. 그것을 그의 "충만한데서 받았다"하신 것이다. 그것이 "자기 독생자를 보내신(요1:14) 하나님의 충만한데서 받았다"고 한 것이다. 하나님께서는 그 충만한데서 자기의 독생자를 보내시게 된 것이다. 이미 계명과 약속을 주셨고 믿고 순종하는 자에게는 구원을, 순종하지 않는 자에게는 징계를(히3:12,4:1-2) 창세전에 정하시고(히4:3) 언약의 길을 터놓으신 것이다.

바울은 아버지께서 우리로 하여금 예수 안에 거하게 하신 것, 그리고 그의 십자가의 피로 자기와 화목하게 하신 것이 하나님의 충만한 은혜 탓이라고 말하고 있다(골1:19). 그뿐인가 "네게 있는 것 중에 받지 아니한 것이 무엇이냐?"(고전4:7), "네가 스스로 이룬 것처럼 자랑하는 이유가 무엇이냐"고 반문하면서 하나님과 화목하게 된 것이 네 탓이냐? 그와 반대로 충만한 은혜 탓이냐는 것이다. 사욕과 죄로 타락한 인간이 하나님과 화목하다니?

다윗이 왕궁 지붕 위에서 거닐다가 아름다운 한 여인이 목욕하는 것을 보고 음욕을 품는다. 그리고 그 여인(밧세바)을 왕권으로 데려와 범죄하게 된다(삼하11:2-4). 그리고 그 여인의 남편 우리아를 악마의 수법으로 일선 최전방에 배치하여 죽게 한 후 그를 첩으로 삼았다. 다윗이 죽게 한 우리아가 누구였던가? 그는 자기 생명을 지켜준 30인 충신 중의 한 사람이 아니었던가? 그렇다면 그 몹쓸 짓도 우리아의 무모한 죽음도 하나님의 예정 탓이 아니라 다윗의 에고 탓이었다.

그것을 보다 못해 다윗의 참모였으며 밧세바의 조부(삼하11:3,16:23)였던 아히도벨이 다윗의 곁을 떠나 압살롬의 반역에 가담했다가(삼하16:20) 고향에 돌아가 유언을 남기고 자살하게 된다(삼하17:23). 주석가 랑게(J.P.Lange)에 의하면 다윗이 아히도벨과 압살롬을 원수로 보고 시(시41:9, 55:12-15)를 썼다. "사망이 갑자기 그들에게 임하여 산채로 스올에 내려갈지어다. 이는 악독이 그들의 거처에 있고 그들 가운데에 있음이라"(시55:15)는 저주의 시를 썼다. 그렇다면 아무리 다윗이 왕이라 하더라도 얼마나 위선적이며 자기 본위의 오만함을 나타내고 있지 않는가.

그러나 다윗이 회개하고 하나님의 '충만한 은혜'를 깨달은 훗날에 쓴 시에는 "우리의 죄를 따라 처치하지 아니하시며 우리의 죄악을 따라 갚지 아니하셨으니"(시103:10)라고 고백하였다. 그는 하나님의 공의와 응보보다 월등한 가말을 확인했던 것이다. 그의 오래 참으심과 기다리심과 긍휼히 여기심과 용서하시는, 공의를 초월한 가말을 알게 된 것이다.

'은혜(카리스)' 란 '관대함(Generosity, Favor)' 을 뜻한다. 그것을 다른 말로 '아포디도미' 라고 하며, 즉 '관대하게(아포) 준다(디도미)' 는 뜻이다. 그리고 '용서한다' (카리조마이)도 은혜(카리스)를 베푼다는 뜻이다. 이것이 일만 달란트의 빚을 탕감하신 관대함이며, 백 데나리온을 탕감하지 못한 종에게 "내가 너를 불쌍히 여김과 같이 너도 네 동료를 불쌍히 여김이 마땅하지 아니하냐?" (마18:33) 하신 것이다. 인간의 관대함은 하나님의 관대하심에 비하면 백만분의 일에 불과하지만 '은혜' 로 사함 받은 자의 표시는 나타나야 한다는 것이다.

마20장에 예수님의 이해하기 어려운 비유가 실려 있다. 포도원 주인이 추수를 위해 아침 9시, 12시, 오후 3시 그리고 오후 다섯 시에 장터로 나가 일꾼을 구해 포도원으로 보낸 이야기다. 오후 6시에 일을 마감하며 한 시간 일한 사람이나 9시간 일한 사람에게 똑같이 한 데나리온의 임금을 지급했다. 그 당시로는 하루 한 데나리온의 임금은 좋은 노동임금이었고 경우에 따라서는 ¼ 데나리온을 받기도 했다. 먼저 온 사람이 불평을 터뜨리자 주인은 말했다 "내가 선함으로 네가 악하게 보느냐" (마20:15) 하신다. 즉 그의 선은 공정을 초월한 것임을 말씀하셨다.

"우리에게 있는 대제사장은 우리의 연약함을 동정하지 못하실 이가 아니요 ... 우리는 긍휼하심을 받고 때를 따라 돕는 은혜를 얻기 위하여 은혜의 보좌 앞에 담대히 나아갈 것이니라" (히4:15-16)의 '동정(숨파데마)' 은 "함께(숨) 당한다(파데마)" (벧전2:19-24)는 뜻이다. 즉 그는 우리의 연약함을 함께 당한다고 했다. 우리가 바보스럽게 남을 너그럽게 용서하고 양보할 때 받는 고통과 손실을 함께 받으신다는 말씀이다.

아멘! 할렐루야! 주의 은혜를 감사하고 감사할 따름입니다.

내 영혼에 평화가 넘쳐남은 주의 큰 복을 받음이라.
내가 주야로 주님과 함께 있어 내영혼이 편히 쉬네!
그 사랑의 물결이 영원토록 내 영혼을 덮으소서!

7) 사랑(아가페)과 미움(미세오)

매달 셋째 주 화요일은 내가 밴쿠버 '은혜의 집'에 모이는 현지 노숙자들에게 말씀을 전하는 날이다. 그날도 말씀을 전하면서 60여명의 노숙자와 십여 명의 봉사자에게 질문을 던졌다. 그것은 "하나님께서 어떤 사람을 미워하실 수 있다고 생각하십니까? 그리고 인간도 다른 사람을 미워할 수 있습니까?"였다. 이 질문에는 흔히 대답을 잘하는 화이트 씨도 머뭇거리더니 고개를 좌우로 흔들었다.

나는 그들의 답을 돕기 위해서 "성경에는 이런 말씀이 있지요. 무릇 내게 오는 자가 자기 부모와 처자와 형제와 자매와 더욱이 자기 목숨까지 미워하지 아니하면 능히 내 제자가 되지 못하고"(눅14:26)라고 하셨고 "주께서 의를 사랑하시고 불법을 미워하셨으니"(히1:9)라는 말씀도 있고 했더니 그제야 화이트 씨가 "그렇지요! 하나님은 죄인을 미워하시지요. 하나님께서는 물리치시기도 하시고, 미워하시기도 하시고, 진노하시기도 하시지요"라고 내 말을 가로 막았다.

나는 그에게 "그렇다면 우리도 죄인이나 원수를 미워할 수 있겠군요?"라고 했더니 그는 그에 대한 답은 석연치 않은 듯 고개를 갸우뚱했다.

성경에는 미워한다는 단어가 이따금 나온다. 그러나 그 뜻과 누가 누구에게 한 미움인가 하는 것을 먼저 살펴보아야 한다. 구약에는 싫어하며 미워하는 '사네(hate)'가 142회 쓰여졌고, 신약에는 '미세오 (hate)'가 37회 쓰여 있다. 그러나 그 대부분은 인간과 인간 간의 미움이며 하나님께서 인간을 미워하신 경우라 할지라도 인간 자체를 미워하신 것이 아니라 인간의 잘못 된 행위를 미워하셨던 것을 알 수 있다.

하나님께서 싫어하신 일을 '가증 된 것'이라 하셨고, 그것은 다른 신을 섬기며 자녀를 그 신들에게 불살라 바치는 일(신12:30-31), 여로보암 이후 우상숭배의 중심지가 된 '길갈'(호9:15), 형식적으로 드리는 '절기와 성회'(암5:21), 성소를 더럽힌 교만한 성직자들의 '야곱의 영광'(암6:8), 행악자의 모임(시26:5), 이혼하는 것과 아내를 학대하는 것(말2:16), 인간의 불의(욥34:17) 등이라고 했다. 결국 여호와께서 미워하시는 것은 인간의 행위와 죄악이었으며 인간 자체를 미워하셨다는 것이 아니다.

잠언에는 "여호와께서 미워하시는 것, 곧 그의 마음에 싫어하시는 것이 예닐곱 가지니 교만한 눈과 거짓된 혀와 무죄한 자의 피를 흘리는 손과 악한 계교를 꾀하는 마음과 빨리 악으로 달리는 발과 거짓을 말하는 망령된 증인과 형제를 이간하는 자이니라"(잠6:16-19)라는 말씀이 있다. 이것도 자세히 보면 '하나님께서 미워하시는 사람'이 아니고 '미워하시는 것'은 행위와 나쁜 마음씨라는 것을 지적한 것이다. 그 이유는 손과 발, 눈과 혀 등을 이용한 마음의 그릇 된 부분을 지적하고 있기 때문이다.

그 밖에 "주는 모두 행악자를 미워하시며"(시5:5), "...악인과 폭력을 좋아하는 자"(시11:5), "부당하게 나의 원수된 자"(시35:19) 등 인간을 지목한 말씀이 있으나, 시를 지은 작가의 개인적인 견해가 담겨 있거나 하나님의 분노를 쌓게 한 구제불능한 경우에 한해서 하신 말씀이다. 그리하여 "여호와께서 내 편이 되사 나를 돕는 자들 중에 계시니 그러므로 나를 미워하는 자들에게 보응하시는 것을 내가 보리로다"(시118:7)라고 한 시는 거룩하고 선하신 하나님의 뜻과 구별해야 한다고 보는 이도 있다.

나는 말씀을 늘 읽으면 그 속에 바른 답이 있다는 것을 확신한다. "네 이웃을 사랑하고(아가페) 네 원수를 미워하라 하였다는 것을 너희가 들었으나 나는 너희에게 이르노니 너희 원수를 사랑하며 너희를 박해하는 자를 위하여 기도하라. 이같이 한즉 하늘에 계신 너희 아버지의 아들이 되리니...너희가 너희 형제에게만 문안하면 남보다 더하는 것이 무엇이냐... 그러므로 하늘에 계신 너희 아버지의 온전하심과 같이 너희도 온전하라"(마5:43-48). 이 말씀은 하나님처럼 온전하려면 원수도 사랑해야 한다는 진리이다.

그리고 성경을 해석할 때 주의해야 할 낱말들이 많다는 것을 알아야 할 것이다. 예를 들면 로마서에 "기록된 바 내가 야곱은 사랑(아가페)하고 에서는 미워(미세오)하였다 하심이라"(롬9:13)라는 말씀이 있다. 여기 증오(미세오)와 사랑(아가페)은 서로 반대어로 해석하기가 쉽다. 그러나 성경학자 렌스키는 증오는 사랑의 반대어가 아니라 사랑의 비교급이라고 말했다.

구약에 이런 말씀이 있다. "여호와께서 이르시되 내가 너를 사랑하였노라 하나 너희는 이르기를 주께서 어떻게 우리를 사랑하셨나이까 하는도다. 나 여호와가 말하노라 에서는 야곱의 형이 아니냐 그러나 내가 야곱은 사랑하였고 에서는 미워하였으며"(말1:2-3)라고 되어 있다. 그러나 사랑에는 여러 등급의 사랑이 있고 덜 사랑하는 것을 "미워하였다"(미세오)로 기록 된 것이다. 그리고 에서를 덜 사랑하신 이유는 에서가 장자의 명분을 팥죽 한 그릇보다 업신여겼음이며(창25:32-34) 야곱은 교활한 면도 있었으나 하나님의 축복을 가장 중시하여 그에게 매달렸다는 것(창27:1-29,32:26)이다.

그리고 야곱이 "레아보다 라헬을 더 사랑하고...여호와께서 레아가 사랑 받지 못함을 보시고"(창29;30-31)와 "...하나는 사랑을 받고 하나는 미움을 받다가"(신21:15-17)를 비교하여 보면 '사랑 받지 못함'과 '미움 받음'은 다 같이 사랑의 비교급으로 보았다는 것을 알 수 있다. 그런데 완전한 하나님의 사랑(아가페)에 있어서도 차등이 있어 미흡한 사랑을 미움(미세오)으로 표현하고 있으며, 이런 사랑의 차이가 생기는 원인은 인간에게 그럴만한 이유가 있기 때문이라는 것을 나타내고 있다.

누가복음에는 "자기 부모와 처자와 형제와 자매와 및 자기 목숨까지 미워하지(미세오) 아니하면"(눅14:26)으로 되어 있으나, 마태복음에는 "아비나 어미를 나보다 더 사랑(필로스)하는 자는"(마10:37)으로 되어있다. 이 대목을 들어 성경 유오설을 주장하는 사람들이 인간의 오필로 단언한다. 그러나 다른 학자들은 미워한다는 뜻을 "덜 사랑한다"는 사랑의 비교급으로 본다면 같은 뜻이라는 것이다.

그 밖에도 "자기 생명을 사랑(필로스)하는 자는 잃어버릴 것이요 이 세상에서 자기 생명을 미워(미세오)하는 자는 영생하도록 보존하리라"(요12:25)는 말씀도 있다. 여기 "자기생명을 미워한다"는 뜻을

"나를 섬기면 아버지께서 귀히 여기신다"(요12:26)는 다음 말씀과 함께 보면 미워한다는 뜻이 아니라 자기보다 주를 더 사랑하라는 뜻임을 알 수 있다.

그리고 데이여(Joseph. H. Thayer)는 '미세오'의 뜻이 '미워하다(Hate)'는 뜻도 있으나 '꺼리다(Dislike)'는 뜻이 있어 구별해야 한다는 것을 지적하고 있다. "또 네 이웃을 사랑(아가페)하고 원수를 미워(미세도)하라 하였다는 것을 너희가 들었으나 나는 너희에게 이르노니 너희 원수를 사랑하며 너희를 박해하는 자를 위하여 기도하라"(마5:43-45)는 말씀이 있다. 여기서도 율법의 "원수를 미워하라"(레19:18)는 뜻도 원수를 꺼리는 것을 말하며 너희는 꺼려하지 말고 그를 위해서 기도하라는 뜻이다.

공의(Justice)란 사랑과 별도의 차가운 성품을 말하는 것으로 오해하지만 모든 사람을 공정하게 사랑한다는 뜻이며 단지 사랑하나 불의를 기뻐하지 않는다는 것이다(고전13:6). 각자의 범주에 따라 사랑의 차이를 나타내는 것을 말한다. 그래서 공의는 선악을 판결할 때에 어느 한 쪽에 치우치지 않고 공정하게 심판 할 수 있는 것이다. 추수 때에 농부가 아름다운 열매와 나쁜 열매를 함께 거두어 공의로 아무 미련 없이 버릴 것은 버리는 것처럼 담소하게 심판하신다는 뜻이다.

"의롭다 (디카이오스)"의 근본 뜻이 "판결하다(디케)"와 "불사르다(카이오스)"의 합성어로서 무시무시한 어원을 가지고 있어 심판 때에 그의 의를 나타내심을 뜻한다. 즉 아무리 진노하신다 하더라도 선악의 분간 없이 멸절하시거나 싹 쓸어버리지 않으시고 차분히 열매를 보아 사랑으로 공정하게 심판하신다는 뜻이다. 그리고 종말이 아니더라도 현재나 미래에 역사하시는 기본 원리로서 인간의 순종과 불순종에 따라 차분하게 판정하신다는 뜻이다.

그러나 많은 숙명론자들(구원파)은 하나님께서 자신의 권한으로 열매도 보기 전에 사람들을 예정하여 "그 자식들이 아직 나지도 아니하고 무슨 선이나 악을 행하지 아니한 때에 택하심"(롬9:11)을 받는다는 것 그리고 하나님께서 "야곱은 사랑하고 에서는 미워했다"(롬9:13)는 것을 들어 구원 받을 자와 멸망 받을 숙명이 미리 정해졌다고 주장한다. 그것은 하나님의 주권을 높이는 것 같으나 하나님의 사랑과 공의를 짓밟는 과오가 될 수 있다. 그리고 "아니한 때에 택했다"는 선택에 대해서는 다음 장에 다시 언급하기로 하겠다.

여기서 주의해야 할 점은 야곱은 사랑하고 에서는 덜 사랑했다는 것은 이유 없는 처사가 아니라 그들이 하나님을 섬기는 마음과 정성을 보시고 야곱은 더 사랑하시고 에서는 덜 사랑하셨다는 뜻이다. 그들뿐만 아니라 아브라함과 이삭과 야곱, 모세와 다윗과 이스라엘, 그리고 자기 백성을 하나님께서 아무런 '이유 없이' 더 사랑하셔서 택하시고 누구는 이유 없이 미워하셔서 버리실 수 없는 것은, 하나님은 사랑이시기 때문이다.

아브라함이 이유 없이 은혜를 받은 것이 아니라 "순종하여 장래의 유업으로 받을 (낯설고 척박한) 땅에 나아가 장막에 거하며"(히11:8-9)에 축복의 원인이 있다(창22:12). 이삭과 야곱도 같은 원인을 들고 있다. 그렇다면 "전에 택했다"는 아무 이유나 원칙도 없이 어떤 누구를 지목하여 택했다는 뜻이 아니라는 것이다. 만일 모든 것이 하나님께서 예정하신 대로 되어진다면 탕자가 회개하고 돌아옴을 기다릴 필요도, 돌아옴으로 기뻐하며 연회를 열 필요도, 잃은 양 한 마리를 찾기 까지 찾아다닐 필요도, 찾았다고 기뻐하며 즐거워할 필요도 없을 것이다

(눅15:3-20).

말씀(롬9;14)에 "우리가 무슨 말하리요"는 "이삭과 야곱에게 하신 약속에 대해 불평할 수 있느냐?'는 뜻이다. "하나님께 불의가 있느냐?'는 하나님께서 불공정하시다는 증거가 있느냐? 는 뜻이며 "그럴 수 없느니라"는 절대 그렇게 말할 수 없다는 것이다(히11:9). 내가 구원에 참여하게 된 것은 내가 미리 예정되었기 때문이 아니다. 전에는 아무런 긍휼을 받을 자격이 없는 죄인이었으나 겸손히 회개하고 주님께 돌아옴으로 하나님의 백성이 된 탓이다.

"너희가 전에는 백성이 아니더니 이제는 하나님의 백성이요 전에는 긍휼을 얻지 못하였더니 이제는 긍휼을 얻은 자니라"(벧전2:10)는 말씀은 처음부터 택함을 받은 자라는 기정 선택설을 부인하는 대목이다. 그리고 그렇게 된 원인은 "너희를 어두운 데서 불러내어 그의 기이한 빛에 들어가게 하신 이의 아름다운 덕을 선포하게 하려 하심이라"(벧전2:9)에 있다. 여기에 그 "어두운 데서 불러내심"은 특정 인물을 위함이 아니요 죄인 모두를 부르심이며(마9:13), 그 "기이한 빛"은 택함을 받은 자만을 위한 것이 아니요 "악인과 선인에게 비춰신 빛"을 말한 것이다(마5:45).

모세가 하나님의 은혜를 입은 것도 부모의 신앙이 있었기 때문이며 애굽 왕명을 거역하고 "하나님을 두려워한" 산파와 어머니의 믿음의 실천(출1:15-17,20-21)이 있었기 때문이다. 그리고 그가 40년간의 목동생활 가운데서 시내산에서 하나님을 만난 것은 우연한 일이 아니었고 그의 어머니를 통해 받은 신앙 때문이었다. 이사야는 그의 이름처럼 "여호와의 구원"을 갈망하는 경건한 부모 밑에서 타락하고 부패한 이스라엘을 한탄하며 자라났다. 그리하여 그가 20세(BC742)에 하나님의 부름을 받고 40년간 종으로 섬기게 된다.

선지자 예레미야는 예루살렘 북동 쪽 시골 마을 나나돗에서 베냐민 후손으로 태어났다. 그의 아버지 힐기아는 "하나님을 높이는" 강직한 제사장이었다. 그가 솔로몬을 따르지 않음으로 나나돗으로 좌천되어 세상을 비관하며 하나님에게 강구하여 얻은 아들이 예레미야였다. 예레미야는 결혼도 하지 않고, 가문을 잇는 제사장직을 포기하고 자유인으로 성별된 삶을 살았다. 이들 선지자들과 하나님의 위대한 종들은 하나같이 훌륭한 부모 아래 자라나며 스스로가 하나님을 발견하고 그의 지시를 따라 일생을 바친 사람들이다.

에스겔도 경건한 제사장 부시의 아들이었으며, 다니엘도 왕족이었으나 바벨론에 포로로 잡혀가 생활하는 동안 육식을 거부하며 하루에 세 번씩 예루살렘을 향해 창문을 열고 기도하며 믿음의 절개를 지킨 사람이다. 사무엘은 그의 어머니 한나의 기도의 응답으로 태어났고, 이방 모압 여인이었던 룻이 예수의 육적 조상이 된 것은 나오미의 사랑과 기도에서 하나님 경외심을 전수받은 결과였다.

하나님께서 은혜를 받아 은혜 되지 못하게 할 무자격자를 일방적으로 선택하여 특혜를 주셨다는 기사는 없다. 하나님께서 긍휼히 여길 자를 긍휼히 여기시고 불쌍히 여길 자를 불쌍히 여기시며 사랑하실 자와 덜 사랑하실 자를 구분하시는 이유가 바로 여기에 있다. 하나님의 귀히 쓸 그릇으로 택하심은 원인 없는 무조건 적인 것이 아니라 스스로가 예복으로 갈아 입는 자에게 한해서이다(마22:12-14).

축복의 언약을 받은 이스라엘이 순종 할 때 축복을 받고 열 지파가 끝내 불순종 할 때에 멸망받게 된 것(히8:9)은 하나님의 공의를 나타낸 것이다. "그들(이스라엘)은 믿지 아니함으로 꺾이고 너(이방인)는 믿음으로 섰느니라… 하나님이 원 가지들도 아끼지 아니하셨은즉 너도 아끼지 아니하시리라"(롬11:20-21)등은 하나님의 공의를 나타내며 차별이나 '특혜'를 전적으로 부인하고 있는 것이다.

첫째로 "모세에게 이르시되"의 원문은 모세에게 "말씀하신다(레게이)"가 아니고 "가르 레게이"로 이유를 밝히는 "가르(For)"가 첨부되어 있어 "모세에게 말씀하신 이유가 있다"는 역사적 원인을 밝히신 대목이다. 즉 그 당시에도 하나님은 소수에게만 긍휼하시다는 의혹을 가진 사람이 적지 않았던 것 같다.

"달음박질하는 자로 말미암음도 아니요"는 달음박질할 힘이 없는 자도 불쌍히 여기신다는 뜻이며 "원하는 자로 말미암음도 아니다"는 깨닫지 못해 무엇을 원해야 하는지도 모르는 자라 할지라도 긍휼히 여기신다는 뜻이다. 그리고 달음박질하는 자와 하지 않는 자에게 똑같이 긍휼을 베풀 수 없다는 뜻(고전9:24)도 암시하나, 구원은 인간의 노력의 대가가 아니라 하나님의 긍휼 때문이라는 것이다.

그렇다면 어떤 자를 긍휼히 여기시고 어떤 자를 더 사랑하시는가?

"달음박질하기를 향방 없는 것 같이 아니하고 싸우기를 허공을 치는 것 같이 아니하며 내가 내 몸을 쳐 복종하게 함은 내가 남에게 전파한 후에 자신이 도리어 버림을 당할까 두려워하는 자"(고전9:26-27)가 긍휼히 여기심과 사랑을 받을 자이다. 그러나 그것은 하나님의 긍휼을 받게 될 연유를 말하는 것뿐이며 그것이 구원의 대가라는 것은 아니다. 구원은 그의 긍휼하심과 사랑으로 이루어지기 때문이다.

여기에 주의해야 할 점이 있다. 인간은 아무리 선을 행하고 달음박질한다고 해서 그것으로 구원의 자격을 갖출 수는 없다. 그것은 주님의 인도 없이는 인간 스스로가 올바른 지식과 구원의 길을 찾아 따를 수 없기 때문이다(요10:3-5,롬10:2-3). 그래서 "아무 육체라도 하나님 앞에서 자랑하지 못하게 하려 하심"(고전1:27-29,롬11:18)이라고 하신 것이다. 오로지 믿음의 경주로 새로워진 자에게 내리시는 긍휼을 힘입을 뿐이다.

원래 그리스도를 보내신 하나님의 목적은 선별된 몇 사람만을 구하시려는 것이 아니었고(딤전4:10) "모든 사람이 구원을 받으며 진리를 아는데 이르기를 원하셨다(딤전2:4)". 그러나 사람들이 강퍅하여 그를 신의 실체로 받아들이지 않음으로(요3:11,32) 사랑(아가페)이 미움(미세오)으로 그리고 마지막에 진노하심을 받게 된 것이다. 그는 결국 자기 아들을 보내서서 그의 뜻을 알리시는 길 밖에 없었지만, 완악한 인간은 그것마저 거부하고 스스로가 받을 진노를 쌓는 것이다(롬2:5).

원래 예수님께서 이 땅에 오신 목적은 우리에게 회개할 기회를 주시기 위함이었다(마3:11,9:13,막2:17,눅5:32). 그리고 "내가 택한 자를 부르러 온 것"이라고 하시지 않으시고 "내가 의인을 부르러 온 것이 아니요 죄인을 불러 회개시키러 왔노라"(마9:13)하시며 제자들을 시켜 "네거리에 가서 사람을 만나는 대로 청하게"(마22:9)하신 것이다. 이것은 죄의식을 가진 자, 맑은 양심을 가진 자는 누구나 하나님의 부르심을 받고 초대에 응할 수 있음을 명시하고 있다. 회개하는 자가 사랑과 은혜를 받을 자격이 있는 자라는 말이다.

성경에는 "가증 된"이라는 단어가 나온다. 그것은 "싫어한다(브델뤼그마 Disgust)"를 뜻하며 사람을 두고 하신 말씀이 아니라 주로 "가증 된 일"을 말하며 "멸망의 가증한 것"(마24:15), "하나님 앞에 미움을 받는 것"(눅16:15)들을 지목하여 하신 말씀이다. 그것들은 "믿지 아니하는 것"(계21:8), "음행"(계17:4-5), "우상숭배"(롬2:22), 향락주의인 "니골라당의 행위"(계2:6,15), 그리고 많은 악독이다. 그러나 "우리도 전에는 어리석은 자요 순종하지 아니한 자요...가증스러운 자요 피차 미워한 자였으나 우리 구주 예수 그리스도로 말미암아 우리에게 그 성령을 풍성히 부어주사 ... 영생의 소망을 따라 상속자가 되게 하려 하심이라"(딛3:3-7)고 하셨다.

모든 죄는 다 회개하면 사함을 받을 수 있다(사43:25,44:21,22). 그러나 사함을 받을 수 없는 죄도 있다(막3:29,히10:29). 서로 상충되어 보이는 이 두 진리를 종합하면 "모든 죄는 사함을 받을 수 있으나 회개가 불가능한 죄는 사함을 받을 수 없다"라는 한 가지 진리로 귀결된다. 이는 회개의 또 하나의 한계 조건이요 성령의 역사의 한계를 나타내는 대목이다.

그렇다면 사함을 받을 수 없는 죄란 어떤 죄인가? 그것은 맛(죄감각, 죄의식) 잃은 소금이요(마5:13), 하나님의 선한 말씀과 내세의 능력을 맛보고 타락한 죄요(히6:4-5), 정욕을 버리지 않는 것(롬1:24)과 외식하는 죄(마23:13,23) 그리고 성령을 훼방(멸시)하는 것(막3:28)이다. 왜 이들 죄가 대단하여 사함을 받을 수 없게 하는가? 성령을 멸시하면 왜 구원을 얻을 수 없는가?

이들을 종합해 보면 성령님은 "몸의 행실을 죽이는 능력"(롬8:13,갈5:17), "의로워지는 능력"(딤전3:16), 감화하는 능력(고후6:6), 깨끗하게 하는 능력(벧전1:22,요일5:8), 새롭게 하는 능력(딛3:5), 하나님의 성전이 되게 하는 능력(고전3:16,6:19, 거룩하게 하는 능력(롬15:16)을 뜻한다. 그 능력을 멸시한다면 회개와 변화는 불가능하기 때문이다.

"모세의 법을 폐한 자도... 불쌍히 여김을 받지 못하고 죽었거든 하물며 하나님의 아들을 짓밟고 자기를 거룩하게 한 언약의 피를 부정한 것으로 여기고 은혜의 성령을 욕되게 하는 자가 당연히 받을 형벌은 얼마나 더 무섭겠느냐? 너희는 생각해 보라!'(히10:28-29).

이 말씀은 긍휼히 여기심은 물론 불쌍히 여김도 받지 못하는 이유가 "그리스도의 속죄의 피와 성령을 욕 되게 한 자"라는 데 있다. 그것이 하나님의 기다리심 끝에 오는 진노의 대상이 된다. 멸망이 예정 된 자가 누구인가? 다름 아닌 그리스도의 속죄의 피와 성령을 멸시하고 거부한 자이다.

"산들이 떠나며 언덕들은 옮겨질지라도 나의 자비는 네게서 떠나지 아니하며 나의 화평의 언약은 흔들리지 아니하리라. 너를 긍휼히 여기시는 여호와께서 말씀하셨느니라"(사54:10).

주여 무지한 죄인을 사하시고 용서하소서!
그리고 주의 공의와 사랑을 깨닫게 하소서!
종말이 온다 할지라도 그 크신 사랑과 자비와 긍휼로 보호하소서!

2장

부르심

02 은혜와 예정

1) 긍휼히 여기심과 불쌍히 여기심

노아 때의 대홍수며 소돔과 고모라의 멸망, 이스라엘 민족의 반복된 징계, 가나안 민족의 학살, 이스라엘 민족의 광야에서의 물갈이 그리고 모세의 애원과 죽음 등을 보면 하나님은 피도 눈물도 없는 공의의 심판관으로만 보기 쉽다.

그러나 그 때마다 그것은 때 묻은 옷을 세탁기에 넣듯 담담한 일상 작업이 아니라 하나님의 고통과 인간의 비애가 교차한 힘든 작업이었다는 것을 역사가 증명하고 있다. 노아의 홍수만 하더라도 "세상에 죄악이 관영함과 마음의 생각이 항상 악할 뿐임을 보시고 한탄하시고 근심하시며" 120년이라는 긴 세월을 기다리셨던 것을 본다(창6:3-6). 소돔의 멸망 때도 아브라함과 사자와의 흥정을 보면 하나님께서도 아브라함 이상으로 죄인들의 생명을 아끼시는 것을 알 수 있다.

BC 750년 경 니느웨가 멸망당하기 전 선지자 요나를 보내어 회개케 하셨다. 그러나 그들에게 일시적 회개운동이 있었으나 종내 다시 타락하여 백 년 후(BC612) 갈대아 연합군에 의해 멸망을 당했다(호11:5-7). 이스라엘 역사상 선지자를 통해서 여러 번 경고하시고 회개를 촉구하시며 자기 백성이 돌아오기를 애태워 기다리신 것을 볼 수 있다. 하나님께서 근심하셨다는 것! 참으시고 기다리셨다는 것! 그것은 무엇을 말하는가? 예정 된 것이었다면 한탄하고 기다릴 필요가 어디 있는가?

"빌라델비아 교회의 사자에게 편지하라. 거룩하고 진실하사 다윗(절대의 권위자)의 열쇠를 가지신 이 곧 열면 닫을 사람이 없고 닫으면 열 사람이 없는 그가 이르시되 볼지어다 내가 네 앞에 열린 문을 두었으되 능히 닫을 사람이 없으리라"(계3:7-7). 문을 열어 두셨다는 것은 인간이 죄를 회개하고 돌아오기를 기다리신다는 뜻이다. 하나님께서는 아직도 거리가 먼데 나가서서 하염없이 서서 기다리시는 이유가 무엇인가(눅15:20)?

인간의 죄만 본다면 아무도 구원받을 자는 없다. 그러나 죄사함을 받고 값없이 의롭다 하심을 받을 수 있는 구원의 문(롬3:24)이 열려 있다는 것이 천만 다행한 일이다. 세례 요한(마3:2)도, 예수님께서도 "천국이 가까웠으니 회개하라"(마4:17)고 복음을 전하셨다. 천국 은혜를 입으려면 회개하면 된다는 뜻이다. 그러나 그 속에는 "만일 회개하지 아니하면 다 이와 같이 망하리라!"(눅13:1-5)는 시한부 경고의 뜻도 함축되어 있다.

회개에는 꼭 필요한 조건이 있다. 그 첫째가 형벌자를 두려워하는 마음이요 다음이 죄의식(Guilt Sense)이다. 어린이는 농 위에 놓인 매를 의식하고 쉽게 "잘못했어요"라고 울며 고백한다. 그러나 어른에게는 농 위의 매는 사라졌고 천상에 매가 있다는 것을 인정하지 않으려 하니 회개가 쉽지 않다. 그것이 하나님을 두려워하지 않는 당돌한 사람에게는 회개가 불가능한 까닭이다.

죄의식은 자신의 죄를 깨닫고 자신을 정죄함에서 오는 양심의 고통이다(롬7:24). 그러나 사람은 자기 보호 의식 때문에 자신을 정죄하여 자신을 괴롭히려고 하지 않는다. 그것이 지혜롭고 약은 사람, 양심이 이미 완악해진 사람, 타락하여 희망을 포기한 사람, 지위와 명성에 눈이 어두운 사람은 회개를 자멸로 보기 때문에 불가능하다. 그리고 죄가 상습화 되면 양심은 굳어져 고통은 사라지게 되며 그것을 강퍅해졌다고 말하고 있다.

덴톤 목사(Donald D. Denton)는 사람이 더러운 거처에 처할 때나 죄를 범할 때 공통적으로 느끼는 불쾌감을 인간의 기본 감정(Basic emotional datum)인 죄의식이라고 하면서 그것에서 오는 양심의 고통을 하나님과 함께 느끼는 죄에 대한 자아 심판이라고 했다. 그래서 양심을 신이 주신 윤리의 판단 기준이라고도 하고 각 개인에게 내재하는 '영적 각성 자세(inner posture of hyper-vigilance)' 라고도 한다. 그래서 회개는 하나님께로 돌아가는 '첫단추' 라고 한다.

그러나 정신과 의사나 심리학자들은 그것을 생리적으로 해석하여 '불안 심리장애(Anxiety Disorder)' 나 '정신장애(Mental Disorder)' 로 보는가 하면 정신분열증(Bipolar Disorder)이나 형벌 공포증으로 진단한다. 즉 그들은 두려움을 건강을 해치는 병적 증상으로 본 것이다. 그리고 그런 사람은 대체로 가혹한 부모나 엄격한 종교 가정에서 자라난 탓이라고 해석한다.

자신이 엄격한 삶을 살면서 남에게 관대하기가 어렵다는 것은 누구나 잘 아는 사실이다. 그것은 자신에게 엄격하면서 남에게는 관대하며 (빌4:5) 겸손과 사랑으로(요일4:16-17) 대한다는 것은 역설이요 모순이요 가면에 지나지 않는다고 보는 것이다. 그러나 자신과 싸우며 마귀를 대적하여(요일3:8) 자신을 깨끗하게 지키(요일3:3)면서도 범죄한 남들을 용납하며 화목한다면 그것은 자신의 부족을 인정하고 회개한 증거이며 죄인을 용납하시는 하나님의 사랑을 체험한 증거다.

죄책감과 죄의식은 다르다. 죄의식은 자신의 죄를 깨닫는 양심의 활동이며 누구에게나 있다. 그러나 죄책감은 하나님의 존재와 공의와 심판을 인정하는 사람만이 갖는다. 이것이 성령의 조명으로 하나님의 존재를 알게 된 자만이 회개가 가능한 이유이다. 막연했던 하나님의 존재를 실감하게 되면 그것이 양심에 충격을 주어 "어찌할꼬!"(행 2:37)하는 죄책감을 야기한다. 죄책감(Guilt Feeling)은 하나님을 두려워하여 자신을 죄인으로 몰아 근심을 일으켜 회개를 이루게 하는 마음이다(고후7:9-10).

죄 의식은 있는데 죄책감이 없는 이유가 무엇인가? 죄책감은 양심의 고통이기 때문이다. 이미 양심의 감도가 말라 굳어져 고통을 느끼지 못하기 때문이다. 비가 와야 땅이 물러지고 새싹이 트는 것처럼 눈물이 흘러야 새싹이 튼다. 그러나 비가 와도 물러지지 않는 땅이 있다. 성령의 단비를 받아(행2:37-38) 마음이 물러져야 진리를 깨닫고(딤후 2:25) 회개가 이루어진다(히6:1).

흔히 예수를 영접하고 믿는 순간 모든 죄에서 해방되고 두려움과 죄의식도 사라지는 것으로 잘못 알고 있다. 하나님에게로 돌아섰다고 하는 것은 '하말티아(방향이탈)'의 죄를 회개한 '메타노이아(방향 전환)'이며 그것은 의식 전환에 불과하다. 아직도 행동전환과 성품전환이 뒤이어 이루어지는 데는 장시간이 소요된다. 육신의 생각인 욕심과 교만과 이기심(요일2:15-16) 등 '아노미아'의 죄(요일3:4-9), 끝없이 은혜를 잊어버리는 '오페이로'의 죄, 계명을 범하는 '파라바시스'의 죄(롬2:25-27) 등은 그대로 지속되기가 쉽다.

단지 지은 죄를 하나씩 회개할 때마다 씻음과 사함을 받게 되며 차츰 큰 죄에서 작은 죄로, 의식적 죄에서 무의식적 죄로, 나타난 죄에서 나타나지 않은 죄로, 습관적 죄에서 프로이트가 말한 집단 무의식적 죄로, 죄의 내용과 항목이 달라질 뿐 회개는 끝없이 이어지는 것이다. 거울을 닦으면 닦을수록 보이지 않던 추함이 드러나 보이게 되듯이 회개는 하면 할수록 깊어지는 것이다. 한두 번의 회개로 성화가 마무리 되었다고 착각하는 사람은 성령의 단비를 지속적으로 받지 못해 양심이 다시 굳어졌다는 증거다.

끊임 없는 지속적 회개로 "그의 깨끗하심과 같이 자기를 깨끗하게 한 자"(요일3:3)가 되는 것은 굳은 땅을 한두 번 경작으로 옥토를 만들수 없는 이치와 같다. 한두 번 잡초를 제거했다고 해서 잡초가 없어지는 것은 아니다. 흙 속에 잔뿌리와 바람에 날려드는 씨는 하루 밤사이에 뿌리를 내린다. 그것을 꾸준히 살피고 캐내는 힘든 작업을 '잡초(죄)와의 싸움' 이라고도 한다. 세상이 아무리 잡초와 가시와의 싸움으로 스산하다 하더라도 성령의 단비를 받아 지속적으로 회개하는 자는 속사람이 날로 새로워지는 은혜를 받게 된다(고전15:31).

회개는 자신을 붙들어 맨 밧줄을 하나하나 풀어나가는 것이다. 마귀가 목과 손과 발을 이중 삼중으로 둘러 맨 오랏줄과 족쇄를 풀어나가는 작업이다. 단 한 번 회개함으로 숨도 못 쉬게 조인 '하말티아' 의 족쇄에서 해방 되었다고 자유를 얻은 것은 아니다. 손과 발에 채워진 마귀의 족쇄도 하나하나 풀려져야 한다. 그리고 성령의 인도하심을 따라 자유스럽게 움직일 수 있어야 한다. 믿음이 온전해지고 두려움이 없어지는(요일4:12) 해방감은 꾸준한 성찰과 회개에서 온다.

바울의 진솔한 간증이 있다. "내가 내 몸을 쳐 복종하게 함은 내가 남에게 전파한 후에 자기가 도리어 버림이 될까 두려워함이로라"(고전9:27). 여기 "두려워 한다(후포피아조오)" 는 '두려움으로 자신을 혹독하게 다룬다' 는 뜻이다. 그 두려움은 경마자가 달리는 말을 채찍과 박차(拍車)로 더욱 심하게 재촉하며 고통을 주는 것을 뜻한다. 하나님의 종으로 고난과 역경을 밥 먹듯 하는 그가 무슨 유물적 습성이 남아 있어 구원을 놓칠까 두려워한 것인가?

그의 위대함은 자만하지 않고 항상 만삭 되지 못하고 태어난 자 같이 미흡하게 느꼈던 두려움에 있다. 그리하여 그는 "두렵고 떨림으로 네 구원을 이루라"(빌2:12)고 말했다. 여기서 말한 '두려움 (포보우)'은 생명의 위협을 받을 때의 무서움(fear)을 말한다. 이 무서움은 하나님을 경외하는 두려움(데이리아)이 아니라 적의 침공을 발견했을 때 온 몸이 얼어붙는 두려움이다. 이 두려움이 범사에 감사하며 기뻐해야 할 신자의 삶(빌4:4-6) 속에 있어야 한다는 것이다.

죄의식에서 오는 두려움! 암 환자가 암에 대한 공포증 같은 죄에 대한 두려움이 없다면 온 영혼이 병든다 하더라도 회개할 사람은 없다. 죄의 균이 창궐하는 세상에 살면서 그 병균의 전염을 두려워하지 않는다면 그는 이미 그 병에 걸려 있거나 병의 무서움을 모르기 때문이다. "죄가 관영한"(창6:5) 상태란 죄가 보편화 되어 회개가 없어진 것을 말한다. 그래서 "말세에 믿는 자를 보겠느냐?'하신 것이다. 회개가 없어지면 믿음도 따라서 없어지는 것을 지적하신 것이다

어떤 목사님이 "회개를 반복하는 것은 사함 받았다는 믿음이 없기 때문" 이라고 강조했다. 그리고 그 교회에서는 회개를 촉구하는 설교도 부흥회도 없어졌다. 그런데 한 번은 그 교회의 분위기를 모르는 어떤 강사가 회개에 대한 설교를 했다. 오지랖이 넓은 어떤 젊은이가 그 목사님을 찾아갔다. 그리고 그에게 불안스럽게 회개를 강요하는 이유가 무엇이냐고 씨근대며 물었다. 목사님은 잠시 생각을 정리하여 이렇게 대답했다.

"어떤 탕자의 일화를 생각해 봅시다. 탕자가 인자한 아버지 밑에 있었을 때에는 아무 어려움 없이 살지 않았겠어요"라고 하면서 누가복음 15장의 탕자 비유를 들었다. "그런데 그가 무엇이 불만스러워 집을 나갔겠습니까? 그리고 무례하게 아버지가 살아있는데 유산을 달라고 졸랐겠습니까?"

젊은이는 어림잡아 "그가 막무가내의 바보였기 때문이지요"라고 대답했다.

목사님은 미소를 지으며 "그와 반대지요! 너무 똑똑해서지요!". 의외의 대답에 젊은이는 눈이 동그래졌다.

목사님은 이어서 "똑똑한 친구는 항상 자신이 있어 독립을 원하지요! 맏아들은 머리가 나빠 학교도 가지 못했고 실수도 많았지만 아버지의 명을 어기는 일이 없었습니다"(눅15:29).

"그런데 둘째는 영리하고 친구도 많아 모든 일에 자신만만했지요. 그는 학교에서 돌아오면 아버지가 시키는 밭일이나 가축을 돌보는 일 따위는 사람들이 무시하는 'Dirt Farmer'나 바보 같이 순진한 자(Beaver)들이나 할 일이라고 생각했었지요. 그리고 아버지가 그의 현명함을 인정해 주지 않고 일방적으로 순종만을 강요하는 것이 더 싫었던 것이지요."

젊은이는 빙그레 웃으면서 "아버지들은 다 같지 않나요!"라고 목사님의 말에 동의 했다.

목사님은 그의 대꾸에 아랑곳하지 않고 "어쩌다가 아버지가 그의 게으름을 나무라거나 무엇을 가르치려고 하면 자기가 더 현명하다는 것을 인정받으려고 맞서 이론적으로 따지며 대결하였고 그러다가 자기를 인정하지 않는다고 불평을 털어 놓았지요."

"그러던 어느 날 아버지에게 책망을 들은 둘째는 집을 나가 며칠을 친구와 지내면서 자기의 능력을 입증해 보일 계획을 세우게 된 것입니다. 모든 똑똑한 젊은이들은 누구나 그렇게 생각하는 법이니까요."

젊은이는 빙그레 웃었다.

"그리고 집을 떠나 큰 도시로 가 반드시 아버지에게 성공해 보이겠다는 각오로 자기의 분깃을 요구했지요." 목사님은 잠시 슬픈 표정으로 안경을 닦으시더니 "그 당돌한 태도가 아버지에게는 사뭇 못마땅했으나 그의 고집을 꺾을 수 없어 종내 아버지는 돈을 주시면서 주의를 당부하며 보낼 수밖에 없었지요" 그리고 그는 이렇게 말을 이어 나갔다.

"그가 몰랐던 것은 세상에는 자기보다 똑똑한 사람들이 많아 성공이 쉽지 않다는 것과 죄악의 유혹과 사기가 많다는 것, 그로인해 세상 부귀영화는 오래 지속되지 않는다는 것이었지요. 그는 결국 돈을 탕진하고 빌어먹게 되고 노숙자의 비참한 경지에 이르렀을 때 자기 아버지 집의 풍요함을 회상하게 되었지요."

"그는 아버지에게 반항했던 일, 아버지의 규율을 업신여기고 자기가 잘난 척했던 일들을 뉘우치게 되었을 뿐 아니라 그것이 하나님의 은혜를 저버린 죄라는 것까지(눅15:18) 알게 되었지요. 그는 눈물을 흘리며 뼈저리게 회개하고, 이미 부자의 관계를 청산하고 유산까지 챙겼으니 종이 되기로 결심하게 된 것이지요."

목사님은 수건으로 안경을 또 한 번 훔쳤다. 그리고는 말을 이었다.

"성경에는 탕자가 다행히 세상 재물이 없어 자존심을 꺾고 회개하고 집으로 돌아왔지만 그 앞장의 일화(눅14:25-33)를 보면 회개하고 돌아와 종이 되기가 쉽지 않다는 것을 알 수 있지요. 자기에게 죄악 세상에서 얽매인 인연과 재물을 끊는 것도 어렵지만 더욱 자존심을 꺾고 아들이 아닌 종이 되겠다는 결심은 결코 쉬운 일이 아니니까요."

그리고 잠시 뜸들여 그는 이렇게 의미심장한 말을 했다. "그러나 오늘날엔 종은 싫고 당당하게 아들로 돌아왔다는 사람이 대부분이지요". "그것은 자기의 죄를 깨닫고 변한 것이 아니라 자기의 잘못은 묵인하고 옛날처럼 아들의 지위만 누리려는 오만과 파렴치한 자들이니까요!"

학생은 그 뜻을 몰라 의아한 표정을 짓자 그는 "똑똑한 사람들은 약삭빠른 계산으로 평안이니 축복이니 영생이니 하는 것에는 관심이 있으나 종으로 일하겠다는 사람은 적다는 말이지요. 손도 안대고 코풀려는 염치없는 사람들이지요"라고 덧붙였다. 목사님은 한숨을 길게 내쉬더니 이렇게 뜻밖의 질문을 던졌다.

"학생! 그보다 만일에 둘째가 회개하고 돌아오지 않았다거나 돌아왔어도 자기가 아들이니 재산을 더 달라고 요구했다면 이 두 아들 중에 아버지는 누구를 더 불쌍하게 여겼을까요?"

학생은 그거야 생각할 것도 없다는 듯이 "바보 같은 맏아들보다 똑똑하고 잘생긴 둘째가 아쉽고 안타깝게 생각되지 않았겠어요?" 라고 대답했다. 목사님은 머리를 좌우로 흔들며 의외의 반응을 보였다.

바로 이 점이 그 젊은이가 깨닫지 못한 문제의 핵심이었던 것이다. 물론 아버지의 기다림은 오랫동안 지속될 것이다. 그러나 끝내 돌아오지 않는다면 기다림이 분노로 바뀌는 것을 선지자는 밝혔다(사1:2-9). 독특한 아버지의 사랑이 크면 클수록 자식의 존경과 순종을 원하시는 기대도 크시며 사랑과 순종이 부자의 관계를 유지시키는 요건임을 성경은 말하고 있는 것이다.

회개를 모르는 세속화된 똑똑한 둘째 아들이 털끝만큼도 이해하지 못한 점이 바로 이것이었다(엡5:1-2, 6:1-4, 요일5:2). 많은 사람들이 아버지가 죽었으리라고 믿거나 그렇지 않더라도 이것을 이해하지 못하기 때문에 돌아오지 않는다. 그들은 기지가 되어 비참한 지경에 다달아도 자신이 아직도 똑똑하다는 자존심 때문에 결코 종으로는 돌아 갈 수 없다고 고집한다. 그리고 그들이 즐기는 자유를 희생시킬 수는 없다고 생각하는 것이다.

아버지는 똑똑하고 완악한 자식을 긍휼히 여기지 않는다. 똑똑한 자식보다 그렇지 못한 자식을, 능력이 많은 자식보다 무능한 자식을 긍휼히 여기신다. 하나님께서는 자립하겠다는 교만한 자를 물리치시고(고전1:19-21, 2:4-7), 겸손히 죄와 부족함을 자인하고 자기에게 의지하는 자를 돌보신다(고전1:27-29). 똑똑한 자식보다 바보스럽게 묵묵히 순종하는 자식을 더 불쌍하게 여기신다. 그것을 인정할 수 없다면 지체 부자유자를 둔 아버지를 찾아가 물어 보라. 어차피 인간답게 살지 못할 자를 포기하지 않고 모든 것을 희생하며 돌보느냐고 물어보라.

그것이 "약할 때에 곧 강해지는"(고후12:10) 것이며 "약한 것 외에 자랑치 아니하리라"(고후12:5)는 바울의 고백에서 이 진리를 깨달을 수 있다.

성경에는 긍휼(엘레오스 Mercy)과 불쌍히 여김(오이크티로 Affection)을 구분하고 있다. "모세에게 이르시되 내가 긍휼히 여길 자를 긍휼히 여기고 불쌍히 여길 자를 불쌍히 여기리라"(롬9:15). 여기서 두 낱말은 같은 것으로 보이지만 그 뜻의 차이는 매우 크다. 성경 주석가는 긍휼은 가련한 처지에 있는 자를 돕겠다는 동기와 결과까지 책임지는 것을 뜻하며 '불쌍히 여김'은 가련하게 보시나 도울 수 없는 딱한 처지를 뜻하는 것이라고 했다. 하나는 도우면 효과와 가능성이 있다는 것이고, 다른 하나는 아무 가망이 없다는 뜻이다.

즉 긍휼(엘레오스)은 불쌍히 여길 뿐만 아니라 그를 돕는 행위가 뒤따르는 것을 말한다(마5:7). 따라서 긍휼은 은혜와 직결된 단어이다. 그렇지만 불쌍히 여기는 것은 아무리 도우려고 해도 도울 수 없는 딱한 처지를 대변하는 말이다. 언뜻 보면 하나님께서 사람을 불공평하게 편애하시는 것 같이 보인다. 그러나 사실은 은혜를 받을 자격이 없는 자에게 은혜를 베풀 수 없다는 뜻이다. 그 이유가 무엇인가? 그 이유는 "거룩한 것을 개에게 주지 말며 너희 진주를 돼지 앞에 던지지 말라"(마7:6)에 있다. 거룩한 것을 짓밟아 버릴 것을 알고 하신 말씀이다.

그리고 "모세에게 이르시되 내가 긍휼히 여길 자를 긍휼히 여기고 불쌍히 여길 자를 불쌍히 여기리라 하셨으니 그런즉 원하는 자로 말미암음도 아니요 달음박질하는 자로 말미암음도 아니요 오직 긍휼히 여기시는 하나님으로 말미암음이니라"(롬9:15-16)는 구원파들이 흔히 강조하는 구절이다. 그러나 이 말씀은 잘못 해석하면 하나님을 불공정하신 분으로 오인할 요지가 된다.

누가 긍휼을 받을 자인가? 현명하고 똑똑한 자인가? 죄를 적게 범한 자인가? 죄의식이 있는 자인가? 아니다. 겸손하게 하나님 앞에 무릎을 꿇고 눈물로 자기의 모든 죄를 회개하는 자이다. 그리고 바보스럽게 아버지를 순종하는 자이다.

하나님께서 세상의 미련한 것들을 택하사 지혜 있는 자를 부끄럽게 하려 하시고 세상의 약한 것들을 택하사 강한 것들을 부끄럽게 하려 하시고... 세상의 천한 것들과 멸시 받는 것들과 없는 것들을 택하사 있는 것들을 폐하려 하시나니 (고전1:27-28).

아멘! 주여 긍휼히 여기소서!
여기 이 죄인 눈물로 회개하고 돌이옵니다.

2) 중생과 새롭게 하심

어떤 종교를 망라하고 신이 현세와 내세를 다스리며 심판한다고 믿는다(고후11:15). 장자의 도교(道敎)에는 내세가 없고, 유교는 생자의 혼이 죽으면 귀신(백 魄)이 되어 자연 속에 유리하는 다신주의 혼백(魂魄)설을 믿는다. 그래서 그것들을 종교라 하기 어렵다.

공자는 주전 550년 전 중국 산둥성 취푸에서 귀족의 아들로 태어나 많은 교육을 받고 뛰어난 스승이 된다. 오늘도 그의 75대 적장손인 쿵샹카이(79)의 집에 모셔진 공자의 위패엔 '신위(神位)'라는 말이 없다. 단지 '大成至聖先師', 즉 '위대한 스승'이라는 표기가 있을 뿐이다. 방문객이 어떻게 '신위'라는 말이 없느냐고 물었더니 적장손이 "공자께서 신이 있다고 하지 않았는데 그가 어떻게 신이 되겠느냐?"라고 대답했다.

불교에는 인생의 고통과 번뇌와 욕망을 다스리는 사제(四諦)도 있고 계명에 해당하는 팔정도(八正道)도 있다. 그리고 그 행위에 따라 인과응보에 의하여 윤회와 극락이 주어진다고 믿는다. 그리고 그들은 자력으로 수도(修道)와 각성(覺醒)에 의한 피나는 노력 끝에 석존에 도달하는 고행의 길을 걷는다.

석가는 히말라야 기슭에 있었던 가피라성의 고다마 왕의 첫아들로 태어나 최고의 교육을 받고 19세에 결혼하게 된다. 그리고 약 10년 동안 향락생활에 깊이 빠졌다가 부인을 잃은 후 아지타라는 선사를 만난 것이 계기가 되어 29세 때 가출을 한다. 산중에서 6년간 고행한 끝에 35세 되던 해 12월 8일 아침에 각성과 오도에 이르러 석존(釋尊)이 되고 그 이후에 수도 끝에 세존(世尊)의 경지에 이른다. 그리고 80세가 되던 해 인도 구시나가라 교외 샤라수 나무 아래서 죽음을 맞는다.

그는 마지막 유언으로 주위에 둘러선 이천 여명의 제자들에게 말했다. "제자들이여 그대들은 남을 의지하지 않고 스스로가 법을 정화하여야 하며 남을 힘입지 않아야 한다." 그가 설법한 진리에 있어서도 기독교와 큰 차이가 있으나 하나님의 은혜와 성령의 도움으로 구원을 받는 기독교의 진리와 너무도 다른 점이 바로 여기에 있다.

가문도 학문도 남다른 고행도 없는 무학 무식한 젊은 시골 목수가 그믐밤의 홍두깨처럼 난데없이 나타나 자신이 하나님의 아들이며 구세주라고 자칭하면서 많은 학자들과 율법사들 앞에 진리를 들먹이며 나선 것이다. 그가 예수님이셨다. 삼척동자라도 웃을 일이었다.

그 말을 들은 청중들은 반응이 둘로 갈라졌다. 그 한 쪽은 처음에는 재미있는 미치광이로, 그 다음은 지혜자로 그리고 선지자, 능력자로 보았으나 다른 한 쪽은 저들의 조상과 유전을 들먹이며 '독사의 새끼', '회칠한 무덤'이라고 막말을 아무 서슴없이 하는 것을 들을 때는 피가 머리로 역류하는 분노를 느끼며 그것을 참느라 곤욕을 치러야만 했다. 그런데 그 무법자의 말은 날이 갈수록 심해져만 갔다.

때로는 점잖게 가르치기도 하며 병자들을 고쳤으나 때로는 채찍을 만들어 휘두르며 성전을 수라장으로 만들기도 했다. 참다 못한 지도자 몇 사람이 그에게 따져 물었다. "당신은 무슨 권세로 큰 소리 치는가?" "누가 그런 장담을 하도록 허락했는가?" 그 고집스런 무법자는 천연덕스럽게 대답했다. "그거야 너희들은 알지도 못하는 하나님께서 하라고 하신 일을 할뿐이지"

원 이럴 수가! 당장에라도 돌로 치거나 명줄을 끊을 방도가 있었으나 세평이 두려워 어쩔 수가 없었다. 그것은 그들이 자랑하는 어떤 선지자들보다 뛰어난 능력을 그가 가졌다는 세평 때문이었다. 문둥병자나 앉은뱅이를 고쳤다느니 심지어 죽은 사람도 살렸다는 해괴한 소문도 돌고 있었다. 그리고 그는 무식자답지 않게 어느 랍비도 답하지 못하는 질문도 척척 답하는 지혜를 가졌다는 풍문도 있었다.

이런 소문을 확인하려고 밤중에 예수님의 은신처를 찾아간 젊은 랍비가 있었다. 그리고 누구도 대답하지 못하는 난제인 영생하는 방도에 대해 물었다. 예수님께서는 그가 올 것을 미리 아시고 기다렸다는 듯이 그를 맞아주시며 질문도 하기 전에 답을 하셨다. "진실로 진실로 네게 이르노니 사람이 거듭나지 아니하면 하나님의 나라를 볼 수 없느니라"(요3:3).

여기 "거듭난다"는 "게네데(태어나다) 아노덴(위로부터)"으로 "위로부터 태어난다"는 뜻이다. 이 '위로부터 태어남'은 육으로 태어나는 것과 전혀 성질이 다른 영적 태어남, 즉 거룩한 거듭남을 말씀하신 것이었다. 그러나 그(니고데모)는 최고의 교육을 받은 유대인 랍비였으나 "위로부터 태어난다"는 말은 어디서도 들은 적이 없었다. 그리하여 "위로부터 태어나는 것"을 두 번째 출생으로 착각했다.

그는 "사람이 늙으면 어떻게 날 수 있습니까?(시간을 거슬러 올라가) 두 번째 모태에 들어갔다가 날 수 있습니까?"라고 반문하며 육으로 다시 태어나는 중생(파린게네시스)의 구체적인 방법만을 추궁한다. 예수님께서는 "위로부터 태어나는" 것은 수양이나 어떤 인위적인 방법으로 되는 것이 아니고 "물과 성령으로 나는 것"(요3;5)이라고 풀이하셨다. 그는 그 뜻마저 깨닫지 못했다.

이 예수님의 간단한 말씀을 바울은 정확히 이해하고 그것을 풀어

옮겼다. 그는 디도에게 보낸 편지 가운데 "우리를 구원하시되 우리가 행한 바 의로운 행위로 말미암지 아니하고 오직 그의 긍휼하심을 따라 중생의 씻음과 성령의 새롭게 하심으로 하셨나니"(딛3:5)라고 한 것이다. 여기에 일반 종교들이 주장하는 선행이나 의로운 행위로 구원 받는 것이 아니라 오직 그의 긍휼하심을 따라 두 가지 단계를 거쳐 거듭나야 한다는 진리를 말씀하셨다.

여기 구원에 이르는 두 단계가 밝혀져 있다. 그것은 '중생(Rebirth)' 과 '새롭게 하심(Renewal)' 이다. 하나는 물의 씻음이요 하나는 성령의 새롭게 하심이다. 이 두 단계를 침례교 목사 로버트슨(A.T. Robertson)은 한 단계로 보아 세례 시에 물과 성령의 역사가 동시에 일어나 구원을 이루는 것으로 보았다. 즉 그는 물도 성령인데(요7:38-39) 물세례와 성령세례를 구분할 필요가 없다고 본 것이다. 그러나 다른 신교들은 물세례는 시작이요 성령 세례는 완성으로 구분하여 두 단계로 간주한다.

언젠가 사랑하는 제자가 이런 질문을 했다. "장로님, 중생과 거듭남은 같은 것입니까? 다른 것입니까? 다르다면 어떻게 다른 것입니까? 어떤 목사님은 같은 것이라고 하고, 다른 목사님은 다르다고 하니 참으로 혼란스럽습니다". 나는 그에게 중생(重生)을 순 한글로 표현하면 '거듭남' 이지만 원어상에는 전혀 다르게 표현 되어 있다는 것을 설명해 주었다.

중생은 '파린게네시아' 로 옛날로 되돌아가는 '파린' 과 태어나는 '게네시아' 의 합성어로 사함을 받아 죄 없는 상태로 돌아가는 것을 뜻한다. 즉 죄 씻음(바프티스마)을 통한 새로운 출생을 뜻한다. 그러나 '거듭남' (요3:3)은 '게네테(born) 아노텐(from above)' 으로 '위로부터 태어난다' 는 뜻으로 성화를 뜻하고 있다. 중생은 씻음을 받는 과거 청산에 불과하며 아직도 죄의 본성(프쉬케)은 그대로 남아 있다고 보는 것(롬7:18-24)이나, '위로부터 새롭게 태어남' 은 거룩하고 흠없는 영적(프뉴마) 새로운 피조물(고후5:17, 골1:22, 딤후3:17)로 성화되는 것을 뜻한다고 일러 주었다.

그리하여 예수님께서 그것을 풀이하여 "진실로 진실로 네게 이르노니 사람이 물과 성령으로 나지(게네데) 아니하면 하나님의 나라에 들어갈 수 없느니라"(요3:5)라고 하신다. 이 두 과정(고후7:1)을 하나는 '물' 로, 다른 하나는 '성령' 으로 구분하신(요3:5) 이유로 보여진다. 즉 물로 씻음을 받아 죄사함(중생)을 받고 계속해서 성령으로 본질의 변화를 받는 성화 즉 위로부터 남이 있다고 하신 것이다. 성경에는 성화를 집 짓는 건축으로 빗대어 말씀하고 있다(벧전2:5, 엡4:12). 그리고 사람은 다 어떤 집을 짓는 자로 보셨다(히3:4).

그런데 문제는 이 재건축 사업을 성령님이 다 도맡아 책임진다고 보는 견해와 인간의 협력하에 이루어진다고 보는 두 견해로 나누어진다.

하나는 성령님이 그 "착한 일을 시작하여" "그리스도 예수의 날까지 이루신다"(빌1:6)는 장기 계획을 보면 성령님 단독 시작과 연속에 불과하다는 견해다. 그러나 다른 견해는 "하나님의 긍휼"에 의한 건축 전문가인 "성령님"(딛3:5)의 도우심(빌1:19)과 인도하심(롬8:14)을 따라 순종하는 각자의 협력으로 이루어진다고 보는 견해다.

다시 말해서 중생은 그리스도의 피를 믿는 믿음(롬4:5, 요일1:7)과 회개(요일1:9)와 말씀과 세례(엡5:26)에 의한 죄씻음을 뜻하며, 하나님의 공사 착공을 위해 접붙임을 받는 단계(롬11:17)로 본다. 그러면 세월이 흐르면서 뿌리의 진액(위로부터 내리는 성령의 역사)을 받아 가지의 본성이 변화 되면서(벧후1:5) 차츰 옛사람(롬6:6)은 없어지고 새 사람을 입게 되는 것(엡4:22-24,골3:9)이다. 그 동안에 성령의 계획과 지시에 동의할 뿐만 아니라 순종하며 협력할 책임도 사람에게 있다는 것이다.

접붙임을 받은 후에도 이 책임을 다하지 못해 공사 진전이 없으면 불행하게도 다시 잘려 버림을 받게 된다(롬11:20-21). 왜 성령이 역사 하는 데도 변화의 열매가 없었을까? 이것이 자유의사가 주어진 인간 접목의 특징이다. 옛집이 그리워 헐어버리는 것을 거부하거나, 예산이 없다는 핑계와 힘든 뒷받침이 두려워 거부하는 약한 믿음 탓으로 재건축이 시작 된 후에도 다시 타락하기도 하고(히6:5, 갈2:18) 모래 터 위에 적당히 집을 지으려는 허약한 자도 있다(눅6:49).

그래서 "오직 마음에 숨은 사람을 온유하고 안정한 심령의 썩지 아니할 것으로 하라. 이는 하나님 앞에서 값진 것이니라"(벧전3:4)라고 하신 것이다. 즉 하나님 앞에서 심판 때 값진 것으로 평가 받을 만한 것이 무엇인가? 그것은 마음의 온유함이요, 자기의 덕을 세우는 일이 요(고전14:4), 사랑의 덕을 세우는 일이요, 그리고 그리스도의 몸을 세우는 일이다. 여기 "성도를 온전하게 하여 봉사의 일을 하게 하며 그리스도의 몸을 세우려 하심이라"(엡4:12)의 "세우다(오이코도메오)"는 건축한다는 뜻이다. "...하게 하여 그리스도의 몸을 건축한다"는 뜻은 인간으로 하여금 하나님의 설계에 따라 건축 작업에 참여하게 하신다는 것이다.

즉 하나님의 건축방법은 '턴 키 베이스(Turn Key Base)'가 아니라는 말이다. 현대에는 건축업자가 집 주인과 계약을 맺고 주인은 돈만대고 준공 된 후에 문 열쇠를 넘기는 'Turn Key Base'로 집 주인은 모든 건축작업에 손가락 하나 까딱하지 않는다. 그러나 영의 재건축은 그와는 정반대로 모든 비용은 하나님께서 부담하시나 작업은 지시에 따라 각자가 해야 한다는 것이다.

"그러므로 피차 권면하고 서로 덕을 세우기를 너희가 하는 것 같이 하라"(살전5:11)고 하신 것이다. 각자가 덕을 세우되 남을 의뢰하지 않고 너희 스스로가 하는 것 같이 하라는 것이다. 여기에 '같이'의 뜻이 무엇인가?

"내 말을 듣고 행하는 자는 그 집을 반석 위에 지은 지혜로운 사람 같으리니..."(마7:24-26)나 "집을 짓되 깊이 파고 주추를 반석 위에 놓은 사람과 같으리니..."(눅6:48)의 '같이'는 말씀을 듣고, 진리의 터를 '깊이 파고' 기둥을 세우는 일들을 지시 받은 것과 같이 하라는 것이다. 단지 "예수 그리스도로 말미암아 하나님이 기쁘시게 받으실 신령한 ... 제사장이 될지니라"(벧전2:5)하신 것을 보면 각자의 행함에 책임이 귀결 된다. 그러나 이 모든 건축 작업은 하나님의 말씀의 터와, 그리스도로 말미암은 은혜와 "사랑 안에서"(엡4:16) 행하라는 것이다. 여기 "안에서"란 "법과 설계와 도움안에서"라는 뜻이다.

바울은 "우리를 구원하시되 우리가 행한 바 의로운 행위로 말미암지 아니하고 오직 그의 긍휼하심을 따라..."(딛3:5) 구원이 이루어진다고 했다. 이 말씀은 로마서가 로마에 거주하는 유대인에게 한 것이라면, 디도서는 이방 희랍인이 유대인의 영향을 받아 개종한 디도에게 하신 권면으로 "의로운 행위로 말미암지 않고"는 하나님의 지시를 따르지 않는 "자기 행위"를 뜻하며 "오직"은 인간의 사사로운 행위는 구원과 전연 무관하다는 것, 그리하여 구원은 "오직" 의로운 지시를 내리시는 "긍휼하심을 따라" 이루어지는 것이라는 뜻이다. 그러므로 인간 자의에 의한 "의롭다는 행위"는 믿음에 의한 순종의 행위와 다르다. 이것을 착각하면 구원에 큰 착오가 생기게 된다.

그리고 구원이 "행위에서 난 것이 아니니 이는 누구든지 자랑하지 못하게 함이라"(엡2:9)는 말씀도 있다. 그래서 신도들 중에는 "행위는 필요 없다"로 해석하여 그리스도를 믿기만 하면 행위는 어떻든지 구원받을 수 있다고 주장한다. 그러나 순종의 행위와 자기 행위를 구분하여야 하며 그렇지 못하면 순종 없는 쭉정이 믿음을 가지고 구원을 기대하게 된다. 그래서 마지막 날 하나님 앞에 섰을 때 경악과 눈물로 후회하지 않도록 미리 경고하신 것으로 본다(마7:21-27).

행위에는 여러 가지 행위가 있다. 그 중에는 구원에 전혀 필요 없는 행위도 있고, 절대 필요한 행위도 있다. 율법적 행위, 도덕적 행위, 신앙적 행위 등도 있다. 그러므로 바울이 디도에게 말한 "의로운 행위"란 무엇인가를 명확히 알아야 한다. 즉 의롭다고 자랑할 만한 행위, 율법적 행위, 도덕적 행위로써는 구원을 받을 수 없다는 뜻이다. 그러나 신앙적 행위, 그의 지시를 준수하는 행위, 이웃을 사랑하는 행위가 없어도 구원에 이를 수 있다는 말씀은 어디에도 없다.

이런 말씀도 있다. "선한 행실(에르곤)의 증거가 있어 혹은 자녀를 양육하며, 혹은 나그네를 대접하며, 혹은 성도들의 발을 씻으며, 혹은 환난 당한 자들을 구제하며, 혹은 모든 선한 일을 행한 자라야 할 것이요"(딤전5:10)는 반드시 있어야 할 신앙적 행위이다. 그리고 "이것들(부하려는 욕심과 해로운 정욕)을 피하고 의와 경건과 믿음과 사랑과 인내와 온유를 따르며 믿음의 선한 싸움을 싸우라, 영생을 취하라. 이를 위하여 네가 부르심을 받았고"(딤전6:11-12)에는 악을 피하는 행위와 성전(聖戰) 등 영생을 얻게 하는 행위를 위해 부르셨다는 것이다.

'영생을 받으라' 하지 않고 "영생을 취하라(에피 라보멘)"고 했다. 여기 취하다(에피 라보멘)의 "라보멘"은 기회를 잡는다는 뜻이다. 즉

"긍휼하심으로" 영생의 기회가 주어졌을 때 그것을 놓치지 않게 굳게 잡으라는 뜻이다. 집이 완성되는 동안 방해하는 원수를 함께 경계하며 싸우며 승리할 수 있도록 노력하라는 것이다. 왜 우리의 협력이 없으면 안 되는가? 그 이유는 성령님이 내 속에 함께 살면서 나와 함께 살 영적 새집, 곧 성전을 짓는 일이기 때문이다(엡2:22). 성화 되어야 할 본성 또는 본질의 주인은 나요 변화의 책임은 나에게 있기 때문이다.

그럼에도 열매 없는 자(딛3:14), 모래 위에 지은 집(마7:26), 충성되지 못한 종(마24:48-51), 한 달란트 맡은 게으른 종(마25:24-30), 선행이 없는 염소(마25:31-46), 피 흘림이 없는 바리새인(마23:30), 원망과 정욕적 행위(유1:16), 니골라당의 행위(계2:6) 등은 인간의 죄악성에서 나타나는 옛사람의 행위다. 이들은 다 영구한 새집의 완성을 방해하는 원인이 된다. 그러나 이 구원 방해 요소가 회개하는 순간에 없어지지 않는다는 데 문제가 있는 것이다. 이들 게으르고 불의한 성품을 믿음으로 이기고 변화 되도록 힘쓰고 노력하라는 것이다.

"이는 하나님의 사람으로 온전케 하며 모든 선한 일을 행할 능력을 갖추게 하려 함이라"(딤후3:17)에는 은혜를 주시는 목적이 잘 나타나 있다. 그리고 주가 "우리를 대신하여 자신의 목숨을 주심은 (1)모든 불법에서 우리를 속량하시고 우리를 깨끗하게 하사(중생), (2)선한 일을 열심히 하는 자기 백성이 되게 하려 하심(성화)이라"(딛2:14)고 했다.

즉 새 건물, 새 성전이란 다름 아닌 "자기 백성", 하나님의 사람을 뜻한다. 여기에 "열심히 하는"의 뜻은 각자가 받은 사명에 '열심히 하라' 는 뜻이다. 그러나 행함은 소용없다고 구경이나 한다면 "게으른 종"의 받을 형벌이 따를 수밖에 없을 것이다.

그렇다면 우리 죄를 속량하신 목적은 단순히 우리를 구원받게 하심만을 위함이 아니라 우리로 하여금 그의 뜻을 깨닫고 열심히 일해야 하는 사명자가 되게 하심이 참 목적이라는 것이다. 하나님께서 우리를 살리심은 그의 뜻을 이루게 하심이다. 그래서 그의 구원의 역사를 협력은혜라고 한다. 즉 "순종하는 은혜"라는 뜻이다. 우리가 주의 뜻을 순종하여 사역하는 동안 하나님을 닮아 성화 되는 귀한 은혜. 그래서 비록 어떤 선한 사역을 했다 하더라도 "자랑하지 못하게 하는 행위"(엡2:9)일 뿐이다.

이 말씀을 종합해 보면 청하심은 하나님의 일방적 은혜요 성화의 재건축은 그리스도의 사랑 안에서 각자가 스스로 세우는 것이다(엡 4:16).

3) 교파와 구원

학원가의 혼란한 간판처럼 교회의 간판도 혼란스럽다. 학원 마다 자기 학원 출신의 우수 대학 진학률을 증거로 삼고 선전한다. 그러나 교회는 천국 진입률을 만들 만한 아무 증거도 없이 자기들만이 '참' 되고 '순' 수하고 확실하다고 앙칼지게 장담한다. 그리고 교파의 세력이나 유명세가 구원과 관계나 있는 것처럼 자기는 어느 유명교회의 장로라고, 목사라고 명함을 찍어 자랑 삼는다. 그래서 교파의 특색을 이해하지 못하는 초신자들을 혼란에 빠뜨린다. 그리고 드러나지 않는 교파내의 분파(Sector)도 많아 어느 줄에 서야 할지 오리무중에 빠지게 한다. 신호도 법규도 없는 네거리에 팽개친 나그네는 황당하기 일쑤다.

교파 분열을 어떤 이는 긍정적 세포 분열 현상으로, 변화의 다양성은 부흥의 증표(고전3:4-9)로 보는 이도 있다. 진리를 위한 그리스도의 개혁정신(미10:34-36)을 들어 당연지사로 보는 이도 있고, 그와 반대로 '당지기(일리데이아)' 로서 '진리(알레테이아)' 와 하나님의 뜻(롬 2:8, 고후12:20, 갈5:20)을 혼잡케 하는 종교악으로 보기도 한다. 그것이 루터를 간곡히 만류했던 그의 친구 에라스무스(Desideratum Erasmus)의 권고였다.

로버트 브라운 목사(Robert M. Brown)는 그의 저서 '교회의 의의' (1954)에서 이렇게 말했다. "아무리 이상적인 교파나 교회라 할지라도 세월과 더불어 정치화, 형식화, 계급화, 세력화를 피할 수 없으며 교회 본연의 사명을 잃고 권위의식의 껍질 아래 외식과 타락이 무성해지기 때문에 개혁이 불가피하다"고 했다. 세상의 어떤 조직도 시작할 때의 순수성이 유지 될 수 없으며 교회도 예외는 될 수 없다고 말하면서 "교회는 끊임없이 지속적으로 개혁 되어야 한다"고 했다.

그것이 오늘에 와서는 자기들만이 구원의 유일한 장르라고 윽박질 하는 교파들의 작태가 도를 넘고 있다. 그 와중에도 서로가 이념의 공통성을 찾아 협력을 강조하는 에큐메니칼 운동도 보급되고 있으나 섬뜩한 눈매가 부드러워졌을 뿐 '한 몸' 이 되지는 못하고 있다. 그리고 싸움에 진저리가 나 독립교회라는 또 하나의 이름 없는 교파로 분리되는 현상도 빚어진다.

그러나 한 가지 분명한 사실은 하늘나라에는 볼썽사나운 교파도 당파도 없으며 오직 "각 사람의 뜻과 마음을 살피시는 이가" "각 사람의 행위대로 갚으시는"(계2:23) 한 가지 원칙하에 은혜와 믿음으로 변화받은 즉물적 증거만을 인정받을 것으로 안다. 그리고 또 다른 문제는 교파의 그릇된 개념이 하나님의 성품과 뜻을 왜곡시켜 어린 양들을 그릇된 방향으로 이끌어 가고 있다면 심판 때에 그 책임이 누구에게 있는 것인가 하는 것도 생각해 볼 필요가 있다.

교파가 새로이 생겨나는 근본 이유는 구원관의 차이와 교회의 타락에 있다고 보여진다. 그것을 다시 분석해 보면, 첫째 말씀의 해석의 차이, 둘째 시대적 배경, 셋째 창시자의 특수한 체험을 들 수 있다.

같은 하나님, 같은 예수님, 같은 성령님(엡4:4-6), 같은 말씀에서 다른 구원관이 생기는 이유가 무엇인가? 그 근본 이유는 말씀 해석의 차이에서 온 신학적 견해차이다. 신학적으로는 인죄론, 선택론, 신론, 기독론, 성령론에서 학문적 견해가 다른 것이 중요한 원인이라 보여진다. 그리하여 교파마다 그리고 분파마다 신학교를 세우고 자기들에게 유리한 교리(Code)를 심으려고 안간힘을 쓴다. 그리고 자기들 사상에 어긋나면 이단이라고 우겨 세운다. 그러나 문제는 하나님의 판단에 있다고 하겠다.

신학에 일가견이 없는 평신도가 수더분하게 내용도 모른 채 그릇된 지도자들의 주장만 믿고 무분별하게 따르다가 심판 받을 때에 "나는 너희를 도무지 알지 못한다"(마7:23)는 판결을 받는다면 그 책임은 누가 질것인가? 물론 교파 분리자에게도 책임이 있겠으나 각자의 믿음은 각자의 구원관의 터 위에 지은 집이어서 집 지은 자가 책임을 질 수 밖에 없을 것이다. 그렇다면 어떻게 신학의 분립이 생긴 것인가?

신학적 분립의 원인으로 첫째 역사적 전통과 사회적 영향을 들 수 있다. 정통적 구교는 예수님 당시에 있었던 제자들을 중심으로한 예루살렘의 사도회(행5:12,15:2,4,6,22-23)를 발전시켜 교황권(마16:18-19)을 주장하며 정통성을 강조한다. 그리고 성모 마리아(요19:26)와 사제에게 속죄권이 있다고 보고 이들을 통한 신과의 간접교제(Indirect Communion)를 주장한다. 그리고 유형적 성당 건물을 주의 성체로,

그리고 다섯 가지 성사와 엄격한 예배 형식을 제정하여 구원과 직결시키고 있다.

그와 반면에 신교는 절대적 사도권이나 매 주 교황청에서 하달되는 설교 내용이나 성경 해석의 교시권을 부인하며 하나님의 절대적인 구원 권한을 인간과 제도와 형식이 가로막고 있음을 반대한다. 그리고 그리스도의 중재에 의한 하나님과의 직접 교제(Direct Communion)를 바탕으로 각자의 회개와 믿음과 성화를 통해 구원이 이루어진다고 강조한다. 그리고 사제의 특권과 외형적 형식에서 벗어나 민주화를 주장하며 성령의 역사를 힘입은 영적교제와 신앙적 체험과 변화를 중요시한다. 그래서 어떤 이는 신교의 분립을 계몽에 의한 르네상스였다고 말하기도 한다.

신교는 15세기 말에서 시작 된 루터(Martin Luther 1483-1546)와 쯔빙글리(Ulrich Zwingli 1484-1531) 그리고 칼빈(John Calvin 1509-1564)이 독일과 스위스에서 시작 되어 스칸디나비아와 프랑스와 영국으로 확산 된다. 그러나 실은 루터가 Wittenberg성당 정문에 붙인 95개 조항은 그 이전에 있었던 리퍼브레(Jacques Lefevre 1450-1536)의 주장을 거의 인용한 것이며, 같은 시대에 교회 개혁을 주장하고 일어선 스코틀랜드의 하밀턴(Patrick Hamilton)목사의 영향이 컸다고 본다.

루터보다 약 400년 이전 부터 Assisi의 성자 프란시스(1182-1226)와 Fiore의 조아킴(Joachim 1145-1202), 그리고 로마 법왕에게 "사도의 주인은 예수 그리스도임에도 불구하고 오늘의 법왕의 지시와 명령은 그러지 않음으로 그의 록을 거부한다"(1253)고 편지를 보낸 영국의 그로스테스테(R.Grosteste 1175-1253) 대주교, 그리고 서민 형제단을 조직하여 가톨릭에서 이탈한 화란의 그루트(G.Groote 1340-1384) 등의 영향을 무시할 수 없다.

구교와 신교의 신학적인 근본적 차이점은 매우 간단하다. 구교는 어거스틴과 알마니안의 사상을 전수받아 하나님의 구원 계획은 하나님의 은혜와 인간의 대등한 협력에 의해 이루어진다고 믿는 '협력구원설'을 주장하는 반면, 신교는 인간의 노력의 중요로움을 일축하며 하나님의 자유와 능력을 절대시하여 하나님의 섭리에 의한 선택을 중요시하며 그의 은혜와 말씀을 믿는 믿음을 강조한다. 그리하여 장로교와 침례교와 감리교가 동시에 출범하게 된다.

루터나 칼빈은 자신들이 침례교나 장로교나 감리교인이라고 말한 적은 없다. 장로교는 16세기에 칼빈주의자였던 스코틀랜드의 존 낙스(John Knox)가 교회를 민주주의 형식으로 개혁할 때부터 시작되었다고 본다. 그것이 발전하여 1690년 스코틀랜드 국교로 책정되기에 이른다. 그리고 17세기 초에 미국으로 옮겨가 위더스푼(John Witherspoon)을 시작으로 칼빈 사상과 청교도 사상을 접합하여 장로교가 확립 된다. 교회의 운영은 평신도에 의해 선출 된 장로에 의한 민주주의적 방식을 따르며 여권신장, 노예해방, 근검절약을 신조로 삼았다.

그러던 것이 남북전쟁이 발발하면서 노예제도에 관한 이념의 차이가 생겨 남장로교와 북장로교로 갈라졌다가 1983년 다시 통합 된다. 저자가 유학할 당시인 1960년대까지 미국의 남부 도시들에는 흑인들 교회와 백인들 교회가 따로 있었으며 대로를 사이에 두고 동일한 '○○ 제일 장로교회'라는 똑같은 간판을 볼 수 있었다. 그럼에도 한국을 위시하여 동양에서 장로교가 왕성한 이유는 미국의 선교사들이 주로 크게 활동한 탓으로 보여진다.

장로교의 기본 신조는 루터의 원죄설과 믿음에 의한 칭의, 말씀의 권위를 절대시 한 것과, 칼빈의 절대 선택설, 불가항력적 은사, 그리고 구원을 끝까지 이루시는 하나님의 견인설 등을 기반으로 하고 있다. 그러던 것이 사회가 교회에서 분리 되는 종말을 맞이하면서 교회의 비합리를 척결하고 성령운동을 되살리려는 복음주의(Evangelism) 운동으로 변천 되어가고 있다.

침례교는 '분리주의자(Separatist)'로 알려진 영국의 혹(Bishop Hook)과 카트라이트(Thomas Cartwright)가 청교도들의 모임인 '순수한 교회(Pure Church)'를 창시하여 여왕과 영국 정교회에서 분리되면서 시작된다. 거의 같은 시기(1608-9)에 화란의 스미스(John Smith 1570-1612)가 영국으로 건너와 당시에 있었던 유아세례 제도를 반대하고 분리주의자들과 함께 침례회를 세우게 된다. 1611년 헬위스(Thomas Helwys)가 침례교회를 만든 것이 '일반 침례교(General Baptist)'라 불렸으며 1624년에는 영국에서 5개, 1650년에는 47개 교회로 성장하게 된다.

같은 시기에 제이콥(Henry Jacob 1563-1624)은 영국교회의 개혁을 주장하며 제임스 1세에 반기를 들고 일어선다. 그리고 하나님은 특별히 예정 된 사람만 속량하신다는 '특별속량(Particular Atonement)'을 주장한 칼빈의 사상을 따라 1633년 특별 침례교(Particular Baptist)를 창설하고 처음으로 웨스트민스터 신앙고백(Westminster Confession 1644)을 설정한다. 이렇게 두 파로 갈라진 침례교는 그로부터 분리 된 메노나이트와 안식교를 제외하고 현재 약 40여 개의 분파로 나누어지게 된다. 안식교의 십 여 파와 메노나이트의 12지파를 합하면 70여개로 분리 된 셈이다.

종교개혁의 오른팔이라 부르는 재침례회(Anabaptist)는 여러교파 출신들이 독일의 문스터(Munster)에서 모여 유아세례를 부인하며 성인이 된 후에 자의에 의해 교인 자격을 부여하는 것을 골자로 삼고 Donatist 들의 이념을 따라 세상과 단절 되어, 속세의 권세, 법정 맹세, 폭력과 무기사용, 혈액수여, 농민학대 등을 반대하며 평화와 경건을 기반으로한 '신의 왕국' 건설을 지향하고 일어선다.

그들은 한 때 광신자로 인정 되기도 했으나 시몬(Menao Simon)이 화란에서 기반을 잡게 되면서 영국으로, 영국에서 미국으로 확산 되게 된다. 미국의 윌리암스(Roger Williams)는 종교의 절대 자유와 성서의 지체사상을 강조하며 공동체를 성공적으로 이루게 된다. 결국 어느 교파를 망라하고 처음 반기를 들고 일어났을 때는 약한 쪽이 이단으로 몰리다가 없어지기도 하고 창궐하기도 한다.

침례교는 물세례(바프티스마 Immerse)를 물에 잠겼다가 나오는 침례로 보며 그 때 성령세례가 동시에 일어나는 것으로 본다(행 2:38,22:16,고전6:11,히10:22). 베드로의 말 가운데 "이 사람들이 우리와 같이 성령을 받았으니 누가 능히 물로 세례 베품을 금하리요"(행 10:47)라고 한 것과 예수님께서 물세례를 받으셨을 때 성령세례가 동시에 내리신 것(마3:16)을 예로 든다. 그리고 침례교파에 따라 차이는 있으나 침례를 부활의 상징으로 보고 침례를 받지 않으면 부활도 받을 수 없다고 해석한다.

그러나 성경에서 물 세례와 성령 세례를 구별하여 말씀하신(행 11:15,행1:5,11:16,행8:16,고전12:13) 경우를 들어 다른 교파에서는 침례회가 성화를 등한히 여기고 있다고 반대한다. 그러나 죄씻음 받고 성령의 감화로 변화되어 간다면 침례교든 장로교든 문제될 것이 없다. 그리고 죄씻음을 정결과 성화로 보고 지속적 성화를 추구한다면 아무 문제 삼을 것이 없다고 보여진다. 오로지 "다 하나가 되어 우리 안에 있게 하사 세상으로... 믿게 하옵소서 "(요17:21)라고 기도하신 주님의 뜻이 이루어질 수도 있을 것이다.

복음적 알마니안파라고 할 수 있는 감리교를 창설한 웨슬레는 영적으로 죽은 상태에 있는 자연인이 하나님의 은혜에 협력할 능력이 없음을 강조하면서도 성령의 도움을 인간이 자유의지에 의해서 받아들임으로 가능하다고 본 것이다. 그에 대해 칼빈은 인간의 자유의지에 의한 협력이란 뜬금없는 자부심이며 '값없이 주어진 은혜' 효력과 하나님의 절대적 자유와 능력을 업신 여기는 것이라고 반박한다.

감리교는 영국의 요한 웨슬레(John Wesley 1703-1791)가 그의 네 살 아래 동생인 찰스 웨슬레(Charles Wesley)와 동역자 화이트필드(Gearge Whitefield)가 옥스포드의 '거룩한 동아리(Holy Club)'를 만들어 성서로 돌아갈 것을 외치면서 이루어졌다. 그들은 1) 모든 사람은 죄로 진노의 자식이다 2) 오직 믿음으로 의로워진다 3) 믿음은 내적으로나 외적으로 성화를 이룬다는 강령을 세우게 된다.

특히 그들은 하나님의 은혜에 의한 구원을 단계적 주님의 영접으로 보고 회개는 주님이 임재하는 대문(Gate)이며 믿음은 현관문(Door)이며 성화는 거실(Living Room)에 해당하지만 믿음은 그리스도의 피를 전적 의지하고 그의 생애와 죽음과 부활의 진리를 믿고 따르는 것이라고 정의하면서 순종하는 삶의 방법이 입증한다고 한 것이다.

그리고 그들은 엄격한 규율과 방법을 세우게 되며 매주 예배와 기도모임, 금식 그리고 청빈 생활을 주장하며 그 밖에도 매주 감옥 방문과 병자, 극빈자 방문을 강조하였다. 당시만 하더라도 내적 변화에 치중하여 외적 행동을 반대하고 있었다. 그리하여 그들은 웨슬레파 신자들을 '방법론자 (Methodist)', 즉 '외면주의자'라고 악평했다. 그러나 요한 웨슬레는 그 악평을 좋게 받아들여 'Methodist'라고 부르게 한다. 결국 신교는 루터와 칼빈과 존 낙스, 웨슬레 등의 사상이 기반이 되어 발전 되었고 구원을 이루는 믿음이란 어떤 믿음이냐에 따라 구원의 시각은 달라진다. 그러던 것이 20세기에 들면서 칼 바르트가 그리스도를 통한 보편적 은혜설을 주장하면서 비판을 받게 된다.

우리나라의 연세대학교와 세브란스 병원을 위시하여 교육선교 의료선교 극빈자 선교 고아와 양로원 선교 등은 감리교가 앞서 이룬 것이다. 감리교는 옛날부터 총회에 농촌부가 있었고 신학교에 농업과목이 설정 되어 교역자가 묘목과 종돈을 빈농에게 나누어 주며 농촌 선교를 이룰 것을 강조했다. 한국 장로교는 1950년대 후반 저자의 아버지께서 농촌 교회가 피폐하는 것을 보다 못해 취지문을 작성하고 장로교 통합측 총회에 농촌부를 설립할 것을 강조하여 초기 부장을 감당할 당시, "목사란 성직인데 어떻게 돼지를 먹이다가 단 위에 설 수 있느냐"고 반대하는 사람들이 많았던 것을 기억한다.

결국 기독교란 다 믿음으로 구원을 얻는다는 것을 주장하지만 교파의 차이점은 어떻게 믿어 구원을 얻느냐하는 데 있다. 그리고 신교 내에서도 모든 사람에게 공평하게 주어지는 보편적 은혜와 미리 택정한자만 구원하신다는 특별은혜를 구원의 요인으로 믿는 견해 차이로 갈라진다. 그리고 그 중에서도 특별은혜만을 인정하여 인간의 자유와 노력을 전적으로 부인하는 칼빈파와 인간의 자유의지와 이성에 의한선택권을 인정하는 신정통파로 갈라져 있다.

그리고 구원 받는 시기도 선택 원리에 따라 침례교는 침례를 받는즉시에, 그리고 장로교의 칼빈파는 창세전에, 개혁파는 그리스도를믿을 때에, 그리고 다른 파는 심판 때에 구원이 이루어진다고 본다. 그 중에서도 구원을 기득한 과거사로 보고 편안하게 믿는 사람들을 '구원파'라 칭하며 그들은 믿음의 증거를 강조(막16:16, 요3:15, 요5:24)하는 반면 반 구원파는 믿음이란 기정사실도 고정사실도 아니며 지속적으로 나타나는 성화와 행함으로 표현 되는 것이라고 강조(민20:12,마25:11,30,40-41,벧후1:10-11,계20:12-14) 한다. 어느 파나 다 믿음을 주장하지만 구원 받을 만한 믿음이 문제이다.

특히 예정교리는 장로교의 기본 교리라고 할 수 있다. 그럼에도 신학자 칼빈(John Calvin), 피니(Charles Finney), 하지(Charles Hodge) 그리고 바르트(Karl Barth)의 예정론 사이에는 의견 차가 있다. 특히 칼빈은 다섯 가지 강요, 즉 예정된 사람만 구원받을 수 있다는 '무조건적 선택', 하나님께서 일방적으로 정하시고 내리시는 은혜를 인간이 거부할 수 없다고 보는 '불가항력적 은사', 성령의 지속적 공작을 나타낸 '성도의 견인', 그 밖에 원죄에 의한 '전적 패괴(敗壞)'와 '제한 속죄'를 주장하였다.

칼빈은 그것을 기독교 강요 3권 21장에서 다루었다. 그는 "이 선택의 문제를 논의하기 전에 먼저 서론적으로 두 종류의 사람에 대해서 논의할 필요가 있다"고 하면서 예정교리를 이성적으로 탐구하려는 자와 믿음으로 하나님의 진리를 받으려는 자가 있음을 언급하며 이 둘 중에서 전자를 못마땅하게 갈무리했다.

"성경에 엄연히 언급되어 있는 예정기사에 대해 인간적 호기심으로 접근하는 것은 혼돈스럽고 위험한 일이다" 그리고 "이들은 금지된 하나님의 영역을 무리하게 침범하여 높은 데 올라가려고 인위적으로 발버둥치는 자들이다. 그렇지만 자기 속에 경이롭고 놀라운 은혜가 충만해질 때에" 하나님의 비밀인 예정교리에 접근할 수 있다고 했다. 그러나 그가 주장한 진리가 말씀의 보편적 진리라고 할 수 있는가 하는 문제에 반대하는 학자들도 적지 않다.

그리고 칼빈은 이 두 타입의 신자 사이에서 방황했던 아우구스티누스의 말을 소개했다. "나는 한때 마치 어머니가 어린아이에게 보조를 맞추어 천천히 걷듯이 성도들의 연약함에 맞추어 안전하게 성경에 접근했다" 그리고 "너무 조심스럽고 두려워한 나머지 연약한 심령을 혼란케 하지 않기 위해 예정설을 그냥 묻어 두려고 했던 나의 처사는 소극적 생각이었다"는 고백이다. 그렇다면 과연 칼빈의 절대 예정설은 성장한 믿음에 국한 된 것인가?

어떤 칼빈 반대자가 "당신들의 교리가 옳은 것이라면 어떻게 하나님의 능력이 그렇게 오래 동안 (16세기까지) 잠자고 있었는가?"라고 반문했다. 칼빈은 이 질문에 도전적으로 "그러면 늦었다는 이유로 신성모독을 잠재우기 위해서 하나님의 섭리와 성자와 성령의 능력에 대해 언급을 회피해야 하겠는가? 그리고 오랜 세월이란 하나님의 입장에서는 순간에 불과한 것"이라며 오랜 세월과 순간의 '동시성(同時性)'을 주장했다.

그리고 그는 예지(Foreknowledge)와 예정(Predestination)이 다르다(벧전1:2,롬8:29,11:2)고 주장하는 웨슬레파의 주장에 대해 "예지와 예정은 모두 하나님의 특성에 속하지만... 영원하신 하나님에게는 과거나 미래가 따로 존재하는 것이 아니며 현재 속에 있을 따름이다. 고로 예지는 미래를 현재에 아신다는 뜻이며 예정은 현재에 작정(Decree)하셨다는 뜻이다"라고 칼빈은 애매한 답을 했다.

여기에 그의 예정설에 문제성이 드러난다. 그 첫째가 과거와 현재와 미래를 동일시 한 동시성은 역사를 부인 한다는 것, 동시성을 따른다면 '창세 이전 선택설' (과거 선택설)도 무의미 하다는 것, 그리고 둘째로 구원 기정설은 예지설과 달리 인간의 자유의지와 모든 사람을 사랑하시는 하나님의 보편적 사랑을 부인 한다는 것에 모순성이 있다.

문제는 이 설들이 구원에 어떤 영향을 미치느냐에 있다고 하겠다.

어떤 율법사가 "내가 무엇을 하여야 영생을 얻으리이까?"라고 질문했다. 예수님께서 "네 이웃을 네 몸과 같이 사랑하라… 이를 행하면 살리라"고 답하신다. 즉 구원이 예정에 의해 미리 정해져 있다고 답하시지 않고 하나님의 뜻을 "행하면" 하신 것이다. 율법사는 그러면 내 이웃이 누구냐고 반문하였을 때 여리고 도상에서 강도를 만난 사람에 대한 세 종류의 신자를 드신다. 그 하나는 교회의 지도자인 제사장이요, 그 다음은 의식과 법도를 잘 지키는 레위인이요, 그리고 사랑을 실천하는 이방인이었다(눅10:25-37).

예수님께서는 결론적인 말씀을 하셨다. "이 셋 중에 누가 강도 만난 자의 이웃이냐?" 즉 "누가 구원 받을 자인가"라는 질문이었다. 그리고 예수님께서 "나더러 주여 주여 하는 자마다 다 천국에 들어갈 것이 아니요 다만 하늘에 계신 내 아버지의 뜻대로 행하는 자라야 들어가리라"(마7:21)라고 하셨다. 왜 "미리 예정 된 자"라고 하시지 않고 "아버지의 뜻 대로 행하는 자"라고 하셨는가? 그렇다면 교파의 주장과 색깔이 구원과 관계가 없는 것인가? 깊이 생각해 보아야 할 일이다. 구원파는 도를 넘어 엄연한 주님의 이 회답을 그대로 믿는 자는 이단이라고 우긴다.

4) 역사는 누가 만드는가?

역사란 시간상에 나타난 일 또는 사건(Affair)의 증거를 말한다. 역사는 실재적 역사가 있고 기록된 역사가 있다. 실재적 역사(Real History)란 단순히 연속 된 시간상에 독립된 사건의 나열이 아니라 원인과 효과와 결과가 서로 연결 되어 나타난 관계를 말한다.

나의 존재, 즉 내가 이 시간에 살아 있다는 것은 이 시공간에 던져진 우연한 존재가 아니고 조상과 사회의 연관된 책임 아래 놓여진 존재라는 것이다. 그렇다면 그 필연적 원인과 효과는 누구의 뜻에 의해서 이루어지는 것인가? 즉 누가 역사를 조종하는가 하는 것이 문제의 핵심이다.

시간개념에는 사람에 따라 차이가 있다. 철학자 벨그송은 객관적 시간과 주관적 시간을 구분하였다. 주관적 시간은 체험으로 감지하는 시간을 말한다. 사실 고통스러운 시간은 잠깐이 여삼추로 길게 느껴지고 흥미에 끌려 몰입된 긴 시간은 짧게 느껴진다. 그리고 체험과 무관한 객관적인 시간도 있다.

역사도 객관적 역사 '히스토리(Historie)'와 주관적 역사 '게지히테(Geschichte)'가 있다. 동양인은 족보와 벼슬과 지위와 가문 등 객관적 역사, 즉 남보기 역사를 중요시 한다. 그래서 "몇 년도에 태어나고 몇 년도에 어느 학교에 입학하고 그리고... 졸업하고…"하는 공중서 같은 이력서를 쓴다. 그러나 서구인은 객관적 증거나 합리적 사고를 중요시 하면서도 개성이 강하고 주관적이다. 그래서 "몇 살 때 ... 고민과 회의에 빠지고...인생관이 변하고... "라는 자증서를 이력서에 기록한다. 하이데커는 객관적 역사를, 마르크스는 주관적 역사를 강조했다.

자연과 인생은 대나무나 갈대와 비슷한 점이 있다. 대나무는 자라나면서 속이 텅빈 대롱이 있고 그것을 결산하는 의미심장한 마디가 있다. 대나무가 바람에 흔들리면서도 부러지지 않고 꿋꿋이 서 있을 수 있는 것은 대롱 때문이 아니라 마디 때문이다. 대롱을 무료한 객관적 역사로 본다면 마디를 '역사적'이라고 할 수 있는 주관적 역사로 볼 수 있다. 어릴 때 같이 놀고, 같이 학교를 다닐 때는 누가 잘나고 못난 사람이 없다. 그러나 졸업, 진학, 취업, 결혼 등 역사적이라 할 수 있는 진통과 변화를 접하면서 반성과 회개와 결단의 주관적 마디가 형성되는 것이다.

성경에도 두 가지 시간이 있다. 성경의 시간이란 인간의 입장을 말하는 것이냐, 하나님의 입장에서 보는 것이냐에 따라 달라진다. 그 하나는 마디에 해당하는 '카이로스'라는 성취된 시간, 즉 미리 계획 된 주관적 시간(마24:45,눅12:42,고후6:2,딤후3:1)이 있고, 다른 하나는 대롱에 해당하는 '때' 또는 '기간'으로 불리는 진행된 시간 '크로노스(A Period of time)' (마25:19,눅8:27,요7:33)가 있다.

"심을 때"와 "거둘 때"(전3:2-8), "하나님의 하시는 일의 시종"(전 3:11)은 시작과 끝을 구분하는 역사적, 경험적 시간 '카이로스'이다. '심을 때'와 '거둘 때'를 하나님께서 계절을 만드셨으니 하나님의 때라 볼 수도 있고, 심고 거두는 농부의 입장에서는 농부의 때라 볼 수도 있다. 그러나 '하나님의 하시는' 것을 보면 하나님의 주관적 시간이라 할 수 있다. 종교란 이 관점의 변화이며 인간적 관점에서 신의 관점으로 돌아가는 의식변화인 것이다.

말씀에 있는 "내 때가 가까왔으니"(마26:18), "때를 알아보고 주를 섬기라"(롬12:11), "때가 이르기 전"(고전4:5), "때와 시기에 관하여" (살전 5:1), "때가 되면"(벧전 5:6) 그리고 "기약이 이르면"(딤전 2:6,6:15) 등은 내 주관적 시간을 말하는 것이 아니고 하나님의 주관적 시간 '카이로스'를 말하고 있다. 그리고 인간 스스로가 자각하고 깨닫고 변화하는 인간의 주관적 때가 있다. 그러나 신의 주관이 천재지변에만 국한 되는가? 인간 개개인의 병고와 생사를 주관하시는가? 그리고 개인의 사고와 판단과 성패까지 간섭하시는가 하는 것이 문제로 남는다.

'크로노스' 역시 '때', '시간' 또는 '동안' 등으로 번역되어 "나타난 때"(마2:7), "영원한 때"(딤후1:9), "남은 때"(벧전4:2), "마지막 때"(유18), "오랜 시간"(눅8:27), "오래"(요14:9,행8:11,14:3), "얼마 동안"(행15:33,18:22,고전16:7), "기회"(계2:21) 등 진행된 무료한 시간을 나타내고 있다. 그리고 "제 3시", "제 6시", "새벽 일찍" 그리고 "한해" 등도 크로노스의 객관적 시간을 말한 것이다.

그러나 이 때에 대해서도 역시 누가 주관자인가 하는 것이 문제로 남는다. 사도들이 모였을 때에 주께 여쭈어 이르되 이스라엘을 회복하심이 이때니이까 하니 이르시되 때와 시기는 아버지께서 자기의 권한에 두셨으니 너희가 알 바 아니라"(행1:6-7)고 하시면서, 이스라엘의 역사적 회복은 하나님의 주관에 의한 것이니 터치하지 말라고 하셨다. 그러나 "그들의 손으로 표적과 기사를 행하게 하셨다"(행14:3)나 "때를 아끼라"나 "나그네로 있을 때를 두려움으로 보내라"(벧전1:17)는 권면 사항을 보면 인간의 책임 하에 노력해야 할 크로노스의 때가 있음을 들고 있다.

여기에 중요한 판단의 실마리가 엿보인다. 즉 회개하지 않는 자는 자기에게 주어진 때를 자기의 정욕대로 산다는 것(유18, 계2:21), 그러나 종은 주인의 허락을 기다려 행한다는 것(고전16:7)을 보면 각자가 자기를 주관하던 것이 하나님의 주관으로 전환된 것을 시사하고 있다. "그 후로는 다시 사람의 정욕을 따르지 않고 하나님의 뜻을 따라 육체의 남은 때를 살게 하려 함이라"(벧전4:2)는 것을 본다면, 행동과 삶은 각자가 하지만 하나님의 주관에 따라 살게 한다는 것이다. 그렇게 보면 신자란 각자의 자유와 결정 권한을 하나님에게 이양한 사람을 말한다.

역사학자 토인비는 "차의 바퀴가 움직여 가고 있다면 반드시 운전하는 사람이 있듯이 역사란 신이 운전하는 큰 바퀴가 있고 그 큰 바퀴의 몸체 위에 사람이 운전하는 작은 바퀴가 있다"고 말했다. 계절의 변화나 자연의 변화를 주관하는 자연법, 인류를 감찰하시고 통치하시고 심판하시는 운영법 아래 인간은 자기 생의 작은 바퀴를 운전하는 자유를 가졌다는 뜻이다. 그것을 불교에서는 인간이 아무리 뛰어도 부처님의 손바닥 안에 있다고 말한다.

그리고 기독교에서는 자연변화는 물론 인간의 전체적 축복과 심판, 그리고 각 개인의 생과 삶이 하나님의 법도와 원리(로고스)의 큰바퀴에 따라 이루어진다고 본다. 그러나 인간의 행위와 생각까지 신의 섭리 아래 있다고 보는 숙명론적 사상(칼빈주의)과 인간의 자유의지를 인정하여 개개인의 성공과 실패, 건덕과 타락 등을 각자의 이성과 의지에 맡겼다고 보는 운명론적 사상으로 나뉜다.

우리 어머니께서 김씨인 아버지와 결혼하심으로 나도 김씨가 되었다. 만일 나의 어머니가 결혼전에 중매로 이씨와 김씨를 알게 되었다고 하자. 그는 여러 모로 저울질 끝에 아버지 김씨와 결혼하셨다고 하자. 그로 인해 나는 김씨가 되고 그의 체질과 건강과 재능과 성격까지 유전 받았다면 부모의 책임인가, 신의 예정 탓인가? 이 두 가지 견해는 생각방식에 따라 달라진다.

특히 신의 섭리를 부인하는 이성주의자들은 전쟁과 문명 발달과 생활과 문화들은 다 인간의 산물이며 제도와 환경개선을 위한 인위적 노력에 따라 역사는 변천한다고 본다. 특히 과학자들과 미래학자들은 인간 복제와 생체의 일부를 기계로 대체한 반 로봇 시대가 이미 왔다고 장담한다. 그리고 화학 약품과 인공기계로 건강과 마음을 다스리는 시대(Psychiatric-Era)가 된 것이다. 그리고 경영학에서는 사업의 승패는 경영자의 경영 기술에 있다고 본다. 즉 인간 역사는 인간이 지배한다는 과학적 원리다.

그와 반대로 기독교의 숙명론자들은 인간이 하나님을 알기전, 태어나기 전부터 자라는 것, 병드는 것, 죽는 것과 각자의 일상생활까지 신이 간섭하시며 영원히 구원 받을 자와 구원받지 못할 자를 미리 정하셨다고 본다. 그리하여 인간이 하나님의 지시를 불순종 할 때는 불가항력적으로 강권하신다고 본다. 이런 극도의 숙명론적 견해를 칼빈주의라고 한다.

그리고 세 번째로 하나님의 섭리는 자연법 속에 주어져 있으나 자유를 허용한 인간에 대해서는 인간의 정욕대로 내어 버려두사(롬1:24) 방임하시고, 자기를 힘입는 자기 백성에게 한해서 은혜로 역사하신다고 보는 견해(마6:32-34)가 있다. 그들은 하나님께서는 자기 백성이라 할지라도 미리 아시고 권면하시지만, 강요하시거나 간섭하시지 않는다고 보는 운명론적 견해다. 운명(運命)론은 자기의 명을 자기가 책임지고 운전한다는 견해다. 그 점에 하나님의 심판의 당위성이 있다고 보는 것이다.

즉 인간은 자유의지를 가지고 있어 신과 일반 피조물의 중간에 해당하는 존귀한 존재라는 것(창1:27-31)과 인간은 하나님께서 정성들여 만드신 의미 있는 존재로서 "땅을 정복"하며 "모든 생물을 다스릴"(창1:28) 권한을 부여 받아 각 생물의 이름을 짓게 하시며(창2:19), 따먹지 말라 하신 선악과를 따 먹도록 내버려 두셨다는 것(창3:3-6) 등을 들어 인간에게만 자유를 허락하셨다고 보는 것이다. 그에 따라 인간에게만 각자의 삶에 대한 평가와 심판을 받게 하신 것이다.

그렇게 보면 인간에게는 창조 원리의 한도 내에서 생존하는 자율권을 주셔서 신의 섭리를 따르며 그를 섬기는 사명 아래 두셨다고 보는 것이다. 인간이 자율(自律)적 존재라는 뜻은 자기 생각과 행위에 대한 자유는 있으나 하나님의 창조 원리와 계명이 허용하는 한도 내에서 선택의 자유(自由)를 허용 받았다는 뜻이다. 따라서 인간은 완전한 자유(自由)적 존재도 자유(自有)적 존재도 아니다는 뜻이다. 그래서 인간의 자유가 그 한계를 벗어날 때는 하나님을 거역하는 죄가 된다. 칼빈의 '절대 선택론'과 '불가항력적 은사'는 이 자율을 인정하지 않는데 문제가 있다.

즉 칼빈은 하나님의 자유와 권한을 인간의 자율을 초월하는 절대의 것으로 보고 인간의 자율을 무시한 것이 비판의 대상이 된다. 그에 반해 복음주의는 신은 진리라는 운영 원리와 심판 원리만 만드시고 조명하시고 권면하시나 각자의 자율권을 침해하시지 않는다고 본다. 하나님은 절대적 자유와 능력을 가지신 분이심에는 이의가 없으나, 인간에게 허락하신 자율권을 침범하시지는 않는다고 보는 것이다.

인간의 자율권을 인정하는 편에서는 첫째로 만민을 공평하게 사랑하신다는 것(마5:45), 두 번째로 인간의 자율을 억압하고 강요하시지 않는다는 사실을 증거로 든다. 그것을 아담 이후 아브라함과 모세와 바로, 그리고 기드온이나 선지자와 제자들을 자기 사자로 삼으셨을 때나 그들을 쓰실 때에 계시와 권면과 설득으로 하셨으나 강권(强權)을 사용하시지 않았다는 사실을 든다.

세 번째 이유로 인간의 발달과 전쟁과 부패의 역사는 인간의 자율적 판단에 의한 것이라 본다. 기독교 역사 역시 각자의 경험을 바탕으로 하는 주관적 역사로 볼 수 있다. 많은 교파가 생기게 된 것은 인간의 주관적 의견 차이 때문이다. 같은 성경을 읽으면서 다른 해석 탓으로 많은 교파가 생겨나게 되었고 그들은 교리라는 보호 울타리를 만든 것이다. 그러나 그것이 하나님의 계획이었다고 볼 수 없는 이유는 하나님께서 자기의 절대적 진리를 자신이 왜곡시켜 그릇된 방향으로 인도하실 수 없기 때문이다(고후5:18-19).

교황청이 극도로 부패해 있었던 때의 루터, 그리고 성당 정원사로 일한 아버지와 회계집사로 일하다 파면 당한 형 아래서 성당의 부패상을 자세히 듣고 영향을 받은 칼빈, 19세기 독일의 경건파 운동에 참여하여 뜨거운 은혜체험을 했던 요한 웨슬레 등은 각각 자기 나름의 별다른 배경과 경험을 쌓은 사람들이었다.

그들은 제 나름의 경험을 "하나님의 특별한 뜻으로 이끄심을 받은 것"이라고 고백하고 있다. 여기서 중대한 견해 차이가 생긴다. 반대의 견해는 "그들이 설사 특별한 환경과 경험아래 자라났다 손치더라도 자의에 의한 결정과 스스로의 판단을 하나님이 이끄신 판단이라 할 수는 없다"고 보는 것이다. 물론 그 동기 유발이 기도의 응답에 의한 것이라고 볼 수도 있다. 그러나 성경을 해석하고 정리하는 과정에 있어서 자신들의 편견이 영향을 미쳤다고 볼 수도 있다.

여기에서 우리가 꼭 짚고 넘어가야 할 점이 있다. 그것은 다음 장에서 다시 다루겠지만 많은 현대 신학자들은 "내가 생각함으로 내가 있다"는 인식론과 나의 주관을 우선으로 하는 실존주의의 영향을 받아 인간 중심의 판단과 자유를 절대시하는 과실을 범할 수도 있으며 그와 반대로 보수주의자들은 자기 주관적 판단을 하나님의 판단으로 오인하는 실수도 있을 수 있다.

분명한 사실은 하나님은 특수한 사람에게 어떤 사명을 부여하는

"포도원 주인"(마20:1)과 재능에 따라 재물을 맡긴 주인(마25:14-15,눅 19:12-27), 그리고 귀히 쓸 그릇과 천히 쓸 그릇을 만드는 권한을 가진 토기장이(롬9:21)이다. 그것은 종의 자유와 자율을 인정하셔서 각자에게 알맞게 임무를 부여하신 것을 말하며 구원의 문제와는 관계가 없다. 그 어떤 경우에도 그는 절대적 본성인 "선하심과 거룩하심과 공의로우심"을 범하신 경우도 없다. 그리고 자기 종에게 내린 임무 부여를 구원과 혼돈하여 어떤 특정인만을 택하여 구원하신다고 보는 것은 과오가 될 수 있다.

칼빈의 결정적 예정설은 모든 사람이 구원받기를 원하신다는 하나님의 근본적인 뜻(행2:21,딤전2:4)과 상충 되는 것이 큰 문제다. 하나님께서 아브라함이나 어떤 특정 인물을 사랑하시고 축복하신 것은 그럴만한 이유가 그들에게 있었던 것이다. 하나님께서나 예수님께서 이스라엘 백성 이외에 이방인도 똑같이 초대받게 하셨다. "만나는 대로 모두 데려다가 자리를 채우라"(마22:4-9) 하셨고 "다(판) 내게로 오라"(마11:28), "그를 믿는 자 마다(판) 영생을 얻게 하려 하심이니라"(요 3:15,16), "누구든지(판) 주의 이름을 부르는 자는 구원을 받으리라"(행2:21)의 "모두"나 "다"나 "마다"는 동일한 "판"이다.

이것은 영어의 "pan 범(凡)" 또는 "all 전(全)"이라는 뜻이 있어 '빠짐없이' 또는 '전부'라는 뜻이다. 이것은 하나님의 사랑의 공평성을 밝히는 대목으로 하나님의 "선의의 판"이다. 이것은 어떤 특정인만을 이유 없이 구원한다는 선택설을 배척한다. 그렇게 본다면 칼빈의 "자기 중심적인" 선택교리는 하나님의 "판 깨는 교리"라고 볼 수도 있다. 그뿐 아니라 선함과 공의와 사랑의 하나님을 인간이 태어나기 전 편애하신 편벽된 하나님으로 오도한 책임도 있을 수 있다.

그밖에도 "선택된 자에 한해서"라고 하시지 않고 "모든 믿는 자" (롬3:22), "그를 믿는 자들"(롬9:33,10:11,13)에게 구원을 주시겠다고 하신 것은 모든 사람에게 공평한 기회를 주시겠다는 그의 의지를 나타내는 말씀이다. 그리고 "하나님은 모든 사람이 구원을 받으며 진리를 아는 데에 이르기를 원하시느니라"(딤전2:4)와 "그가 모든 사람을 위하여 자기를 대속물로 주셨으니"(딤전2:6)는 모든 사람을 초대하기 위해 대속물이 되셨으며, 믿고 진리를 체험으로 아는데 이르기를 원하신다는 것을 밝히고 있다.

그 밖에도 "누구든지(호스티스)"가 약 150회, 그리고 "누구든지(안)"가 47회, "누구든지(에안)"가 100여회, 그리고 "마다(카타)"를 다 합하면 신약에만 5백회나 되나 그 중에서 구원과 영생과 관련된 것만 3백 회가 넘는다. 그렇다면 이 많은 증언은 무시하고 불과 몇 회에 불과한 "예정"을 "초대"로 보지 않고 "선택"으로 편벽 되게 해석하여 행함이나 노력이나 힘씀이나 싸움이나 열매를 깡그리 무시하고 기정된 무조건적 선택설을 고집했다는 것은 문제가 될 수 있다.

누가 하나님의 구원의 은혜를 받은 자인가? 그는 하나님의 부르심과 조명아래 자신이 죄인임을 깨닫고 회개하여 그리스도의 공로를 믿고 삶이 변한 자이다.

누가 구원을 받을 자인가? 새 사람 되어 아버지와 같이 온전해진 자이다(마5:48).

누가 천국에 들어갈 자인가? 아버지의 뜻대로 행하며 세상을 이긴 자이다(마7:21).

5) 예정과 믿음

"택했다"는 한 말씀을 두고도 낱말의 해석차에 따라 견해가 달라진다. 그리하여 선택설과 조명설, 특수 선택설과 일반 선택설, 타락 전 선택설과 타락 후 선택설 등이 생겨난 것이다. 그리고 "예정(프로리조오)", 즉 "앞서(프로) 지명하다(리조오 Appoint)"의 뜻 해석에 있어서도 다르다. 이것을 초청으로 보기도(마22:1-9) 하고, 선택으로 보기도(엡1:4-5,계17:14) 한다. 그로 인해 인간의 자유를 인정하지 않는 불가항력적 은혜설(요15:16,고전12:3,고후3:14,4:4)과 그와 반대인 자유 의지설(고후8:12,벧전5:2,마15:28,요15:14)이 맞서게 된다.

선택(에크세렉사토)을 칼 바르트는 초대(Invitation 마22;1-9)를 위한 선택으로 보았고, 칼빈과 찰스 핫지는 예정(Predestination)을 위한 선택으로 보았다. 그리고 구원받을 자 뿐만 아니라 멸망받을 자도 다 예정했다는 2중 예정설(Dual Predestination)로 발전 되면서 구원파가 생겨난다. 그리고 창세전에 개개인을 미리 예정하셨다는 창세전 예정설과 그와 반대로 창세전에 예정 된 것은 구원 계획이었다는 계획 예정설로 나누어진다. 바르트는 "창세전에 예정하신 것은 예수 그리스도를 보내실 것과 그를 믿는 자를 구원하실 계획이었다(엡1:11-13,벧전1:19-20)"고 주장한다.

특히 그는 "그 기쁘신 뜻대로 우리를 예정하사"(엡1:5)의 "기쁘신 뜻"(유도키아)"은 "선의(Good Will)"를 강조한다. 즉 "선하시고 공의로우신 하나님의 뜻"에 의해서 예정하셨다는 뜻이다. 그렇다면 사람을 차별적으로 선택하실 수 없다는 것, 그리고 하나님 자신이 차별적으로 선택하여 자신이 심판하실 수 없다는 것, 더욱 멸망 받을 자까지 예정하여 멸망시키는 것은 "선의(유도키아)"가 될 수 없다는 것을 들어 사랑과 공의의 하나님을 오도하고 있다고 보았다.

그리고 구원의 결정 시기에 대해서는 "창세 전"(엡1:4), "처음부터" (살후2:13), "미리 정하심"(롬8:29), "자식들이 아직 나기 전"(롬9:11), "어머니의 태에서"(갈1:15) 등 다양하게 기록되어 있어 과거설이 있고, 그에 반해서 "복음을 듣고 회개하고 믿음을 갖는" 오늘설이 맞서 있으며, 마지막 심판 때로 보는 종말설이 있다. 그러나 듣는 사람에게는 과거설이 평안을 준다.

그리고 '오늘설'을 뒷받침하는 말씀으로 예수님께서 십자가의 강도에게 "오늘 네가 나와 함께"(눅23:43), 삭개오에게 "오늘 구원이 이 집에"(눅19:9), 그리고 "오늘 아들이 되게 하심"(히1:5,4:7,5:5), "주의 이름을 부를 때"(딤후2:19) 등을 들어 루터와 바르트는 오늘 선택설을 주장하게 된다. 그리고 마지막 심판때 설은 알곡과 쭉정이를 분리하는 "추수 때"(마3:12), "문 닫을 때"(마25:10,눅13:25,계3:8), 그리고 마지막 "심판 때"(마12:36,41,살후1:5,딤전5:27,약2:13,유15) 등을 든다.

특히 "심판 날 까지"(벧후2:9, 요일4:17) 기다리심이나 "한번 죽는 것은 사람에게 정해진 것이요 그 후에는 심판이 있으리니... 그리스도도 많은 사람의 죄를 담당하시려고 ...자기를 기다리는 자들에게 두 번째 나타나시리라"(히9:27-28) 등에서는 죽음 "그 후에 심판이 있다"하신 것이다. 그렇게 본다면 창세전에 예정하신 것은 그리스도를 통한 구원 계획이었다고 볼 수밖에 없다(엡1:11-12,3:11).

그리고 바울이 "내 어머니의 태로부터 나를 택정하시고"(갈1:15,사 49:1,5,렘1:5)를 들어 바울이 태어나기 이전에 이미 선택 받았다고 주장한다. 이에 대해 반대자들은 그 전후 문맥을 본다면 구원 받을 자로 선택했다는 것이 아니라 그가 아브라함의 후손으로 로마와 희랍의 시민권을 태어날 때부터 받게 된 것은 그의 이방전도 사명에 대한 하나님의 사용계획을 뜻하는 구원 계획이었다고 주장한다(행9:15). 그래서 "그의 아들을 이방에 전하기 위하여 그를 내 속에 나타내"(갈1:16)신 은혜라고 한 것이다.

그렇다 하더라도 예정은 예정이 아니냐?고 반박 할 수도 있다. 그에 대해 개인적 구원 예정과 구원 계획 설정은 전혀 다르다고 주장한다. "너를 내가 택했다"는 것은 네가 무슨 짓을 하던지 너를 구원하겠다는 결정적 구원을 뜻하는 것이 아니다. 12 제자를 택하신 것처럼 그중에는 구원에 이르지 못한 제자도 있다는 것이다. 바울이 다메섹 도상에서 주의 음성을 듣게 된 것은 이방전도를 위한 부름이었다는 것이다. 그리고 그가 헛소문으로 알았던 주님의 부활을 자신이 확인하게 된 것이다.

"택한다"(바칼(히), 에크레크토스(희))는 구약에서 141회, 신약에서 8회 나와 있다. 그 뜻은 "시험해 본 후에 선발한다"는 뜻이다. 왜 시험해 보고 택하는가? 자기 목적에 쓰시기 위해서다. 그래서 "너희는 택하신(에크레크토스) 족속이요 왕같은 제사장들이요... 이는 너희를 어두운 데서 불러내어 그의 기이한 빛에 들어가게 하신 이의 아름다운 덕을 선포하게 하려 하심이라. 너희가 전에는 백성이 아니더니 이제는 하나님의 백성이요 전에는 긍휼을 얻지 못하였더니 이제는 긍휼을 얻은 자니라"(벧전2:9-10)라 하신 것이다. 여기에 분명히 선발 목적과 이유가 나타나 있다.

이 말씀은 예수님의 "청함을 받은 자는 많되 택함을 입은 자(에크레크토스)는 적으니라"(마22:14)는 말씀과 일치한다. 여기 청함은 "시험해 보기 위해" 내리신 조치이며 택함(에크레크토스)은 자기 목적을 위해 많은 사람 중에서 선발한다는 뜻이다. 그 선발을 위해서 여럿을 초청하여 시험해 보는 것을 밝히셨다(마22:1-14). 그 선택 조건은 예복을 입기 위해서였다. 그 예복을 갈아 입은 자는 "너희는 하나님이 택하사 거룩하고 사랑 받는 자처럼 긍휼과 자비와 겸손과 온유와 오래 참음을 옷입은 자"(골3:12)이며 그런 자 만이 하나님의 구원 사역에 동참할 수 있다는 뜻이다.

그리고 "거짓 그리스도와 거짓 선지자들이 일어나 큰 표적과 기사를 보여 할 수만 있으면 택하신 자들을 미혹하리라"(마24:24)는 선택함을 받은 자라고 해서 마음을 놓아서는 안된다는 경고이다. 그리고 하나님의 택하심에는 그의 분명한 목적이 있었다. 그것은 "성령의 거룩하게 하심으로 순종함과 예수 그리스도의 피 뿌림을 얻기 위하여"(벧전1:2), "아들의 형상을 본받게 하기 위하여"(롬8:29), 그리고 "하나님의 복음을 위하여"(롬1:1) 택하셨다고 했다.

그런데 그의 택하심은 "하나님의 미리 아심을 따라"(롬8:33)와 "미리 정하신 그들을 또한 부르시고..."(롬8:30)를 본다면 하나님께서 미리 아시고 정하셨다는 것이다. 무엇을 미리 아셨는가? 예복을 입을 가능성을 각자의 성품 속에서 아셨다는 것이다(가가와 도요히고의 설). 그래서 감리교는 '예지 무정설'을 주장한다. 예지 예정설은 인간의 자유의지를 부인하며 예지 무정설은 인간의 선택의 자유를 인정하는 것이 다르다.

구원파에서 흔히 쓰는 구절이 있다. 그것이 "너희가 나를 택한 것(에크레크토스)이 아니요 내가 너희를 택하여(에크레크토스) 세웠나니"(요15:16)이다. 여기 택하다는 선발한다는 뜻이며 "세웠다"는 지명했다(에데카 Appoint)는 뜻이다. 그 앞 절을 보면 종에서 친구로 지명했다는 뜻이며 그 목적이 "너희로 가서 열매를 맺게 하고 또 너희 열매가 항상 있게 하여 내 이름으로 아버지께 무엇을 구하든지 다 받게 하려 함"(요15;16)이었다는 것이다. 즉 하나님의 영광을 위한 일꾼으로 그리고 "너희로 서로 사랑하게 하려" 지명 하신 것이다.

그런 의미에서 "택했다"는 뜻이 "선택 되다"는 뜻이며 그것이 더욱 분명한 단어가 신약에 17회나 기록된 "선택(에크로게)"이다. 이것은 절대 선택이 아니고 상대 선택(Alternative Choice)이며 영구한 선택이 아니고 잠정적 선택을 말한다. 마치 회사의 사용주가 직원을 택하는 것이나 대학 지망생이 입학허가를 받는 것과 같다. 그런 의미에서 이 택함을 초대에 해당 한다고 보는 것이다. 예수님께서 마르다에게 "마리아는 이 좋은 편을 택(에크로게)하였으니 빼앗기지 아니하리라"(눅10:42)하신 것이나, 한 바리새인이 청함을 받아 "높은 자리 택(에크로게)함을 보시고"(눅14:7)의 선택이 영구한 선택이 될 수 없는 것과 같다.

그러나 하나님의 선택은 "...무슨 선이나 악을 행하지 아니한 때에 택하심(에크로게)을 따라 되는 하나님의 뜻이 행위로 말미암지 않고 오직 부르시는 이로 말미암아 서게 하려하사"(롬9:11)에서는 "행위로 말미암지 않고...서게 하려하심" 이라에 초점이 있다. 원어에는 "서다"는 말이 없고 "하나님의 목적(프로데시스)을 위해 선택 되었다"로 되어 있다. 즉 인간은 현재와 과거의 행위를 보아 선택하지만, 하나님께서는 자기의 사역을 맡을 수 있는 자를 미리 아시고(예지) "부르셨다"는 뜻이다. 이것이 "신자"를 "사명을 위해 부르심을 받은 자"라고 하는 이유이다.

"형제들아 더욱 힘써 너희 부르심과 택하심을 굳게 하라"(벧후1:10) 하셨다. 즉 잠정적인 택함을 굳게 하라는 것이다. "너희로 가서 열매를 맺게 하고 또 너희 열매가 항상 있게 하여 "(요15:16) 의 "항상"은 절대적 택함이 아니더라도(렌스키의 설) 열매가 항상 있게" 하라고 권면하고 있는 것이다. 여기 열매는 사명으로 주신 일(요14:12) 또는 성화의 결실(롬11:16-17)을 말한다.

특히 보수파와 개혁파의 큰 차이점은 두 번째로 "행함"에 대한 견해 차이에 있다. 그리하여 행함이 구원에 영향을 미친다와 미치지 않는다로 견해 차이가 생긴다. 그리고 성경에는 행함의 종류가 여러 가지로 표시 되어 있음에도 그 중에 어느 한 가지 행위를 들어 다른 행위를 무시하려는 데 혼란의 원인이 있어 보인다. 말씀의 일부만 주장하는 것은 말로는 성경 무오설을 주장하면서 실제로는 성경 유오설에 기울어져 있다는 증거다.

구원관이 다른 첫째 이유는 성경 해석이 포괄적이지 못하고 부분적이어서 한 쪽에 치우친 탓이다. 성경에는 상반되게 보이는 내용이 함께 기록되어 있다. 로마서와 갈라디아서는 믿음을 구원의 요소로, 야고보서와 요한서신은 행함과 사랑을 강조한다. 그래서 루터는 야고보서를 '지푸라기(straw)성서'라고 멸시했다. 어떤 이는 성경은 사람이 쓴 것이어서 오류가 많아 잘못 된 부분이 포함 되어 있다고 주장한다. 이런 해명은 자신들의 편견을 정당화하려는 주장에 불과하다.

말 또는 언어는 이해 전달을 위한 최상의 방편이지만, 어떠한 완전한 말로 표현한다 하더라도 언어의 표현력과 사람의 이해력에 한계가 있어 전달자의 뜻이 그대로 전달되기는 어렵다고 보는 것이 옳을 것이다. 그럼에도 성경을 하나님의 말씀으로 오류가 없다고 보는 이유는 그 말씀에 진리와 생명의 길이 충분히 드러나 있기 때문이다.

성경에는 행위를 나타내는 낱말들이 많다. 소명 받기 전의 도덕적 행위와 중생한 후에 부여된 사명, 이방인의 인위적 행위와 신앙인의 믿음의 노력, 불신과 의심, 유혹과 충동, 사랑과 미움, 분노와 위로 등 심리적 행위도 있다. 영적 행위와 육적 행동, 표면화 된 행위와 마음의 행위 등이 혼돈의 원인이 될 수 있다. 그리고 말씀을 인간적 판단으로 구분해 어느 것은 더 중요시 하고 어느 것은 등한히 여기는 차별 해석 방법은 옳은 것이라 볼 수 없다(마5:18,딤후3:16-17). 그래서 성경은 "좌로나 우로나 치우치지 말라!" 하신 것이다(신5:32,수1:7).

"우리를 구원하시되 우리가 행한 바 의로운 행위로 말미암지 아니하고 오직 그의 긍휼하심을 따라 중생의 씻음과 성령의 새롭게 하심으로 하셨나니"(딛3:5)에서는 "행한 바 의로운 행위"는 옛 사람의 행위요 "사람이 믿음이 있노라 하고 행함이 없으면 … 그 믿음이 능히 자기를 구원하겠느냐"(약2:14)나 "사람이 행함으로 의롭다 하심을 받고 믿음으로만 아니니라"(약2:24)의 행위는 구원 받은 후에 변화된 행실을 말한다. 그리고 성령의 9가지 행함의 열매(갈5:22)는 구원받을 절대적 조건이 되는 순종의 행위다. 그것은 구습을 쫓는 죽은 행위와 구별 되어야 한다.

여기에 말장난 같은 시비의 근거가 있다. 곧 순종은 믿음의 증거로서 순종이 없는 믿음은 구원에 이를 수 없다는 주장과 순종과 믿음은 별개여서 "믿으면 구원 얻는다"고(행16:30-31) 했으니 행위는 필요 없다고 맞선다. 회개를 죄를 깨닫고 자복하는 것(Repent)으로, 주의 종을 통해 고백(Confess)하는 것으로(구교), 죄를 자복한 후에 행위가 달라지는 것(Convert)으로(복음주의) 각각 보는 견해가 다르다. 칼빈파와 알메니안과 웨슬레파와 칼 바르트 사이에 의견 차이는 크다. 이 복선의 얽힌 매듭은 풀 수 없는 것인가?

믿는다(피스튜오)는 "믿고 의지하는 신뢰"를 말한다. 그것이 단순히 믿을만 하다고 인식하는 지적 계몽인가 아니면 인식할 뿐 아니라 의뢰하고 미래를 맡기는 행위를 뜻하는가? 각자가 스스로 믿는 것인가? 믿어지는 것인가? 믿음에는 노력이 수반하는가 아니면 인간의 노력은 필요치 않는가? 인간의 노력으로 되는 것이 아니라면 "약속하신 이는 미쁘시니 우리가 믿는 도리의 소망을 움직이지 말며"(히10:23)의 "미쁘시다"나 "믿는 도리" 등은 믿을만 하다는 것을 지적하고 있다.

믿음은 맡기는 동작이다. 그 믿음은 이성이 "확실하다", "믿을만 하다"는 판정이 내려졌을 때 오는 느낌이 원인이 된다. "불이야!"라고 외치는 소리를 듣고 믿는다면 자동적으로 뛰쳐나가는 행위가 따른다. 즉 믿음과 행위는 별개가 아니라 동일한 것이다. 그래서 행함이 없으면 죽은 믿음이 된다. 믿겨지지 않는데 믿는 사람은 아무도 없다. 남이 권하거나 어떤 계기가 동기가 될 수는 있다. 그러나 그것이 믿게 하는 구속력을 가졌다고 볼 수는 없다.

주님께서 자기에게 고침을 바라고 찾아 온 소경에게 "내가 능히 이일을 할 줄을 믿느냐?"(마9:28)라고 물으셨다. 여기에 "이 일을 할 줄"은 "할 수 있을 것"이라는 가능성을 말한다. 사람들은 거저 "할 수 있거든"(막9:23) 또는 "어쩌면 할 수 있을까 해서" 믿어 보는 것이다. 파스칼은 신뢰도가 50%이상이면 믿어 볼만하다고 판정한다고 했다. 그래서 믿음 속에 회의가 30-40% 내포 되어 있다는 것이다. 참 믿음은 "말한 것이 이룰 줄 믿고 마음에 의심치 아니하는"(막11:23) 100%(?)를 뜻한다. 그러나 백부장 고넬료와 같은 그런 믿음은 극히 드물다.

믿으면서 왜 마음에 의심이 오는가? 이 마음(카르디아 Heart)은 자기의 행함과 삶을 주관하는 속 사람이요 양심이다. 겉사람은 믿는 척하는데 속사람은 부분적으로 의심하는 이유가 있다. 그 하나는 각자의 마음에는 깊이 자기 나름의 잠재의식이 있고 자기 경험과 이성을 기반으로한 판단력이 있다. 그리고 두 번째는 세상에 대한 불신과 자기 불신 때문이다. 예측을 불허하는 급변하는 세상, 실패를 거듭한 사람일수록 불신이 강하다. 그리고 그 배후에는 회의를 독촉하는 사탄의 역사가 있다.

회의는 거짓에 속은 경험에서 온다. 한두 번 속아 피해를 보면 모든 것을 의심하게 된다. 회개란 자신의 거짓을 벗고 신뢰를 찾는 것이다. 참을 추구하여 진실 된 열매를 맺는 것이다. 그럼으로 회개는 결코 하루 아침에 이 놀라운 전환이 이루어지는 것이 아니다. 자신이 진리를 찾아 조금씩 변하는 것이다. 왜 겨자씨 만한 작은 믿음이 있으면 "산 더러 들리어 바다에 던져지"는 일이 가능한가? 겨자씨의 믿음은 작은 것이나 자라나는 생명력이 있다는 뜻이다.

그래서 중풍병자에게 "안심하라 네 죄 사함을 받았느니라"(마9:2) 하셨고, 12년 동안 혈루증을 앓은 여인에게 "네 믿음이 너를 구원하였다"(마9:22) 하셨다. 그 밖에도 가나안 여인에게(마15:28), 그리고 두 소경에게(마9:29) 믿음대로 될 것을 말씀하셨다. 그들의 믿음이 60%였다면 60% 만큼, 90%였다면 90% 만큼 될 것이라는 뜻이다.

그런데 오래 함께 다닌 제자들에게는 "네 믿음이 어디 있느냐"(눅8:25) 하셨고 제자들은 "믿음을 더하소서"(눅17:5)라고 간청하였다. 믿음은 자라나기도 하고(마13:31-32), 충만 하기도 하고(행11:24), 믿음이 떨어지기도 하며(눅22:32), 죽기도 한다(눅18:8). 그리고 현실적 믿음도 있고 "구원 받을 만한 믿음"(행14:9)도 있다. 더욱 현실을 초월한 영생에 대한 믿음은 귀한 것이다.

그리고 믿음은 진리에 대한 깨달음이나 미래에 대한 바라는 인식만이 아니며 행위로 나타난 실상이다. 그것을 "믿음은 바라는 것들의 실상이요... 증거"라고 한 것이다(히11:1). "믿음으로 아벨은 가인보다 더 나은 제사를 하나님께 드림으로 의로운 자라 하시는 증거를 얻었다"(히11:4). 즉 "더 나은 제사"가 더 나은 믿음의 증거였다는 것이다. 즉 사람은 믿는 만큼 희생한다.

그래서 믿음에는 증거가 따르는 법이다. 그 증거로 하나님에게 의롭다 여기심을 받게 되며(롬4:5), 그 증거로 죄 사하심과 병 고침을 받는다(마9:2). 하나님은 우리의 믿음이 적고(마17:20) 큼을(마15:28), 믿음의 부족함(살전3:10)과 충만을(행6:5,11:24), 그리고 믿음이 굳음(행16:5,골2:5)과 온전함(살전3:10)을 다 아신다. 그는 우리의 생활(빌1:27)과, 봉사(빌2:17, 역사(살전1:3), 선한 싸움(딤전6:12)을 다 판단하시는 것이다.

이 두 말씀을 종합해 보면 구원에 이르는 믿음이란 "의로워졌다고 내 스스로가 자처하는 믿음"이 아니라, 그 행함이 하나님에게 인정 되어야 한다(롬4:5), 즉 하나님의 뜻에 일치 되어야 한다는 것이다. 그러나 그 일치는 변화 된 믿음, 온전한 믿음을 말하는 것이다(벧후1:11).

그렇다면 믿음은 초기 믿음이 있고, 변화되어 가는 믿음이 있고, 온전한 믿음이 있다. 이 믿음의 변화는 그때그때 열매인 행함으로 나타나는 것이다. 믿음과 소망과 사랑(고전13:13)이 다르다는 것, 사랑하지 않는 자는 생명에 들어갈 수 없다는 것(요일3:14) 등은 분명히 성장하지 못한 믿음을 뜻하고 있는 것이다.

예수님께서 겨자씨 만한 믿음이 있으면 그것이 자라나 공중의 새들에게 그늘을 제공하는 나무가 될 것을 말씀하셨다(마13:31-32). 그리고 믿음은 부풀게 하는 누룩과 같다는 것도 말씀하셨다(마13:33). 그 뜻은 겨자씨 만한 믿음 그것으로 천국을 이루는 것이 아니라 그것이 자라난 후에 천국이 이루어진다는 것이다. 믿음이 자라나 소망이 되고 사랑이 되어 열매 맺힐 때에 구원이 이루어진다는 뜻이다.

바울이 "내가 내 몸을 쳐 복종하게 함은 내가 남에게 전파한 후에 자신이 도리어 버림을 당할까 두려워함이로다"(고전9:27)한 고백은 분명 내가 자처한 믿음이 아니라 하나님에게 인정받을 수 있는 믿음으로 잘 자라날 것을 염려하신 것으로 보인다.

"믿음은 바라는 것들의 실상이요 보지 못하는 것들의 증거"(히11:1)라는 말씀을 흔히 인간 각자가 보고 느낄 수 있는 '실상'과 '증거'라고 착각한다. 그런데 "하나님을 기쁘시게하는 자라 하는 증거를 받은 자"(히11:5)라는 말씀을 본다면 인간의 믿음의 증거는 하나님이 인정하시는 것임이 분명하다. 그것은 사람의 판단이 하나님의 판단처럼 옳을 수 없기 때문이다.

"사랑하는 자들아 너희는 너희의 지극히 거룩한 믿음 위에 자신을 세우며 성령으로 기도하며 하나님의 사랑 안에서 자신을 지키며 영생에 이르도록 우리 주 예수 그리스도의 긍휼을 기다리라"(유20-21).
할렐루야! 아멘! 아멘!

6) 그리스도를 통한 예정

칼빈의 예정론은 구원받을 자의 선택과 멸망받을 자의 유기(Discard)를 강조한다. 그리고 그의 5대 강령이 삼위일체론과 함께 개신교의 주요한 교리로 자리 잡게 된다. 그러던 것이 '조건적 선택', '보편적 속죄', '인간의 자유와 협력'을 주장하며 반기를 든 알메니안의 협력 구원설, 그리고 아담의 타락 후 선택설, 루터파의 '믿음과 그리스도의 공로에 의한 선택설' 등의 약 4백년간의 대립 속에서 존속되어 왔다. 그것이 20세기에 들면서 신학자 칼 바르트에 의해 새로운 국면을 맞이하게 된다.

칼빈의 예정론의 문제점으로 인간의 자유의지, 하나님의 공의와 공평성, 하나님의 보편적 사랑, 그리고 그리스도의 공로 등을 무시하였거나 약화시킨 점 그리고 중생한 자의 타락 가능성을 무시했다는 것등이 비판의 도마 위에 오르게 된다. 칼 발트는 칼빈의 예정론이

1. 숙명론적이라는 것,

2. 하나님을 죄 지을 자를 예정하셨다고 봄으로 하나님을 죄의 원인이 되게 만들었다는 것,

3. 인간의 자유와 노력을 무효케 한다는 것,

4. 복음전파의 의의를 상실시켰다는 것.

5. 공평하신 사랑의 하나님(마5:45)을 오도하고 있다는 것,

6. 십자가에서 계시된 하나님의 모습과 일치하지 않는다는 것,

등을 지적하면서 "지극한 사랑의 하나님을 공포의 대상으로 전락시켰다"고 혹평했다.

바르트의 예정론은 1936년 9월과 10월, 두 달 동안 있었던 헝가리와 루마니아 지방 순회강연에서 전통적 칼빈의 예정론을 비판하면서 이루어졌다. 칼빈이 구원 받을 자와 멸망 받을 자의 두 부류의 사람들에게 은혜와 심판을 창조 이전에 정해 두셨다는 고정된 체계는 잘못이며, 하나님은 살아 계셔서 현재 결의하시고 미래에도 결의하신다고 한 것이다.

그리고 칼빈의 예정론은 고정된 기계적 예정론이어서 하나님의 주권과 자유 그리고 인간의 자유와 결단을 무의미하게 만들었다고 고발했다. 그리고 회개로의 부름을 해치는 과오를 범하고 있다고 지적하면서 그의 제 1차 예정론을 발표하였다. 그리고 6년 후에 수정된 제 2차

예정론이 발표된다.

1차 예정론(1936)을 요약하면 "하나님은 심판을 통해서 선택하기도 하시고 버리기도 하신다. 하나님의 사랑은 심판 없는 사랑이 아니다. 그리스도의 죽음은 우리의 버림을 대신하고, 그의 부활은 우리의 선택의 근거이다. 그리스도를 믿는 자에게 하나님의 선택이, 믿고 순종하지 않는 자에게 유기가 있다. 선택은 영원 전에 끝난 과거사가 아니고 현재 일어나는 사건이며 오늘도 그리스도를 통해서 선택하신다.

하나님의 영원한 예정과 시간 속의 인간은 그의 믿음에 따라 옛날과 다름없는 동일한 관계에 있다. 선택과 유기는 종말론적 성격이 있다. 즉 선택과 버림은 현재의 문제가 아니라 종말 심판 때에 확인될 문제이다"라고 했다.

그의 일차 예정론(1942)을 요약하면,

첫째, 인간은 전적타락에서 그리스도를 통한 하나님의 사랑에 의하여 구원이 이루어진다.

둘째, 하나님께서 창세 이전에 인간의 멸망과 타락을 예지하시고 그리스도를 통한 대속 계획을 세우셨다(벧전1:19-20).

셋째, 하나님께서는 인간의 자질에 따라 각각 다른 임무와 달란트를 주신다.

넷째, 구원 달성을 위해 점진적이고 지속적인 성령님의 도움을 자기 자녀들에게 주신다.

다섯째, 하나님의 부르심과 성령님의 인도하심에 대한 동의와 거부의 자유가 인간에게 있다.

여섯째, 하나님의 종말 심판에 의한 구원과 유기의 책임은 인간에게 있다.

어거스틴의 참회록에 이런 이야기가 있다. 그가 32세 되는 여름에 하나님의 부르심을 받고 회개하게 된다. 그 얼마 전 그가 아직도 마니교에 푹 빠져 있었을 때 그의 어머니가 꿈 이야기를 아들에게 들려주었다. 꿈속에서 어머니 모니카가 비통에 잠겨 판자 위에 서 있는데 웬 아름답고 수려한 청년이 나타나 "당신이 매일 울며 슬퍼하는 이유가 무엇이냐?"고 물었다.

모니카는 꿈속에서 "자식이 타락하여 방황하므로 슬프다"고 대답했다. 그 말을 들은 청년은 비통에 잠긴 모니카에게 "주위를 똑똑히 둘러 보시오"라고 했고 어머니는 정신을 차려 주위를 살펴보았다. 그리고 그는 많은 성도들과 함께 서 있는 아들 어거스틴을 본 것이다. 어머니는 너무도 기뻐 그 꿈 이야기를 아들에게 일러 주었다.

아들은 어머니의 그 말을 듣고 오히려 분노하여 이렇게 대답했다. "그것은 내가 있는 곳에 어머니가 있을 것이라는 뜻입니다". 어머니는 그를 달래며 자기가 가진 확신을 말해 주었다. "아들아! 하나님께서는 어머니가 이렇게 축복해 달라고 기도한 눈물의 아들을 결코 망하게 하시지 않을 것이다".

어느 날 어머니의 간곡한 애원에 감복되어 한 번 더 권면해 볼 것을 약속한 암브로시우스 주교의 초대를 어거스틴은 받게 된다. 언덕 위의 아름다운 주교의 뜰과 두 사람의 진지한 대화를 저녁노을이 붉게 물들게 했다. 주교는 짙은 숲사이로 굽이진 길을 가리키며 말했다. "쉽게 올 수 있는 길이 닦여 있음에도 불구하고 사람들은 짙은 숲속을 헤매며 방황하고 있지요. 당신도 주님께서 '나는 길이요 진리요 생명'이라고 하신 길이 있음에도 그것을 믿지 않고 자신이 개척하려고만 애쓰지 마십시요!'라고 타이른다.

어거스틴은 그날 밤 집에 돌아와 서재에 들어섰을 때 하나님의 음성을 듣게 된다. 그것은 분명하고 똑똑한 남자의 '베이스' 음성이었다. "집어 들고 읽으라!"

그는 당황한 나머지 무심결에 책상 위에 놓인 책 한권을 집었다. 그리고 아무 데나 무작정 펴 읽었다. 그는 그 순간 까무러치게 놀라며 눈물의 회개를 하게 된다. 그의 눈에 들어온 글은 책 속의 글이 아니라 자기의 속사정을 옆에서 정확히 보고 타이르는 자비로운 음성이었다.

"밤이 깊고 낮이 가까웠으니 그러므로 우리가 어둠의 일을 벗고 빛의 갑옷을 입자. 낮에와 같이 단정히 행하고 방탕하거나 술취하지 말며 음란하거나 호색하지 말며 다투거나 시기하지 말고..."(롬13:12-13). 그는 18세에 벌써 어떤 여자와 불륜의 관계에서 얻은 아들이 있었다. 그 이후 로마와 밀라노로 이주하여 수사학 선생으로 웅변술과 토론술을 가르치며 사교계에서 음탕한 삶에 도취되어 있었고, 많은 적들과 논쟁하며 다툼 속에서 살았다. 그는 할 말을 잃고 눈물과 경이로움에 엄습되어 꿇어앉고 말았다.

그는 모든 이론과 철학을 버리고 하나님에게 귀의했고 생활을 정리했다. 그렇다면 어머니의 꿈에 나타난 하나님의 사자의 예언을 예정으로 본다면 본인의 회개이전에 선택이 이루어진 것이다. 그뿐 아니라 구약과 신약의 예언과 계시들은 무엇을 말하고 있는 것인가? 미래를 예언한다는 것은 하나님께서 자기가 예정하신 것을 예언자의 입을 통해 통고하신 것인가? 그렇다면 그의 내면에 끊이지 않는 회의와 질문이 이어져 믿음의 단계에 이르지 못하게 한 이유가 무엇인가? 그는 이어진 깊은 회의 속에서 하나님을 찾아 질문했다.

"누가 나를 만드셨습니까? 선하신 하나님이 아닙니까? 선하신 하나님께서 만드셨다면 어떻게 내가 선을 그르치고 악을 행할 수 있습니까?"

"인간의 범죄가 악마로부터 나왔다면 그 악마를 창조하신 분은 누구입니까?"

"그 악마는 어떻게 하나님의 허락 없이 악한 의지를 지니게 되었습니까?" 등 주를 영접한 후에도 회의는 끝이 없었다고 기록되어 있다.

인간의 악한 것이 하나님의 예정에 의해 될 수 없다는 것과 "인간의 자유로운 회의는 인간에게 주신 자유를 하나님께서 막지 않는 증거"라고 요한 웨슬레는 말했다. 그것이 그가 "하나님은 예지하시나 예정하시지 않는다"는 결론을 낳게 한 이유였다. 인간은 영물이라 어느 정도의 예감을 누구나 가질 수 있다. 하물며 인간의 속내와 자연의 원리를 만드신 하나님과 영적으로 교제하는 사람이라면 당연히 예지도 예언도 가능할 것이다.

어거스틴은 고민 끝에 회답을 얻었다. 하나님은 최고의 선이시며 악의 근원이 될 수 없다는 것, 죄악은 인간의 세속성과 나약한 의지 때문이라는 것, 그리고 사람은 자기가 원하지 않는 일은 유혹받지 않는다는 것, 하나님께서는 인간을 시험하사 자기의 죄악성을 깨닫고 변화받기를 위해 악마를 사용하신다는 것들을 깨닫게 된 것이다.

그는 그의 참회록 7권 3장에서 "나의 범한 모든 죄악은 바로 나의 자유의지에서 온 것이었으며 비록 무의식중에 범죄했거나 의도적인 것이 아니었다 하더라도 형벌을 받아야 마땅한 것"이라고 고백하고 있다. 그리고 인간은 절대 무능자이며 오로지 삼위일체의 하나님의 능력과 역사가 아니면 구원 받을 수 없다는 것을 주장한다.

그는 그 이후에 가시적 세계 이면에 있는 신과 천사와 영들 그리고 선과 악과 사탄의 비가시적 세계를 발견한다(고백7권 5장). 그 때 그는 또 다른 의문에 봉착한다.

"여기 하나님이 계시고 하나님께서 창조하신 세상이 있습니다. 하나님은 선하시며 전능하시어 선으로 이 세상을 창조하셨습니다. 그렇다면 도대체 어디에 악이 존재할 수 있었습니까? 아니면 악은 실제로 존재하지 않는 것입니까?"

"우리가 두려워한다는 것은 우리 속에 악이 있다는 것이고 두려워하는 자체가 악입니다. 선하신 하나님이 세계를 창조하셨다면 어떻게 우리 속에 악이 남아 있을 수 있습니까? 선하게 창조되지 않은 부분이 남아 있다는 말입니까? 하나님이 전능하시다면 처음부터 왜 악을 소멸하시지 않으셨습니까?"

그는 이런 문제로 고민하며 "진리를 발견하지 못하고 죽으면 어쩌나"하는 불안 때문에 괴로워했다고 기록하고 있다. 그것을 보면 한 두 번의 회개로 하나님에게 돌아섰다고 해서 회의와 의심이 사라지고 확고한 믿음에 섰다고 장담할 수 없다는 것을 깨닫는다.

질문과 고민은 관심이 더해 갈수록 깊어지기만 했다. "깊다"는 말은 무궁무진한 회의의 바다를 헤엄친 연후에 얻은 고백일 뿐이다. 그 의심과 고민의 어두움이 기도와 성령의 조명으로 사라질 때 기쁨과 희열로 보답 될 것이다. 그 보답은 작은 창문을 통해 어두운 방을 조명하는 은혜의 빛이었다. 빛으로 조명하셨다는 것은 이성의 자유로운 감지와 판단을 이루게 하셨다는 것이다. 빛을 조명했다는 것은 어둠 속에서 보지 못했던 죄악을 빛 아래서 보게 하셨다는 것이다.

루터파의 기간을 세운 홀라쯔(Hollatz 1648-1713)는 그의 '구원의 서정'에서 '소명'을 "조명(照明), 회심, 중생"의 삼 단계 과정에 해당하는 것으로 밝혔다. 그리고 루터도 "하나님의 소명을 기꺼이 받아들이는 영적 행동"을 구원의 첫 관문으로 보았다. 웨슬레는 부르심을 듣는 것은 대문(Gate) 통과요 회개는 현관문(Door) 통과라고 했다. "불러낸다"는 것은 "부름을 듣고 나오게 했다"는 말이다. 즉 음성을 듣게 하심으로 거실에 머물러 있던 우리를 굳게 잠겼던 현관문을 열고 밖으로 불러내어 만남이 이루어지도록 인간의 자유의지를 충동시켰다는 뜻이다.

조명에 대한 칼 발트의 견해는 그의 '교의학 개론'(1947) 23장에서 이렇게 피력하고 있다. "그가 구원의 빛을 비추고 그리스도인은 그의 빛 속에서 움직인다. 그리스도인은 이 빛의 조명 안에 서 있다는 것이 특징이다. 이 빛 속에 서 있는 존재라는 것은 그의 자아 목적을 위한 것이 아니고 그 빛이 되기 위하여 그 빛 속에 거하는 것이다. 하나님이 세상을 이처럼 사랑하사 그의 독생자를 주시기까지 하셨다. 그리스도인은 그 사랑의 빛을 받아 또 하나의 빛이 되어 그리스도를 대신하는 전권대사가 되는 것이다"라고 했다.

그리고 이어서 이렇게 부언하고 있다. 그는 이 빛 속에서 우리로 하여금 죄를 깨닫게 하사 회개하게 하시며 우리의 모든 죄를 사하시고 의롭게 하신다. 이 빛으로 말미암아 일어나는 사죄는 우리의 죄와 하나님의 의의 교환작업이다. 그뿐 아니라 우리가 자라나도록 돕는 자애로우신 성령의 역사와 능력을 의미하는 것이다. 이것이 하나님의 택하심을 조명으로 보는 이유라고 하였다.

그러나 빛 되신 하나님의 존재와 자아를 발견했다고 해서 하나님을 온전히 알게 된 것은 아니다. 여기에 여러 가지 문제가 생긴다. 자기의 추하고 더러움을 발견하는 체험을 얻었다고 해서 이 어두움을 완전히 물러나게 한 것도 아니며, 구원의 진리를 하루아침에 깨닫게 되는 것도 아니라는데 문제가 있다. 이점이 기독교의 회개 대신 각성을 주장하는 불교와 다른 점이다. 그들이 말하는 각성(覺醒)은 잠자다가 눈뜨는 것처럼 오랜 수행 끝에 어느 한 순간에 깨침이 온다고 보는 것이 다르다.

마음의 현관문을 누가 여느냐 하는 문제에 있어서도(마7:7,계3:20) 의견이 다르다. 칼빈과 예정설을 주장하는 파는 인간은 죄로 죽은 상태라는 것(롬6:12,21), 하나님은 절대적 능력자(시45:7,렘31:22,시51:10,마19:26)라는 것, 성령의 역사는 불가항력적이라는 것(요12:46)을 들어 선택된 자의 문은 인간의 의사와 상관없이 하나님께서 열고 들어오신다는 것이다. 그리고 폐기된 자에게는 빛을 비추시지 않는다는 것이다. 그렇다면 악인과 선인에게 비춰신다는 말씀(마5:45)과 "문밖에 서서 기다리노니 누구든지 열면 내가 그에게로 들어가..."(계3:20)라는 대목을 어떻게 해석할 것인가?

다브니(R.L.Dabney)목사는 칼빈을 옹호하여 그의 '조직신학'(1871)에서 "하나님은 은혜로 인간의 기본적 욕망을 변화시킨다"고 했고, 핫지(C.Hodges)목사는 그의 조직신학 제3권에서 하나님의 일방적인 행동이 인간으로 하여금 피동적이며 불가항력적으로 작용하여 택함을 받은 자의 내적 변화가 일어나게 하신다고 보았다.

그러나 핫지(A.A.Hodge) 목사는 '중생의 3 단계'를 성령에 의한 씨를 심는 '준비단계', 새로운 의식을 창조하는 '발생단계', 그리고 진리에 대한 호기심과 열망을 유발하는 '결실단계'로 나누었다. 그는 이것을 '유효적 은혜'라고 하였다. 그러나 그 유효성은 절대적인 것이 아니라 인간의 반대로 실패 될 수도 있다고 보았다. 그렇다면 그는 인간의 자유를 어느 정도 허용한 것으로 보고 있어 불가항력적(不可抗力的) 은혜는 아니라고 본 것이다.

예정은 빛의 조명이며 그 조명은 흑암을 물리치는 하나님의 능력이요 은혜다. 이 빛이 내게 비춰지면 내 안에 둥지를 튼 박쥐처럼 모든 죄가 버틸 수 없다고 본 것이다. 그렇다 하더라도 빛이 내 마음 속에 들어오도록 하는 것은 내가 내 마음의 창문을 열 때이며 마음 문을 닫고 열지 않는다면 빛은 문 밖에 서서 기다릴 뿐이다(계3:20). 그것이 온유한 빛의 본성이며 인간에게 선택의 자유를 주신 선하신 대우라고 본 것이다.

그렇다면 어두움이 빛을 거부할 수 있는가? 있다면 그 이유가 무엇인가? "눈이 나쁘면 온 몸이 어두운 것이니 그러므로 네게 있는 빛이 어두우면 그 어두움이 얼마나 더하겠느냐?"(마6:23)에서는 눈이 어두운 소경은 아무리 빛이 있다 하더라도 빛을 알 수 없다는 것을 말하고 있다. 그래서 "빛이 어둠에 비치되 어둠이 깨닫지 못하더라"(요1:5)하신 것이다. 즉 속이 어두운 것은 빛 탓이 아니라 죄악으로 어두워진 시력 탓이라는 뜻이다.

"그 정죄는 이것이니 곧 빛이 세상에 왔으되 사람들이 자기 행위가 악함으로 빛보다 어둠을 더 사랑한 것이니라. 악을 행하는 자 마다 빛을 미워하여 빛으로 오지 아니하나니 이는 그 행위가 드러날까 함이요 진리를 따르는 자는 빛으로 오나니"(요3:19-21)라고 했다. 여기에는 소경이 원래부터 따로 존재하는 것이 아니라 "악을 행함으로 어둠을 더 사랑하게" 된 것이 원인이라는 뜻이다.

빛을 미워하는 인간이 따로 존재하는 것이 아니라 "어둠을 더 사랑하기" 때문에 "빛을 미워한다"는 것이다. 다른 장에서 말했지만 "미워하다(미세오)"의 근본 뜻은 "덜 사랑한다"는 뜻이다. 사랑의 반대어는 무관심이며 미움은 아직 관심이 있다는 뜻이다. 그렇다면 미리 선택된 자와 버린 자가 따로 있는 것이 아니며 취향(趣向)의 강도 차이라는 뜻이다.

"볼지어다 내가 문 밖에 서서 두드리노니 누구든지 내 음성을 듣고 문을 열면 내가 그에게로 들어가 그와 더불어 먹고 그는 나와 더불어 먹으리라. 이기는 그에게는 내가 내 보좌에 함께 앉게 하여 주기를 내가 이기고 아버지 보좌에 함께 앉은 것과 같이 하리라"(계3:20-21). 여기 "이기는 그에게"란 무엇을 뜻하신 것인가? 악을 더 사랑하는 자신과의 싸움에서 이기는 것을 말하신 것이 아닌가? 그것이 믿음으로 주를 의지할 때 얻어지는 승리가 아닌가(요일5:4-5)?

칼빈이 개혁파에서 정통주의를 세웠고 칼 바르트가 신정통주의를 세웠다. 그들의 견해가 아무리 훌륭해도 언제 다른 칼이 나타나 신신정통을 세울지 모른다. 그러나 분명한 것은 인간의 주의는 지나가고 퇴화될지라도 하나님의 말씀만은 영원할 것이다(마5:17-20). 그것이 하나님의 말씀의 '일점일획'도 무시해서는 안 될 절대적인 이유이다. 그럼에도 인간의 학설이나 이설이 파를 만들게 하고 하나님의 진리를 갈라 놓았다면 깊이 생각해 볼 문제다.

영 죽을 나를 살리려 그 영광 떠나서
그 부끄러운 십자가 날 위해 지셨네! 날 위해 지셨네!
나 이제 생명 있음은 주님의 은혜요
그 사망 권세 이기니 큰 기쁨 넘치네! 큰 기쁨 넘치네!

7) "토기장이"의 비밀

인생은 숙명적(宿命的)으로 규정된 것인가? 아니면 운명적(運命的)으로 각자가 개척하는 것인가 하는 문제는 시대와 환경에 따라 그리고 사람의 사상에 따라 다른 것 같다. 사물과 현상의 원인을 깊이 생각한 옛 사람일수록, 그리고 가족이나 인연에 얽매어 사는 동양인일수록 숙명론에 기울어지기 쉽고, 독립성과 개성이 강한 개척적인 사람일수록 자기의 명을 스스로 운전하는 운명론에 기울어지는 경향이 엿보인다. 그것이 동양인과 개척적인 서양인의 차이이기도 하다.

로마서에 이런 말씀이 있다. "토기장이가 진흙 한 덩이로 하나는 귀히 쓸 그릇을, 하나는 천히 쓸 그릇을 만들 권한이 없느냐?" (롬9:21). 이 말씀을 칼빈파에서는 흔히 선택교리에 인용한다. 그러나 이 말씀은 예정론과 무관한 사명에 관한 것으로 보는 편이 많다. 이 말씀의 핵심은 "진흙 한 덩이"로 "귀히 쓸 그릇"과 "천히 쓸 그릇", 즉 용도가 다른 그릇을 만들 "권한"에 관한 것이다.

여기 진흙(켈라모스, 점토)이란 흙과 다르다. 토기장이(켈라메우스)란 "점토를 다루는 사람"이란 뜻이다. 진흙은 하나님께서 사람을 빚어 만드신 원자재였다. 즉 하나님께서 만드신 사람을 뜻한다. 그리고 이사야 선지자가 "주는 우리 아버지시니이다. 우리는 진흙이요 주는 토기장이시니 우리는 다 주의 손으로 지으신 것이니이다" (사64:8)라는 말씀도 인간의 근본을 말한 것이다.

즉 소명받아 그릇이 되어 쓰이기 전에는 잘난 사람이나 못난 사람이나 다 같이 '진흙 한 덩이'에 불과하다. 흙(점토)이 진흙이 된 것은 약 70%의 물 때문이다. 흙(점토)에 물이 첨가 되어 잘 다져진 후에 형상이 빚어진다. 그리고 하나님의 생기를 부여 받아 하나님께 쓰일 그릇이 되었다는 것이다. 그것은 창세 때 아담과 하와를 지으신 일화일 뿐만 아니라 오늘에도 이루어지고 있는 실화인 것이다.

그럼에도 이 말씀은 진흙과 그릇이 다르다는 것, 그리고 "귀히 쓸 그릇"이나 "천히 쓸 그릇"이 다 같은 한 덩이 진흙으로 만들어진다는 것, 진흙(점토) 자체는 아무 소용도 없고 값없는 재질이지만 토기장이의 수고와 노력으로 그릇이 될 수 있다는 것을 나타내고 있다. 곧 그릇은 토기장이의 노력과 능력의 산물이라는 것을 말하고 있는 것이다.

그럼에도 칼빈이나 구원파들은 "천히 쓸 그릇"(롬9:21)을 버림받은 "못 쓸 그릇"으로 단정하는데 과오가 있어 보인다. 이것은 구원받을 자와 받지 못할 자에 관한 사항이 아니고 "각각 그 재능대로" 다른 임무를 맡기신 경우(마25:15)를 말한다. 그것은 어떤 토기장이라 할지라도 귀한 시간과 노력을 들여 의도적으로 못 쓸 그릇을 만들지는 않기 때문이다.

그리고 두 번째 과오는 이 말씀 속에는 그릇을 만드는 과정이 생략되어 있어 토기장이가 단숨에 그릇을 만드는 것처럼 오해한다. 그러나 실은 오랜 세월을 두고 인내로 한 과정도 소홀히 하지 않고 정성을 바쳐 비로소 얻게 되는 것이 그릇이라는 사실을 잊기 쉽다.

분쇄된 점토(Kaoline)를 체로 쳐서 얻은 미세한 흙에 물을 적당히 가하면서 가소성(可塑性,粘性)이 생기도록 발로 밟아 다진다. 무엇을 위해 발로 밟아야 하는가? 임의의 방향으로 서로가 받치고 뻗대어 맞서 있던 판상(板狀) 결정 입자들이 물의 윤활 작용과 짓밟힘으로 가지런히 눕게 된다. 그러면 부풀어 있던 입자간의 허공(虛空 void)이 빠져나가면서 입자 간 인력이 점성을 높인다. 이 과정에서 많은 시험과 경건 훈련이 헛김을 없애는 것이다.

이때 물은 성령의 감화(요4:14,7:37-39)를 뜻하며 임의의 방향으로 무질서하게 놓인 삶의 방향을 정리하고 한 방향으로 정돈시키는 역할을 한다. 그동안 성도는 학대와 생활고와 멸시를 받으며 허세와 거짓을 다 뽑아내고 다져져 사랑으로 밀착 되면서 한 덩어리가 되게 하는 것이다. 이것을 성경은 "규모(타그토이) 있는 삶"(살전5:14)이라고 표현하고 있다. 그래서 "성령을 소멸치 말며 예언을 멸시하지 말고…악은 어떤 모양이라도 버리라"(살전5:19,딤후2:19)고 죄악의 거품을 없이 할 것을 말씀한 것이다.

그리고 이런 말씀이 있다. "아비가 자식을 불쌍히 여김같이 여호와께서 자기를 경외하는 자를 불쌍히 여기시나니 이는 저가 우리의 체질을 아시며 우리가 진토임을 기억하심이로다"(시103:13-14). 여기 진토란 점토(진흙)와 다르다. 진토는 물기 없는 흙(Dust 창3:19)을 말하며 헛된 거품이 가득 차 있는 흙덩이라는 뜻(딤후4:7)이다. 죄악 속에 살면서(갈5:17,엡2:3) 변화를 싫어하는 습관(눅5:39)과 방종(롬7:15,눅15:12,갈5:13)의 진토이다. 이런 진토로서는 성형도 그릇도 만들 수 없다.

그런 진토를 오랫동안 물(성령)을 첨가하며 인내로 밟아 점토가 되면 토기장이는 비로소 자기가 원하는 그릇 모양으로 성형한다. 그리고 그것을 통풍이 잘 되는 공간에서 일주일 이상 서서히 건조시켜 굳어지게 한다. 그렇게 겉모습이 갖추어졌다고 해서 아직 그릇이 된 것은 아니다. 모양만 있을 뿐 비를 맞거나 충격을 받으면 쉽게 부서져 흙으로 되돌아가고 만다.

잘 마른 토기를 가마에 넣어 1,000도로 며칠을 구워야 토기가 만들어진다. 이것을 초벌구이라고 한다. 초벌구이가 끝난 그릇은 어느 정도 단단해지나 경도가 약해 아직도 깨어지기 쉽고 표면이 매끈하지 못해 더러워지기 쉽다. 그래서 토기시대에는 몰라도 오늘에는 토기를 사용하는 사람은 없다.

오늘 교회에는 성령의 뜨거운 가마 속에서 겨우 나온 초벌구이 집사와 장로들이 서로 부딪쳐 깨어지는 소리가 요란하다. 깨어지지 않았다 하더라도 사회의 때가 더럽게 묻어 있다. 모든 사람이 구원받고 진리를 아는데 이르기를 원하시는 것이 하나님의 뜻(딤전2:4)이지만, 복음에서 "속히 떠나며"(갈1:6), 부르신 하나님과 성령을 저버리고(살전 4:7-8), 성령을 거슬려 근심하게 하며(엡4:30), 발람의 길을 택하는(벧후2:15) 신자! 예복을 입지 않은 하객(마22:11-12)들! 이들은 다 겉모습만 갖춘 바리새인, 초벌구이 신자들이다.

이 초벌구이가 끝난 토기를 광택과 색을 내는 유약을 칠한 후 다시 건조한다. 이 작업은 토기에게 겉옷을 입히는 작업이다. 이것은 그리스도를 옷 입는 것이며, 이 작업이 끝나면 내면의 토기는 더 이상 보여지지 않는다. 성경 말씀은 "싫증나는 옷을 입지 말고 영구한 옷"(고전 15:53)을 입으라고 권하며 "그리스도와 합한 자는 그리스도로 옷"(갈 3:27) 입은 자라고 했다. 즉 그릇의 품위를 높이는 변모를 말한다.

그러나 유약을 칠한다고 유약의 아름다운 색과 광택이 즉시 드러나는 것이 아니다. 다시 고온의 가마 속에서 재벌구이를 받아야 "새 사람"(골3:10)이 되어 마귀의 모든 궤계를 방어할 수 있는(엡6:11) 새 그릇이 되는 것이다. 천오백 도의 고열로 여러 날 동안 소성하는 두 번째 구이를 '재벌구이'라고 한다. 그동안 토기장이는 불이 잠시라도 꺼지거나 약해지지 않도록 밤잠을 자지 않고 불을 지핀다. 이렇게 얻어진 그릇은 원래의 모습과 전혀 다른 아름다운 색과 광채를 지닌 자기로 변해져 있다. 그것을 볼 때에 토기장이는 오랜 수고의 보람을 느끼는 것이다.

그런데 불이 고르게 먹히지 않아 과열로 그릇이 녹아 변형되었거나 열 부족으로 유약의 색상이 얼룩져 있으면 토기장이는 안타까운 심정으로 그릇을 골라 부셔 땅에 묻어 버리고 만다. 깊은 관심과 섬세한 주의에도 불구하고 그릇의 가마 속 위치 때문에 기대하지 않았던 불량품은 반드시 있기 마련이다. 불은 성령이요 가마는 가정이나 교회나 공동체이다. 그 한가운데 서 있지 않고 멀찌감치 방관자로 언저리에 서 있었던 그릇은 아무리 주인이 정성들여 불을 지핀다 하더라도 바른 그릇이 될 수 없다.

유약은 종류에 따라 값이 천차만별이다. 잘 된 그릇을 골라 값비싼 유약을 바름으로 귀한 그릇을 만들 수도 있고, 값싼 유약으로 값싼 그릇을 만들 수도 있다. 이 유약의 선택과 수고는 토기장이에게 주어진 선택 권한이라는 말이다. 그것이 어떤 주인이 종들의 "재능에 따라" 각 종에게 다섯 달란트, 두 달란트 그리고 한 달란트를 나눠 맡겨 사업을 시켰다는 예수님의 이야기(마25:14-30)와 같은 것이다. 이것은 주인의 권한이지만 종의 '재능에 따라' 혹은 '초벌구이의 결과에 따라' 용도를 구별하셨다는 것이다.

그런데 여기 말하는 '그릇(수큐에)'은 비품, 장비 또는 도구(행 27:19)라는 뜻도 있다. 단지 "토기장이"에 맞춰 "그릇"으로 번역된 것이다. 그러나 "천한(아티미안)"은 "귀한" 또는 "특별한(티멘)"의 반대어로서 "평범한"이라는 뜻이다. 따라서 "버림"이나 "유기"를 뜻하는 "천한 그릇"(롬9:22)과는 전혀 다른 뜻을 가지고 있다. 즉 막 쓰일 수 있는 평범한(천한) 그릇을 의도적으로 만드셨다는 것이다.

칼빈은 "진노의 그릇"을 버림받기 위해 예정된 그릇으로 보았다. 그리고 "그의 능력을 알게 하고자 하사 멸하기로 준비된 진노의 그릇" (롬9:22)의 "준비된(카타르티조오)"을 "예정된"으로 잘못 해석한 것이 문제다. "준비된(카타르티조오)"의 원 뜻이 "복구한다/ 정돈한다"는 뜻이어서 "준비된 진노의 그릇"이란 '진노로 정리해야 할 그릇'이라는 뜻이다. 이 진노의 그릇은 자기가 공들여 초벌구이와 재벌구이를 하는 동안 가열을 거부한 그릇을 뜻한다.

이 "준비된 그릇"이 "예정된 그릇"이 아니라는 확실한 증거가 있다. 그것이 "진노의 그릇을 오래 참으시고 관용하셨다"는 말씀에 있다. 여기 참으시고 관용했다는 것은 못 쓸 그릇이 된 것이 자기의 의도가 아니었다는 증거다. 토기장이가 애쓰시고 참으시고 기다리신 후에 자기의 기대와 다른 못 쓸 그릇을 얻었을 때 분통이 터지는 것을 말한다. 애당초에 못 쓸 그릇을 계획하였다면 안타까워할 이유도 노할 이유도 없다. 그리고 어떤 토기장도 시간과 노력을 바쳐 의도적으로 못쓸 그릇을 만들 이유가 없다. 사람은 누구나 스스로가 받을 보응을 예비하는 것이다.

토기장이는 성령님을 통해 성형도 하고, 건조도 하고, 굽기도 하고, 유약을 칠하기도 하지만 진흙인 인간이 토기장이의 의도를 거부하고 기대에 못 미쳐 "진노의 그릇"(롬9:22)이 되었다는 것은 질그릇 자체가 자유의지를 허락 받은 그릇이라는 뜻이며 토기장이의 뜻에 순응하지 않고 기대를 저버린 것을 말한다.

"멸하기로 준비된"을 '예정'으로 본다면 오래 참으실 이유가 전혀 없다. 더욱 "네가 하나님의 인자하심이 너를 인도하여 회개하게 하심을 알지 못하여 그의 인자하심과 용납하심과 길이 참으심이 풍성함을 멸시하느냐"(롬2:4)의 "멸시하느냐?"는 말씀도 인간의 자유와 책임을 들어 문책하는 것이다. 그 책임이 하나님에게 있다면 "오래 참으심과 관용하실" 이유가 없다. 하나님의 자비하심과 사랑은 그의 계획에 있어서도, 인도하심에 있어서도, 심판하심에 있어서도 한결같으심을 볼수 있다.

그리고 "하물며 하나님의 아들을 짓밟고 자기를 거룩하게 한 언약의 피를 부정한 것으로 여기고 은혜의 성령을 욕되게 하는 자가 당연히 받을 형벌은 얼마나 더 무겁겠느냐?"(히10:29)하신 형벌이 "멸하기로 준비된 그릇"을 뜻한다고 보면 하나님께서 예정으로 그들로 하여금 하나님 자신을 '짓밟고', 자신이 자신을 '욕되게' 했다는 모순된 해석을 낳게 한다. 하나님은 어떤 일에서나 결코 악의 원인이 될 수는 없다.

그렇게 하나님의 뜻에서 벗어나게 된 이유는 인간의 죄악된 본성(갈5:17)과, 새로운 변화를 거부하는 심리(눅5:39)와, 하나님의 뜻 안에 구속되기를 거부하는 반항(롬7:15)과 그리고 하나님의 뜻 안에 머물러 있지 못한(요15:7) 탓이다.

"하나님은 모든 사람이 구원을 받으며 진리를 아는데 이르기를 원하시느니라"(딤전2:4), "우리 소망을 살아계신 하나님께 둘지니 곧 모든 사람 특히 믿는 자들의 구주시라"(딤전 4:10), "모든 사람에게 구원을 주시는 하나님의 은혜가 나타나 우리를 양육하시되..."(딛2:11), "너희가 악한 자라도 좋은 것으로 자식에게 줄줄 알거든 하물며"(마7:11) 등에서 하나님 자신이 예정으로 인간을 유기하실 만한 이유를 찾을 수 없다.

하나님은 죄인을 사랑하시는 자비로우신 분이시다(눅6:36, 요일2:1-2,3:1). "아버지가 아들을 세상의 구주로 보내신 것을 우리가 보았고 또 증거하노니 누구든지 예수를 하나님의 아들이라 시인하면 하나님이 저 안에 거하시고 저도 하나님 안에 거하시느니라"(요일4:14-15)의 "누구든지"는 모든 죄인을 향하신 하나님의 보편적 사랑을 나타내는 말씀이다.

그리고 "누구든지 하늘에 계신 내 아버지의 뜻대로 행하는 자"(마12:50,7:16-23)는 긍휼의 대상이 될 그릇이지만 "맛잃은 소금"(마5:13), "기름을 예비치 못한 처녀"(마25:3), "인내의 결실이 없는 자"(눅8:15), "한 달란트를 땅에 묻어 둔 자"(마25:21), "하나님의 손에 잡히지 못한 자"(히10:31) 등이 스스로 "진노의 그릇"으로 전락한 자이며 하나님의 선택 때문이 아니라 자신의 선택 때문이라 볼 수밖에 없다.

예수님께서 비통하게 한탄하신 일이 있다. "예루살렘아! 예루살렘아!...암탉이 그 새끼를 날개 아래 모음 같이 내가 네 자녀를 모으려 한 일이 몇 번이더냐? 그러나 너희가 원하지 아니하였도다"(마23:37)라고 하셨다. 분명히 원치 않은 것은 그가 아니라 '너희'라고 명시 하신 것이다. 그리고 예수님께서는 예루살렘에 대한 애정을 끊지 못해 흐느껴 우시기도 하셨다(눅19:41). 그것은 하나님의 끈질긴 애정과 수고를 인간이 "원치 아니하였다"는데 있었다.

꼭 같은 말씀이 이사야서에도 있다. "여호와께서 말씀하시기를 내가 자식을 양육하였거늘 그들이 나를 거역하였도다. 소는 그 임자를 알고 나귀는 주인의 구유를 알건마는 이스라엘은 알지 못하고 나의 백성은 깨닫지 못하는도다... 그들이 여호와를 버리며... 멀리하고 물러 갔도다"(사1:2-5). 여기서는 인간을 "내가 양육한 자식", "나의 백성"이라고 하시면서 마치 자기의 생살이 찢겨나가듯 고통스러워하는 심정을 토로하고 있는 것이다.

나는 신학자는 아니다. 그저 평범한 평신도의 한 사람일 뿐이다. 그러나 어떻게 그런 자애로우신 하나님께서 누구는 편애로 영생을 주시고, 누구는 처음부터 멸망시킬 자로 지으셨다고 상상할 수 있는지 알수 없다.

그리고 하나님께서 죄인을 위하여 도피성을 하룻거리 내에 열두 곳에 세우게 하신 일(민35:6-), 언약궤의 네 모퉁이에 '구원의 뿔'(왕상 1:50,단7:21)을 만들게 하신 일, 예수 그리스도를 "만민을 구원하시는 구원의 뿔"이 되게 하신 일(눅1:69) 등은 자비로 오래 기다리시며 인내하시는 하나님의 인자한 성품을 잘 나타내는 증거들이 아니었던가?

만일 하나님께서 인간을 차별 선택하여 구원을 얻을 자와 버릴 자를 만세 전에 설정하셨다면 수도 없이 되풀이되는 "돌아오라", "회개하라", "구하라", "낙심하지 말라", "믿으라", "싸우라" 그리고 "힘쓰라" 등 구원을 재촉하신 말씀이 마음에도 없는 연극이었단 말인가? 그리고 누가복음 15장의 잃었던 양 한 마리를 다시 찾은 주인의 기쁨, 돌아온 탕자를 맞이한 아버지의 기쁨을 무엇으로 설명할 것인가?

디모데후서에 이런 말씀이 있다. "큰 집에는 금그릇과 은그릇 뿐만 아니라 나무그릇과 질그릇도 있어 귀하게 쓰는 것도 있고 천하게 쓰는 것도 있나니 그러므로 누구든지 이런 것(망령되고 진리에 서지 못하고 부활을 부인하는 것)에서 자기를 깨끗하게 하면 귀히 쓰는 그릇이 되어 거룩하고 주인의 쓰심에 합당하여 모든 선한 일에 준비함이 되리라"(딤후2:16-20).

여기서 귀히 쓰일 그릇은 "자기를 깨끗하게 한 그릇"이며 "쓰심에 합당하게 준비된 그릇"을 말하고 있다. 그릇 자신이 힘써 깨끗하게 준비되어 있어야 한다는 것이다. 이것이 자유의지를 가진 '인간 그릇'의 특징이다. 그리고 "이 보화를 질그릇에 가졌으니"라고 했고, 아내를 "더 연약한 그릇"(벧전3:7), 심판을 "그릇 파괴"(계2:27)로 본 것은 연약해 깨지기 쉬운 인간 본성을 뜻하고 있다. 그리고 그릇의 사명은 그 속에 무엇을 담고 있느냐에 있음을 밝힌 것이다.

하나님은 선한 목자(시23:1)시요, 선한 농부(요15:1)시요,
사랑의 아버지(요14:9-11,롬8:14-15)시며 능한 토기장이시다.
이 토기장이를 믿고 진리에 굳게 서서 자신을 죽여 부활에 이르도록 애쓰는 자만이 하나님을 기쁘시게 하는 그릇이 될 수 있을 것이다.

그러면 그 그릇은 하늘나라 '큰 집'을 위하여 귀하게 쓰일 수 있을 것이다.

아멘 할렐루야!

8) 하나님의 섭리

존 칼빈은 그의 '기독교 강요'(1559)에서 그리고 사이먼(D.W. Simon)은 그의 저서 '성육신과 강림(1898)'에서 "지구상의 모든 변화는 하나님의 섭리와 뜻에 따라 이루어지지 않는 것은 없다"라고 하면서, 인간의 뜻과 생각도 정확히 신의 예정 아래 움직이지 않는 것이 없다고 주장했다.

칼빈은 하나님의 자연 운영방법(Controlling Principle)에는 두 가지 방도가 있는데, 그 하나는 자신이 택한 백성에 한해서 제1 원인(Primary Cause)으로 작용하여 자기의 원대로 이루시며 택함을 받지 못한 사람에게는 "내버려 방임"(롬1:28)하시는 제2 원인(Secondary Cause)에 따라 인간의 뜻에 맡기신다고 보았다. 즉 방임한 자에게만 자유를 허용하신다고 보았다. 그렇다면 선택은 구속이며 방임은 비 선택에 해당하며 예정 아래 들어갈 수 없다는 모순이 생긴다. 그리고 이 구속과 자유 사이에 어느 것이 축복이냐 하는 것과 하나님께서 창조 당시에 인간에게 주신 선택의 자유(창1:28-29)를 인정하지 않는 모순성을 낳게 한다.

그에 반대하여 가톨릭의 예수잇파의 허벌트(Edward Herbert)는 인간의 뜻과 생각은 인간의 자유에 속한 것이며 자연 속에 합리적으로 나타나시는 하나님을 주장하면서 이신론(理神論 Deism)을 창립한다. 이것이 당시뿐만 아니라 오늘에도 지식층을 지배하게 된다. 그러나 이 설은 인간 이성을 기준 삼아 합리적인 것만 인정하는 인본주의를 만들었다는 비판을 받고 있다. 그리고 쟌 스코트스(Jeannes Duns Scotus)는 하나님의 은혜와 인간의 자유의지의 협력설(Scotism)을 내세우며 인간의 책임을 강조하고 나선다.

19세기에 구라파를 시발점으로 일어난 실존주의의 선두 주자는 신학자였던 덴마크의 키엘케고르(Soren Kierkegaard)였다. 그는 인간은 신의 섭리를 따라 강제로 끌려가는 존재가 아니고 자유의지가 주어진 존재로서 모든 책임도 각자가 져야 한다는 것을 강조했다. 그리고 따분한 무관심과 태만과 부조리와 실망의 고정 관념에서 뛰쳐나와 자신의 삶의 의의와 열정을 찾아 책임 있는 삶을 구현해야 한다고 주장하였다.

그 이후 '나와 그대(I and thou)'와 '사람과 함께하는 사람(Man with Man)'을 출판한 유대계 신학자 마틴 부버(Martin Buber)의 '존재와 허무(Being and Nothingness)'를 비롯하여 소설 '자유에의 길(The Roads to Freedom)'로 실존주의의 기초를 놓은 프랑스의 소설가 사르트르(Jean Paul Sartre)의 역할도 무시할 수 없다. 이들은 자신의 글 가운데 '실존'이라는 말을 사용한 적도 자신이 실존주의자라고 말한 적도 없었다.

'실존(Das Sein)'을 규명한 사람은 독일의 하이데커(Martin Heidegger)와 야스퍼스(Karl Jaspers)에 의하여 처음으로 '실존주의'라는 낱말이 생기게 된다. 그러나 그들은 실존의 허무성을 주장하면서 고독한 인간에게서 의미를 찾는다면 희생적이며 책임 있는 사랑의 실천에만 의의가 있다는 것을 주장한다.

20세기 초에 기독교를 바탕으로 독일과 프랑스에서 시작된 실존주의는 미국으로 건너가면서 신학에 있어서도 새로운 장을 맞이하게 되는데, 그것이 과정신학(Process Theology)이다. 이 신학은 당시 하버드대학 교수였던 신학자 화이트헤드(Alfred North Whitehead)와 하트숀(Charles, Hartshone)에 의해서 시작 되었으며, 1960년대에 들어서면서 시카고 대학 신학부의 윌리암스(Daniel Day Williams)와 오그덴(Shubert Ogden) 등에 의해서 발전되어 시카고 학파라는 별명이 붙게 된다.

화이트헤드는 실체(Actual Entities)란 현실적 기회(Actual Occasion)상에서 지속적으로 변화하는 존재라고 했다. 따라서 사물이란 어느 국한된 시간에 머물러있는 존재가 아니라 곧 변화될 임시적(Temporal) 존재라고 본 것이다. 그들의 첫 번째 주장은 "변화 도중에 있는 현실적 실체란 의미가 없으며 변화 과정만 의미가 있다"고 했다. 다시 말하면 내일 어떻게 될지 모르는 변화하는 존재이기 때문에 현재 내가 구원받았다는 확신은 무의미하다는 뜻이다.

두 번째 주장은 별 의의가 없는 현실에 안주하는 것보다 오로지 미래에 대한 희망과 가능성에 의의를 두어야 한다는 것이다. 그리고 그 미래를 위한 변화의 견인력은 신의 강제성이나 폭력이 아니라 인간이 갖는 미래에 대한 매력과 사랑과 기대와 노력이라고 보았다. 또 과거에 받은 은혜나 체험보다 미래에 대한 변화 과정에 더 큰 의의를 두어야 한다고 했다. 이것은 개신교 사상에 있어서 괄목할 만한 변화의 계기가 된 것이다. 그러나 하나님의 섭리와 살아서 역사하심과 성령의 확고한 인도하심에 대해서 약점이 있다.

특히 한국 교회는 그 동안 어거스틴, 루터, 칼빈을 거쳐 정립된 선택교리에 깊이 뿌리를 내리게 되었다. 루터의 칭의, 칼빈의 예정교리를 소위 '전통 보수신앙'의 기초로 삼았고, 그 테두리 안에서 각자의 구원을 기정사실로 믿고 경직된 구원사상을 주장해 왔다.

장로교 선교사와 감리교 선교사가 한날한시에 같은 배로 인천항구에 상륙했다. 그럼에도 1세기가 지난 오늘에는 그 교세가 비교도 안되게 차이를 내는 이유가 무엇인가? 그 이유에 대한 견해는 다양하나 그 큰 몫은 한민족의 집단 무의식 속에 잠재하는 사람의 운명은 태어날 때부터 정해져 있다는 숙명론과 풍수설이 맞물려 작용했다는 견해다. 그렇다면 모든 것을 기정사실로 보는 한국인의 신앙을 재점검할 필요가 있다고도 할 수 있다.

과정 신학의 세 번째 중요한 사항은 하나님은 절대 불변의 존재이나 살아 계셔서 유기적으로 활동하시는 산 존재라는 것이다. 하나님의 불변성은 그의 여러 가지 성품, 즉 지혜(욥7:11,롬11:33-36)), 전지(사46:10), 전능(창17:1,18:14), 거룩(출15:11), 공의(신32:4,롬2:5), 선하심(출34:6), 진실(시86:15) 그리고 사랑(요일4:7-9) 등이며, 그의 섭리(Providence)와 다스리심(Sovereignty)은 인간의 행위와 과업에 따라 수시로 변한다는 것이다.

그들은 칼 바르트의 사상을 따라 살아계신 하나님을 강조한다. 하나님은 변화무쌍한 현실 속에서 무감각하게 석고처럼 굳어진 존재가 아니라, 살아서 감찰하시며 기쁨과 슬픔과 고통을 함께 나누시는 분이라는 것이다. 그리고 그분은 확고한 기정된 계명을 선포하고 보고만 계시는 분이 아니라, 혼잡 속에서 새로운 질서를 회복시켜 거룩함과 위엄과 새로움(Novelty)을 나타내시려고 노력하시는 분이라는 것이다.

　"사람의 죄악이 세상에 가득함과... 항상 악할 뿐임을 보시고 땅 위에 사람 지으셨음을 한탄하사"(창6:5-7)라고 하시며, 그때마다 '보시고' '한탄하시고' '홍수로 심판 하시고' 그것을 시행한 연후에는 사람의 참혹한 죽음을 보시고 마음 아파하시며, 물로 멸하지 않을 것을 언약하시게 된다(창8:21). 아브라함의 선량함과 아들 이삭을 바치는 믿음을 끝까지 지켜보시고 "이제야"(창24:12) 아노라 하시고 언약을 세우신다. 그리고 소돔 고모라의 패역함을 보시고 한탄하사 유황불로 징벌하시기도 하셨다(창19:1-28). 그 어디에도 기정사실은 없었다.

　하나님께서는 이 과정에 있어서 아브라함과 의논하시고 때로는 양보도 하시며(창18:22-32) 자비와 긍휼을 보이시며 후손에 대한 언약을 세우신다. 그러나 그 후손들이 언약을 어기고 하나님을 떠날 때에 택하신 이스라엘로 인해 다시 실망하시고(사1:2-5) "기름진 땅에 돌을 제하고 극상품 포도나무를 심어 포도 맺기를" 바라셨으나 그 기대가 어긋난 것을 아시고 황무케 하신다(사5:1-7,롬11:21). 이 역사를 과정신학은 살아서 민감하게 반응하시는 하나님의 증거로 삼는다.

　그 와중에 16권의 막강한 저서와 3권의 논문집을 출판하여 기독교 역사상 뛰어난 '신 정통주의 신학자'로 알려진 칼 바르트(Karl Barth)는 이렇게 소견을 밝히고 있다. 인류의 역사는 칼빈이 말한 것처럼 하나님의 예정과 기정된 섭리대로 이루어지는 것이 아니다. 즉 하나님의 섭리와 계획의 세밀한 부분까지 창세 이전에 설정하여 고정시켜둔 것이 아니라 창세전에 기정된 원칙(사37:26)은 창세전에 세우신 그리스도를 통한 구원 계획(엡3:11)이었다는 것이다.

　예정론자들은 "... 곧 창세 전에 그리스도 안에서 우리를 택하사...

그 기쁘신 뜻대로 우리를 예정하사 예수 그리스도로 말미암아 자기의 아들들이 되게 하셨으니"(엡1:4-5)를 들어 창세 전에 구원 받을 자를 예정했다고 주장한다. 그러나 그 뒤에 이어진 말씀 "그의 기뻐하심을 따라 그리스도 안에서 때가 찬 경륜을 위하여 예정한 것이니"(엡1:9) 와 "곧 영원부터 우리 주 그리스도 예수 안에서 예정하신 뜻대로 하신 것이라"(엡3:11)를 보면 창세 전에 예정한 것은 그리스도를 통한 구원 계획이었다는 것이다.

"만일 어떤 사람이 하나님께서 전도자로 예정해 두셨다면 본인이 아무리 예술가를 희망한다 하더라도 그것은 무모한 짓"이라고 본 칼 빈의 주장은 너무도 자기 주관적 과장이었다고 보는 것이다. 하나님께 서 인간에게 자유의지를 주셨다는 것은 판단과 행동의 자유를 주셨다 는 것이며 그에 대한 모든 책임도 본인이 져야 한다는 것이다. 이것이 아담이 징계를 받은 이유이며 미리 설정된 시나리오에 의한 것이 아니 라고 본 것이다.

바르트가 1962년, 75세 때 독일 바젤대학에서 가졌던 퇴임 강연 주 제는 '복음주의란 무엇인가?' 였다. 그는 그 강연에서 "하나님은 높고 거룩한 곳(사57:15), 경직 속에 고립된 존재도, 자신의 위엄에 속박된 전적 타자(他者 Ganz Andere)도 아니다"고 했다. 이 전적 타자의 개 념은 창세 이전에 모든 것을 설정하시고 현재는 완전한 타자(他者)로 계신다고 본 칼빈의 주장을 반박한 것이다. 그리고 "그는 인간의 어제 와 오늘과 내일의 역사 속에 역동적으로 개입하시며 나타나신 분"이 라고 역설했다.

그리고 칼빈이 하나님은 선하시고 거룩하신 특성이 인간과 전적으 로 다르다는 사실 때문에 인간이 범접할 수 없는 절대자, 즉 '전적 타 자'라고 한 것은 "신은 죽었다"고 본 헤겔의 주장과 큰 차이가 없는 것이라고 그는 반박했다. 그가 칼빈의 예정론을 반대하는 이유로 하나님께서 살아계셔서서 섭리하시고 통치하심을 든다. 그의 유명한 로마서 강해 제2판(1922)은 키엘케고르의 실존주의적 사상이 많이 반영되어 있으나, 그 이후에 출판된 그의 예정론(1936)에서는 말씀을 들어 어거스틴과 루터와 칼빈의 예정론을 신랄하게 비판하고 있다.

첫째로 그는 한번 구원받기로 예정된 자는 어떤 일이 있어도 구원받는다는 칼빈의 결정적 선택설은 현존하시는 하나님의 자유와 주권을 해치고 있다고 보았다. 그리고 롬9-11장을 들어 살아계신 하나님께서는 자기의 뜻에 따라 부르시고 선택하시지만, 자기의 뜻을 배반할 때에는 언제라도 선택하신 것을 무효화하고 버리신다고 했다. 이것이 성경의 많은 부분과 일치하고 있어 신 정통주의의 핵심 사상이 되었다.

두 번째로 전통적 예정론은 인간의 자유의지를 무시한 과오를 범했다고 본다. 그리하여 칼빈의 예정론을 그는 체계만 남은 기계적 예정론이라고 비판했다. 어떤 이는 영원한 축복을 그리고 다른 이는 영원한 저주로 예정되어 있다면 만세 전에 이미 역사는 확정된 것이다. 그렇다면 그는 인간의 믿음과 결단 이전에 모든 것을 정하셨다는 것이며 "믿음으로 구원받는다"(엡1:13,3:12,빌3:9)는 말씀도 의미가 없어지고 만다고 했다.

세 번째로 전통적 예정론자들은 이미 예정된 자들은 행위와 노력이 필요치 않다는 것을 강조한다. 그러나 "회개하라 천국이 가까왔다"고 주님께서도, 사도 요한도, 제자들도 부르짖었다. 그리고 회개할 기회를 주었으되 회개하지 않는 자에게 사망을 주신다는 것(계2:21-23)과 "사람의 행위 대로 갚아 주리라"(계2:223)는 것도 예정론의 입장에서는 설명이 불가능한 대목들이다. 이미 예정되어 있는데 회개와 결단과 노력이 필요할 이유가 무엇이며 자기가 예정해 놓고 심판한다는 것은 자기가 자기를 심판한다는 것이 아닌가? 라고 그는 반박하고 있다.

네 번째로 그리스도의 의(義)를 무효화 시키고 있다고 했다. 그리스도는 하나님의 선택과 버림의 중재자(Vermittler)로 오신 것이다. 그는 예정된 자를 부르러 오신 것이 아니고 멸망 받을 수밖에 없는 인류를 회개시켜 구원하시기 위해 오신 것이다. 그것이 "의인을 부르러 온 것이 아니요 죄인을 불러"(마9:13) 회개시키려 오신 것이다. 죄로 멸망 받을 자들에게 구원의 희망을 주시기 위해 오셨다(딤전1:15). 이것이 그리스도 십자가의 의의요 그를 믿는 자는 속죄함을 받는 이유다.

그리고 "오직 그의 긍휼하심을 따라 중생의 씻음과 성령의 새롭게 하심으로 하셨다"(딛3:5). 그리고 "이는 하나님을 믿는 자들로 하여금 조심하여 선한 일을 힘쓰게 하려 함이라"(딛3:8)고 하신 것이다. 그리스도를 통한 긍휼하심을 믿어 사함 받고 새로워진 자에게 구원이 있다는 것이다. 즉 회개와 성화를 통해 변화를 받아야 하며 조심하여 선한 일을 행할 의무를 주신 것이다. 즉 구원은 택함의 결과가 아니고 변화와 임무 수행의 결과에서 온다는 것이다.

다섯 번째로 인간의 기도와 하나님의 응답을 들었다. 참 역사는 하나님과 인간의 관계인 기도와 응답을 통한 유기적 만남으로 이루어진다고 보았다. 신앙을 통해서 인간이 하나님의 뜻에 복종하면 인간의 기도의 응답으로 하나님께서 역사하신다는 것이다. 하나님은 무조건적으로 자기가 설정하신 법도와 섭리를 고수하시지 않고, 신축성과 유연성을 가지고 사람들의 기도에 귀를 기울이신다고 보았다. "만일 하나님께서 자기의 섭리대로 운행하신다면 기도가 필요한 이유가 무엇이며 기도하다가 낙망하지 말 것을 권하실 이유(눅18:1-8)도 없지 않는가?" 라고 반문했다.

그리고 니느웨성이 요나 선지자의 말을 듣고 회개함으로 멸망을 면한 일, 피부병으로 죽게 된 히스기야 왕의 간절한 애원을 들으시고 15년이나 생명을 연장하신 일(왕하20:1-6), 다윗이 살인과 간음죄를 범한 후 통회 자복함으로 벌을 가볍게 감하신 일, 그뿐 아니라 죽은 나사로를 예수님께서 살리신 일(요11:39-44), 욥바에서 베드로가 죽은 여인 다비다를 기도하여 다시 살리신 일(행9:36-40), 탕자가 회개함으로 (눅15:18) 용서하신 일 등은 그때마다 유기적으로 응답하시는 자비로우신 아버지(마7:11)이심을 보여 주셨다.

만일에 인간의 운명이 예정되어 있다면 이런 일들이 일어날 수 없으며 은혜를 입어 성령까지 받은 후 성령을 속임으로 죽음의 저주를 받은 아나니아와 삽비라의 경우(행5:1-11)를 설명할 수 없다. 만일에 누가 그것도 예정에 의한 것이라고 어거지로 말한다면 그는 선하시고 자비로우신 하나님을 모독하는 죄를 범하는 것이다. 그들은 자유의지에 따라 성령의 권면을 어기고 악을 선택한 책임을 스스로 감당한 것이다.

여섯 번째로 인간의 현존(Being)과 실존(Existance)의 의미를 든다. 인간의 실존은 시간에 따라 변화하는 존재이며 지나간 과거에 얽매이지 않고 현재와 미래를 향해 진행 중인 존재라는 것이다. 과거의 일시적 회개나 중생보다 현재와 미래의 변화(Change)와 되어짐(Becoming)이 더 중요하다는 것이 역사 속에 엄연히 나타나 있다는 것이다.

칼 바르트는 하나님께서는 자기의 뜻을 강권적으로 강요하시지 않으시며 사람에게 자유를 주시는 것을 강조한다. 만일 강권적으로 제압하셨다면 아담과 하와가 선악과를 따먹지 못하게 하셔야만 했다. 그리고 이스라엘이 하나님의 뜻을 거역하고 자기들의 왕 세우기를 고집했을 때 하나님께서는 자기의 뜻을 양보하시지 않았어야 했다. 사무엘이 베냐민 지파의 기스의 아들 사울을 찾아 만났을 때 그의 용모의 준수함이나 효심과 겸손을 보고 택하지 않았어야만 했다(삼상8:19-9:8).

사울은 왕이 된 후 예언과 방언도 체험하였고(삼상10:10) 때로는 믿음도 있었다(삼상14:35). 그럼에도 그는 악한 왕으로 전락해 갔다. 하나님께서 사무엘을 시켜 "왕이 스스로 작게 여길 그때에 이스라엘 지파의 머리가 되지 아니 하셨나이까...어찌하여 왕이 여호와의 목소리를 청종하지 아니하고 탈취하기에만 급하여 여호와께서 악하게 여기시는 일을 행하셨나이까?"(삼상15:17-19)라고 책망한다. 여기 "작게 여길 그때에" 택함을 받았다는 뜻이 무엇인가? 이것은 그가 왕이 된 것은 예정 탓이 아니라는 증거로 볼 수 있다.

그리하여 "순종이 제사보다 낫고 듣는 것이 수양의 기름보다 나으니 거역하고... 완고하여...여호와의 말씀을 버렸음으로 여호와께서도 왕을 버려 왕이 되지 못하게 하셨나이다(왕상15:22-24)라고 했다. 여기 "버렸음으로"를 예정했다가 버렸다고 본다면 "예정"의 의의가 없다는 뜻이며 '절대 예정설'에 위배 된다. 그러나 그를 사랑했다가 "인간이 하나님의 말씀을 버렸기 때문에" 하나님께서 부득불 그를 버렸다고 한 것은 절대 예정설을 부인하고 있는 것이다.

여기 "순종이 제사보다 낫고 듣는 것이 수양의 기름보다 낫다"는 뜻이 무엇인가? 순종이나 들음은 예정보다 개인의 자유와 노력을 인정하겠다는 말이다. 만일 예정에 의해 순종이 이루어지는 것이라면 순종의 참된 가치가 무엇이며 제사보다 낫다는 뜻이 무엇인가? 자발적으로 하는 순종의 고귀함을 나타낸 것이 아니겠는가?

하나님의 은혜는 일정한 것도, 고정된 것도 아니다. 하나님께서는 오늘도 내일도 살아서 역사하시며 모든 사람에게 고르게 은혜를 베푸신다(마5:45). 겸손한 자에게 더욱 큰 은혜를 주시며(약4:6), 은혜를 구하며 받은 은혜를 폐하지 않도록 노력해야만 한다. 바울이 "내가 하나님의 은혜를 폐하지 아니하노니"(갈2:21)라고 말한 것은 바울 자신의 굳은 결단을 말하는 것이다. 그와 반면에 은혜에 이르지 못하는 자도 있고(히12:15), "은혜에서 떨어진 자"(갈5:4), "은혜를 헛되게 한 자"(고전15:10)도 있음을 시사했다.

그리고 "은혜가 은혜 되지 못하게 하는 자"(롬11:6)도 있고, 스스로 율법을 준수함으로 구원을 얻겠다는 사람은 "그리스도에게서 끊어지고 은혜에서 떨어진 자"(갈5:4)라고 했다. 그러므로 은혜 속에 사는 삶(딤후2:1), 즉 성령의 감동과 계시에 따라 순종하며 노력하는 삶이 참된 은혜(벧전5:12)라는 말이다. 은혜를 받아도 내 스스로가 정욕과 죄악의 유혹과 간악한 마귀와 싸워야한다. 예정 되었기 때문에 자동적으로 구원 받는 것이 아니라, 힘써 노력하여 승리의 경주를 잘 한 사람이 구원을 받는다(딤후4:7-8).

"이기는 그에게는 내가 하나님의 낙원에 있는 생명나무의 열매를 주워 먹게 하리라"(계2:7)나 "이기는 자는 둘째 사망의 해를 받지 아니하리라"(계2:11)나 "이기는 그에게는 … 흰돌을 줄터인데"(계2:17)에서 역시 "이기는 자"란 노력하여 싸워 이긴 것을 높여 하신 말씀이며 "노력하고 애쓴 자에게"라는 뜻이 있어 낙원은 "예정된 자에게" 무조건적으로 주시는 것이 아니라 은혜로 애써 악을 물리친 자에게 주시겠다는 약속이다. 그렇게 보면 구원은 노력의 대가처럼 보인다. 그러나 그 노력도 순종으로 보면 '은혜가 은혜 되게' 하는 것이다.

그렇다면 교파의 분열이 생긴 이유가 무엇인가? 루터가 말한 창녀와 같이 더럽혀진 학자들이 던진 추파에 의한 것이냐? 아니면 성령의 도움을 받아 함께(쉰) 깨닫는 "지혜의 깨달음"(쉰 니에미 골1:10)으로 보느냐 하는 것은 간단하게 말할 수 없다. 단지 "너희로 하여금 모든 신령한 지혜와 총명에 하나님을 아는 것으로 채우게"(골1:9) 되기를 바라는 마음이 있을 뿐이다.

"그런즉 너희가 어떻게 행할지를 자세히 주의하여 지혜 없는 자가 되지 말고 오직 지혜 있는 자 같이 하여... 오직 주의 뜻이 무엇인가 이해하라"(엡5:15-17). 여기에도 "되지 않을 것이다"가 아니라 "되지 않게 하라!" 하셨고 "이해하라!"고 권면하고 있는 것이다. 이것은 은혜 받은 우리에게 "되지 않도록 하는 책임"이 있음을 촉구하고 있는 대목이다. 그런데 "주의 뜻이 무엇인지 이해하라"는 것이다. 그리고 다른 데에서는 "너희는 이 세대를 본받지 말고 오직 마음을 새롭게 함으로 변화를 받아 하나님의 선하시고 기뻐하시고 온전하신 뜻이 무엇인지 분별하도록 하라"(롬12:2) 하셨다.

하나님의 온전하신 뜻을 이해하려면 세상의 변천하는 사조나 학문이나 이론으로 할 수 있는 것이 아니라 인간 본질의 변화가 있어야 할 수 있다는 것이다. 그것은 "남이 장에 간다고 거름지고 따라가지 말라!"는 뜻이다. 인류의 역사는 하나님께서 자기의 예정하심에 따라 일방적으로 이끄신다고 보는 칼빈주의, 인간 스스로가 자기의 운명을 이끌어 간다는 무신론, 인간의 반응에 따라 하나님께서 사랑과 공의로 다스리신다는 복음주의, 하나님과 사람이 합력하여 선을 이룬다는 알메니안 주의 등에 현혹 되지 말고 스스로가 변화를 받아 깨달으라는 것이다.

분명한 사실은 역사의 흐름 속에서 변하지 않는 것이 있다면 하나님의 통치 원리 속에 숨어 있는 그의 '공의와 거룩과 사랑'일 것이다. 어떤 인간이 발견한 원리라 할지라도 그것을 부인하는 원리는 하나님의 본질을 부인하는 것이라 본다. 그 하나님의 본질은 절대적인 것이요 인간의 의견은 그것이 아무리 훌륭한 것이라 하더라도 상대적이며 보잘 것 없는 것이다. 결국 인간이 하나님의 뜻을 이해할 수 있는 유일한 길은 그의 말씀 밖에 없다. 어떤 학설과 사상이 찬사를 받는다고 할지라도 말씀의 다른 부분을 부인하고 있다면 그것을 인정하고 따를 수는 없는 것이다.

주여!
우둔하고 미천한 나에게 지혜를 주사
하나님의 바른 뜻을 깨닫게 하옵소서!

구주 예수 의지함이 심히 기쁜 일일세
주를 믿는 나의 마음 그의 피에 적시네
예수 예수 믿는 것은 받은 증거 많도다
예수 예수 귀한 예수 믿음 더욱 주소서 아멘!

3장

전환

{ 03 전 환

1) 가장 하찮은 것

세상에서는 힘이 있고 크고 아름다운 것이 사람들의 인정을 받는다. 그러나 하나님의 세계는 꼭 그렇지 않은 것 같다. 성경에는 훌륭한 교육을 받고 자질이 갖추어진 사람을 뽑아 쓰신 경우도 있으나, 그보다 가장 보잘 것 없고 하찮은 사람이 더 큰 일을 한 예들이 많다.

성경역사 속에서 2백만 이스라엘 민족이 40년을 광야에서 지내는 동안 가장 큰 일을 한 것은 모세가 아니라 그의 손에 잡혔던 나무 막대기였다. 모세가 호렙산에서 떨기나무 불꽃 가운데서 하나님을 만났을 때(출3:2) 하나님께서 "모세야 모세야" 부르시고 "내가 애굽에 있는 내 백성들의 고통을 보고 ... 그들을 애굽인의 손에서 건져 내려고"(출3:7-12) 부르셨다는 것을 알리신다.

그러나 모세는 자신이 그런 일을 할 위인이 아니라고 생각할 뿐 아니라 설령 하나님께서 자기에게 명하셨다 하더라도 그들이 믿고 따르지 않을 것이라고 생각했다. 여호와께서

"네 손에 있는 것이 무엇이냐?"고 물으셨다.

"지팡이 입니다". 그가 가진 것이라곤 그것밖에 없었다. 하나님께서 모세에게 명하신다.

"그것을 땅에 던져 보아라". 모세는 그대로 했다. 그랬더니 어찌된

일인가? 지팡이가 땅에 떨어지는 순간 길이가 2미터나 되는 뱀이 되어 꿈틀거리지 않는가. 모세는 깜짝 놀라 소름이 끼쳐 자기도 모르게 뒤로 물러섰을 것이다. 그런데 어떤 성경학자의 말에 의하면 그것은 뱀이 아니라 애굽의 신이었던 악어였을 거라는 말도 있다.

여하튼 그 다음 순간 하나님의 음성이 들려왔다. "그 꼬리를 잡으라".

이렇게 소름 끼치는 뱀의 꼬리를 잡으라니? 모세는 순간적으로 하나님이 하시는 일에 실수는 없다는 것을 잊을 뻔 했다. 그가 즉시 마음을 가다듬고 순종했을 때 혐오스럽기만 하던 뱀의 꽁지는 딱딱한 나무로 변해 있었다. 그 마른 막대기는 그날 이후로 나일강을 피가 되게 하며, 홍해를 가르며, 바위에서 물이 솟아나게 하며, 수많은 기적을 나타낸 능력의 지팡이가 되었다. 보잘 것 없는 한 토막나무 막대기가 하나님의 능력이 임하심으로 인류의 대 역사를 바꾸어 놓았다.

그리고 두 번째로 흉년이 들어 먹을 것이 없어 굶어 죽게 된 백 명을 살린 보리 떡 스무 개며(왕하4:42-44). 여자와 아이들을 빼고도 5천 명을 먹인 5병2어는 보잘 것 없는 것들이었으나 하늘나라를 땅 위에 실현하신 놀라운 능력을 보이신 것이다.

복음의 전파와 예수님의 기적 소문이 죽은 세례 요한이나 엘리야나 다른 선지자가 환생했다는 유언비어와 더불어 방방곡곡에 퍼지면서 모여든 군중은 인산인해를 이루었다. 예수님께서 갈릴리 바다 건너편 벳세다로 오신다는 소문을 듣고 그들은 먼저 그곳에 와 있었다(막6:33,눅9:10). 예수님께서는 큰 무리를 보시고 자기의 고된 육신의 피곤도 잊으시고 그들이 목자 없는 양 같음을 불쌍히 여겨 하늘나라를 가르치시며(막6:34) 병을 고치시게 된다(눅9:11).

그곳은 들판이라 인근에는 마을이 없었고 그 많은 군중을 사 먹일

돈도 없었다. 예수님께서는 너희에게 "돈이 얼마나 있느냐?"라고 물으시지 않고 너희에게 "떡이 몇 개나 있느냐?"고 물으신다. "떡 몇 개"라니 5천명이 훨씬 넘는 무리를 앉게 하시고 고작 "떡 몇 개"라니? 삼척동자라도 웃을 일이었다. 이것이 기독교의 역사요 지금도 일어나고 있는 웃지 못할 일들의 시작이었다. 그리스도의 이름으로 서 있는 성전이며 학교, 병원이며 고아원들이 다 그렇게 하찮은 떡 몇 개로 시작된 것이라고 누가 믿겠는가?

제자들은 떡 몇 개 정도야 식은 죽 먹기지! 적어도 수백 명은 먹을 것을 가지고 다닐 것이라고 장담하고 나섰을 것이다. 그러나 예상은 빗나가 안드레가 겨우 보리떡 다섯 개와 물고기 두 마리를 가진 아이를 발견하고 "떡 다섯 개와 물고기 두 마리뿐입니다"라고 실망스럽게 보고하였다(마14:17). 예수님께서는 그것을 받아 하늘을 우러러 감사하시고 떼어 제자들에게 나누어 주라 하신다. 그것이 그 많은 무리가 다 배불리 먹고 남은 조각이 열 두 광주리나 되었다(막6:42-44).

여기 중요한 사실은 한 아이가 바친 다섯 개의 떡은 가장 값싼 보리떡 '할토으스'였으며 물고기는 작은 생선(오프사리온)이었다. 이것이 하나님의 능력으로 양이 불어났을 뿐 아니라 맛과 품질도 변하여 "저희의 원하는 대로"(요6:11) 맛있는 떡과 큰 생선(이크투스 막6:43)으로 변하여 그 "많은 무리가 다 배불리 먹었다"는 것이다. 원어에는 "더 먹을 수 없을 만큼 먹었다"고 표현되어 있다.

하나님의 대부분의 기적은 따져 보면 양적 변화뿐만 아니라 질적 변화를 수반한다. 이것은 무에서 유로의 창조와 악에서 선으로의 질적 창조를 의미하는 것이다. 예수님의 가나 잔치에서 물로 포도주를 만드신 것도 무에서 유를 만드셨을 뿐 아니라 "지금까지 좋은 포도주를 (남겨) 두었도다"(요2:10)고 한 연회장의 말을 보면 여러 해 묵힌 좋은 포도주였다는 것이다. 양도 질도 변하게 하는 창조의 능력은 오늘도 일어나고 있는 것이다.

돌이 떡이 되었다거나 손이 문둥병에 걸렸다거나 문둥병자가 깨끗하게 고침을 받았다거나 하는 것들은 유사변화가 아니라 생산과 소멸의 기적을 말한다. 그렇게 볼 때에 하나님의 창조의 능력은 오늘날에도 자연 속에서 끊임없이 나타나고 있음을 볼 수 있다. 중생(파린 게네시스)과 거듭남(게네태 아노텐)의 '게네시스'는 발생 또는 창조(Genesis)를 뜻하고 있어 태초의 창조가 현실에도 지속 되고 있다는 증거이다.

이런 기적을 들어 "겨자씨 만한 믿음이 산을 옮긴다"고 표현하신 것이다. 큰 믿음이 산을 옮긴다면 모를까 겨자씨 만한 믿음이 큰일을 한다는 것은 납득하기 어렵다. 그러나 믿음은 그 자체가 극히 작은 단순한 마음가짐이다. '작은 믿음' 이란 인간의 크기 탓으로 큰일을 할 수 있는 것이 결코 아니다. 그 작은 것이 하나님의 크신 손에 의탁 되면 큰 능력으로 나타난다는 뜻이다. 불학무식한 제자들이며 세상에서 쓰레기 같은 여인들을 찾아가 믿음을 심어 쓰신 것은 그들이 결코 자질이나 어떤 재능이나 타고난 성품 때문이 아니라는 것을 증명하시기 위해서였다.

두 번째로 '겨자씨 만한 믿음' 이란 하찮은 순종을 뜻한다. 요한복음 2장의 가나 잔치에서 예수님께서 하인들로 하여금 물을 연회장에게 갖다 주라 명하셨고 "갖다 주었더니" 포도주가 되어 있었다(요 2:8,9)는 것이다. "갖다 주었더니"의 문법적 완료 시제를 고려하면 하인들이 가지고 갈 동안에는 아직도 물이었다가 잔에 부었을 때 비로소 포도주가 된 것을 의미한다. 그 하인들은 단순히 시키는 대로 순종했을 따름이다. 그러나 그 간단한 순종이 큰 기적을 나타낼 줄은 그들 자신들도 몰랐을 것이다.

고용인의 순종하는 마음가짐은 계획하고 투자하고 설비하고 자재를 공급하는 주인의 노력과 수고에 비하면 단순하고 쉬운 일이다. 머리를 쓰고 궁리할 필요도 없고 자금을 염려할 필요도 없다. 닦아둔 길을 달음박질하는 것은 길을 만들고 포장하는 일에 비하면 아무 것도 아니다. 집을 간수하고 지키는 일은 집을 짓는 일에 비한다면 누워 떡먹기다. 그럼에도 그 쉬운 일이 이루어지기 어려운 이유가 무엇인가?

그것은 자신의 보잘 것 없는 인품에 주어진 과분한 자격과 책임이 너무도 커서 믿기 어렵기 때문이다. 그래서 오로지 겸허한 마음으로 순종하는 자에게 능력이 나타나는 것이다. 그럼에도 그 순종이 왜 그다지도 어려운 것인가? 순종은 믿음이 없는 자에게는 노예가 되는 길이기 때문이다. 그래서 "겨자씨 만한 믿음만 있어도" 하신 이유이다.

"우리가 그 안에서 그를 믿음으로 말미암아 담대함과 확신을 가지고 하나님께 나아감을 얻느니라"(엡3:12). 그렇다 하인들은 예수님께서 명령하시는 대로 "항아리에 물을 채우라!', '갖다 주라!'를 믿고 순종했을 뿐이다. 그러나 그 하인들에게 의심이 전혀 없었던 것은 아니었다. 그 의심을 극복하는데 믿음의 담력이 필요했던 것이다. 그들은 물잔을 들고 사람 앞에 나아갈까 말까 맴돌지 않고 나아갔던 것은 믿음의 담력이 의심을 압도했기 때문이다. 그들은 사랑의 주님을 믿고 앙칼지게 불만을 퍼붓는 무리들에게 두려움 없이 나아갔던 것이다.

작고 하찮은 것을 가지고 믿음으로 큰 기적을 나타낸 경우는 많으나 그 중에서 세 번째로 '도르가의 바늘'을 들 수 있다. 지중해 연안의 미항 욥바는 역사적으로 유서 깊은 항구이다. 솔로몬의 궁전과 성전

건축에 쓰인 레바논의 백향목이 바다를 통해 운반된 곳이요, 요나가 다시스로 가는 배를 탄 곳이기도 하다. 그곳에는 빌립에 의해서 신자가 된 여신도 도르가가 살고 있었다. 그는 복음을 듣고 변화된 삶을 살았다. 그는 "선행과 구제하는 일이 심히 많았다"(행9:36)고 기록되어 있다.

가난한 과부가 무슨 여력이 있어 '선행과 구제'가 많았다는 말인가? 그의 기사가 성경에 실리게 된 것도 불가사의(不可思議)이다. 하나님께서는 선하고 착한 사람도 때로는 병들게 하신다. 그가 병들어 시름시름 앓더니 끝내 죽고 말았다. 사람들이 그를 장례 절차에 따라 시체를 씻어 다락에 뉘어 두고 그곳에서 15킬로 떨어진 룻다에 파발을 보내어 베드로를 청하게 된다. 베드로가 간청에 의해 서둘러 와서 다락에 올라가 보니 "모든 과부가 베드로의 곁에 서서 울며 도르가가 저희들과 함께 있을 때에 지은 속옷을 내어 보였던 것이다"(행9:39).

그가 무엇으로 그런 큰일을 하였을까? 알고 보니 작은 바늘과 실이었던 것이다. 가난해서 옷을 사 입지 못하는 과부들의 속옷을 여러 날 밤잠을 자지 않고 바느질하여 한 사람 한 사람 지어 입혔다는 것이다. 속옷은 정성만 있으면 특별한 솜씨가 필요한 것도 아니었다. 그러나 재봉틀이 없었던 그 옛날에 손으로 여러 사람의 옷을 지어 입혔다는 것은 여간 가긍한 일이 아니었다. 그래서 '도르가의 바늘'은 기독교 교회사에 봉사정신의 대명사로 이름이 붙게 된 것이다.

그의 바늘과 실 뒷면에 숨은 그의 사랑이 많은 과부들의 영혼을 구원의 길로 인도했던 것이다. 없는 자의 섬김은 부요한 자의 섬김보다 몇 배나 더 높은 격조의 감격을 영혼에 심는 법이다. 그러나 오늘 날 그런 기적을 다시 볼 수 없게 된 이유가 어디 있는가? 재봉틀 문화와 물질의 부요 속에 따스한 인정과 푸근한 온정이 메말라버린 사막화현상 때문이다. 그것이 "인자가 올 때에 세상에서 믿음을 보겠느냐?"(눅 18:8) 하신 이유다 .

누구를 막론하고 환경의 영향을 받지 않는 사람은 없다. 특히 돈과 재력의 힘이 너무도 커졌다. 생계가 어려워지면 마음의 여유도 없어진다. 돈이 많아지면 욕심도 불어나 선심은 반대로 메말라 버리는 법이다. 옛날 속옷 한 벌로 감동을 줄 수 있었던 순박한 시대는 지나가고 겉옷 열 벌로도 감동을 줄 수 없는 오늘이 왔다. 돈이 마음을 각박하게 만들어 온정과 사랑을 사막화 시키고 있다. 오늘 웅장한 교회 속에 도르가의 바늘봉사가 자취를 감추었다는 것이 그렇게 아쉬울 수 없다.

불쌍한 과부의 동전 한 푼을 예수님께서 부자들의 은전이나 금화보다 더 귀하게 보신 이유가 여기에 있다. 그 작은 동전 한 푼의 위력은 금화에 비할 수 없이 크다는 것을 지적하신 말씀이다. 이것이 사회의 경제학과 기독교의 진리가 다른 점이다. 목마른 자에게 물 한잔, 배고픈 자에게 떡 한 조각, 헐벗은 자에게 옷 한 벌이 사람을 살리는 기적이 되는 이유도 여기에 있다(마25:35). 하나님께서는 외모는 보시지 않는다는 말씀이 있다. 그러나 보잘 것 없고 하찮은 것을 보신다.

나는 젊었을 때 고아원이나 양로원이 그리스도의 간판을 달고 궁색을 떨며 충실치 못한 것을 보면 그리스도의 이름을 욕 되게 하는 철면피들이라고 매도했다. 그러나 철이 들면서 어느 것이 참 된 그리스도인의 모습인가를 깨닫고 회개했다. 그리고 사회가 아무리 물질적으로 발달하고 교회가 부흥한다 하더라도 근검절약을 표방한 청교도 정신이 사라진다면 그것은 빛 좋은 개살구에 지나지 않는다는 것을 깨닫게 된 것이다.

말세의 현상은 과대망상증(誇大妄想症)이다. 빌딩은 고층일수록 좋고 집이나 차는 클수록 인정받는 망상이다. 그리고 무엇이든지 등수 안에 들어가야 하고 남을 압도하고 그 위에 서야 살맛을 느끼는 인기 주의(Popularism)가 판을 친다. 그러나 하나님께서는 반대로 작은 것, 보잘 것 없는 것, 하찮은 것을 보신다는 것을 잊어서는 안 될 것이다. 그러나 실상은 하찮고 보잘 것 없는 그 것이 진실이요 밭에 숨겨진 고귀한 보화인 것이다. 신앙은 그것을 찾아 소유하는 데 있다.

돌로 웅장하게 지은 헤롯 대성전을 자랑했던 제자들 처럼(마24:1), 내가 다니는 교회가 이처럼 큰 교회라는 것이 자랑스러워 명함에 부각시키고, 거액에만 눈이 어두워 한 달란트를 땅에 묻었던 자가 바로 나다. 주님은 꼭 크고 웅장한 석조 교회, 현란한 가운, 붉은 양탄자, 우렁찬 화음의 대합창, 짜임새 있는 프로그램을 즐겨 찾으시리라고 착각한다. 오히려 촛농 같은 눈물의 회개와 형형한 사랑의 눈빛이 교차하는 작은 교회, 그리고 서로 따뜻이 손잡고 눈물로 기도하며 서로 돕는 그곳에 주님께서 함께 하실 것이다(마18:20).

하나님께서는 외모를 보시지 않는다는 말씀이 성경에 여러 번 나와 있다. 구약에 5회(레19:15, 신1:17,16:19, 삼상16:7, 잠24:23), 신약에 9회(마6:16, 막12:14, 눅20:21, 행10:34, 롬2:11, 엡6:9, 골3:25, 약2:1,9) 기록되어 있다. 여기 "외모를 취한다(프로소포-렘피스)"의 부정, 즉 "외모를 받지 않는다" 는 뜻은 피부의 색깔과 생김새, 혈통(롬2:11)과 지위(엡6:9), 행위(골3:25)와 소유(약2:1,9) 등을 귀하게 보지 않는다는 뜻이다. 즉 그것을 "고려한다"는 뜻이 담겨 있다. 속을 보시기 위해서 겉을 고려하신다는 말이다. 바리새인의 위선을 겉사람(프로소포)으로 고려하신 것이다.

하나님께서 미디안 광야의 목동 모세에게 나타나 큰 사명을 주신다(출3:3-8,10). 그때 그는 당황하며 "내가 누구인데 바로에게 간단 말입니까?"(출3:11) 한다. 그리고 모세는 자기에게 주신 사명에 자신이 합당한 자가 아니라는 것을 여섯 번이나 주장하게 된다. 입이 뻣뻣하고, 혀가 둔해 언어 장애가 있다는 것, 자신은 용모나 품위에 있어서 리더의 자격이 없다는 것(출4:13), 그리고 성격이 겁이 많아(출2:14) 담대하지 못하고 온유하기만 한 것(민12:1)을 스스로 알고 있었다.

주전 11세기 초에 있었던 위대한 사사 기드온도 마찬가지다. 하나님께서 가나안 땅을 이스라엘 민족에게 주셨지만 실은 미디안과 아말렉과 동방사람들이 무력으로 실권을 잡고 있었다. 여호와의 사자가 기드온에게 이르러 "너는 가서 이스라엘을 미디안의 손에서 구원하라"고 명하시게 된다(삿6:14). 그는 일언지하(一言之下)에 거절하며 "내가 무엇으로 이스라엘을 구원하겠습니까? 나의 집은 므낫세 지파 중에 극히 약하고 나는 내 아비 집에서 제일 작은 자입니다"(삿6:15)라고 한다. 즉 "나는 인간 찌꺼기에 불과합니다"라고 한 것이다.

하나님이 사무엘을 시켜 다윗을 왕으로 택했을 때도 똑같은 사실을 볼 수 있다. 사무엘이 하나님의 지시를 받고 이새의 집에 이르러 그의 아들을 만나기를 원한다. 키가 크고 용모가 뛰어난 맏아들 엘리압을 보았을 때 사무엘은 직감적으로 "여호와의 기름 부으실 자가 과연 내 앞에 있구나"(삼상16:6)라고 속단했다. 그러나 하나님의 음성이 들려왔다. "그 용모와 신장을 보지 말라, 나의 보는 것은 사람과 같지 아니하니 사람은 외모를 보거니와 나 여호와는 중심을 보느니라"(삼상16:7) 하시고 아직 나이가 어려 보잘 것 없는 다윗을 불러 기름을 붓게 하신다.

예수님께서 열두 제자를 택하셨을 때도 방법은 똑같다. 가문이나 학벌이나 이력을 보지 않으시고 일자무식한 어부와 사회에서 멸시받은 세리와 성격이 불같은 제롯 당원들을 제자로 삼으셨다. 학벌, 가문, 경력, 직업, 성격 등 세상에서 평가하는 범주의 어느 하나도 제대로 된 것이 없는 무뢰한들을 끌어모아 어쩌자고 당대의 철학과 성경 학자들과 종교인들을 맞서 복음을 전할 작정을 하셨는지 도무지 이해가 가지 않는다.

그럼에도 누가나 바나바나 바울은 당대의 최고의 교육을 받은 사람들이었다. 그들이 유식한 만큼 초대교회에 이바지한 공로가 크다. 그러나 하나님께서 그들이 천하거나 약하거나 멸시받은 자가 아닌데도 쓰신 것은 불가사의한 일이다. 그러기 위해 그가 쌓은 것을 무너뜨려야만 했고 그러기 위해 그만큼 큰 고통과 인간이 겪을 수 있는 최고의 어려운 경지에 빠지게 하여 '세상의 찌꺼기'로 낮추신 이유를 알 수 있다.

바울이 자신의 심정을 이렇게 까지 표현한 것을 읽을 때 가슴이 찡해 오는 것을 느끼지 않을 수 없다. "내가 생각건대 하나님이 사도인 우리를 죽이기로 작정한 자 같이 미말에 두셨으므로 우리는 세계 곧 천사와 사람들에게 구경거리가 되었노라... 바로 이 시간까지 우리가 주리고 목마르며 헐벗고 매 맞으며 정처가 없고... 핍박을 당한즉 참고 비방을 당한즉 권면하니 우리가 지금까지 세상의 더러운 것과 만물의 찌꺼기같이 되었도다"(고전4:9-13).

이 사람 저 사람의 발길에 밟히고 차여 다 찌그러진 빈 깡통도 줍는 사람이 있다. 그러나 아무도 돌보는 사람이 없는 철저한 인간 찌꺼기(카타르마)! 그의 몸은 정수리에서 발끝까지 멍들고 찢어지고 피로 물들어 있었다. 그렇게 되었을 때 "그리스도의 연고로 미련해지고, 약해지고, 비천해지게 될 수 있었다"라고 고백하고 있다.

개인의 삶에 있어서나 세상만사가 다 그런 것 같다. 반드시 큰 범죄나 인기를 집중하는 영웅적 거사가 세상을 움직이고 사람을 죽게 하는 것이 아니라, 작은 숨은 봉사가 세상을 움직이는 것이다. 총이나 칼이 평화를 위협하는 것이 아니라, 적은 누룩(고전5:6)과 작은 혀(약3:5)가 위협하는 것이다. 큰일에 충성하기가 어려운 것이 아니라, 작은 일에 충성하기가(마25:21) 어렵다. 주의할 것은 꼭 큰 죄를 범하는 것보다 어린 아이 하나를 실족케 하는 것이다(마18:6).

어떤 이가 부흥회를 다녀왔다. 그리고 하는 말이 "큰 부흥강사가 되려면 역시 큰 죄를 지어야 할까봐!" 했다. 그 이유를 물었더니 부흥강사가 예수 믿기 전에 큰 깡패였고 간음과 살인도 여러 번 했다고 간증한 것이다. 어떤 이는 큰 죄를 지어야 큰 은혜를 받고 작은 죄를 지은 사람은 작은 은혜를 입는 것으로 생각한다. 이런 사람은 큰 죄만 회개하면 된다고 믿는 사람들이다.

형제에게 노하거나 '바보'라고 비웃거나 '미련한 놈'이라고 업신여긴다고 해서 누가 죄로 단정할 사람은 없다. 그리고 농담이나 단순한 말로 남의 기분을 상하게 했다고 해서 회개하는 사람은 없다. 그러나 하나님께서는 그것도 살인과 다름없이 심판 받는 것을 말씀 하셨다(마5:21-22). 주님께서 만 달란트의 빚만 탕감 받으면 구원 받는다고 하시지 않았다. "진실로 네게 이르노니 네가 한 푼이라도 남김없이 다 갚기 전에는 결코 거기서 나오지 못하리라"(마5:26) 하신 것이다.

"그러므로 누구든지 이 계명 중의 지극히 작은 것 하나라도 버리고 또 그 같이 사람을 가르치는 자는 천국에서 지극히 작다 일컬음을 받을 것이요 누구든지 이를 행하며 가르치는 자는 천국에서 크다 일컬음을 받으리라"(마5:19)라고 했다. 여기 '작은 것 하나'라도 무시하고 버려서는 안 된다는 것은 무엇을 말하는가? 성경의 한 작은 부분도 내 뜻에 맞지 않는다고 버리지 말라는 뜻이 아닌가? '작은 것 하나'를 행하면 천국에서는 크다는 것이다.

"내가 부득불 자랑할진대 내가 약한 것을 자랑하리라.
주 예수의 아버지! 영원히 찬송할 하나님이 내가 거짓말
아니하는 것을 아시느니라" (고후11:30-31).

주여 세상 거품으로 부풀어 망상에 빠진
나에게 오셔서 진리를 보게 하시고
참 된 보화를 찾게 하소서
그리하여 사막의 작은 샘가에 그늘이 짙은
한 포기 겨자나무가 되게 하소서!
아멘! 아멘!

2) 말씀의 이해
- 하나님의 비밀인 그리스도를 깨닫는 것, 원만한 이해(골2:2)

말씀을 통해 하나님을 이해하기 위한 탐색(Quest for God)방법에
는 여러 가지가 있으나 그 중에서 정 반대 되는 두 방법을 소개하고자
한다. 그 하나는 중세의 캔터버리의 안셀름(Anselm)의 직접적 방법이
고, 다른 하나는 현대 신학자 슈라이엘마허(Friedrich Schreiermach)의
이해의 원리이다.
안셀름에 의하면 하나님의 실재하심(Reality of God)이나 그의 진리
를 탐색하는 길은 오직 믿음으로만 가능하며 깊은 명상과 기도로 이루
어진다고 했다. 그렇게 얻어진 지식을 내관적 지식(mind introspective

knowledge)이라고 소개하며, 이 방법으로 하나님과의 접촉에서 얻어지는 체험적 지식이 말씀 해석과 이해에 있어서 생기는 의문과 불확실성을 제거 한다고 했다.

그는 1033년 이태리와 프랑스의 국경지인 오스타(Aosta) 고산지에서 태어나 학교 교육을 마치고 성 베네딕트 수도원의 탁발 수도사가 된다. 엄격한 계율을 지키며 명상과 철학 공부에 몰두하였다. 그는 진리의 이해란 접근방법에 따라 생기는 반사에 지나지 않는다며 분석, 비판, 그리고 표현 등의 합리적 방법을 신학에 도입하여 '기도와 명상(Prayer and Meditation)' 그리고 '영적 인도(Spiritual guide)' 라는 유명한 저서를 남기게 된다.

그는 '지식이 먼저냐? 믿음이 먼저냐?' , '존재가 먼저냐? 인지가 먼저냐?' 하는 문제를 두고 오래 고심한다. 그리고 인간이 하나님에게 접근하지 못하는 것은 인간의 죄의 효과 때문이며, 죄를 치유하는 하나님의 역사가 있어야 이해와 내관적 믿음(Introspestive Faith)이 생기게 된다고 주장한다. 그래서 인간적 지식은 이론적으로 이해하는 지식(오이다)이 아니라, 경험적으로 깨닫는(기노스코) 지식을 강조하였다. 즉 지식과 믿음은 어떤 주어진 기회에 즉시 피동적으로 받는 경험이라는 것이다.

철학자 임마누엘 칸트는 생각과 믿음은 존재와 동질의 것이 아니라 전혀 다른 것이며 오히려 반대되는 것이라고 보았다. 그리하여 존재(Ontos)를 생각이나 원리(Logos)와 비교되어서는 안 된다고 비판했다. 즉 아무리 믿음이나 이해력이 자라난다고 해서 '존재'에 미칠 수는 없다는 견해다. 믿음과 의심, 이해와 비판은 다 이성의 활동이며 아무리 인간 이성이 발달된다 하더라도 신의 존재에 미칠 수 없다고 본 것이다. "내가 인식함으로 내가 존재한다"는 인식론은 인식과 존재를 동일시 한 것으로 잘못 된 논리라고 본 것이다.

그러나 데칼트나 현대 철학자들은 그것을 뜬금없는 것으로 여기고 인식 되지 않는 존재는 실재한다 하더라도 의미가 없다고 보게 된다. 신앙적 지식도 선물을 받는 것과 같은 경험(또는 체험)으로 보는 견해와 이성의 활동으로 획득 되는 것이라고 보는 견해가 대립되어 있다. 그 와중에 현대 신학자 칼 바르트는 "믿음에 의한 순종 아래 인도된 사고는 일반 사고와 다르며 충만한 이해를 허용하여 참된 진리를 얻게 한다"고 했다. 즉 믿음과 사고가 유치했던 초기의 외관적 믿음이 점차 자라나 확고한 내관적 믿음으로 성장하게 됨을 시사했다(행16:5, 살후 1:3).

그리고 그는 기술의 분업과 세분화된 과학에 얽매인 현대에서는 안셀름의 직접계시 이론이 성립되기 어려운 처지에 있는 이유를 이렇게 설명하고 있다.

1. 각자의 인식의 부분성(Partiality) 때문에 편견을 피할 수 없다는 것,

2. 사람에 따라 다른 심리적 상대성(Relativism) 때문에 절대적 진리를 거부한다는 것,

3. 받은 계시의 개념의 문맥성(Contextualism) 때문에 묵상을 통한 안셀름의 '이론의 자신감(Confidence in Reasoning)'은 어떤 문맥을 사용한다 하더라도 내면적 각성으로 얻은 개념을 합리적으로 묘사할 수 없다는 것이다.

결국 칼 바르트는 계시만으로 지식을 얻을 수 없고, 객관적으로 주어진 말씀 공부를 통해서 보편적이고 넓은 지식을 얻을 수 있다고 본 것이다. 결국 그는 말씀의 원만한 이해는 분석과 검토를 주관하는 이

성으로 가능하다는 것이다. 결국 바쁘고 복잡해진 현실에서 누가 안셀름 처럼 매일 7시간의 기도를 할 수 있으며, 직접 계시는 제한 된 시간 탓으로 불합리하다는 견해를 주장한 것이다.

그러나 매일 7- 8시간의 기도와 명상의 묘미를 터득한 안셀름은 교황으로부터 칸텔브리의 대주교로 임명 받았을 때 그는 대성통곡하였다. 그리고 그는 자기 얼굴을 주먹으로 쳐 코피를 흘리며 탄원했었고 긴급 소집된 대주교 회의와 주위의 권유로 할 수 없이 수도원을 떠나면서 하염없이 울었다는 기사는 무엇을 말하고 있는 것일까? 모두가 흠모하는 명예직을 마다하고 거절한 이유가 무엇이었을까?

복잡해진 현실이 그의 방법을 받아들일 수 없다는 정황과 구실이 하나님 앞에 용납될 수 있느냐 하는 것도 문제로 남는다. "내가 올 때에 믿는 자를 보겠느냐"(눅18:8) 하신 주님의 의미심장한 말씀은 무엇을 말하고 있는 것일까? 안셀름의 직접 계시 방법은 성경을 통한 간접 계시의 필요성을 감퇴시키는 것도 사실이다. 그러나 말씀을 읽다가 그 뜻을 깨닫지 못하는 어려운 대목에서 기도로 성령의 도움을 받는 직접 계시는 각별한 은혜가 될 수 있다고 본다.

그 이후 다변화가 시작될 무렵 1486년 독일의 어느 중산층 가정에서 마틴 루터가 태어났다. 그는 엘풀트 대학을 다니던 시절 새로운 휴머니즘과 르네상스의 선구자였던 가리엘 비에르(Gariel Biel) 교수의 영향을 받아 르네상스를 사도요한의 역할과 동일시하기에 이른다. 대학 졸업 후 법학으로 방향을 바꾸어 공부를 하다가 어느 날 깊은 숲 속을 지나가는데 심한 번개와 함께 벼락이 바로 몇 미터 앞에 떨어지는 위기를 맞고 처음으로 회개한다. 그는 무의식중에 수도사가 될 것을 서원한다.

1507년 안수를 받고 성직자가 되었다. 첫 미사를 집전하는 중에 신령한 체험을 받게 되어 정신과 몸의 균형을 잃고 쓰러진다. 그 이후 신학에 몰두하여 비텐베르그 대학에서 성경을 강의하면서 그는 당시에 성경해석의 자유를 박탈한 교학권(Magisterium)의 권위에 반대하며 말씀의 4중 해석법을 주장하기에 이른다. 이들은 한마디로 말한다면 말씀은 바르고 적절한 이해 방법에 의해서 가능하다는 것을 지적하고 있다.

1. 비유적 해석법(Allegorical Method),

2. 숨은 뜻을 표상으로 나타내는 표상학적 해석법(Typological Method),

3. 역사적 고찰을 토대로 하는 역사적 해석법(Historical Method),

4. 도덕적 고찰로 해석하는 도덕적 해석법(Moral Method)이 그것이었다.

즉 적절한 이해는 각 개인과 성령의 감화로 이루어지는 것을 주장하기에 이른다. 주후 1517-1521년 당시만 하더라도 성경은 아무나 읽을 수 없었으며 성경 해석권도 없었다. 따라서 그것을 반대한 탓으로 말씀 해석과 교학권을 독점했던 로마법황과 교회협의회의 불만을 사게 된다. 그러나 그는 굴하지 않고 "말씀의 최종 권위는 신자에게 주어져야 한다"는 것을 주장한다. 그러나 성경 해석의 완전성 보호를 주장하는 학자들의 반대도 점점 거세졌다.

그는 말씀은 그리스도에 관한 단순한 스토리나 강화가 아니라 각 개인에게 살아서 역사하는 능력이라는 것을 강조한다. 그리스도는 자기 말씀을 한 번도 기록한 적이 없으며 자신의 말씀을 '성경' (Scripture)이라고 말씀한 일도 없다. 오직 '복음' (Gospel 요6:63)이라고만 하셨다. 즉 복음이란 만민을 위한 복된 말씀이라는 뜻이며, 특수한 사람을 위한 것도, 읽고 해석할 권한을 주신 것도 아니라는 것을 강조한다.

즉 만민을 위한 복음이란 읽는 사람에 따라 각각 다르게 나타날지라도 동등하게 복음으로 역사하신다는 뜻이다. 어부에게나 세리에게, 부한 자나 가난한 자에게, 건강한 자나 병자에게 그리고 선한 자나 악한 자에게 동등하게 역사하시나 동일하게 역사하지 않는다는 뜻이다. 그것이 어떤 명언이나 지혜서나 인간이 발견한 진리와 다른 점이다. 복음은 사람이 편집한 것이 아니라 하나님과 그리스도와 성령님만이 저자요 해석자요 안내자라는 것을 그는 주장했다.

그가 독일 옴스(Worms)시에서 유명해진 1521년 교회연합회와 시의회로부터 소송을 당해 법정에 섰을 때 "취소할 의사가 없느냐?"라는 마지막 질문을 받고 하루의 여유를 달라고 요청했다. 다음 날 그는 황제와 법관 앞에서 음성을 가다듬고 이렇게 답했다. "폐하와 당신의 신하들이 나의 간단한 회답을 원하고 계심을 압니다만 내가 언급한 말씀과 그리고 하나님의 말씀에 포로가 된 나의 양심에 비추어 그렇게 하는 것은 옳은 일이 아니라고 생각 합니다".

남을 이해하기가 힘든다는 것은 그의 말 보다 그의 뜻과 마음을 이해하기 어렵다는 것이다. 남을 이해하려면 그의 말 이외에 그의 사고와 그의 뜻까지 이해하지 않으면 불가능하다. 특히 말씀에는 역사와 지혜와 예언과 잠언과 충고와 진리와 계시가 담겨 있다. 그러나 직접 만나 본적도, 음성을 들은 적도 없다. 더욱 역사적 배경과 사상이 다른 그 옛날 표기 된 책 한두 권을 읽고 이해한다는 것은 언어도단이다. 저자의 마음(Willingness)에 미쳐야 그를 받아들일 가능성(Receptivity)이 엿보일 것이다. 그러나 누구나 선입관과 무의식적 편견이 있어 그것이 쉽겠는가?

이것을 극복하려면 말씀 속의 비유와 역사와 당시의 습관과 도덕의식과 말의 뉘앙스(Nuance)를 깨달을 때 근접이해(Closer Apprehension)가 가능할 뿐이다. 즉 완전한 이해가 아니라 하더라도 어느 정도의 근접한 이해가 가능하다는 것을 말한다. 이 근접이해가 중복 되면 인격과 인격의 접촉이 일어나고 그다음 감정 이입(移入)이 생겨 비로소 내부접촉(Inner Connection)이 일어난다. 그러면 '말씀 안에 거하는' 내재(Indwelling)의 발판이 생기게 된다.

사전에는 '뉘앙스'를 "빛깔이 엷고 짙은 정도, 표현이나 감정 또는 의미의 미묘한 차이"라고 정의했다. 예를 들면 초록색이라 하더라도 수십, 수백 가지 다른 색들이 있다. 그들의 차이를 "미묘한 차이"라고 한 것이다. 그 차이로 입체감을 나타내는 바른 그림을 그릴 수 있다. 소리의 음량과 음색의 차이도 마찬가지다. "여보"나 "당신"이라고 할 때 뉘앙스의 차이에 따라 수많은 애정과 우정과 믿음과 분노를 나타낸다. 그러나 감정을 읽을 수 있는 얼굴(프로소포)은 없고 글로 표현된 "당신" 속에서 그 차이를 실감한다는 것은 결코 쉽지 않을 것이다.

내가 1960년대 초에 Denmark에서 공부하고 있었을 때 우연히 알게 된, 남편이 덴마크인인 어떤 한국 부인의 집에 초대를 받은 적이 있다. 20대의 성숙한 두 자녀를 둔 부인에게 내가 궁금했던 질문을 던져 보았다. 그것은 "문화가 다른 덴마크인과의 결혼 생활이 행복합니까?"였다.

그의 남편은 친한파여서 거실의 병풍이며 자개 농 그리고 정원의 한국 맷돌 등만 보더라도 그의 깊은 배려와 사랑을 짐작할 수 있었다. 그리고 그 여인의 말에 순종하는 두 아들의 효심을 보더라도 이국땅에서의 외로움을 달래기에 충분해 보였다. 그런데 그의 대답은 달랐다.

그는 생각을 정리하여 이렇게 대답했다. "결혼 초기보다는 많이 이해하게 되었지만 아무래도 양념 없는 음식을 먹고 사는 것이지요". 나는 그 양념이 무엇이냐고 물었더니 그것은 "말과 표현의 뉘앙스"라고 대답해 주었다. 두 부부는 그때도 영어와 덴마크어를 섞어서 의사소통을 하고 있었으나 각자의 말과 표현과 습관 속에 숨어있는 뉘앙스는 이해하지 못한 채 대충 넘어가고 있다는 말이었다. 뉘앙스가 없는 삶이 양념 없는 음식 맛인 것처럼, 말씀도 양념의 맛을 모르고 읽고 있으니 어떻게 하나님의 뜻을 감격으로 느낄 수 있겠는가 생각해 보았다.

나는 영어를 사용하는 외국에서 산지가 도합하면 30년이나 된다. 그런데도 TV에서 코미디언들의 농담에 웃음보를 터뜨리는 관중들과 현격한 이해의 차이를 느낀다. 그것은 결코 언어의 문제만은 아니다. 그들의 감정과 역사적 배경과 표현의 뉘앙스 때문이다. 나는 이 사실을 생각하며 2천 년 전에 먼 이국 땅 한 모퉁이에서, 그것도 대충 요약해서 쓰여진 말씀을 이해한다는 것, 그리고 그것을 통해서 우리와 차원이 다른 예수님의 뜻과 하나님을 이해한다는 것이 얼마나 어려운 일인가를 짐작해 보았다.

칼 바르트는 진리를 깨닫는다는 것은 모든 사건의 근본과 목적을 이성으로 깨닫는 것이며 그것은 인간의 본질과 거룩한 신의 실존이 화합을 이루는 것이라고 말했다. 그것을 '정역(正逆)의 합일(Coincidentia Oppositorum)' 또는 '정반(正反)의 화합'이라고 한 것이다. 어떻게 불의와 의가, 속(俗)과 성(聖)이 합할 수 있느냐? 만일 그것이 가능하다면 그것은 기적이며 그것을 은혜라고 한다. 말씀을 들어도 '믿음을 화합치 않는' (히4:2)이유가 무엇인가? 속의 에고(Ego)가 반(反)을 일으키기 때문이다. 그 '반'이 '정'으로 전환 되는 변화(롬

12:2)가 있어야 그것이 가능하다.

성경말씀은 상충되게 보이는 말씀도 있고, 모순되게 보이는 말씀도 있다. 그래서 어느 한 부분만 따로 떼어 내어 강조하거나 단언해서는 안 된다. "하나님이 그 아들을 세상에 보내신 것은 세상을 심판하려 하심이 아니요"(요3:17)라는 말씀도 있고, "하나님이 예수 그리스도로 말미암아 사람들의 은밀한 것을 심판"(롬2:16) 하시기 위함이라는 말씀도 있다.

"네 오른 눈이 실족하게 하거든 빼어 내버리라"(마5:29-30)라는 말씀도 있고, " 너희 죽을 몸도 살리시리라"(롬8:11)는 말씀도 있다. 육은 무익하다는 말씀(요6:63)도 있고, "너희 몸으로 하나님께 영광을 돌리라"(고전6:19-20)는 말씀도 있다. 그리고 부자와 가난한 자에 대해서, 행함과 믿음에 대해서, 상반 되게 보이는 구절들이 많다. 그러나 그 모든 모순은 인간 이성의 한계 탓이며 하나님의 도우심으로 '정반의 합' 이 이루어지지 못했기 때문이다.

교만과 경건치 못함과 거짓됨과 이기적인 것, 자비와 사랑을 나타내지 못한 것, 덕을 세우지 못한 것, 편벽되고 고집스러운 '반(反)' 이 자아(Ego)의 본질 속에 숨어있기 때문이다. 그것이 정(正)을 이해하고 하나님의 진리와 화합 되어 그 속에 빠져 들어갈 때에 천국이 이루어질 것이다. 말씀의 어려운 대목에 부딪치면 그 한 두 마디 말을 화두로 삼고 깊이 묵상할 때 끝없는 은혜의 계시를 체험할 것이다.

"너희는 이 세대를 본받지 말고 오직 마음을 새롭게 함으로 변화를 받아 하나님의 선하시고 기뻐하시고 온전하신 뜻이 무엇인지 분별하도록 하라"(롬12:2)의 마음(노우스,Intellect)은 마음(카르디아 Heart)도, 마음(디아노이아 Mind)도 아니다. 이것은 이해력이요 분별력을 뜻하는 이성을 말한다. 즉 하나님의 뜻을 이성적으로 분별(Discern) 하려면 먼저 시대적 풍조에 물든 본질의 변화(메타몰포우)가 있어야 한다는 것이다. 아이가 자라나 "철든다"는 것은 육체의 성장이나 이성이 발달했다는 것과는 다르다. 아무리 덩치가 크고 지성이 발달해도 부모의 마음을 모르면 철부지다.

아무리 '노우스'가 깨달음의 경지에 이르렀다 하더라도 철드는 것과는 다르다. 오히려 자신을 교만케하여 자신의 부족을 깨닫지 못해 은혜와 사랑을 저버린다. 그러면 철 들게 하는 계기(契機)와 능력을 누가 주는 것이냐에 문제가 있다. 하나님의 뜻은 인간의 뜻과 너무도 다르다. 그것이 성령의 도움 없이는 인간이 하나님의 말씀을 이해한다는 것은 절대 불가능한 이유다. 그래서 성령님이 "모든 것을 가르치시고 내가 너희에게 말한 모든 것을 생각나게 하리라"(요14:26) 하신 것이다.

"내 안에 거하라. 나도 너희 안에 거하리라"(요15:4)는 말씀에 '거한다(메노)'는 말이 중복 되어 있다. "너는 내안에 나도 너희 안에"는 이해하기 어려운 상호 내재성이다. 이 '메노'의 근본 뜻은 거주한다는 뜻보다 '머무른다'는 뜻이다. 거주한다는 것은 장기적인 육의 동거를 뜻하지만 머무른다는 것은 임시적이나 깊은 정분이 이면에 숨어 있다. 부부가 한 집에 거주한다는 것과 함께 머무른다는 뜻은 다르다. 거주는 육을 말하지만 머무름은 마음을 말한다.

예수님께서 여리고로 들어가셨을 때 구경꾼이 인산인해로 모여들었다. 사회에서 인정받지 못하는 세리 삭개오가 예수님을 보려고 뽕나무에 올라갔다. 예수님께서 그 많은 사람들 가운데 그를 보시고 "내가 오늘 네 집에 유하여야(메노) 하겠다" 하신다. 그는 급히 내려와 즐거워하며 예수님을 영접하게 된다. 그 초대의 원인이 예수님의 관심인가 삭개오의 열성인가 아니면 둘 다인가에 풀리지 않는 논쟁의 실마리가 있다. 그러나 그 문제보다 더 중요한 것은 예수님의 머무르심에 있다. 세인이 다 멸시하는 죄인의 집에 머물렀다는 사실에 있다.

말씀이 내 안에 머무를 수도 있고 내가 말씀 안에 머무를 수도 있다 (요8:31). 큰 뜻과 사랑에 푹 빠져 그 안에 머무르면(요15:9) 밥을 먹거나 일을 하거나 그 말씀과 사랑을 잊으려야 잊을 수 없는 불가분리의 지경에 이른다. 슈라이엘마허는 이것을 "이해를 초월하여 공감 (Empathy)을 이루어 말씀 속에 내재(Indwelling) 하는 것"이라고 했다. 공감(共感)은 공명(共鳴)현상이다. 말씀이 가슴에 산울림처럼 메아리가 되어 나와 하나님 사이에 공명을 일으키는 것을 말한다. 처음에는 주파수에 차이가 있다 하더라도 메아리는 차츰 같은 주파수로 융화(融和) 되는 것이다.

그러나 '머무름'은 반드시 머무르는 목적과 의미가 주어져 있다. 죄수가 감옥에 머무른다는 뜻은 죄과를 치르기 위함이 아니라 새사람으로 갱생하는 것이요, 제자가 스승의 집에 머무른다는 것은 그의 삶을 배우기 위함이요, 종이 주인과 함께 머무른다는 뜻은 주인의 일을 돕기 위해서다. 그러면 틀림없이 스승과 주인의 사랑을 받을 것이요, 만일 녹(祿)을 받기 위해서 있다면 주인의 사랑을 받을 수 없다. 주인의 사랑 안에서 동화 되는 것이 머무름의 목적이다.

"아버지께서 나를 사랑하신 것 같이 나도 너희를 사랑하였으니 나의 사랑 안에 거(메노) 하라"(요15:9) 하셨다. 이것이 하나님을 아는 첩경이다. 부모의 사랑을 느껴본 자만이 사랑을 이해할 수 있으며, 남에게 사랑을 베풀 수 있다. 하나님의 사랑을 느껴 깨달은 자만이 하나님을 바로 아는 자이다.

"보혜사 곧 아버지께서 내 이름으로 보내실 성령 그가 너희에게 모든 것을 가르치고 내가 너희에게 말한 모든 것을 생각나게 하리라"(요14:26). 아멘! 할렐루야!

3) 사망에서 생명으로

마태복음 22장에서 하나님의 구원 계획과 그 계획을 이루시기 위해 어떻게 죄인을 초대하며 그리고 초대 받은 자 중에서 어떻게 구원 받을 자를 선택하시는가 하는 선택교리를 예수님께서 잔칫집 비유로 완벽하고 일목요연하게 설명하셨다.

임금은 "소와 살 찐 짐승을 잡고 모든 것을 갖추어" 정성껏 아들의 혼인 잔치를 베풀기로 하고 종들을 보내어 미리 선정된 하객들을 초대(크레세오스) 한다. 그러나 초대받은 자들은 "돌아보지도 않고" "자기 밭", "자기 사업"을 구실로 초대를 거절했다. 어떤 이는 주인의 종들을 시기하여 죽이기까지 한다(마22:3-7). 이것은 미리 선정된 아브라함의 후손 유대인을 두고 하신 말씀이었다. 자비심이 많은 임금님은 실망하셨으나 부득불 이미 준비된 연회장을 채우기 위해 종들과 자기 아들을 보내시어(마21:36-37) 가난하고 병들고 비천한 사람들을 부르시게 된다(마22:8-10).

여기서 유의할 것은 미리 예정된 초대(크레세오스 invite)가 "아무나 부르심(카레오 call)"으로 바뀌었다는 것, 그에 따라 이미 정해진 특정인에서 "아무나 만나는 대로(호소스 에안 as many as, 유레테 you find)"로 바뀌었다는 사실이다. 여기에 귀중한 진리가 담겨 있다. 특히

"만일에"(에안)는 "만일에 초대에 응하면" 하는 가정문이어서 그들이 응하지 않으면 할 수 없다는 뜻이 담겨 있다. 즉 원래의 계획은 "아무나"도 "만일에"도 아니었다. 그것이 "응하는 사람은 누구나"로 범위가 확장 된 것이다.

그리하여 예정된 자만 믿게 되는 것이 아니고

"누구든지(Everyone) 저를 믿는 자마다"(요3:16,6:40)로,

"누구든지 주의 이름을 부르는 자는 구원을 얻으리라"(행2:21,롬10:13)로,

"누구든지 내 음성을 듣고 문을 열면 내가 그에게로 들어가 …"(계3:20),

"누구든지 목마르거든 내게로 오라"(요7:37)로 초대방법이 바뀐 것이다.

즉 특별소명에서 일반소명으로 확대된 것을 뒷받침하고 있다. 물론 여기에 말씀하신 "누구든지"는 하나님의 강압에 의해서가 아니라 "만일에(에안)" 응하여 "믿는 자", "주의 이름을 부르는 자", "문을 안에서 여는 자"가 새로운 방침에 의하여 '부름을 받은 자' 라는 뜻이다. 칼 바르트는 이 확대 계획을 창세전에 예정한 것이라고 보았다(엡3:11, 벧전1:19-21).

하객들은 유대나라의 풍습을 따라 겉옷이 추한 사람을 위하여 혼가에서 준비한 깨끗한 겉옷(예복)을 잔칫집 입구에서 받아 갈아입고 연회에 참여하였다. 그리고 "임금님이 손들을 보러"(마22:11) 연회장에 들어왔다. 여기 "보러(데아사스다이)"는 그냥 본다(See)는 뜻이 아니고 이상이 있나 없나를 주의를 기울여 본다(behold)는 뜻이 있어 성경학자는 하나님의 최후의 심판을 뜻한다고 했다. 이 사실에서 하나님의 최종 선택의 시기는 심판 때를 말한다고 보는 것이다.

그런데 그 많은 깨끗하게 차려 입은 하객들 사이에 예복을 입지 않은 한 사람이 눈에 띄었다. 분명히 그는 분에 넘치는 초대를 받고 감사하며 옷을 갈아 입어야 하는 예의를 알면서도 자신의 추한 겉옷을 인식하지 못하고 착각과 게으름과 고집 탓으로 귀한 연회장의 품위를 추락시켰던 것이다. 주인은 화를 내어 그를 결박하여 바깥 어두운 데로 추방하게 하신 후 "청함을 받은 자는 많되 택함을 입은 자는 적으니라"(마22:14)고 청함과 택함을 구분하여 이야기를 맺으셨다.

여기에 이해가 되지 않는 부분을 남기셨다. 첫째로 부르심에 응하였으나 예복을 갈아입지 않음으로 그냥 돌려보내지 않으시고 가혹하게 징벌했다는 것, 그리고 두 번째는 비유 속에 추방당한 사람은 단 한 사람 밖에 없었음에도 불구하고 주님께서는 그와 반대로 택함을 받은 자가 적고 추방당하는 자가 많다고 하신 것이다. 여기에 귀한 진리가 함축 되어 있다. 첫째 징벌하신 이유는 마지막 심판을 뜻하며 격에 지나친 호의를 멸시했기 때문이다. 그리고 둘째 추방당하는 사람이 많은 이유는 하늘나라 예복을 갈아 입는 성화가 그만큼 더 어렵다는 것을 밝힌 것이다.

여기 "청함을 받은 자는 많다"의 많다(폴로이)는 매우 많다는 뜻이며 복수명사와 함께 쓰일 때는 "수도 없이 많다"(numerous)라는 뜻으로 확대된다. 그와는 정반대로 "택함을 입은 자는 적다"의 "적다"(오리고이 few)는 그냥 적다(a few)가 아니라 거의 없다는 뜻을 나타내고 있음에 주의해야 한다. 세상에서는 잔칫집에 초대 받고 쫓겨난다는 것이 극히 드문 일이나 천국에서는 그와 정반대로 대부분이 쫓겨나고 택함을 받을 자는 극소수라는 뜻이다.

그것을 예수님께서 해명하시기를 "그 날에 많은 사람이 나더러 이르되 주여 주여 우리가 주의 이름으로 선지자 노릇하며... 행하지 아니하였나이까 하리니"(마7:22)의 "많은(폴로이) 사람"에서도 같은 단어를 쓰고 있다. 이 말씀은 주를 그냥 따라다닌 자가 아니라 일생을 바쳐 주의 종으로 사역한 많은 자들, 주의 이름으로 권능을 행한 많은 종들이 택함을 받지 못한 사실(마7:23)에 주의해야만 한다. 그만큼 옷 갈아 입는 성화가 어려운 관문이라는 것을 말씀하고 있다.

그럴 수밖에 없는 이유가 무엇인가? 첫째로 이 세상과 대치되는 하늘나라는 이 세상 왕의 연회와 비교할 수 없는 화려하고 거룩하고 완전한 곳이어서 거기에 부합된 예복을 입는 일이 쉽지 않다는 것, 그리고 둘째 이유는 인간 초대는 잠깐 유효할 뿐이지만 하늘나라 초대는 영원한 것이어서 그만큼 선별기준이 까다로울 수밖에 없다는데 있다.

그래서 예수님 당시에도 주를 따라다니던 많은 사람들이 구원받을 수 있을 것인가 하는 의문을 가졌던 것이다(눅13:23,마19:17-22). 그때마다 그 일은 매우 어려워 불가능에 가깝다는 것을 시사 하셨다(마19:25-26). 그럼에도 불구하고 종국에 '아버지의 뜻대로 행한 자'(마7:21,26)에 국한해서 구원을 받을 수 있다고 한 것이다. 이 말씀의 "아버지의 뜻대로 행하는 것"이 곧 "예복을 갈아 입는 것"이라는 것을 알 수 있다. 그렇다면 왜 그다지도 옷 갈아입기가 어려운 것인가?

그 옷이 무엇인가? "내가 너희를 권하노니 너희가 부르심을 받은 일에 합당하게 행하여 모든 겸손과 온유로 하고 오래 참음으로 사랑 가운데서 서로 용납하고 평안의 매는 줄로 성령이 하나 되게 하신 것을 힘써 지키"(엡4:1-3)는 것을 뜻한다고 하기도 하고, 어떤 이는 믿음의 역사(살후1:11)로, 어떤 이는 주의 사역(고전1:1), 하나님과 함께 하는 것(고전7:24)으로 보기도 한다.

"너희 부르심과 택하심을 굳게 하라"(벧후1:10)의 '굳게하다'(베바이안 firm)는 흔들리지 않는 것을 말한다. 이것은 위의 힘써 지키는 것을 말한다. 이것은 초대 받기 이전의 이야기가 아니고 초대 받은 후의 주의사항이다.

가령 임금님에게 초대를 받았다고 하자. 그것도 한 끼 식사초대가 아니라 여러 달 왕과 함께 유하도록 초대를 받았다고 하자. 그러면 인사 방법, 말버릇, 눈짓 몸짓 식사태도 등 궁중 예법 전체를 미리 배워 몸에 익힐 것이다. 그런데 하나님의 영원한 초대는 이 예절 심사를 통과한 사람에게만 허락 된다는 것을 예복을 입은 자라고 한 것이다. 그것을 "유혹의 욕심을 따라 썩어져가는 구습(범주)을 따르는 옛 사람을 벗어버리고 오직 너희의 심령(본질)이 새롭게 되어 하나님을 따라 의와 진리의 거룩함으로 지으심을 받은 새 사람을 입으라"(엡4:22-24) 하신 이유이다.

그러나 "그리스도 안에서 우리를 택하사 우리로 사랑 안에서 그 앞에 거룩하고 흠이 없게 하시려"(엡1:4)나 "그 아들의 형상을 본받게 하기 위하여 미리 정하셨다"(롬8:29)를 보면 그의 초대는 하나님을 위한 것이 아니라 우리로 하여금 "거룩하고 흠이 없는 영으로" 변화받기 위한 것이라고 명시하고 있다. 그러나 사람들은 영원한 초대의 목적을 이해하지 못하고 임시적인 세상 향락에 눈이 어두워진 자는 새떼처럼 마음이 콩밭에서 떠나지 못한다.

그리고 "굿에는 관심이 없고 떡만 먹겠다"는 신자들이 그래서 많다. 그것을 대학 입시나 취업 시험 때 교회나 기도원을 찾는 군상들에게서 여실히 볼 수 있다. 그것이 삼박자 축복을 강조하는 교회가 인산인해를 이루는 현실과, 그와 반면에 회개와 선행을 부르짖는 교회는 파리를 날리는 현상에서도 그것을 볼 수 있다.

"너희가 만일 나의 전하는 그 말을 굳게 지키고 헛되이 믿지 아니하였으면 이로 말미암아 구원을 얻으리라(고전15:2)의 '헛되이'(에이케)는 '목적을 떠나서' 라는 뜻이어서 하나님의 부르신 목적에 맞게 살면 구원을 얻을 것이라는 뜻이다. 그러나 목적은 잊어버리고 떡만 먹겠다는 무리가 남자만 5천명이었으니(마14:21) 예나 오늘이나 다를 것이 없다. 확성기가 없는 그 시대에 수만 명에 달하는 대중이 모였다 한들 무슨 수로 주의 음성을 들을 수 있었겠는가? 확성기가 있은들 무엇으로 주의 음성을 귀담아 듣겠는가?

요한복음에 있는 말씀이다. "내가 진실로 진실로 너희에게 이르노니 내 말을 듣고 또 나 보내신 이를 믿는 자는 영생을 얻었고 심판에 이르지 아니하나니 사망에서 생명으로 옮겼느니라"(요5:24). 이 말씀은 많은 사람들이 오해하여 주님을 영접하는 순간에 사망에서 구원으로 옮겨졌다고 주장하는 대목이다. 그러나 여기서 짚고 넘어가야 할 문제는 "듣는 것"과 "믿는 것"이 전제 조건으로 주어져 있다는 사실과 "옮겨졌다"는 뜻을 이해하기가 쉽지 않다는 점이다.

여기 듣는 것은 귀로 듣는 것(아코에)이 아니고 마음으로 듣는 것(애파쿠오)이며 그의 말씀을 깨닫고(행17:20) 순종하는 것(갈3:1,빌1:14,3:3-4)을 뜻하고 있다. 즉 하나님과 대화를 나눌 만한 깊은 관계가 형성된 사람을 말한다. 즉 '마음으로 듣고 순종하여 변화된 자'라는 뜻이다. 그것은 결코 단순한 들음이나 영접이나 회개와는 전혀 다른 들음이라는 것을 알아야 할 것이다.

그리고 믿는다는 것도 일방적으로 단순히 신뢰하는 신임을 뜻하는 것이 아니고 하나님의 뜻에 따라 행하는 삶, 즉 산 신앙(피스티스)을 말하고 있다. 그래서 요한은 다른 곳에서 "믿음으로"라고 하지 않고 "우리가 형제를 사랑함으로 사망에서 생명으로 들어 간 줄을 안다"(요3:14)라고 한 것이다. 따라서 이 "믿는 자"란 초보단계의 신앙이 아니라 사랑과 순종과 행함을 겸비한 완성된 단계의 신앙을 말하고 있다는 점에 유의해야 한다.

그리고 옮긴다(메타베베카멘)는 한 장소에서 다른 먼 장소로 이동하는(메타바이노 Migrate) 것을 말한다. 마치 철새가 시베리아에서 먼 남쪽 나라로 여러 날 여러 달을 쉬엄쉬엄 이동하는 것을 말한다. 이것은 단순한 작업을 뜻하는 것이 아니고 사망의 영역에서 생명의 영역으로 지속적으로 이동(Migrate) 하는 동작을 뜻하고 있다. 그것이 유혹의 욕심대로 사는 옛 사람을 벗고 진리로 성화된 새 사람으로 살아 입는 오랜 변화(엡4:22-24)를 말하는 것이다.

일만 달란트 빚진 채무자가 자유인의 신분으로(마18:24-27) 이동되는 것을 살펴보자. 그가 탕감받고 얻은 자유란 감시 하에 있는 가석방(probation) 상태(마18:28-34), 즉 불의와 죄악과 싸울 수 있는 가석방일 뿐이다(마18:34). 그가 옥문을 나오면서 행동자유는 얻었다 할 수는 있으나 감시 하에 있는 것이다. 그것을 "이제는 너희가 죄로부터 해방되고 하나님께 종이 되어 거룩함에 이르는 열매를 맺었으니 그 마지막은 영생이라"(롬6:22) 즉, "그 마지막(데 텔로스 at the end)"에 영생을 얻는다고 한 것이다.

이런 말씀이 있다. "피조물이 다 이제까지 함께 탄식하며 함께 고통을 겪고 있는 것을 우리가 아느니라. 그뿐 아니라 또한 우리 곧 성령의 처음 익은 열매를 받은 우리까지도 속으로 탄식하여 양자 될 것 곧 우리 몸의 속량을 기다리느니라"(롬8:22-23). 만일 구원이 이미 얻은 과거사라면 그것을 바라 "기다리는" 이유가 무엇인가? 아직도 그것을 위하여 죄와 사망의 억눌림 아래 탄식과 고통을 당하고 있는 이유가 무엇인가?

여기서 말하는 기다림(하페크데코마이)은 보통 기다림이 아니고 미래에 될 일을 간절한 마음으로 기다린다(Eagerly Expecting)는 뜻이다. 그리고 이것을 풀어서 "만일 우리가 보지 못하는 것을 바라면 참음으로 기다릴지니라"(롬8:25)고 덧붙이고 있다. 그렇게 기다리는 미래사는 다름아닌 "양자될 것"과 죄에서의 "속량"(Redemption)될 것을 명시하고 있다. 그렇다면 양자될 것과 속량이 이미 완성된 것도 과거사도 아니라는 말이 분명하다.

그리고 그냥 넘길 수 없는 중요한 사실은 "성령의 처음 익은 열매를 받은 우리"에 있다. 처음 익은 열매를 "받았다(에콘태스)"의 "첫 열매(아파르케)"란 다음에 드리거나 받을 것을 보장하는 약조물(Earnest 고후1:22,5:5,엡1:14)이라는 뜻이며 그것을 "나머지 지불금을 확약하는 첫 보증금"이라고 주석가는 말한다. 즉 첫 계약금은 받았으나 잔금은 아직 받지 못한 상태라는 뜻이다.

조세프스경에 의하면 원래 성전에 드린 "첫 열매"는 수확의 1/30 또는 1/60에 해당하는 적은 양을 수확이 끝나면 정확한 십일조를 드리겠다는 약속으로 드린 것이다. 그렇게 본다면 '양자가 되기 위해 받은 성령의 첫 열매'는 양자가 되기 위한 계약의 선약금으로 받은 것을 뜻한다. 그 선약금은 성령의 역사를 말하며 고통과 신음 속에 받는 성령의 위로를 뜻하며 양자가 된 후에도 그보다 수십 배 더 큰 성령의 역사를 체험하게 될 것을 말한 것이다.

그리고 원문에는 "not only ...but also"의 용법을 사용하여 죄와 형벌의 고통에서 신음하는 것은 세상 사람과 같을 뿐만 아니라(not only) 성령의 도우심으로 오히려 더 심한 고통을 받는다는 것(but also)을 표현하고 있는 것이다. 이 신음과 고통은 양심의 고통을 뜻하며 성령의 새롭게 하심으로 말미암아 "양심"이 새롭게 될수록 더욱 심화될 것을 나타내고 있다. 그리고 성령의 "위로와 기쁨"이 필요한 것이다.

우찌무라 간조 선생은 이렇게 고백하였다. "희랍의 철학자는 자신이 첫째는 인간이라는 것, 둘째는 희랍인이라는 것, 셋째는 철학자라는 것 때문에 기쁨을 느낀다고 말했으나 나는 첫째 인간인 것, 둘째로 세계를 눈으로 보았다는 것, 셋째로 그리스도인이 되었다는 사실 때문에 더욱 고통과 괴로움을 느낀다고 했다. 그렇다 그리스도인이 타협할 수도 동화 될 수도 없는 오물통 속에서 고통은 심화 되는 것이다. 그 고통이 없다면 "맛 잃은 소금"이요 " 빛 없는 등"이 아니겠는가?

성령에 의한 참된 성화가 이루어지는 것을 베드로 사도는 이렇게 말하고 있다. "이로써 그 보배롭고 지극히 큰 약속을 우리에게 주사 이 약속으로 말미암아 너희가 정욕 때문에 세상에서 썩어질 것을 피하여 신의 성품에 참여하는 자가 되게 하려 하셨느니라"(벧후1:4).

주여 불쌍히 여기소서! 오늘도 길 잃은 양을 초대하시려고 찾아 계십니까?

주여 긍휼히 여기사 인도하소서! 하나님의 나라는 영원할 것입니다!

할렐루야 아멘!

4) 인간 본질의 변화와 평형론

인간에게는 속에 각자가 가지고 있는 본질이 있고 겉으로 표현 되는 범주(範疇) 또는 표상(表象)이 있다. 본질은 태어날 때 주어진 개성 또는 천성으로 죽는 날까지 변하지 않는 것으로, 그리고 겉으로 나타나는 범주, 즉 언행, 태도, 모습, 말투, 치장, 계급, 지위, 학벌, 버릇, 습관... 등은 수양과 노력으로 변화되는 것으로 알려져 있다. 그래서 누구나 배우려 하고 치장과 장식으로 겉보기 품위를 높이려고 안간힘을 쓴다. 그래서 삶의 목적은 범주를 높이기 위해서 산다고 말한다.

본질은 변하지 않는데 범주만 과다하게 변화시키는 것을 위선이라고 한다. 그럼에도 범주를 적당히 채색하는 위선(僞善)에 집착하지 않는 사람은 아무도 없다. 여인이 아무리 더워도 보기 싫은 다리를 가리기 위해 긴 바지를 입는다거나 그와 반대로 추운 날씨에도 다리를 지나치게 드러내는 것도 위선이다. 세련 되게 보이려고 꾸미고 치장하는 것도, 멀쩡한 새 바지를 낡은 옷으로 만들어 외모를 초월하여 순박한 척 하는 것도 위선이다.

옛날에는 물건을 사고 팔 때 포장이 없었다. 현대의 특징은 겉을 치장하는 포장기술과 표상(表象)문화가 발달한 것이다. 옛날에는 학교가 없었지만 사람들은 순박하여 믿을 수 있었다. 그러나 지금은 학교는 많으나 인간의 순수성을 잃게 하여 믿기가 어려워졌다. 학교는 배우는 곳이지만 고귀한 덕과 선을 배우기 위해 학교에 가는 사람은 없다. 다만 졸업장과 학위와 그리고 기술을 얻기 위해 간다. 가짜 학위를 돈으로 사려고 떠돌아 다니거나 가사를 입고 시주를 청한다면 큰 문제다.

일본인은 속사람을 '혼네(本根)' 라 하고 겉 사람을 '다데마에(立前)' 라고 부른다. 마치 부정한 회사의 이중장부와 같이 자기가 보기 위한 것이 있고 남에게 보이기 위한 것이 따로 있다. 인간은 누구랄 것 없이 속에 "속 사람"이 있고 가장된 "겉 사람"이 따로 있다. 교육과 도덕과 수양도 본질에 영향을 주기보다 거짓 장부를 위해서다. 그래서 속 다르고 겉 다른 이중인격이 누구에게나 있다.

종교의 목적은 이중장부를 없애는데 있다. 본질이 범주와 함께 변하여 표리가 같아지는데 있다. 범주는 열매요 나무는 본질이다. "나무도 좋고 열매도 좋다 하든지 나무도 좋지 않고 열매도 좋지 않다 하든지 하라"는 본질과 범주는 대등하게 같아야 한다는 뜻이다. 그것이 진실의 원리다. "그 열매로 나무를 아느니라"(마12:33)는 결국 열매는 본질의 증거라는 뜻이다. 그러나 이것은 하나님의 입장에서 하신 말씀으로 인간은 겉다르고 속다르게 행동하여 남을 속이고 자신도 속인다. 진실된 하나님은 위선과 거짓을 허용하지 않는다.

오늘의 종교는 세속화 되어 그 근본 목적을 떠나 본질보다 표상에 치중되어 있다. 불교에도 팔정도가 있고 기독교에는 십계명이 있다. 그 대부분은 범주에 속한 것이다. 우상에게 절하지 말라. 만들지 말라. 성수주일, 불효, 살인, 간음... 등은 범주를 제재하는 법이다. 그러나 예수님의 가르치심(마5:21-48)을 보면 결코 그것은 범주만을 제재하신 것이 아니고 본질의 변화를 시사한 것이다. 살인이나 간음이나 모든 죄는 본질과 범주의 공범이다. 경건이나 사랑이나 믿음이나 무엇이든지 본질만의 것이나 범주만의 것은 없다.

말과 행동만 경건한 척 하는 것을 "경건의 모양만 있는 자"(딤후3:5)라고 했고, 자기 마음을 속이는 헛것이라고 했다(약1:26-27). 하나님 앞에서 정결한 경건은 고아와 과부를 돌보는 것(약1:27)이다. 경건이나 사랑은 마음의 문제라고 생각한다(고전13:4-7). 그러나 사랑은 범주와 일치 되게 나타나는 것이다(요일3:14-15,4:7). "그가 우리를 위하여 목숨을 버리셨으니 우리가 이로써 사랑을 알고 우리도 형제를 위하여 목숨을 버리는 것이 마땅하니라. 형제의 궁핍함을 보고도 도와줄 마음을 막으면 하나님의 사랑이 어찌 그 속에 거할까 보냐?... 오직 행함과 진실함으로 하자"(요일3:16-18)는 본질과 범주의 일치를 말한다.

어떤 이는 오직 믿기만 하면 구원 받는다고 강조한다. 믿음으로 병을 고치는 줄, 믿음으로 기적이 일어나는 줄로 착각한다. 그리고 자기 믿음의 능력을 과신한다. 그리고 믿기만 하면 행함(범주)은 없어도 상관이 없다고 주장한다. 그러나 믿음이 능력이 아니라 하나님의 능력을 힘입어 그로 하여금 일하게 할 뿐이다. 그렇게 믿는 자는 자기의 믿음을 절대적인 것으로 과시하지 않는다. 그런 자는 행함이 없는 믿음은 죽은 것(약2:20)이라는 진리가 참 됨을 시인한다.

그밖에 덕이나 지식(기노스코오)이나 절제나 인내나 모든 "신의 성품"(벧후1:4)이라고 한 성화는 본질만의 것도 범주만의 것도 아니며 이 양자가 일치하며 변하는 것을 뜻하고 있다. 그것이 "좋은 나무가 나쁜 열매를 맺을 수 없다"(마7:18) 하신 것이며 "나무도 좋고 열매도 좋다 하든지 나무도 좋지 않고 열매도 좋지 않다 하든지 하라"(마12:33) 하신 것이다. 결코 행함(열매)은 없는데 믿음 탓으로 구원을 받을 수는 없다.

본질과 범주가 분리 되면 외식(外飾) 된다고 한다(마23:14). 그리고 본질의 변화가 다소 있다 하더라도 행함(범주)이 없거나(마7:21,약4:17) 내면의 본질이 진리를 알고 원하지만 힘이 약해 범주에는 미치지 못해도(롬7:19) 천국을 얻을 수 없다. 본질이 변하여 범주로 나타날 때 비로소 천국이 보장 되는 것이다. 그것을 "그의 안식에 들어 갈 약속이 남아 있을지라도... 미치지 못"하게 될 수 있다(히4:1-2,눅11:39-44,요일3:14)고 한 것이다.

그러나 오늘의 교회는 본질보다 범주에 너무도 치우쳐 있다. 교회의 외형, 잡다한 프로그램, 겉치장과 양식, 형식과 예배의식 등에 아까운 세월과 돈을 지나치게 낭비하고 있다. 귀한 헌금은 땅 사고 건물 짓고, 확장하여 고급화하고, 목사의 보수와 퇴직금에 쓴다. 그것이 사회보다 앞서 있는 현실을 무엇으로 해명할 것인가? 인간 조직체는 쇠퇴기에 들면 형식과 외형에 기울어져 열매 없이 잎만 무성한 무화과가 되어 가을 추수를 맞이하는 것이다.

본질과 범주를 성경에는 속사람과 겉 사람, 나무와 열매, 무덤의 겉과 속, 대접의 겉과 속, 알곡과 쭉정이, 속옷과 겉옷 등으로 묘사하셨다. 그러나 그 근본 뜻은 본질과 범주의 관계를 나타내신 것이다. 이들은 상대적이거나 배타적인 관계가 아니라 공존하는 관계라는 데 있다. 그것을 "나무가 좋으면 열매도 좋아야 한다"(마12:33)는 본질과 범주의 일치성을 강조하고 있다. 그것이 참 또는 진짜(Genuine)라는 것이며 그것이 가짜를 구별하는 방법이라는 말이다.

그리고 "이런 것이 너희에게 있어 흡족한즉" 주 예수 그리스도를 알고 열매 맺는 자가 되라 하신 것이다. 여기 "이같이 하면...그리스도의 영원한 나라에 들어감을 넉넉히 너희에게 주시리라"(벧후1:11) 하셨다. "이같이 하면"은 "참여하는 것(코이노네오 Share)"을 뜻하고 있다. 여기 참여의 뜻은 자기에게 할당 된 몫을 다한다는 뜻이어서 부분적이나마 참여하라는 것이다.

인간의 본성과 범주가 하나님처럼 될 수 있는가? "그러므로 너희 아버지의 온전하심과 같이 너희도 온전하라"(마5:48) 하셨으나 그것이 가능하기라도 한 말인가? 하나님의 특성이 사랑과 화평이라면 인간의 특성은 반대인 완악이다. "완악(크레르네이 Harden)"(롬9:18)은 굳어졌다는 뜻이며 강퍅(스클레로카르디아 마19:8) 역시 마음이 굳어져 악하고 고집스러워 반항한다는 뜻이다(신21:18,20,시78:8). 그런 인간이 하나님과 같아질 수 있겠는가?

"하나님께서 하고자 하시는 자를... 완악하게 하신다"(롬9:18)는 말씀을 칼빈주의자들은 하나님께서 구원 받지 못하도록 예정하신 것으로 해석한다. 그러나 신정통주의자들은 완악하지 않는 자를 완악하게 하셨다는 뜻이 아니라, 완악한 자를 그대로 내 버려두신다는 뜻으로 해석한다. 그 이유는 성경은 모든 사람이 완악하다는 것(삼상15:23,시78:8,마19:8,행7:51,롬2:5), 심지어 제자들도 완악했다는 것(막16:14)을 들어 이것은 사람의 본성이라는 것을 주장한다. 그리고 다음 사항을 들어 반대한다.

1) 만일 하나님께서 누구를 완악하게 하셨다면 하나님 자신이 자신에게 반항하게 만드신다는 뜻이다. 이것은 이치에 맞지 않는 불가능한 일이다.

2) 태산 같은 죄도 용서하시는 긍휼의 하나님을 편애의 하나님으로 모독하는 일이다.

3) 누구나 구원 받기를 원하시는 하나님의 뜻과 일치하지 않는다.

4) 만 백성의 구주로 오셔서 죄인을 위해 십자가에 고난을 받으시고 죽으셨다가 부활하신 그리스도의 목적과 공로를 무효화 한다.

5) 성경에 부분적이나마 그렇게 기록되어 있으니 그대로 믿어야 한다고 주장하기도 하나, 성경의 다른 부분과 일치하지 않는 해석은 잘못된 해석이다. 그리고 '완악하게 하신다' 는 뜻은 원래 완악한 인간을 완악한 대로 두신다는 뜻으로 해석한다. 그래서 본질적으로 이기적이며 미련한 마음이 어두워진 상태(완악)에 있다(롬1:21-23). 그리하여 "하나님의 인자하심...회개하게 하심...용납하심과 길이 참으심이 풍성함을 멸시"(롬2:4) 하게 되는 것이다.

어떤 이는 바로의 완악(롬9:16-18)을 하나님의 탓으로 돌린다. "내가 바로의 마음을 완악하게 하고 내 표징과 내 이적을 애굽땅에서 많이 행할 것"(출7:3)이라고 하셨다. 그리고 "바로에게 이르시되 내가 이 일을 위하여 너를 세웠으니 곧 너로 말미암아 내 능력을 보이고 내 이름이 온 땅에 전파되게 하려 함이라"(롬9:17) 하신 것이다. 그러나 바로가 누구인가? 자신이 신(하나님)이라고 주장한 자가 아니던가?

하나님께서 내리신 열 가지 재앙과 하나님의 역사를 살펴보면 물이 피가 되게 한 첫 번째 재앙(출7:19-21), 개구리 재앙(출8:5-6), 티끌이 이가 된 재앙(출8:17)까지는 대단한 충격이 되지 못했다. 그러나 네 번째 재앙부터 사정은 달라졌다. 파리떼 재앙은 이스라엘이 살던 고센 땅을 "구별"(출8:21-24) 했다. 그것을 보고 기가 꺾이면서 "너무 멀리 가지는 말라...너희는 나를 위하여 간구하라"(출8:28)는 부탁까지 하게 된다. 그러나 파리떼가 떠난 후에는 "바로가 그의 마음을 완강하게 하여" 다시 맞섰다(출8:31-32).

다섯 번째 가축 돌림병, 여섯 번째 악성 종양(출9:3-11)부터 하나님께서 바로의 마음을 "완악하게 하셨다(Hardened)"고 되어 있다(출9:12). 그러나 네 번째 재앙까지 완악했던 것이 분명하다면 완악하지 않은 바로를 하나님께서 완악하게 하신 것이 아니다. 그 다음 우박과 불 재앙이 내렸다. 그때 모세의 경고를 믿은 바로의 신하들은 대피하여 피해를 입지 않았다(출9:20). 재앙이 끝나자 바로의 마음이 "다시 완악하게 되었다"(9:34-35). 여기 "다시"는 무엇을 말하는가?

결국 여덟 번째 메뚜기 재앙과 아홉 번째 3일간의 흑암과 열 번째 장자를 죽이는 재앙으로 증폭 된다. 그때마다 바로와 모든 애굽인에게 기회를 주시어 회개의 길로 인도하셨다(출9:27). 모세는 왕에게 "세상이 여호와에게 속한 줄을 왕이 알리이다"(출9:29) 하신다. 그러나 참 회개는 신을 아는 것으로 이루어지지 않는다. 통절한 죄책감과 하나님 경외심과 새 삶의 결단이 없으면 이루어지지 않는다. 이런 자는 "내버려 두는(롬1:24 파라도켄)", 즉 염려(도케오)를 끊는(파라)길 밖에 없었다. 이런 완악은 바로에게만 있는 것도, 예정되었기 때문도 아니다. 인간은 다 바로다.

1) 자기를 절대시 하는 "무의식적 완악"이 있고,

2) 하나님의 존재를 의식하는 "의식적 완악"이 있다.

3) 하나님을 두려워하여 회개한 연후에 "회의적 완악"이 있고

4) 믿음을 가진 후에 하나님과 세상 사이에 두 다리를 걸친 "신앙적 완악"이 있다.

즉 완악은 자기 주권을 잃지 않으려는 고집이요 주인의식이다. 이 것은 인간의 본질이어서 신자에게도 있다. 누구나 인간은 선과 악에 대해서, 그리고 어리석고 지혜로운 삶에 대해서 자기 나름의 기준이 서 있다. 그 잠재의식이 믿는다고 해서 하루아침에 바뀌지 않는다. 이 것이 종래 많은 이스라엘 백성이 광야에서 멸한 이유다(히3:8-11). 그 것이 지속적으로 자기와 싸워 죽여야 할 이유다. 믿음이 있다고 장담 할 수 있는 사람은 아무도 없다(히4:1). "그런즉 선줄로 생각하는 자는 넘어질까 조심하라!"(고전10:12) 하신 것이다. 즉 인간의 본성 변화는 쉽지 않다는 뜻이다.

변화에는 여러 가지 변화가 있다. 성경에는 본질적 변화를 "메타몰 포우"(롬12:2)라 하며, 외형적 변화를 "메타데시스"(히12:27), 그리고 태도 변화를 "메타트레포"(약4:9)라고 했다. 여기 "메타"의 뜻은 "함 께(With)"라는 뜻이 있어 하나님과 함께 변화를 일으킨다는 뜻이 있 다. 그러나 특히 성화를 뜻하는 본질적 변화는 쉽지 않으며 그 변화가 일어나야 "하나님의 선하시고 기뻐하시고 온전하신 뜻"을 분별할 수 있다(롬12:1-2). 상대를 이해하려면 그를 닮아야 한다는 것이다.

로마서에 "육신을 따르는 자는 육신의 일을, 영을 따르는 자는 영의 일을 생각하나니 육신의 생각은 사망이요 영의 생각은 영생과 평안이

니라"(롬8:5-6)는 말씀이 있다. 여기 생각하다(프로네마)란 '지향한다 Aim'는 뜻이어서 두 본질의 지향성의 차이에서 오는 결과를 나타낸 것이다. 즉 외향적 본질(사르크스)의 결과는 죽음이요, 내향적 본질(벧전3:4)의 결국은 영생과 평안이라는 것이다. 내향적 사람과 외향적 사람을 속사람과 겉사람이라고도 한다.

신학적으로는 겉사람(호 에크소오 안드로포스 Outward man 고후 4:16)은 "밖을 향한 사람"이라는 뜻이며, 속사람(호 엣소오 안드로포스 Inward man)은 "안을 향한 사람"이라는 뜻이다. 즉 인간의 본질 자체의 취향(趣向), 의향(意向) 또는 지향(志向)이 외향(外向)적인 것과 내향(內向)적인 두 존재로 분리 된다는 것을 뜻하고 있다. 그렇게 보면 육신의 생각은 변화 받은 후에 생긴 외향적 본질을, 영의 생각은 내향적 본질이라고 볼 수 있다.

주석가 렌스키는 "속사람을 기독교인의 내적 세계에서의 존재를 말하는 반면 겉사람을 외적 세계에서의 존재"라고 하면서 속사람과 겉사람은 비 기독교인에 관한 것이 아니라고 말했다. 즉 중생한 후에 영혼이 속사람과 겉사람으로 분리 되며 겉사람을 남아 있는 옛 사람과 같은 것으로 보았다. 그에 반해 성경학자 매튜 헨리(Matthew Henry)는 인간 본질 중에 선을 추구하는 본질을 속사람으로 악을 추구하는 본질을 겉사람으로 보았다. 이들은 다 중생한 후에 일어나는 본질의 분리현상이라고 지적하고 있다.

"우리의 겉사람은 낡아지나 우리의 속사람은 날로 새로워지도다"(고후4:16)는 말씀과 "어리석은 자여 네가 뿌리는 씨가 죽지 않으면 살아나지 못하겠고"(고전15:36)라는 말씀을 함께 본다면 날로 낡아지는 겉사람은 흔히 잘못 알고 있는 육체의 노화현상을 말하는 것이 아니라 겉을 향한 사람(사르크스)이 죽는 것을 말하는 것이다. 아직도 발악하고 있는 죽어야 할 옛 사람이 죽지 않으면 새 사람인 영적 속을 향한 사람이 왕성하게 살아나지 못한다는 것을 뜻하고 있다.

여기에 "날마다 죽노라" 한 죽음은 육의 자연사를 의미하는 "드네스코"(눅7:12,요11:21,롬6:12,8:11,15:53)가 아니라 "아포드네스코"(마9:24, 22:27,눅16:22,요8:52,롬5:6)로서 '분리한다', 또는 '단절한다'는 뜻인 "아포"가 붙어 있다. 그리하여 "죄에 대한 죽음"(롬6:2,10), "율법에 대한 죽음"(갈2:19), "육성(살르크스)의 죽음"(고전15:31,골3:3), 그리고 "정죄의 죽음"(고후6:9) 등에 사용되어 있어 관계를 끊는다는 뜻이다. 특히 "나는 날마다 죽노라"(고전15:36) 하신 바울의 고백은 사르크스의 격리 또는 무력화를 의미하는 대목이다.

그런데 원어상에는 "날로"가 아니고 "날로(헤메라) 그리고(카이) 날로(헤메라)"로 기록 되어져 있어 "날마다 날마다(Day after day)"라는 뜻이다. 이것은 "날마다(Day by day)" 보다 강한 뜻을 가지고 있다. 즉 죽고 새로워지는 과정이 "날마다 날마다" 조금씩 지속적으로 진행되는 것을 뜻하며 죽는 만큼 살아난다는 뜻이다. 이 지속적 변화 과정을 성화라 한다. 그래서 바울은 "온전히 이루었다 함도 아니요...아직 내가 잡은 줄로 여기지 아니한다"(빌2:12-14)고 고백한 것이다.

기독교는 다른 종교와 달리 속된 인간이 신과 화합함으로 성스러워질 수 있다고 믿는다. 정(正)과 역(逆)의 화합, 악의 원인인 무지와 약함과 악의가 정욕을 극복하고 정화될 수 있는가? 이것은 오래 풀지 못한 인류의 근본적 질문이었다. 철학과 종교를 규합한 마니케안주의(Manicheanism)나 경험적 지식을 주장하는 영지주의(Gnosticism)나 칸트의 이성주의도 불가능하다고 보았다. 그러나 기독교의 말씀만은

"모든 더러운 것과 넘치는 악을 내어버리고 너희 영혼을 능히 구원할...말씀을 받으라"(약1:21)고 가능성을 보이고 있다.

요한복음에 "내안에 거하라"(6:56,15:4,7), "내 사랑 안에 거하라"(15:10), "말씀 안에 거하라"(5:38), "진리 안에 거하라"(8:44), "성령 안에 거하라"(14:25-26) 하신 "안에 거하라(엔 메노)"가 바로 그것이다. 그 뜻은 '안에 머무르다' 는 뜻으로 "내재성"(Immanence)을 말하며 결합 또는 화합(和合) 또는 화합(化合)을 말한다.

화학(化學)에서는 옛날에는 화합(化合)을 역반응이 일어나지 않는 화학변화라고 보았다. 그러나 오늘은 어떤 반응도 역반응이 없는 정반응은 없다는 것이 밝혀져 서로 반대 되는 두 반응이 동시에 일어난다는 평형론이 확립된 것이다. 이것을 평형론(平衡論 Equilibrium Theory)이라 한다. 모든 정반응은 역반응을 동반한다는 것이다. 단지 정반응이 우세하면 화합 쪽으로, 역반응이 우세하면 분해 쪽으로 평형이 이동할 뿐이다.

인간 속성에는 자연 현상으로 자기 속성을 지키려는 관성(慣性)이 있다. 그 속성은 인간의 죄성(罪性)이며 "육" 또는 "육체"(고전7:28,고후10:3,갈2:20,빌1:24)로 번역 되어 있으나 다 육적 본성, "사르크스"를 말한다. 이것은 육이나 육체가 아니고 마음의 외향적 자아를 말한다. 회개한다고 즉시 없어지는 것이 아니라 회개한 심령에 함께 존재한다. 바울은 주를 만난 지 십여 년이 지난 후에 "내가 ...깨달았노니 곧 선을 행하기 원하는 나에게 악이 함께 있는 것이로다"(롬7:21)라고 고백했다. 이 말씀은 신과의 화합(化合)이 일어난 후에도 분리(分離)가 일어난다는 뜻이다.

"나의 의인은 믿음으로 말미암아 살리라 또한 뒤로 물러가면 내 마음이 그를 기뻐하지 아니하리라. 우리는 뒤로 물러가 멸망할 자가 아

니요 오직 영혼을 구원함에 이르는 믿음을 가진 자니라"(히10:38-39)
는 말씀도 있다. 이 말씀의 "뒤로 물러가면"은 "에안(if) 휘포스텔레스
(withdraw)"로서 "만일 후퇴하면"이라는 뜻이다. 즉 믿음에는 전진만
있는 것이 아니고 후퇴도 있다는 뜻이다.

어떤 경우에 믿음의 후퇴가 일어나는가? 비와 창수와 바람에 부딪
칠 때(마7:27), 눈이 어두워 앞을 보지 못할 때(마15:14), 행함이 없을
때(눅6:49), 성도의 감각이 죽을 때(마5:13), 성령을 거역할 때(행5:3,
엡4:30), 구원을 등한히 여길 때(히2:3), 정욕대로 살 때(유16,벧후
2:10) 믿음에서 후퇴하는 화합의 역반응(逆反應)이 일어난다.

"주와 합하여 한 영이 되는"(고전6:17) 화합은 "아들의 죽으심으로
하나님과 화목하게"(롬5:10) 하심으로 이루어진다. 그러나 "내 속사람
은 하나님의 법을 즐거워하되 내 지체 속에서 한 다른 법이 내 마음의
법과 싸워 내 지체 속에 있는 죄의 법으로 나를 사로잡는 것을 보는도
다"(롬7:22-23)는 사탄에 의한 분해반응이 함께 일어나고 있다는 것을
나타내는 말씀이다. 그것이 아무리 매진해도 장담할 수 없는 싸움에서
두려움을 느끼는 이유이다(고전9:26-27,딤전5:12,딤후13:5).

여기에 중요한 일은 주와 합하는 것이다. 그것을 들은 진리와 믿음
이 화합하지 않았다(히4:2)고 했다. 왜 진리를 들어도 순종하지 못하
는가? 여기 언급 된 화합(오페이레 Conjugate)은 화합(化合)을 뜻한다.
즉 진리와 믿음의 순종이 화합하는 동시에 역반응인 분리가 일어나기
때문이라는 것이다.

"만일 우리가 그의 죽으심과 같은 모양으로 연합한 자가 되었으면
또한 그의 부활과 같은 모양으로 연합한 자가 되리라"(롬6:5)에서는
인간의 옛 범주(모양)가 본질과 함께 변화를 받아 죽어 부활 되면 그리
스도와 연합한 자가 될 수 있다는 것을 말한다. 그와 반대로 "하나님

은 모든 사람이 구원을 받으며 진리를 아는 데에 이르기를 원하시"(딤전3:4)지만 사람은 "스스로 하나님의 뜻을 저버렸다"(눅7:30,10:16,요12:48)는 것은 분해반응을 뜻하고 있다. "저버리는 자는 사람을 저버림이 아니요 너희에게 성령을 주신 하나님을 저버림이니라"(살전4:8). 여기 "저버린다(아데테오)"는 무효화를 뜻한다. 이 역반응 때문에 인간 스스로가 "은혜를 폐하고"(갈2:21) "처음 믿음을 저버려 정죄를 받게"(딤전5:12) 되는 것이다.

그리하여 선한 말씀과 내세의 능력을 맛본 연후에 타락하기도하고 (히6:4) 성령의 불을 소멸 당하기도 한다(살전5:19). 뒤로 물러나기도 하고, 세파에 떠내려 가기도 한다(히2:1-3). 이 믿음의 성장과 후퇴는 줄 당기기와 같아 두 마음의 평형(平衡)이 세상 쪽으로 기울어지면 하나님을 버리게 되고(딤후4:10) 하나님 쪽으로 기울어지면 시험을 이기고 구원에 이른다(고후4:9). 이것이 믿음의 밀고 밀리는 팽팽한 평형(平衡)상태를 지적하고 있다.

그 평형이 어느 쪽으로 이동 하느냐에 따라 결말은 달라진다. 믿음과 회의, 평안과 두려움, 감사와 원망의 평형론을 이해하면 아무도 장담할 자가 없고 아무도 남을 멸시할 자도 없다. 사람은 다 연약할 뿐이며 오로지 주님만을 의지할 뿐이다. 아무도 자신은 구원 받았다고 장담할 수 있는 사람은 없다. 구원의 정 반응으로 도움을 주는 것이 믿음과 성령님이시며 역반응의 협조자가 회의와 사탄이다. 오로지 승리는 주님 안에 머물러 있어 도움을 받는 길 밖에 없다.

은혜와 기적으로 구출 된 후 의기양양했던 이스라엘은 마라와 르비딤에서 물이 없어(출14:22,17:1) 그리고 신광야에서는 고기와 떡이 없어(출16:1) 모세와 아론은 물론 하나님까지 원망하였다(출17:1). 이윽고 모세가 시내산에서 하나님을 만나 계명을 받는 동안 산 아래서는 이스라엘 백성들이 금송아지 우상을 만들고 모세를 배반하기에 이른다. 그로 말미암아 3천명이 도륙을 당하게 된다(출32:7-12,19-28).

그래서 "광야에서 이스라엘이 시험을 받았을 때처럼...너희 마음을 완악하게 하지 말라!" (히3:8,13,15,4:7)고 권고하신 것이다. 즉 바로왕만 완악한 것이 아니라 홍해를 건넜던 이스라엘도 완악했다. 요단강을 건너 가나안에 들어간 자도 완악했다. 완악은 누구에게나 있어 역반응이 일어난 증거가 된다. 바울은 디모데에게 권했다. "아들 디모데야 내가 이 교훈으로 명하노니...선한 싸움을 싸우며 믿음과 착한 양심을 가지라. 어떤 이들은 이 양심을 버렸고 그 믿음에 관하여는 파선하였느니라"(딤전1:18-20). 그 완악을 여리고 도상에서 강도 피해자에 대한 세 사람의 반응(눅10:29-37)에서도 볼 수 있다.

거짓 없고(딤전1:5) 깨끗한 양심을 가진 믿음(딤전3:9)에 이르면 "네 믿음이 크도다" (마15:23) 하는 칭찬을 받을 것이다. 그 때가 되면 자연스럽게 "사랑으로 역사하는 믿음" (갈5:6), 구원을 받을 만한 믿음(행14:9,벧전1:9)에 이를 것이다. 이 많은 변화를 거듭해야만 한다.

"하나님이여 내 속에 정한 마음을 창조하시고 내 안에 정직한 영을 새롭게 하소서. 나를 주 앞에서 쫓아내지 마시며 주의 성령을 내게서 거두지 마소서. 그리고 주의 구원의 즐거움을 내게 회복시켜 주시고 자원하는 심령을 주사 나를 붙드소서!" (시51:10-12). 아멘!

5) 피 흘리는 싸움

철없는 두 아이가 심하게 싸움을 하더니 힘이 약한 한 아이가 땅바닥에 쓰러졌다. 바로 그 때 그의 아버지가 나타나 목에 핏대를 세우며 자기 아들을 호되게 나무랐다.

"야! 이놈아! 똑 같이 밥먹고, 얻어맞고 지기는 왜 지는 거야! 피가 흐를 때까지 죽을 각오로 싸워 봐! 그래야 밥값을 할 것이 아니냐?"라고 다그쳤다.

그런데 그 아들이 눈물을 훔치며 말했다. "아버지가 남과 싸우지 말라고 했잖아요? 싸우더라도 져주는 사람이 좋은 사람이라고 했잖아요?"라고 말했다. 아들은 갈팡질팡하는 아버지의 두 마음을 고발한 것이다.

그런데 성경에도 온유와 무저항을 강조하면서 "너희가 죄와 싸우되 아직 피흘리기까지는 대항하지 아니하고 또 아들들에게 (싸우라고) 권하는 것 같이 너희에게 권면하신 말씀도 잊었도다... 그가 받으시는 아들마다 채찍질하심이라"(히12:3-6)라는 이해하기 어려운 대목이 있다. 이미 온유와 화평의 길에 들어선 아들에게 "피흘리기까지" 싸울 것을 채찍질하시는 이유가 무엇인가? 이것을 이해하지 못해 믿음이 좋은 신자들이 자신은 물론 자기 자녀나 형제나 이웃이 그릇 된 길을 가는 것을 묵과하는 과오를 범한다.

우리가 온유와 화평으로 대할 것은 이웃이며, 우리의 원수 마귀를 경계하고 사자같이 삼키려는 원수에 대해서는 죽을 힘을 내어 대항하고 싸워야 한다는 것까지는 누구나 잘 알고 있다. 그점에 조금도 이의를 달 사람은 없을 것이다. 그럼에도 마귀가 얼마나 무서운 상대라는 것을 잘 아는 사람은 적다. 마귀의 권세는 얼마나 큰지 세상을 주관하며 정사와 권세를 잡고 있다(엡6:12). 그리고 어둠과 병과 고통과 죽음을 장악하고 있다. 누가 그 막대한 힘을 이길 수 있단 말인가?

빛이 강하여 어둠을 쫓아낸다고 믿고 있다. 빛과 어둠! 어느 쪽이 강한가 생각해 보라! 어둠은 하나님께서 세상을 창조하시기 전부터 우주를 장악하고 있었다(창1:2). 우주는 흑암의 바다다. 그 속에 태양과 같은 작은 별들이 점멸하다가 사라진다. 촛불을 켜 등잔 위에 둔다. 그 불빛이 얼마나 가냘프고 유약한가? 손바람에도 어린아이의 입김에도 꺼진다. 그러면 흑암은 잠시 비웃으며 뒤로 물러났다가 다시 덮치고 만다. 흑암은 왜 꺼지지 않는 것일까. 그것은 흑암의 힘이 그만큼 크기 때문이다.

아침 햇살은 희망과 용기와 힘을 주지만 밤은 슬픔과 고독과 두려움을 가져온다. 흑암은 모든 것을 삼키고 압도하는 무서운 힘을 지니고 있다. 그런데 사람들은 어쩌자고 빛보다 어둠을 더 사랑하는 것일까(요3:19)? 그것은 어둠의 권세(눅22:53)가 세상을 장악하고 있다는 증거다(유13). 그래서 이 세상을 사랑하지 말라. 참예하지 말라(엡5:11). 어찌 어둠과 빛이 함께할 수 있겠느냐?(고후6:14-16)고, 이 무서운 공중 권세와 싸우라(딤전6:9-12)고 독려하시는 것이다.

우리의 작은 빛(마5:14)은 어둠의 권세에 비한다면 너무도 약해 상대가 되지 않는다. 어떻게 양이 이리와 싸우며(마10:16) 어린 양이 으르렁거리는 사자와 싸우겠는가(벧전5:8)? 말이 되지 않는 상대를 두고 싸우라는 것이다. 그러면 믿음과 능력으로 사자의 입을 막을 수 있다는 것이다(히11:33). 이것이 기독교의 또 하나의 파라독스이다. 그러나 세상과 벗 삼은 오늘의 신자들은 그런 말에 별로 신경을 쓰지 않는 것이 큰 병이다.

"너희가 주 안에서와 그 힘의 능력으로 강건하여지고 마귀의 궤계

를 능히 대적하기 위하여 하나님의 전신갑주를 입으라"(엡6:10-11)고
했다. 이 싸움은 이웃이나 가족이나 교회 안에서의 싸움이며 사랑하는
사람과의 싸움일 수도 있으나 궁극적으로는 자신과 사탄과의 싸움이
다. "오직 너 하나님의 사람아 이것들(욕심과 정욕과 돈 사랑)을 피하
고...믿음의 선한 싸움을 싸우라! 영생을 취하라! 이를 위하여 네가 부
르심을 받았고"(딤전6:9-12)라고 하시면서 우리를 부르신 목적을 자신
을 위한 싸움에 두고 있다.

여기 선한 "싸움"(하고나)은 혈기의 싸움이 아니라 '과격한 노력
(Struggle)'을 뜻하며 "취하라"(에피라보우)란 쟁취하라는 뜻이 아니
고 '굳게 잡으라'(hold on, grapple)는 뜻이다. 즉 이미 주어진 것을
굳게 잡으라는 뜻이다. 원숭이가 나무가지를 굳게 잡고 낭떠러지에 매
달려 있는 것과 같다. 낭떠러지에 매달린 자는 손과 팔에 모든 힘을 집
중하여 벌이는 결사적 사투를 의미한다.

여기에 이해하기 어려운 대목이 있다. 먼저 구원은 값없이 주어지
는 은혜의 선물인데 왜 과격한 노력이 필요한가? 그리고 두 번째 의문
은 성령님이 직접 싸우지 않으시고 나약한 우리에게 싸우라는 것인
가? 하는 것이다. 그리고 무엇 때문에 "힘쓰라", "게으르지 말고 충성
하라", "달리라", "죽기까지 싸우라"는 말들이 필요한가를 깨닫지 못
한다.

"이는 악한 날에 너희가 능히 대적하고 모든 일을 행한 후에 서기
위함이라. 그런즉 서서 진리로 너희 허리띠를 띠고... 복음의 예비한
것으로 신을 신고... 믿음의 방패를 가지고... 구원의 투구와 성령의 검
곧 하나님의 말씀을 가지라...이를 위하여 깨어 구하기를 항상 힘쓰며
(엡6:13-19)"에 싸움을 독려하시며 전투 방법까지 제시하고 있다. 그
리고 싸움의 목적이 하나님 앞에 "서기 위함"이라는 것이다. 그 뜻이

무엇인가? 구원은 승리자의 것이라는 뜻이 아닌가?

여기 "서기 위함"이나 "그런즉 서서"는 적에 대항하여 싸우기 위해 "긴장하여 서는 것"을 말한다. 적이 바로 앞에 있는데 누워 있거나 앉아 있다면 싸움은 하나마나다. 그리고 진리의 허리띠를 띠라고 했다. 이 로마군인들의 띠(호스프스)에는 칼집과 흉배걸이가 붙어있어 띠를 띠어야 칼을 꽂을 수 있고 흉배로 심장을 보호할 수 있다. 이 불편한 허리띠는 보통사람에게는 필요치 않으나 양치는 목동이나 군인에게는 꼭 필요한 것이다. 그래서 신자는 진리의 든든한 허리띠를 띠고 흉배와 칼을 항상 착용하라는 것이다.

여기 공급된 무기들을 살펴보면 투구와 방패는 방어용이지만 칼은 공격용이다. 믿음과 소망은 방어무기이며 성령과 말씀과 깨어 있는 기도는 공격용 무기라는 것이다. 이것이 겸비되지 않으면 승리할 수 없다. 흔히 믿음만 있으면 말씀을 읽지 않던, 기도를 열심히 하지 않든 상관이 없다고 주장하는 이도 있다. 싸움의 승리는 결코 소극적인 방어 무기만으로는 불가능하다. 허리띠, 신, 방패, 투구만으로 이길 수는 없다. 서슬이 퍼런 육의 정욕과의 싸움(벧전2:11), 우는 사자 같은 마귀와의 싸움, 선을 이루기 위한 적극적인 싸움(딤전1:8,18)에서 공격 무기가 필수이다.

믿음의 방패를 다른 데서는 "믿음과 사랑의 흉배"라 했고 구원의 투구를 "구원의 소망의 투구"(엡2:1-5)라고 했다. 그리고 공격용 단검(마키아라)은 하나님의 말씀(레마)을 뜻하며 말씀은 모든 믿는 자에게...하나님의 능력이 됨"(롬1:16)을 시사한 것이다. 즉 원수와 싸울 때 인간의 지혜나 철학이나 경험으로 하지 않고 하나님의 말씀으로 하라는 것이다. 그래서 말씀을 읽고 요절을 암기해 두었다가 시험이 닥칠 때 말씀으로 공격하라는 것이다.

국제 예수 전도단 설립자인 로렌 커닝햄(Loren Cunningham)의 글에 이런 말이 실려 있다. "마귀와의 싸움의 전투법은 마귀의 방법과 반대로만 하면 승리한다. 강한 것에는 약한 것으로, 오만에는 겸손으로, 포악에는 온유로, 어두움에는 빛으로, 폭언에는 침묵으로, 공격에는 후퇴로" 하면 틀림없다고 말했다. 그렇게만 하면 마귀가 싸울 맛이 없어 피한다는 것이다. 그것이 온유한 자, 겸손한 자, 사랑하는 자가 세상을 이길 수 있는 길이라고 한 것이다. 그것은 분명히 귀한 체험에서 한 말일 것이다.

그러나 그것은 어쩌면 약한 적수를 만나 소극전을 벌였을 때의 일이다. 그러나 에베소서의 말씀은 이런 소극적 방법을 강조한 것도 아니다. 그가 말한 겸손 온유 빛과 침묵, 그리고 소금 등은 말씀의 능력으로 얻어지는 것이며 그보다 더 극렬한 싸움에서는 말씀의 검을 사용하여 정정당당하게 싸우는 예수님의 방법(마4:1-10,21:12-13)과 바울의 방법(고전5:1-7)도 있다는 것을 잊어서는 안 될 것이다.

예수님께서는 사역 초기에 열두 제자를 살벌한 이리 가운데 내 보내셨다. 그리고 자기가 온 목적이 "화평이 아니요 검을 주러 왔노라"(마10:1-34) 하신다. 그리고 성경은 "피흘리기까지 싸우라"(히12:4-6)고 독려하신다. "피흘리기까지"란 많은 피해와 고통과 죽음을 무릅쓰고 싸우라는 돌격 명령이다. 그러나 분명한 것은 주님께서는 우리가 유약한 어린 양이라는 것을 아시며 믿고 싸우라는 것이다. 왜 하나님께서는 간악한 사탄에게 나약한 우리더러 싸우라는 것인가?

어떤 이가 하나님께서 사탄을 허락하신 이유를 이렇게 말했다. 첫째 우리에게 자신을 포기하고 순종할 것을 원하심이며, 둘째 온유 겸손을 훈련시키시기 위함이며, 셋째 선과 악의 다른 점을 가르치시기 위함이라고 했다. 그러나 그보다 더 중요한 것은 하나님은 산성이시요 요새요 뿔이시며 지키시는 목자라는 것을 확인시키시기 위함이다. 그것이 싸움 장비를 공급하시는 이유이다. 우리가 직접 싸워야 하는 이유는 우리에게 자율권을 주셨다는 것과 공중 권세와 결탁한 자신의 사르크스가 싸움의 대상이기 때문이다.

불교에서도 싸움을 독려한다. 그들의 적은 육도(六道)로서 지옥과 아귀(餓鬼)와 축생의 삼악도와 아수라(阿修羅)와 인간과 천상의 귀신을 든다. 그들은 자력으로 이들을 이겨야 윤회전생(輪廻轉生)에서 해탈(解脫)하여 열반(涅槃)에 들어갈 수 있다고 주장한다. 그러나 거기에는 아무런 승리의 보장도 도움도 없다. 오로지 자력으로 방도를 터득하고 이겨나가야만 한다. 신으로부터 받을 수 있는 전투장비가 없다. 단지 선각자들의 깨침을 따라 다 버리고 한적한 곳으로 피하여 벽을 향해 앉아 좌선 끝에 "각성"을 통해 싸우라는 것이다.

북인도의 종교라 할 수 있는 힌두교는 성과 속 사이에 분명한 경계선이 없다고 보며 영적 접근(Approaches)으로 덕을 세우는 일 만이 승리의 길이라 본다. 고행과 가르침을 통해서 터득한 내성(內性)이 "아트만"(Atman)에 이를 수 있으며, 긴 세월 끝없는 수행 끝에 최고의 경지인 "브라만"(Brahman)에 도달할 수 있다고 가르친다. 그러나 그것들은 선각자가 터득한 성전(聖典)인 베다(Veda)에 의하여 다 인간이 만든 방법일 뿐이다. 그러나 기독교에는 골수를 쪼개는 단검에 해당하는 진리의 말씀이 있고 성령의 능력의 도움이 주어지는 것이 다르다. 그것이 기도의 응답으로 주어지는 체험이다.

우리의 적은 육체의 정욕(벧전2:11)과 음란을 죽이고 거룩과 존귀함을 이루는 것이다(살전4:2-3). 그리고 세상 풍속과 사탄과 육체의 욕심과 싸우는 것이다(엡2:1-5). 그리하면 "이기는 그에게는 내가 하나님의 낙원에 있는 생명나무의 열매를 주워 먹게 하리라"(계2:5)고 했고 "이기는 자는 이와 같이 흰 옷을 입을 것이요 내가 그 이름을 생명책에서 결코 지우지 아니하고 그의 이름을 내 아버지 앞과 그의 천사들 앞에서 시인하리라"(계3:5)고 했다.

왜 "내 아버지 앞과 그의 천사들 앞에서 시인한다"고 하셨는가? 그 이유는 각자에게 돕는 천사(마18:10)와 이기도록 돕는 하나님의(요일5:4) 기록을 확인한다는 것을 뜻한다. 성령님께서도 늘 우리를 위해 근심하며 돕는 자이어서 우리의 전투경과를 자세히 알고 계시기 때문이다(엡1:13,2:10,20, 3:16,4:30). "이것을 너희에게 이르는 것은 너희로 내 안에서 평안을 누리게 하려 함이라. 세상에서 너희가 환난을 당하나 담대하라 내가 세상을 이기었노라"(요16:33).

사형 언도를 받은 암환자가 능력 있는 의사의 대 수술을 받고 회생하는 그 변화 과정을 요약하면 첫째는 사망에서 생명으로 옮기는 대변화요, 둘째는 자기 발로 서는 자립 과정이다. 그리고 셋째는 목자와 용사로서 싸움터로 나가 싸워야 하는 것이다. 이것을 환언하면 전환과 회복과 사역의 3단계라고 할 수 있다. 이 제3단계는 자신과 그리고 사탄과의 싸움이며 어느 한 순간도 잠들면 안 되는 고된 경계요 피나는 싸움이다. 그러나 오늘의 신도들은 제2와 제3단계가 없다.

이 3단계의 변화가 일어나면 옛 사람과 전혀 다른 사람으로 변화되어 있는 자기를 발견할 것이다. 이 변화를 "오직 마음을 새롭게 함으로 변화를 받는 것"이며 이 "변화"(메타몰포우)는 '완전한 변화 또는 변신'을 말한다. 그렇게 함으로 "속"에서 "성"으로 변화하여 비로소 하나님의 온전한 뜻이 무엇인지 분별할 수 있다는 것"(롬12:2)이다. 이 힘든 마지막 고개는 성령의 도움이 없이는 절대 불가능한 고개인 것을 알지만 항상 이 고지를 훌쩍 넘지 못하고 다시 후퇴하는 자아를 발견한다.

제3단계를 넘은 바울은 "나는 달음박질하기를 향방 없는 것 같이 아니하고 싸우기를… 내 몸을 쳐 복종하게 함은 내가 남에게 전파한 후에 자신이 도리어 버림을 당할까 두려워함이로다"(고전9:26-27)라고 했다. 여기 바울이 가졌던 구원에 대한 "두려움"은 어디에서 온 것인가(빌3:13-16)?

베드로는 성화의 8단계를 설명한 후에 "그러므로 형제들아 더욱 힘써 너희 부르심과 택하심을 굳게 하라 너희가 이것을 행한즉 … 우리 주 곧 구주 예수 그리스도의 영원한 나라에 들어감을 넉넉히 너희에게 주시리라"(벧후1:10-11). 그리고 "헛되이 (에이케 in vain) 믿지 아니하면 그로 말미암아 구원을 얻으리라"(고전 15:2)고 하셨다. 이 말씀은 구원에 이르지 못하는 헛된 믿음도 있다는 뜻이다. 효력이 있는 믿음은 거듭된 회개와 성령의 거룩하게 하심으로 성화에 이르는 것을 말한다.

이 "성스러운 두려움"을 체험한 성자들은 많은 것 같다. 천재 과학자요 성자였던 프랑스의 블레즈 파스칼(B.Pascal)이 그 중 한 사람일 것이다. 과학자 아인슈타인은 그를 인류 역사상에 가장 뛰어난 천재라고 하면서 "그가 80세 까지만 살았더라면 세상은 오늘과 다를 것이다"라고 말했다. 그는 16세에 당대를 놀라게 한 계산기를 만들었다. 그리고 18세에 유크리트 기하학 이론을, 20대 초에 미분학과 적분학을 창립한다. 그는 "파르칼의 원리" 외에도 많은 원리를 발견했다. 그는 시인으로서도 유명하다. 그중 '프로뱅시알' 과 '팡세' 는 프랑스인에게 성경 다음으로 존경 받는 책이다.

그가 1646년 1월 빙판에서 넘어져 불구가 되면서 병석에 누웠을 때 의사가 가져다준 신앙 서적을 읽고 회심하게 된다. 1654년 11월 23일 밤 성령 체험을 하고 그것을 종이 한 장과 양피지 한 장에 써서 잠옷 안주머니에 넣어 꿰맸다. 그것이 그 유명한 '메모리얼' 이다. 그리고 마지막 8년간을 투병하면서 육과 자신과 사탄과의 피나는 싸움 가운데 쓴 시가 '팡세' 이다. 그가 잔인하게 괴멸된 육신의 고통과 구속에서 영혼의 자유를 찾으려 사투한 기록이다. 사후에 그의 침대 밑에서 한 번도 수정되지 않은 원고로 발견되어 발간된 것이다. 그는 1662년 8월 19일, 39 세의 젊은 나이에 눈을 감았다. 사후에 발견 된 그의 메모리얼에는 이렇게 적혀 있었다.

"은총의 해 1654년 11월 23일, 밤 10시 30분에서 12시 30분 사이.
불― 불이 나타났다.
아브라함의 하나님, 이삭의 하나님, 야곱의 하나님이(불로 나타난 것이다)
그는 철학자와 학자의 하나님이 아니었다.
그 불이 확신과 직감과 기쁨과 평화를 내게 불어 넣었다".
"너는 내 형제들에게 가서 이르되 내가 내 하나님 곧 너희 하나님께로 올라간다 하라" (요20:17) 하신 그리스도!
"하나님의 불이 하늘에서 떨어져서 양과 종들을 살라 버렸나이다" (욥1:16) 하신 불이!
예수 그리스도의 신은 오직 복음서에서 가르쳐 준 길에 의해서만 발견 되는 것이다.

인간 영혼의 위대함!

신과 결합된 영혼!'

그리고 죽음을 맞이하면서,

"기쁨! 기쁨! 기쁨! 기쁨의 눈물!

예수 그리스도! 예수 그리스도!

이 전적이고 평안한 포기!

예수 그리스도, 나의 인도자에게 완전한 복종을!'

"나는 당신의 말씀을 잊지 않으리이다!'

그리고 다른 양피지에는 이렇게 적혀 있었다.

"하나님께서 나를 버리지 않으시기를!'

 4장

믿음의 성장

{04 믿음의 성장

1) 네가 낫기를 원하느냐?

어느 날 사랑하는 젊은이가 내 방으로 찾아왔다. "교수님! 하나님께서 저의 기도를 들어주시지 않으니 저는 택함을 받지 못한 것 같아요"라고 그의 근심을 토로했다. 이런 질문을 받을 때마다 그들의 기도 제목이 대략 어떤 것이라는 것을 짐작한다. 물론 이런 중대사는 특별기도 제목으로 정하고 간구하면 응답을 받을 수도 있다.

그러나 그렇게 해도 이루어지지 않았다면 기도의 열정이 부족하거나 하나님의 뜻을 구하지 않고 "고기를 구하기"(마7:9) 때문이다.

나 자신도 나의 가족이나 교우나 주위의 친지들을 위해 기도한다. 그러면서도 나의기도 내용이 하나님의 뜻에 맞는가에 대해 자신이 없는 경우가 많다. 기도를 하기 전 먼저 구할 것은 하나님의 뜻대로 구할 수 있게 해 달라는 것이다. 참으로 바르게 믿고 바르게 바라며 하나님의 뜻대로 산다는 것이 얼마나 어려운 것인가를 느낄 때가 많다. 믿음이 없다고 자처하는 사람보다 믿음이 있다고 착각하는 자에게 그런 실수가 더 많다. 나는 그에게 베데스다 못 가에서 있었던 일을 들려주었다.

예루살렘 성전 바로 북편에 '양문' 이라는 이름을 가진 성문이 있다. 그 양문 바로 안쪽에는 양을 팔고 사는 장터가 있어 매일 아침이면 이 문으로 양들이 울며 지나가고 오후 늦게는 팔리지 않은 양들이 이 문을 지나 다시 목장으로 간다. 어떤 이는 아침에 함께 온 사랑하는 양들이 죽어 제물이 된 것을 생각하며 연민으로 돌아가는 곳이다. 양문은 성소에서 2백 미터 남짓한 거리에 있어 언제나 비릿한 피 냄새와 고기 타는 냄새가 풍겨 오는 곳이었다.

그리고 그 양문 곁에는 베데스다(사랑의 집)라는 지름이 약 60자 되는 작은 쌍둥이 못이 나란히 있었다. 그 못 중앙에는 깊이가 상당히 되는 간헐천 근원이 있어 이따금 물이 솟구쳐 올라 못물을 잠시 격동시켰다. 그 때가 되면 주위에 대기하고 있던 병자들이 먼저 들어가려고 아수라장이 벌어졌다. 전력을 다해 서로 밀며 발악을 했고 뛰어 들어가다가 바위에 미끄러져 머리를 깨어 피투성이가 되는 사람, 깊은 데 빠져 죽는 사람, 병이 나았다고 함성을 지르는 사람들로 아비규환의 도가니가 되곤 했다. 그럼에도 희비가 엇갈리는 그 연못가에는 소경, 절뚝발이, 혈기 마른 자들(요5:3)이 거품과 김을 내뿜으며 물이 동하는 때를 기다리고 있었다.

어느 날 주님은 그들 중에서 안면부지의 38년 된 병자에게 접근하셨다. 예수님께서 그가 누운 것을 보시고 병이 벌써 오래된 것을 아시고 그에게 접근하신 것이다. 그리고 그를 손잡고 일으키시지도 않으시고 그에게 다가가 작은 목소리로 의외의 질문을 던지셨다. 그것은 "네가 낫기를 원하느냐?"(요5:6)였다.

병자에게 낫기를 원하느냐라니? 이거야 원 웃을 일이라고는 없는 병자를 웃기는 일이 아니던가? 그것을 희롱이 아닌 진지한 질문이라고 누가 하겠는가? 38년이란 긴 세월을 병석에 누워 삶 자체가 식상해진 병자에게 하신 말씀이 고작 그것이란 말인가? 웅장한 대자연 앞에 불가사의한 생명의 흐름의 본류에 서서 항상 핵심을 찌르는 말씀만 하시던 그가 오늘따라 "낫기를 원하느냐" 라니?

예수님께서는 농담이나 뜻 없는 말씀을 하신 일이 없었다. 그의 이 질문 속에도 깊은 뜻이 담겨 있다는 것을 흔히 깨닫지 못한다. 그가 물으신 "원하느냐(델로오)"는 누구나 갖는 바람을 말하는 것이 아니라 가능하다고 믿고 원하는 "델로오"(Possible wish)였다(마19:21,20:21, 막14:36,눅5:39). 불가능하다는 것을 짐작하면서도 원하는 "오펠론" (고후11:1,갈5:12,계3:15)과는 전혀 다른 소원을 뜻하는 것이다. 하나는 진지한 믿음의 소원(Serious wish)이며 다른 하나는 그냥 던져보는 바람(Asking)이다. 바람은 믿음의 표현이요 기도는 바람(델로오)의 증거다. 이것이 "네가 낫기를 원하느냐?" 라고 물으신 첫째 이유였다.

원한다고 다 같은 원함이 아니요, 믿는다고 다 같은 믿음이 아니다. 확신하는 믿음, 그냥 믿어보는 믿음, 믿어주는 믿음, 믿는 척하는 믿음도 있다. 하나님의 뜻을 순종하는 믿음도 있고, 하나님에게 모든 것을 맡기는 믿음도 있다. 그런가하면 이해 된 부분만 믿는 이성적 믿음도 있고, 반신반의하는 믿음도 있다. 성경의 많은 기사들은 믿음의 결과로 보여진다. 그래서 사람들은 하나님의 능력과 믿음이 대등한 것으로 착각하기가 쉽다. 주님이 물으신 원하느냐(델로오)가 그 정답을 말하고 있다. '낫기를 원하는 마음' 그것이 바른 믿음인 것이다.

"너희가 내 안에 거하고 내 말이 너희 안에 거하면 무엇이든지 원하는 대로 구하라 그리하면 이루리라"(요15:7)의 "원하는(델로오) 대로" 는 원하는 만큼, 믿는 만큼 이루어진다는 뜻이다. "내가 네 행위를 아노니 네가 차지도 아니하고 뜨겁지도 아니하도다. 네가 차든지 뜨겁든지 하기를 원하노라"(계3:15)의 "원함(오펠론)"은 내가 그렇게 바라지만 그 일은 불가능한 일일 것이다는 뜻이다. 즉 뜨거워지기를 믿고 원하지 않는다는 것을 하나님께서 알고 있다는 말이다.

어린이로부터 임종을 맞는 노인까지 소원이 없는 사람은 없다. 믿는 자가 바라는 소원이 있고 믿지 않는 자가 바라는 소원이 있다. 남자와 여자의 소원이 다르고, 아이와 노인의 소원이 다르다. 그리고 믿는 자의 소원도 사람에 따라 천차만별이다. 회개하고 교회를 다니는 사람마다 믿음이 있으나 믿음의 차이는 심하다고 하겠다. 처음에는 믿음과 의심이 50대 50으로 막연했던 바람(오펠론)이 확신하는 소원(델로오)으로 변해 가면서 몸이 낫기만을 원했던 이기적인 욕망에서 하나님을 의지하는 '델로오'의 소망으로 변해 갔던 것이다.

파스칼의 말처럼 반신반의하는 50% 근처에 머물렀던 믿음이 차츰 자라나 90%가 훌쩍 넘는 확신에 이르는 데는 상당한 세월이 필요했던 것 같다. 왜 믿음은 그렇게 쉽지 않은 것인가?

성인 나스르딘의 아들이 울면서 아버지에게 말했다. "친구가 장난감을 빌려가서 돌려주지 않아요". 아버지는 무엇으로 철없는 아들에게 세상을 알게 할 수 있을까 생각한 후에 아들을 데리고 밖으로 나갔다. 그리고 사다리 위로 올라가게 했다.

아들이 상당한 높이로 올라갔을 때 아버지가

"이제 내 팔로 뛰어내려라!"

고 하면서 두 팔을 앞으로 내밀었다.

아들이 창백한 얼굴로 답했다.

"아빠 무서워! 만일 땅에 떨어지면 나는 다칠 텐데 어떻게 해!"

아버지는 말했다.

"아빠가 여기 있지 않느냐! 너는 아무 걱정할 필요가 없다."

아이는 눈을 꼭 감고 뛰어 내렸다. 그 찰라에 아버지는 옆으로 비켜섰다. 그리고 아이는 땅에 떨어져 울고 있었다.

나스르딘은 아들의 등을 만지며 말했다. "이제 알겠느냐! 아무도 믿지 말라! 형제나 아버지 조차도 믿지 말라! 너를 받아 주다가 팔이 부러질지도 모르는데 누가 받겠느냐?"

이것이 오늘의 교육이다. 오늘의 교육은 아침부터 해가 지도록 과학과 기술을 날마다 가르친다. 그리고 무언중에 선생은 말한다. 모든 것은 먼저 "이치에 맞는가?"를 생각하라! 그것만을 반복 반복 훈련시킨다. 그리고 남을 의지하지 말고 자력으로 남보다 높이 자기의 사다리를 오르게 한다. 그래서 교육을 많이 받은 사람일수록 남을 믿고 뛰어 내리지 않는다. 그는 자기 무게 탓으로 생명을 걸고 팔을 내밀어 받아 줄 자가 없다는 것을 알고 있는 것이다. 그래서 "나를 믿고 뛰어 내리라"(마11:28)는 신의 말을 가소롭게 본다.

베데스다 못 가의 병자들은 달랐다. 간헐천이 동하여 기적이 일어날 때마다 그것을 믿는 사람들은 서로 앞 다투어 동하는 물속으로 뛰어 내렸다. 그리고 꼭지 열린 샴페인처럼 터져 나오는 병 낫은 환자들의 환희도 보아 왔다. 그리고 그 기적이 자기에게도 일어날 것을 바라며 그 희망으로 하루하루를 지냈던 것이다. 그런 가운데 남들에게 이루어지는 기적이 왜 자기에게는 일어나지 않는 것일까? 회의와 자책 가운데 그 긴 세월을 보내면서 한때 핏발을 세웠던 야망도 죽고 돌이켜 회개하며 차츰 하나님의 뜻을 순종하는 믿음이 생겼는지도 모른다.

처음에는 병 낫기를 원했던 일념이 사람답게 살아보고 싶은 소망으로 변해져 갔을 것이다. 그 단순한 욕망이 믿음과 소망으로 변해가는 것을 발견했을 것이다. 의젓하게 하나님의 영광을 위해 살고(마5:16), 하나님께 영광을 돌리며(고후3:10) 살고 싶어졌다. 성령을 받는 것(벧전4:14), 몸으로 사는 것(고전6:20), 믿음이 견고해지는 것(롬4:20), 믿음의 경주(살후3:1)도 다 하나님의 영광을 위한 것이라는 진리를 차츰 알게 되었으리라. 그것이 '하나님의 일'이라는 것을 깨닫게 된 것이다.

마태복음 9장에는 예수님께 "다윗의 자손이여 우리를 불쌍히 여기소서"라고 소리 지르며 뒤따라온 두 소경에 대한 기사가 있다. 예수님께서는 그들에게 "내가 능히 이 일을 할 줄을 믿느냐?"라고 물으셨다. 두 소경은 "예 그렇습니다"(마9:28)라고 대답했고, 예수님께서 하신 "이 일"을 그들은 무엇으로 알고 있었을까? 예수님께서는 그들의 눈을 만지시며 "믿는대로 되라" 하신다. 여기 "내가 능히 이 일을 할 줄 믿느냐?"의 "이 일"은 하나님의 일이었다(마15:30-31).

그것은 "너희 중에 누가 아들이 떡을 달라 하는데 돌을 주며 생선을 달라 하는데 뱀을 줄 사람이 있겠느냐 … 하물며 하늘에 계신 너희 아버지께서 구하는 자에게 좋은 것으로 주시지 않겠느냐"(마7:9-11)라고 하신 "좋은 것(아가다)을 주시는 일"을 깨달을 때 확신이 오는 것이다. 38년 된 병자에게 주님께서 찾아오셔서 "네가 낫기를 원하느냐?"라고 물으신 이유가 여기에 있었다. 네가 하나님 아버지께서 좋은 것을 주실 것을 믿느냐?는 물음이었다.

"네가 낫기를 원하느냐?"는 질문을 던지신 두 번째 이유는 "이 일을 내게 맡기겠느냐"는 뜻이다. 그는 눈물겨운 과거를 회상하며 "주여 물이 움직일 때에 나를 못에 넣어 주는 사람이 없어 내가 가는 동안에 다른 사람이 먼저 내려가나이다"라고 답한다. 이 말은 원망이 아니라

"나의 인위적인 노력을 버렸습니다"는 고백이었다. 자신의 힘으로는 할 수 없다는 포기! 이것이 믿음의 시작인 것이다. 그리고 기적을 믿고 "뛰어 내릴 열망이 있습니다. 그러나 내 몸이 움직이지 않습니다. 도와주세요!"라는 애원이었다

그는 "나의 모든 노력은 포기했습니다. 그러나 이 일이 이루어질 것을 믿고 바라고 있습니다(델로오)"라고 한 것이다. 이 말 속에서 과거에 대한 회한과 아직도 살아있는 소원을 여실히 볼 수 있다. 자신을 포기하는 회개가 믿음을 낳게 한다. 자기를 믿고 노력하는 사람의 기도와 자신을 포기한 기도는 다르다. 하나님의 뜻대로 하는 기도는 자기를 포기한 기도다. 오래 지속된 기도를 통해서 자신을 포기할 때 하나님의 도움을 받을 수 있는 것이다.

그러나 그와는 반대로 지친 기도는 회의로 전락하는 수도 있다. 예수님께서 질문하신 세 번째 이유는 "병이 벌써 오래된 줄 아시고"에 있다. 처음에는 누구나 믿고 기대한다. 그러나 기다림에 지치면 처음 열정과 기대는 사그라지고, 굳게 믿고 바랐던 "델로오"의 소원도 "오펠론"의 희망으로 변질되는 경우도 많다. 그런 경우는 대부분 자기 뜻을 관철하려던 소원이 세월과 더불어 퇴색되기 때문이다. 이것이 "네가 (아직도) 낫기를 원하느냐"하신 세 번째 뜻이었다.

더욱이 소경이나 반신불수나 신경마비 환자는 통증이 없다. 그런 신경마비 환자가 어디 한 둘인가? 오물의 시궁창 속에서 뭉그적거리는 군상이 어디 한 둘이던가? 이들은 시각과 취각은 물론 인간다움도 믿음과 소망도 다 잠식되어 죽음을 대기하는 가련한 유수(幽囚)들이다. 이런 추락은 믿음이 좋다고 자처하던 신자에게도 있다. 오래 된 소금이 맛을 잃는(마5:13) 이유도 여기에 있다. 예수님께서 38년 된 병자

를 택하신 이유는 그가 아직도 소망을 잃지 않고 있느냐 하는 데 있었다.

간헐천 "물이 동할 때 나를 못에 넣어 줄 사람이 없어 남들이 먼저 들어가나이다"라는 기나긴 세월 속에 지친 그의 고백가운데 그의 눈물어린 애원과 믿음을 볼 수 있다. 38년이나 낫고자 하는 한 가닥 희망으로 버티어 온 그의 주름진 눈가에는 정녕 눈물이 맺혀 있었을 것이다. 그리고 수많은 고뇌가 새겨진 수염과 긴 머리칼은 감격으로 흔들리고 있었을 것이다. 낙심하지 않는 기다림은 믿음의 증거다.

베데스다는 '벧자타' (벧(집)-자타(은혜))에서 왔다. 즉 "은혜의 집"이라는 뜻이다. 나는 그 이름을 좋아한다. 그래서 나의 첫 봉사지였던 경상북도 칠곡군 신동면의 흙벽돌로 지은 농민학교의 정문에 '베데스다' 라는 간판을 달았다. 4년 후 나는 그 곳을 떠났지만 주님께서 찾아오신 베데스다는 내 마음에 늘 머물러 있다.

오늘도 형식적으로 교회에 드나들며 가식으로 예배를 드리는 썩은 냄새가 등천하는 베데스다 못 가에서 물의 동함을 하염없이 주시하며 기다리는 신경마비 환자가 나인지도 모른다. 그리고 언젠가 주님은 내게 찾아오셔서 나의 오래 포기하지 않고 기다리는 것을 아시고 내게 말씀하실 것이다.

"네가 낫기를 원하느냐(델로오)?" 그러면 나는 기쁨의 눈물을 보이며 말 할 것이다.

"네 주님! 저는 오늘을 위해 오래 참고 기다렸습니다".

그러면 자비로운 주님께서는 분명 나의 손을 다정히 잡으시고 말씀하실 것이다.

"일어나 네 자리를 들고 걸어가라!"

그러면 내가 38년이나 기득권을 위해 아끼던 돗자리를 돌아보지도 않고 하늘을 날듯이 뛰며 외칠 것이다.

"주님! 이제 자리가 더 무슨 소용이 있겠습니까?"

"주님! 감사합니다, 주님!"

"내가 여호와를 기다리고 기다렸더니
귀를 기울이시사 나의 부르짖음을 들으셨도다"(시40:1).

아멘! 아멘! 할렐루야!

2) 끈질긴 기도

언젠가 부흥회에서 영성이 뛰어난 목사님이 이런 설교를 했다.

"여러분 기도할 때 주의할 것은 하나님의 뜻을 빨리 파악하는 것입니다." 그것은 옳은 말이라고 나도 생각했다. 그런데 그는 이렇게 말을 이어갔다.

"여러분 똑같은 기도를 한 달이나 두 달이나 무의미하게 반복해서 기도할 필요가 없습니다. 여러분 오래 계속한다고 들어주시는 것이 아닙니다." 그것도 전혀 뜻 없는 말은 아니지만 나는 속으로 가벼운 혼돈이 일어나는 것을 느꼈다.

목사님은 그 이유를 설명했다. "몇 번 기도한 후 그것이 이루어지지 않으면 그것은 하나님의 뜻이 아니라는 것을 아서야 합니다. 기도는 결코 자기의 뜻을 우격다짐으로 관철시키는 것이 아닙니다". 그제야 모든 것이 분명해졌다.

물론 그 말이 타당한 경우도 있다는 것을 부인하지 않는다(마6:31-32,16:4,갈5:17). 그러나 하나님의 뜻이라 하더라도 단번에 응답하시지 않는 경우가 많다는 것을 그는 무시하고 있었다. 예수님도 똑같은 기도를 세 번씩이나 반복하셨고(마26:44), 바울도 하나님의 능력으로 많은 사람들의 병을 즉석에서 고치면서 자신의 병은 세 번이나 낫게 해달라고 반복 했을 때 하나님께서는 고쳐 주시지 않으시고 "내 은혜가 네게 족하다"고만 하셨다(고후12:8,9).

기도는 분명히 하나님의 뜻을 아는 지름길이다(골1:9,요일5:14). 그러나 두세 번 만에 하나님의 뜻이 응답되는 경우도 있으나 일곱 번 만에 응답을 받는 경우도 있다. 때로는 일흔 번 이상 몇 달, 몇 년을 기도하는 경우도 있다. 그렇게 본다면 단 몇 번의 기도로 하나님의 뜻을 판단하는 것은 경솔한 속단일 수밖에 없다. 하나님의 기도의 응답 방법은 현물적인 것이 아니고 말씀(롬2:18)과 성령의 계시를 통해서(엡1:8-9,5:17-18) 간접적으로 전달되기 때문에 오랜 세월을 요하기도 한다.

수도사 프란시스 마틴 신부의 글 가운데 이런 대목이 있다. "하나님을 대면한 사람에게는 반드시 나타나는 현상이 있다. 그것은 하나님의 위엄에서 오는 두려움과 속마음을 보시는 하나님에 대한 진지함과 그의 접근으로 인한 감격이 충만해지는 것이다". 그것이 골방에 들어가 문을 닫고 은밀하고 신중하게 기도하라는 뜻이다(마6:6). 그렇다면 모든 것을 아시는 하나님 앞에 뜻도 없이 입에 발린 형식적인 기도를 되풀이 할 수는 없다고 본 것이다.

어떤 부흥사는 같은 내용의 반복 기도를 반대하는 이유로, 구하기 전에 너희에게 있어야 할 것을 하나님은 미리 아신다는 것(마6:8), 이방인과 같이 중언부언하지 말라는 것(마6:7), 그리고 구한 기도가 응답되지 않는 이유는 잘못 구하기 때문이라는 것(약4:3)을 들었다. 그 것도 반드시 고려해야 할 기도의 요건임에는 틀림없다.

그러나 "기도할 때에 이방인과 같이 중언부언하지 말라. 그들은 말을 많이 하여야 들으실 줄 생각하느니라"(마6:7)의 중언부언(바따로게오)을 성경학자 엘라스무스에 의하면 같은 구절을 길게 되풀이 하는 바뚜스(Battus), 찬양이나 이상하게 의성(擬聲 Onomatopoetic)으로 반복하는 기도를 말한다고 했다. 즉 이방인들이 뜻 없이 반복하는 바뚜스와 운을 붙여 뜻 없이 반복하는 의성 기도와 애타게 반복하는 간절한 기도는 전혀 다른 것이라고 설명한 것이다.

그리고 성경학자는 '중언부언'을 이방인의 기도를 말하는 것이라고 했다. 바알 숭배자는 "바알이여 우리에게 응답하소서!"(왕상18:26)를 끝없이 되풀이 했고 "위대한 에베소 사람의 아데미(Diana)여!"(행19:34)나, 이슬람교는 "위대한 알라 신이여!"를, 불교는 "나무아미타불─번뇌의 속박을 벗어나 고해에서 극락정토로 인도한다는 아미타불"과 괴로움을 덜어준다는 "관세음보살"을 수백 번 수천 번 외다 못해 둥근 통나무에 천 번을 적어 한 바퀴 돌리면 천 번 기도하는 효과를 낸다고 믿는 그릇된 관행을 말하고 있는 것이다.

열왕기상 17장과 18장에 하나님의 선지자 한 사람과 거짓 선지자 850명과의 생명을 건 대결의 역사가 실려 있다. 이미 이스라엘 땅에는 엘리야가 예언한 대로 3년 반 동안 비가 내리지 않아 초목은 누렇게 말라 비틀어져 있었고 백성은 기근으로 극심한 고통에 빠져 있었다.

엘리야는 그 원인을 하나님을 배반한 이스라엘이 우상숭배에 빠진 탓이라고 경고했다. 거짓 선지자들은 그것을 부인했고 백성들은 오리무중에 빠져 있었다. 땡볕이 작렬하는 갈멜산 꼭대기에는 참 신을 가리는 돌 제단이 두 곳에 마련 되었다. 그 위에는 나무와 제물이 놓여져 있었다. 그리고 각각 선지자가 자기 신을 불러 그 제물에 불을 내리게 하여 태우는 쪽이 살아 계신 참 신으로, 그렇지 못한 쪽이 가짜 신으로 백성의 심판을 받게 합의 되었다.

바알과 아세라 선지자 850명이 목청이 터져라 혼신을 다해 자기 신에게 부르짖다 못해 칼과 창으로 몸에 상처를 내 피를 흘리며 뜨거운 햇볕이 작렬하는 하늘을 우러러 아우성을 쳤다. 그러나 아무 응답이 없자 그들이 기력이 쇠진하였을 때 엘리야가 나섰다. 이제 뜨겁던 태양도 열기를 잃었고 늙어 기력이 없는 나약한 한 노인의 기도로 불이 맨 하늘에서 내릴 리가 없다는 것은 뻔한 이치였다.

산꼭대기에는 진작에 찬바람이 땅을 식히고 있었다. 엘리야는 해가 하늘을 붉게 물들이며 뉘엿뉘엿 서쪽 산마루에 걸려 있을 때 나무와 송아지가 놓인 제단 위에 12통의 물을 붓게 한다. 그는 거침없이 모든 일을 일사천리로 진행시켰다. 도대체 불이 내리게 기도하기는커녕 무슨 배짱으로 제단 주위의 도랑에 넘치도록 물을 붓게 했단 말인가? 백성들은 결과야 보나 마나 뻔할 것이라고 판단하고 있었다.

엘리야는 이윽고 좀 높은 바위에 올라 하늘을 우러러 무릎을 꿇었다. 그리고 "여호와께서 이스라엘의 하나님 되심과 내가 주의 종 됨과 이 일이 주의 말씀대로 된 것을 오늘 알게 하옵소서"라고 간절히 읊조렸다. 그리고 같은 말, "내게 응답하소서! 내게 응답하소서!'를 여러 번 되풀이 했다. 그러자 맑은 하늘에서 한 가닥의 불이 번개 치듯 내렸다. 그리고 제물은 물론 돌과 흙까지 녹여버렸으니 그 열기가 3천도는 넘었던 것 같다. 하나님이 살아계시는 신이심을 보여 주신 것이다. 그 놀라운 광경을 지켜보던 이스라엘 백성은 누구랄 것 없이 모두 경악과 격정에 휩싸이며 환호를 질렀다. 더욱 충격과 두려움에 사지를 떨며 비참한 운명을 맞이한 것은 850명의 거짓 선지자들이었다.

엘리야의 역사는 그 다음에도 나타난다. 엘리야는 아합 왕에게 가서 이렇게 말한다. "큰 비 소리가 들립니다". 3년간 비는커녕 이슬도 내리지 않은 맑은 하늘에 빗소리라니! 청천벽력 같은 일을 누가 믿겠는가? 그러나 그의 믿음의 귀에는 분명 내리는 빗소리가 맑은 하늘 아래서도 들려 왔던 것이다.

산 꼭대기에 오른 엘리야는 땅에 무릎을 꿇고 얼굴을 무릎 사이에 넣고 간절하게 기도를 시작했다. 시간이 한참 흐른 후 사환에게 바다 쪽을 바라보고 구름을 확인시켰다. 그러나 구름은커녕 안개도 보이지 않았다. 다시 얼마 동안 기도한 후 사환을 시켜 구름을 확인시켰다. 그렇게 한지 일곱 번째가 되어서야 겨우 손바닥만한 작은 구름을 확인하게 된다. 그러나 그까짓 바람에 표박하는 조각구름을 가지고 "큰 비 소리"를 들었다고 허풍을 떤 백발노인의 말을 누가 믿었으랴!

엘리야는 그들의 비웃음을 아랑곳 하지 않고 한 수 더 떠서 아합에게 급히 큰 비를 피하도록 권한다. 구름도 없는데 큰 비를 피하다니? 믿음은 현실에 앞서 바라고 증거를 얻는 길이었지만 그들은 그 길을 몰랐다. 엘리야의 믿음대로 이내 후두둑후두둑 빗방울이 듣기 시작하더니 장대비로 변하고 말았다. 3년 반의 무서운 한발 끝에 내린 믿음의 기적이었다. 성경은 이것을 이렇게 기록하고 있다.

"엘리야는 우리와 성정이 같은 사람이로되 저가 비 오지 않기를 간절히 기도한즉 3년 6개월 동안 땅에 비가 아니 오고 다시 기도한즉 하늘이 비를 주고 땅이 열매를 내었느니라"(약5:17,18). 여기서 우리가 주목해야 할 점은 "성정이 우리와 같다"는 것과 " 간절히 기도한즉 비가 오지 않고", "기도한즉 하늘이 비를 주었다"는 사실이다. 즉 정반대되는 두 가지 일도 간절한 기도로 이루어질 수 있다는 것이다. 그것은 바다에 뽕나무 심기가 아니던가?

아니다! 이것은 한 인간의 기도 때문이 아니다! 믿음의 응답 때문이다! 끈질긴 기도를 통한 믿음의 응답 때문이다. 나는 이따금 부족한 나에게 기도를 요청하는 사람에게 해 주는 말이 있다. "능력의 기도는 특별한 능력자나 성자만의 소유물이 아니라 하나님께서 듣고 이루어 주실 것을 믿고 끈질기게 기도하는 사람의 것"이라는 사실이다. 그리고 "우리와 성정이 같은 엘리야"를 들먹인 목적을 들려준다.

왜 첫 번 기도 후에 단번에 응답하시지 않으시고 뜸을 들여 일곱 번이나 같은 기도를 반복하게 하셨던가? 그것도 매번 마다 "여호와께서 이스라엘의 하나님 되심과... 응답하소서, 응답하소서..."의 반복이었다면, 그리고 같은 기도를 일곱 번씩이나 되풀이하게 하셨다면, 그 이유가 무엇이겠는가? 왜 하필이면 간장을 태우게 하셨는가? 매번 사환을 시켜 구름을 확인시켰을 때마다 그의 뜨거운 피가 정수리로 역류하는 긴장과 초조함을 느끼게 하셨는가? 그리고 여섯 번이나 응답을 받지 못한 그의 낙담은 얼마나 컸을까 상상해 본다.

그도 "성정이 우리와 같다"는 것은 그도 순간적으로 실망도 했다는 뜻이다. 그러나 실망으로 끝나지 않고 일곱 번씩이나 다시 일어나 도전하여 응답을 받은 자라는 뜻이다. 그는 성정이 우리와 같은 사람이로되 우리와 달랐던 점이 바로 여기에 있다. 일곱 번이란 여섯 번보다 하나 더 많은 수를 뜻하는 것이 결코 아니다. 일곱은 완전수요 꽉 찬 수를 의미한다. 하나님께서는 꽉꽉 채워져야 이루시는 것을 나타내신 것이다.

모세의 후계자 여호수아는 요단강을 건너 유다 고원 산기슭에 위치한 천연의 요새 여리고 성을 공략하게 된다. 그는 미리 탐정을 보내고 면밀한 공격 책략도 세웠으나(수6:8-11) 하나님은 그들의 계략을 깡그리 무시하시고, 싸우는 대신 언약궤를 앞세우고 성벽 주위를 하루에 한 번씩 순회할 것과 7일째는 일곱 번 돌 것을 지시하신다. 난공불락의 성을 공략하는 마당에 성벽 주위만 돌다니? 이해할 수 없는 소극적 공략법이었다.

가파르고 높은 성벽 때문에 무기를 들고 성벽을 타고 올라가 사납게 싸워도 이길 가능성이 희박한데, 손하나 까딱 않고 무장한 병사들은 언약궤 앞에서 그리고 무기도 들지 않은 후군은 언약궤 뒤에서 길게 줄을 지어 조용히 하루에 한 번씩 침묵 데모만 하라는 것이었다(수 6:1-11). 이거야 원, 아이들 장난도 아니고 누가 들어도 웃기는 일이 아니던가?

그러나 그것이 장난이 아니었다는 것을 이스라엘 백성도, 여리고 성민도 마지막 날에야 알게 된다. 마지막 날은 일곱 번씩이나 돌게 했다. 즉 족히 이삼십 킬로를 걷게 한 것이다. 그 고된 마지막 순회가 끝났을 때 그 믿을 수 없는 일이 벌어졌다. 제사장 일곱이 나팔을 길게 부는 순간에 뒤를 따르던 온 백성이 큰 소리로 "여호와께서 이 성을 주셨다"고 외쳤던 것이다. 이것 역시 웃기는 아이들 장난이었다. 돌벽을 타고 오른 사람이 한 명도 없는데 엿장수 마음대로 누가 "이 성을 주셨다"니! 여리고 돌 성벽이 어디 아이들의 장난감 성벽이었단 말인가?

그러나 웃지 못 할 일이 대낮에 이백만이 넘는 눈들 앞에서 그것도 한 순간에 이루어진 것이다. 돌로 된 완벽한 성벽이 지진이 일어나듯 지각을 진동시키며 무너져 내렸다(수6:20). 아니 밝은 대낮에 이럴 수가! 여리고 군은 기절초풍할 일을 당해 떨었고, 이스라엘군은 감격의 환호성을 목청이 터져라 지르며 기다렸다는 듯이 무너진 벽을 넘어 침투해 들어갔다.

이 기적을 설명하면서 어떤 이는 여리고 성민들에 의한 모반으로 성문이 열리게 됐다는 모반설과, 지진에 의해 성벽이 무너졌다는 지진설, 그리고 다른 이는 60만 대군의 고함소리에 의한 음향효과설 등 과학적 해석을 붙이려고 노력한다. 그것이 사실이라면 첫날 첫 번째 순회 때, 아직도 피로가 쌓이기 전이었다면 더 효과적이었을 것이다. 진이 다 빠진 제 칠 일째 그것도 마지막 날 일곱 번이나 돈 후였다면 그 고함소린들 얼마나 컸겠는가?

주전 7천 년경에 축성된 팔레스틴 최고의 견고한 성이 단지 함성의 음향효과로 무너졌다는 주장은 누가 들어도 믿을 수 없는 과장에 불과하다. 7일간의 법궤와 제사장들 그리고 경건하고 엄숙한 대행진 탓도 아니다. 그들과 함께 한 눈에 보이지 않은 천군에 의한 것임은 의심할 바 없다. 그것이 "왕과 병사들을 네 손에 붙이겠다"(수6:2)고 하신 이유였다. 그러나 그것만이 이유였다면 칠일 간의 고된 침묵 순회가 왜 필요했겠는가? 오로지 한 바퀴 한 바퀴를 비무장으로 돌게 한 것은 하나님을 의지하고 기도하게 했다고 보는 길 밖에 없다.

오늘까지 1910년대(E.Sellin & C. Watzinger), 1930년대 (J. Garsfang)와 1950년대 (K. Kenyon), 3차에 걸쳐 내노라하는 세계적인 고고학자들이 여리고 성을 발굴하려고 노력했다. 그러나 결과는 다시 누구든지 재건축하면 저주를 받을 것이라는 말씀(수6:26) 탓인지, 무너진 흔적과 도성은 예측된 장소에는 없었다. 주전 14세기에 무너진 요단강 서쪽 8km 지점에 있었다는 여리고 성의 돌 흔적이 전혀 없다는 것이 또 하나의 신비로 남아 있을 뿐이다. 그리고 돌이 무너진 이유가 돌을 흙으로 녹여버린 하나님의 불 탓이 아닌가 하는 추리를 낳게 할 뿐이다.

문제는 왜 첫날 첫 번 순회 때 무너지게 하시지 않고 칠 일이나 그리고 마지막 날에는 일곱 번씩이나 돌게 하여 진을 다 빼며 뜻 없는 일을 반복시키셨나 하는 데 있다. 이것은 비경제적인 처사였으며 무의미한 에너지 소모가 아닌가? 광야에서 고된 40년의 천막생활로 기진맥진한 피로 끝에 칠 일간이나 반복시켜야 할 이유가 무엇이었을까? 그것은 오로지 "여호와가 하는 일을 보라!' 하신 말씀을 믿고 의지하기를 원하셨기 때문이 아닌가?

일곱은 어쩌면 일곱 번씩 일흔 번을 뜻하는지도 모른다. 그것은 그 거듭 됨이 중요해서가 아니라 인내와 기다림이 중요해서다. 기다림이 없는 바람은 믿음이 될 수 없기 때문이다. 성경은 같은 기도를 반복하는 것을 뜻 없이 되뇌거나 읊조리는 무의미한 것으로 보지 않는다. 간절한 마음과 확신 속에서 기다리는 믿음을 원하시는 것이다.

예수님 자신의 기도 중 가장 길게 한 기도가 요한복음 17장에 기록되어 있다. 거기에도 "아버지를 영화롭게" 한다는 것, "세상에 속하지 아니하였다"는 것, "아버지께서 내 안에 내가 아버지 안에", "하나 되게" "보전 되게", "진리를 거룩하게" 등은 다 두 번에서 네 번까지 반복하신 것을 볼 수 있다. 예수님의 기도가 말씀 하나 하나 참 되고 진지하지 않는 대목은 없다. 그럼에도 그가 반복하셨다면 인간의 기도야 더 할 말이 있겠는가?

겟세마네 동산에서 하신 예수님의 마지막 기도에도 "내 아버지여 만일 할 만 하시거든 이 잔을 내게서 지나가게 하옵소서 그러나 나의 원대로 마시옵고 아버지의 원대로 하옵소서"라는 동일한 기도(마 26:44)를 세 번이나 반복하셨다고 기록되어 있다. 그렇지만 이 단순한 말만을 세 번 반복했다는 뜻이 아니다. 만일 그랬었다면 "한 시간"(마안(one) 오란(hour) 마26:40)이나 걸렸을 리가 없다. 어쩌면 기록한 제자가 세 번까지 듣고 그 이상은 잠들어 듣지 못했을지도 모른다.

이 말만을 세 번 반복하는데는 3분도 걸리지 않는다. 그러나 그의 기도는 밤새워 피와 땀을 흘리며 간절히 반복 반복한 기도였다. 그렇다면 여기에 기록된 셋은 완전수를 뜻한 것으로 보여지며 예수님의 반복 기도는 제자들에게 본을 보이시기 위함(롬8:17,29, 빌3:10)이요 우리와 같은 성정을 가지신 인자로서의, 고통을 이기시기 위한 길이었다고 생각된다.

바울에게도 하나님께서 육체의 가시로 사탄의 시험을 주셨다고 했다. 그것을 위해 바울이 세 번이나 주께 간구하였던 일이 기록되어 있다(고후12:8-9). 왜 세 번이나 기도하게 하셨는가? 그리고 "내 은혜가 네게 족하도다" 하셨는가? 이것은 "내 능력이 약한 데서 온전하여 짐"이라는 큰 응답을 위해서였다. 여기 "약한 데"란 "낮은 자리", "겸손한 자세"를 뜻하고 있다. 그 때에 하나님의 능력이 나타나기 때문이다. 약할 때(고후12:7)에 겸손하게 매달려 더 큰 은혜의 역사를 체험하게 하시기 위해서다.

주님께서 밤중에 벗을 찾아가 끈질기게 청하여 떡 세 덩이를 얻은 어떤 사람의 이야기에 이어 "구하라 그러면 너희에게 주실 것이요(용건), 찾으라 그러면 찾을 것이요(진리), 문을 두드리라 그러면 (천국문이) 너희에게 열릴 것이니라"(눅11:9) 하신다. 그렇다면 이 말씀을 앞의 예화(눅11:5-8)와 상관지어 본다면 말씀이 내포하는 한 단어는 "계속해서"라는 부사를 내포하고 있다. "계속 구하면, 계속 찾으면, 계속 두드리면" 응답 받는다는 진리를 말하고 있는 것이다. 즉 빵 몇 조각을 위해서도 끈기 있게 구해야 한다면, 중대사를 위해서는 더욱 그렇지 않느냐는 뜻이다.

　예수님께서는 비슷한 이야기를 그 이후에 예루살렘으로 가시는 여행 도중에 반복하셨다. 한 도시에 사는 과부가 불의한 재판관에게 원한을 풀어줄 것을 끈질기게 찾아가 호소하여 뜻을 이루게 된 이야기이다(눅18:1-8). 여기 "원한을 풀다"(에크디케오 Vindicate)는 "징벌(디케)"을 "풀다(에크)"로서 범죄 혐의를 푼다는 뜻이다. 즉 그 불쌍한 여인은 아무 죄가 없는데 무서운 죄인으로 판정받은 상태였으나 그는 무력한 과부였다.

　첫 번째 친구에게 떡을 구한 이야기는 물질에 관한 문제였다면 두 번째 이야기는 죄의 구속(救贖)에 관한 문제다. 늘 뇌물로 그릇된 판정을 일삼는 불의한 법관도 들어 주는데 "하물며 하나님께서 그 밤낮 부르짖는 택하신 자들의 원한을 풀어 주지 아니하시겠느냐?"(눅18:7)의 "하물며"와 "밤낮 부르짖는 원한"에 강조점이 있다. 그 원한은 죄 사함 받기를 원하는 소원이었다. 물질적 소원이 아니라 구속 받기를 원하는 소원이 있어야 한다는 뜻이다.

　여기 "하물며(위메)"의 본뜻은 비교급으로 사용된 것이 아니고 '결코 않다(데오스 위메 by no means)'로서 "하나님은 절대 하지 않는다"는 강한 뜻을 나타내는 말이다. 인간은 이기적이어서 쉽게 남의 일에 개입하려고 하지 않는다. 그러나 하나님은 절대 그렇지 않다는 뜻이다. "하물며" 하나님께서 "오래 참으시겠느냐?", "하물며" "밤낮 구하는 자식의 원한을 무시하겠느냐?"는 절대 그런 일은 있을 수 없다는 역설적 부정을 나타내는 말이다.

　이어서 하신 말씀이 "그러나 인자가 올 때에 세상에서 믿음을 보겠느냐?"(눅18:8)라고 하셨다. 여기 "그러나(프레엔 Nevertheless)"는

"그렇지만 역시"라는 뜻이어서 "주야로 부르짖는" 끈질긴 믿음을 보지 못할 것을 예언적으로 말씀하신 것이다. 여기에 깊은 뜻이 있다. 말세가 되면 사람들은 자신의 죄에 대해 무관심해져 끈질기게 구하지 않는다는 뜻이 내포되어 있다.

내가 매일 중보기도하는 사람 가운데는 몇 년 째 계속하는 사람도 있다. 그들은 나를 좋아했던 사람도 있으나, 나를 싫어했던 사람도 있다. 내가 세월이 흐르면서 그들을 용서해 달라는 기도에서 그들을 축복해 달라는 기도로, 그 다음은 그들이 훌륭한 종이 되게 해 달라는 기도로, 그리고 하나님의 영광이 되게 해달라는 기도로 변해가는 것을 본다. 나는 그를 위해 기도했으나 그 응답은 나에게 먼저 나타나는 것을 본다. 그것은 그를 만났을 때 서로의 표정에서 확인할 수 있다. 그리고 기도는 나 혼자 하는 것이 아니라 성령님과 함께 하는 것임을 깨닫는다.

영적 변화는 오랜 세월이 필요하며 여기에 끈질긴 믿음이 있어야 하는 이유가 있다. 굶주리며 먹을 것을 구하는 기도의 응답보다 "교만과 정욕이 온유와 겸손으로", "완악과 이기가 순종과 이타로" 변하게 해달라는 기도의 응답은 장시간이 필요하다. 더욱 인자와 사랑과 거룩에 이르는 기도는 일평생이 요구 된다. 와병 중에 감사의 기도, 죽음의 고통 가운데 하나님의 영광을 찬양하는 기도는 하나님 앞에 바쳐진 향이라고 하겠다(계8:3-5).

"그러므로 자기를 힘입어 하나님께 나아가는 자들을
온전히 구원하실 수 있으니 이는 그가 항상 살아 계셔서
그들을 위하여 간구하심이라" (히7:25).

하나님께서 하시는 나를 위한 기도와 나의 기도가 일치하기를!
할렐루야! 아멘!

3) 하나님과의 대화

기도란 무엇이냐고 묻는다면 '신자의 호흡이요 영적 대화'라고 답한다. 호흡이란 살아있다는 증거요 살기 위한 절대적 수단이라는 뜻이다. 대화란 질의(質疑) 응답이거나 정담이거나 나와 남 사이에 뜻을 소통하는 것을 뜻한다. 그래서 대화가 되려면 먼저 쌍방의 의견 교환이 있어야 하며 대화의 내용이 전달되어야 한다. 한쪽이 열심히 말한다 하더라도 다른 쪽이 말을 이해하지 못하거나 응답이 없다면 대화가 될 수 없다.

성경에는 주님이 가르치신 기도문이 있고 기도는 이렇게 하라고 지시하신 말씀(마6-7장)도 있다. 그런데 그 말씀을 이해하지 못하면 하나님과의 대화는 처음부터 이루어지지 않은 것이다.

내가 아는 집사님 한 분이 돌아가시기 한 주 전 목사님에게 진지한 질문을 던졌다는 것을 그의 장례식에서 들었다. 주기도문에 "하나님의 뜻이 하늘에서와 같이 땅에서도 이루어지이다"는 말씀의 뜻이 무엇이냐는 것이었다. 그는 그 뜻도 의미도 모른 채 수 십년을 신앙생활 했다는 것이다. 이렇게 뜻을 몰라 의사소통이 되지 않는 대화는 대화가 될 수 없다.

하나님과의 대화는 사람과 사람의 대화와는 전혀 다르다. 인간이 하나님에게 호소하기도 하고 간청하면 하나님의 답은 "잘 알았다"로 끝나고 묵묵부답인 경우가 많아 기도한 사람이 기도의 의의를 느끼지 못하기도 한다. 그리고 그의 답은 말 대신 환상이나 계시로 나타내시기도 하지만 마음에 평강을 주시거나 기쁨과 위로를 주시는 간접적 방법으로 답하신다. 그리고 말씀으로, 혹은 꿈으로, 양털 실험으로, 제삼자를 통해 답하시기 때문에 여간 눈치 채기가 쉽지 않으나 그것을 눈치 챈 자에게는 소통이 된 것이다.

이런 경우에 그것을 대화라고 말하기는 어색하지만, 대답하시는 방법이 다를 뿐 역시 소통이 일어나면 대화라 할 수 있다. 그 이유는 기도와 응답으로 마음이 통했기 때문이다. 단지 응답이 다를 수밖에 없는 것은 하나님의 뜻과 성품과 회답 방법과 시간 개념이 인간과 너무도 다르기 때문이다.

어떤 신학생이 유명한 대학교 철학과를 다니는 친구를 몇 년 만에 반가이 만났다. 이쪽은 생활고를 말하면 저쪽은 인생고를 까뮤와 쇼펜하워를 들먹이며 다른 차원에서 답했다. 대화는 30분도 채 되지 못해 파탄이 났다. 그리고 신학생은 머리를 절래절래 저으면서 "인식의 차이 탓인지 지식의 차이 탓인지 대화가 안 되더라"고 한탄하는 것을 들은 적이 있다. 인간과 인간의 대화도 생각이 다르면 어려운데 하물며 하나님과의 대화라면 말할 것도 없을 것이다. 대화는 서로가 상대와의 특이성을 극복함으로 이루어진다.

채소장수는 채소장수와, 농부는 농부와 서로 소통이 쉽게 이루어져 친구가 된다. 그렇지 않고 생각하는 분야가 다른 사람끼리 하는 대화는 가로막는 벽이 있어 지속하기가 어렵다. 하물며 하나님과 인간의 맞 대화란 그 자체가 이해를 초월하는 일이다. 그렇지만 이 난제를 해결하는 방법은 두 가지 있다. 그 하나는 믿음과 사랑이요 다른 하나는 통역이나 중계자이다. 미리 문제를 터득하고 대화를 이끌어 가는 중계자이신 성령님이 계신다면 문제는 전혀 달라질 수 있다.

대화에 사랑만 있으면 공통 관심사가 아니더라도 아무 상관이 없다. 사랑이 없으면 관심사가 같다 하더라도 심정의 소통은 일어나지 않는다. 농부와 철학자의 대화라 하더라도 믿어 주고 사랑하는 마음이 있으면 대화가 된다. 이것만 있으면 아무리 언어가 다른 이국땅에서라 하더라도 손짓 발짓으로 통한다. 사랑은 많은 갭과 험준한 계곡을 넘게 해주는 징검다리다. 바로 그런 상담 전문가가 자비의 하나님이시다. "골방에 들어가 문을 닫고 기도하라"는 것은 남의 시선도 잡음도 없는 곳에서 밀담을 하자는 것이다. 그럼에도 대화를 하지 못하는 것은 애정이 없기 때문이다.

그래서 그는 말씀하셨다 "수고하고 무거운 짐 진 자들아 다 내게로 오라 내가 너희를 쉬게 하리라"(마11:28). 여기에 "내게로 오라"는 것은 대화를 들어 주며 말동무가 되겠다는 초대이다. 어떤 이는 하나님께서는 자기의 원하는 바를 다 아신다고 했으니(마6:8) 별도로 기도할 필요가 없다고 믿는 이도 있다. 그러나 "구하라 그러면 주실 것이요..."(마7:7)의 "그러면"은 "구하는 자에 한해서"라는 허락 조건을 말한다. 그것은 그 다음 구절을 보면 구하고 답하는 것은 부자간의 관계를 말하기 때문이라는 것을 명시하고 있다.

기도를 어떻게 할 것인가 하는 방법과 무엇을 기도할 것인가 하는 내용은 다른 문제다. 방법으로는 기도할 장소, 시기, 시간, 자세 등이며 기도내용에 따라 이방인의 기도(마5:47,6:7,32), 바리새인의 기도(마6:5), 무의식적 기도, 의식적 기도(고전14:14-15) 정욕적 기도(약4:3), 의인의 기도(약5:16), 성도의 기도(계8:3-4), 영적 기도, 거룩한 기도(딤전4:5) 등이 있다.

바울은 "첫째로 권하노니 모든 사람을 위하여 간구와 기도와 도고와 감사할 것"(딤전2:1)을 당부하셨다. 이들은 내용이 각각 다른 기도들이다. 특히 간구(데에세이스 Petition)는 특별한 제목을 두고 간절히 매어 달리는 기도를 뜻하며 도고(엔튜크세이스 Intercession)는 중보기도로서 다른 사람의 입장에 서서 대신 진정하는 기도다. 특히 바울의 가르침의 핵심은 기도와 감사와 간구와 도고 중 선택해서 어느 것을 하라는 것이 아니라 "모든 사람을 위하여" 네 가지 기도를 하나님께 하라(빌4:6)는 것이다. 이것은 기도의 내용에 대한 권면이다.

기도를 많이 하는 사람도 기도 버릇이 있어 간구만 주로 하거나 아니면 중보기도만 하기가 쉽다. 그리고 기도 속에는 먼저 자신을 돌아보는 회개와 용서와 자비를 구하는 기도가 있어야 하고 응답에 대한 감사와 남을 위한 도고가 있어야 한다. 어떤 이는 특별히 감사할 것도 없는데 감사기도를 한다는 것은 거짓이요, 특별히 잘못이 없는데 회개할 필요가 없다고 우긴다. 그리고 특히 자기 일도 감당 못하면서 남을 위한 중보기도란 허식이라고 주장한다. 그러나 말씀은 그런 구실을 허용하지 않는다.

기도의 방법으로서는 어디서 할 것인가? 언제 할 것인가? 얼마나 오래 할 것인가? 그리고 어떤 자세로 할 것인가? 구성(口聲)기도 인가? 묵도인가? 등을 말한다. 장소는 성전을 들 수 있다(마21:13, 행22:17). 그래서 가톨릭은 성전문을 24시간 잠그지 않는다. 예수님께서는 성전을 "기도하는 집"(마21:13)이라 하셨으나, 그 자신은 밤마다 감람산에서 기도하셨다(막6:46,눅21:37,요8:1). 제자들은 기도처를 의도적으로 찾다가 강가에서 기도하기도 했다(행16:13). 구약에는 많은 선지자들이 광야와 산에서 기도했다. 그래서 예수님 당시에는 경건한 삶을 살려는 사람들이 사해 주변의 동굴에 산재해 있던 쿰란 기도원을 찾아 갔다. 산이던 광야이던 아무 방해를 받지 않는 곳이면 골방이다.

예수님은 산에서 밤새워 기도하시면서 "너희는 기도할 때에 네 골방에 들어가 문을 닫고 은밀한 중에 계신 네 아버지께 기도하라. 은밀한 중에 보시는 네 아버지께서 갚으시리라"(마6:6)고 하셨다. 이것은 모든 기도 형식의 핵심을 나타내신 말씀이다. 그는 산에서 자기만의 "골방"을 가졌던 것이다. 여기서 주목할 것은 "골방(타메이온)"과 "은밀(크루프토)"이다. 교회거나 노상이거나 차중에서나 기도의 기본 방법은 "골방"과 "은밀"이다.

어떤 이는 대표기도나 공동기도를 하는데 골방 기도가 가능한가라고 반문한다. 군중 속에서도 군중을 의식하지 않는 '은밀' 함과 '골방'이 있어야 한다. 은밀은 남이 모르는 숨은 곳을 말하며 골방은 남이 알더라도 문을 닫을 수 있는 곳이다. 거기에 들어가는 사람이 남을 의식해서 화장이나 옷단장을 하는 사람은 없다. 골방에 들어가 누가 들을까 염려하거나 의식하지 않는다. 하나님과 나 만의 심정통정이 있을 뿐이다. 그리고 거기에는 아첨도 아양도 가식도 있을 수 없는 적나라한 둘만의 진지한 대화만 있을 것이다.

이 말씀의 뜻은 세상에서의 분리(Retreat)를 뜻하고 있다. 이 격리된 "고립"(모노스 딤전5:5)이나 "고독"(모나코스)에서 수도사상(Monasticism)이 생겨났다. 그리하여 예수님 당시에는 수도원(Monastery)이 사해 주변에 약 2백여 곳이나 있어 평생을 기도로 보내는 사람들이 많았다. 즉 기도의 기본적 방법은 격리이지만 외면적 분리(골방)보다 내면적 분리(은밀)를 절대적 조건으로 강조하고 있는 것이다. 그래서 눈을 감는 순간 그 곳이 어디이건 밀실이 되어야 한다.

그것이 교회이건 산이건 아니면 사무실이나 시끄러운 길이라 할지라도 조용한 자기만의 밀실을 만들라는 것이다. 하나님께서는 밀실에서만 비밀을 나누는 밀회를 할 수 있기 때문이다. "은밀한 중"에 계시는 하나님이란 "숨어 계시는(Hidden)" 하나님이란 뜻이어서 밀회를 통해서만 만날 수 있다는 뜻이다. 그것이 영이신 하나님과 물질세계에 속한 인간의 유일한 대면 방법이기 때문이다. 그렇다면 분주하고 바쁜 삶 속에서 밀실을 만들기가 어렵다는 것이 문제다.

기도를 많이 하는 어떤 분이 나에게 찾아와 내가 운영하던 수양관의 5호실이 기도가 잘 되더라고 하면서 그 방을 항상 고집하는 사람도 있었다. 내가 그 방에 가서 기도해 보았다. 그리고 깨달은 것은 그 방이 제일 구석지고 어둡고 소음이 없는 방일 뿐이라는 것을 알았다. 어떤 이는 ◯◯산을 선호하는 것을 보았다. 결국 눈과 귀의 혼잡 탓으로 정신 집중이 어려워 골방을 만들 수 없다는 뜻이다. 사람은 환경의 영향을 벗어날 수 없으나 버릇은 마음먹기에 따라 변할 수 있다.

몸담아 사는 세상을 부정할 수도, 분리할 수도 없다. 산속에 살면서도 도시사람처럼 복잡한 마음으로 세월을 허송하는 사람도 있고, 군중 속에 살면서도 외롭게 자신의 골방을 지키는 사람도 있다. 그리고 골방이 아예 없는 사람도 있고, 바쁜 일과에 얽매여 골방은 있어도 무용지물이 된 사람도 있다. 의례히 골방은 신자마다 있어야 하지만 그것마저 까마득히 잊고 사는 사람도 많다. 거리 한 가운데서 밀실을 만드는 것은 힘든 일이지만 경건훈련에 따라 만들 수도 있다.

세상은 잡다한 소리로 충만해 있다. 아무리 눈을 감고 귀를 틀어막는다 하더라도 귀에 들리는 소리는 미세한 속삭임을 방해하기에 충분하다. 문제는 속사람의 귀가 밖을 향하고 있어 골방을 만들기가 어렵다. 사람의 인식은 끈적거려 어떤 사건에 달라붙는 부착력(附着力)이 있다. 그리하여 아무리 눈을 감고 세상에서 자기를 떼어 내어 자기만의 밀실을 만들기가 어렵다. 이 외향적 인식을 안으로 돌리는데는 상당한 노력과 시간이 필요하다. 그래서 베드로는 자기가 거처하는 방(행9:40)에 들어가 외계를 차단하기 위해 문을 닫고 했으며, 바울은 강가(행16:13)에서 하늘을 우러러 골방을 삼았다.

기도는 반드시 눈을 감고해야만 합니까? 라고 묻는 젊은이가 있었다. 성경에 나타난 기도하는 모습은 다양하다. 엘리야는 하늘을 우러러 기도하였고 엎드려 무릎사이에 머리를 넣고 하기도 했다. 예수님께서도 하늘을 우러러 기도하시기도 하고(요11:41,17:1) 얼굴을 땅에 대시고 완전히 엎드려 기도하기도 하셨다(마26:39). "하늘을 우러러"란 눈을 뜨고 우러러 보시면서 기도하셨다는 뜻이며 "얼굴을 땅에 대고"는 눈을 감고 하셨다는 것을 말한다. 우러러는 앙망하는 자세요, 엎드려는 겸비한 자세이다.

서서하는 기도(마6:5)도 있고 "서서 감히 눈을 들어 하늘을 쳐다보지도 못한"(눅18:13) 세리의 기도도 있다. "감히"라고 하신 것을 보면 무릎을 꿇고 눈을 감고 겸손하게 기도하는 것(행7:60,9:40)이 옳은 것 같다. 복잡한 곳에서 눈을 감는 것은 밀실을 만들기 위한 것이다.

기도하는 시간도 다양한 것 같다. 예수님께서 감람산에서 밤새워 습관적으로 기도하셨으며 베드로와 요한은 낮 12시에 기도하기도 하고 오전 9시에 기도한 기록도 있다(행10:9). 바울과 실라는 밤중에 기도했고(행16:25) 가이사랴의 백부장은 정오(행10:2-3)에 기도하는 습관이 있었다. 기도 시간은 각자의 형편과 사정에 따라 다르나 습관적으로 일정한 시간을 정해 놓고 했다는 것만은 분명하다. 그리고 일정한 시간을 정하지 않고 틈이 나는 대로 "무시로 성령 안에서 하라"(엡6:18)고도 하셨다.

말씀에는 "쉬지 말고 기도하라"(살전5:17), "항상"(눅18:1,롬12:12, 살전2:13), "쉬지 않고"(롬1:9) 하라고 하셨고 "기도에 항상 힘쓰라(골4:2)고 했다. 항상 기도하는 버릇을 가진 자는 어디서나 기도할 수 있다. 스데반은 사형장(행9:40)에서 했고, 남의 이야기를 들으며 그를 위해 기도할 수도 있다. 먹으면서 하는 식사기도, 먹지 않고 하는 금식기도, 혼자 하는 개인기도, 여럿이 하는 합심기도도 있다. 그 밖에도 가톨릭에서는 미사기도, 성무기도, 묵주기도 등이 있다. 어떤 사람은 기도하다가 손님이 오면 "하나님 잠깐 쉬었다가 할게요!'라고 중단했다가 하기도 한다.

어떤 이는 이런 기도 방법은 중요하지 않다고 하기도 하지만, 알칸타라의 성자 베드로는 기도를 언제 하느냐보다 얼마나 오래 하느냐가 더 중요하다는 것을 강조했다. "기도는 시간 제약을 받지 않아야 한다. 기도 시간이 너무 짧으면 공상에서 마음 정리가 되기도 전에 끝나고 만다. 생각을 정리하고 관심사에서 떼어 내어 골방의 문을 닫으려는 즈음에 그만두게 된다. 마치 의사에게 병을 진찰받다 말고 처방도 수술도 치유도 받기 전에 뛰쳐나가는 환자와 같다. 그래서 상처와 고통은 그대로 남게 되는 것이다"라고 했다.

그의 말은 옳다. 그래서 예수님께서 단 "한 시간 동안도 깨어"(마26:40)기도하지 못한 것을 책망하셨다. 기도하는 시간과 기도내용은 직접적으로 관계 된다. 기도에는 문안 기도도 있고 준비기도도 있다. 바쁘다는 핑계로 문안 기도만 하고 뛰쳐나가는 경우가 많다. 그리고 본 기도에 들어가면서 비로소 회개와 치유기도가 이루어진다. 그리고 진정한 감사와 결단 기도도 이루어진다. 그것을 마무리 기도라 하겠다. 그리고 가족이나 남을 위한 도고를 올릴 때는 더 많은 시간이 소요되는 것이다. 특히 하나님의 뜻을 묻는 간구나 도고시간에는 그 도중 도중에 하나님의 응답에 귀 기울이는 묵도가 있어야 한다.

잡음과 복잡한 현실 속에서 마음을 차단하는 골방을 만드는 데는 상당한 준비기도가 필요하며 진득이 앉아 지난 생활을 돌이켜 보며 숱한 고백과 회개의 기도가 필요한 것은 두말 할 나위가 없다(요9:31). 그것은 육의 생각에서 영의 생각으로 스위치를 트는 기회가 된다. 연후에 가식 없는 노골적인 대화가 있게 되고 전적 신뢰로 모든 것을 맡긴 후에 미래에 있을 응답에 대해 미리 감사와 영광을 돌려야 한다(빌4:6). 일편단심으로 매달리는 금식기도의 의의도 여기에 있다.

대부분의 성자들은 골방에 들어가서 문을 닫고 자물쇠로 잠그는 입문기도를 충실히 터득한 사람들이다. 어떤 이는 "할렐루야!"를, 어떤 이는 "주여! 나의 기도를 들으소서!"를, 어떤 이는 "자비를 베푸소서!"를 약 5분에서 10분간 반복 기도하면서 세상과의 동질적 친화(Affinity)와 이질적 접착(Coherent)을 단절하는 준비 기도를 충실히 했다. 이때 같은 문구를 날마다 반복하면 바리새인의 기도가 되기 쉽다. 그래서 말을 달리하고 말씀을 묵상하면서 허식을 떠나 마음을 점검하려고 노력했던 것이다.

마음의 이질적 부착(附着 Coherent)이란 "육체의 욕심과… 마음의 원함"(엡2:3), 즉 영과 물질의 접착을 말한다. 영이 회개와 중생으로 변화가 시작된 후에도 남아 있는 옛사람이 물질과 세상 정욕과 향락과 오락과 취미 등에 접착 되는 것을 말한다. 그리고 동질적 접착(Adherent/Affinity)은 인간의 영이 마귀에게 끌리는 것을 말한다. "어두워진 총명"과 "무지한 마음"(엡4:18), 즉 타락한 영이 마귀에게 접착된 상태이다. 이를 위해 어떤 이는 금식하며 찬송을 부르며 말씀을 읽으며 마음을 집중시켜 기도에 몰입함으로 골방을 만든다.

그것을 짐 보스트(J. Bost)는 머리에서 마음으로 내려오는 예비기도 라고 했다. 머리에서 마음으로, 육의 감각에서 영의 감각으로, 육의 눈과 귀에서 영의 눈과 귀로 스위치를 돌리는 준비기도가 있어야 한다고 말했다. 그것은 진실 된 마음을 일깨우는 일(벧후3;1)이요 마음의 눈을 밝히는 작업이다(엡1:18). 그래서 머리만 숙였다고 기도가 되는 것이 아니라 상당한 준비시간이 필요하며 금식기도(마6:16-18,행13:2-3)의 효력이 여기에 있다고 본다.

구성(口聲)기도는 마음의 간절함을 입으로 나타낸 기도로 마음과 몸이 하나가 되어 기도하는 것을 말한다. "하나님이여 나의 부르짖는 소리를 들으소서"(시5:2), "여호와여 내가 깊은 데서 주께 부르짖었나이다. 주여 내 소리를 들으시며 나의 간구하는 소리에 귀를 기울이소서"(시130:1) 등의 "소리"는 육과 영이 혼신이 된 구성기도를 말한다. 그리고 "외치라"(사58:1)나 "부르짖는"(왕상17:20,왕하4:1) 기도는 잡념을 없애기 위한 좋은 방법으로 유효하다. 예수님의 기도(마26:36-44)도 구성기도였기에 제자들이 들을 수 있었다.

특히 신교는 소리를 내는 구성기도가 보편적이지만 가톨릭에서는 침묵의 관상기도(Contemplation)를 중요시 한다. 기도는 우리의 영이 영이신 하나님과 대화하는 것이어서 구성기도보다 묵상하며 "성령 안에서 기도하는 것"(엡6:18,유1:20)이 더 귀하다. 대화는 내 말보다 상대편의 말을 들을 줄 알아야 하기 때문이다. 구성 기도를 주로 하는 사람은 이 점에 있어서 약하기 쉽다. 나의 주장만 할 것이 아니라 하나님의 응답을 귀담아 듣는 것이 하나님께서 열납하시는 기도(시19:14)이기 때문이다.

헨리 나우웬(H. J. M. Nouwen)은 기도의 목적이 떡이나 고기를 달라 하는데 있지 않고 "자기 속에 하나님이 확장되게 돕는 일이다. 그리하여 종국에는 오로지 하나님만이 충만하게 되도록 하는 일이다"라고 피력했다. 그는 기도를 나를 제거하고 그리스도로 채워지는 방편으로 본 것이다. 그리고 그는 "내 몸과 생각과 마음과 영혼을 바쳐 간구함으로 깊은 보화, 즉 깊은 진리와 위대한 비전과 사랑하는 방법을 깨닫게 됨으로 위대하신 하나님을 아는 것이다"라고 했다.

모든 형식과 자세는 마음의 그림자요 생각의 표상일 뿐이다. 그림자가 실상보다 더 귀할 수 없듯이 기도의 핵심은 형식과 외형이 아니라 내용과 결과에 있다. 어떻게 기도하느냐 보다 무엇을 기도하느냐가 더욱 중요하다. 진지한 대화란 아침이냐 저녁이냐가 아니요, 의자냐 땅바닥이냐도 아니다. 남을 의식하며 머리로 하는 기도보다, 마음의 기도, 그리고 영의 기도가 참 된 기도이다. 그것을 다르게 표현하면 입술의 기도와 목에서 나오는 기도보다 가슴의 기도 그리고 영의 기도를 하나님이 들으시는 기도라 하겠다.

예수님께서 바리새인과 서기관들에게 이사야서를 인용하여 말씀하셨다. "이 백성이 입술로는 나를 존경하되 마음은 내게서 멀도다"(마 15:8). 이 말씀은 입으로는 "존경한다", "숭배한다" 하지만 마음은 멀다는 것을 하나님은 아신다는 말이다. 그것을 어떻게 아셨을까? 문안드리고 시간을 내어 찾고 정성을 바치는 것을 보면 알 수 있다는 것이다. 마음에도 없는 말로 스스로가 자신을 속이고 있는 것이다(갈6:3,약 1:22). 사람들은 심령이 혼미하여 외심(外心)의 기도에 속을지 모르나 중심(中心)을 보시는 하나님에게는 통하지 않는다(막2:8).

기도에는 마음으로 하는 기도가 있고 영으로 하는 기도가 있다. 바울은 "그러면 내가 어떻게 할까 내가 영으로 기도하고 또 마음으로 기도"(고전14:15) 한다고 했다. 여기 "으로"(토오 with)는 "도구로 삼아" 라는 뜻이며 "마음(노우스)"은 깨닫고 통찰하는 영적 지각을 말한다. 이것은 이성적 생각을 뜻하는 마음(디아노이아 Mind)이나 중심을 뜻하는 마음(카르디아 Heart)과도 다른 것이다. 즉 영감으로 하나님의 뜻을 깨닫고 하는 기도와 영을 힘입어 하는 기도(방언기도)를 구분하고 있다.

다시 말하면 여기서 "마음으로 하는 기도"란 내 영혼이 내 생각과 이해력과 의식과 이성을 총 동원하여 하나님의 뜻을 깨닫는 기도를 뜻한다. 누가복음 18장에 마음의 기도에 대한 예수님의 예화가 나와 있다. 여기에 하나님께서 들으시는 마음(內心)의 기도가 있고 그렇지 못한 외식된 기도가 있다는 것이 잘 드러나 있다.

"두 사람이 기도하러 성전에 올라가니 하나는 바리새인이요 하나는 세리라. 바리새인은 서서 따로 기도하여 이르되 하나님이여 나는 다른 사람들 곧 토색, 불의, 간음을 하는 자들과 같지 아니하고 이 세리와도 같지 아니함을 감사하나이다. 나는 이레에 두 번씩 금식하고 소득의 십일조를 드리나이다."(눅18:10-12)라고 했다.

기도에 감사가 있다는 것이 신자의 도리다. 특히 금식은 하나님의 백성들이 지켜야 할 도리였다. 구약시대에는 연 4회 4, 5, 7, 10월에 죄 사함을 받기 위해 금식했다(슥8:19). 그것이 신약시대에 와서는 매주 이틀, 목요일(모세가 시내산에 오른 날)과 월요일(하산한 날)을 금식(눅18:12) 하며 율법을 상고했다. 예수님도(마4:2) 세례요한의 제자들도(마9:14) 금식했다. 매 주에 이틀을 금식한다는 것, 십일조를 바친다는 것, 넉넉지 못한 삶 속에서 불의한 이를 탐하지도 않고 율법의 의를 지켰다는 것은 여간 힘든 일이 아니다. 그것은 당연히 감사할 만 하다. 거기에 무슨 잘못이 있다는 말인가?

성전에는 서민들의 뜰이 있고 한 단 높은 곳에 제사장들의 뜰이 있었다. 바리새인들은 이 높은 뜰의 난간에 서서 많은 사람들이 들을 수 있게 톤을 높여 기도를 했다. 그러니 골방이 아니었고 은밀한 기도가 아니라 "나팔기도"(마6:2)였기 때문이다. 자기는 "다른 사람들과 같지 않다", 즉 독선주의의 가면된 PR기도였다. 이런 회개가 없는 외식된 기도는 "신령과 진정"을 보시는 하나님이 들으시는 기도는 아니었다. 그의 기도에는 교만과 외식이 차 있었다(마23:5-7,13).

그리고 또 다른 문제는 "십일조는 드리되 공의(크리신,양심의 판단)와 하나님께 대한 사랑은 버렸다"(눅11:42)는 것이다. 그들의 십일조는 원래 앞서 말한 것과 같이 가난한 과부와 나그네와 고아를 위한 것이며 금식도 기도와 구제를 위한 것이었다(시69:10,사58:5-10). 그러나 그들의 십일조와 금식은 형식화 되어 공의와 사랑이 없었다는 것이다. 그들은 많은 성경 지식을 가졌음에도 "골방과 은밀"이 없어 알곡이 되지 못하고 쭉정이(눅10:25-36)가 된 것이다. 있는 대로 내버려 둔다는 장자의 무위자연의 도(재유편)나 세상에 마음이 홀리지 않고 자연과 조화를 이룬다는 지락(至樂)의 도보다 조금도 나을 것이 없는 신념이었다.

그러나 세리는 아무 자랑할 것도 없어 자기 죄를 회개하는 고백의 기도를 했다. 그는 세상에 물든 자기 영혼의 죄를 참회한 것이 하나님에게 소통을 일으킨 것이다. 그래서 반드시 참회와 회개의 겸허한 기도여야 하나님에게 긍휼을 받을 수 있다. 그는 다만 가슴을 치며 이르되 "하나님이여 불쌍히 여기소서 나는 죄인이로소이다"(눅18:13)라고 기도했다. "어쩌다가 과실로 이런 죄를 지었습니다"라는 변명이 아니었다. "전적 죄인"이니 "불쌍히 여겨" 달라는 눈물의 애원이었다. 그리고 예수님의 결론은 "이 사람이 의롭다 하심을 받았다"(눅18:14)고

하셨다. 의롭다 하심은 하나님의 긍휼에서 오는 것이라는 것을 밝히고 있다.

사람마다 대화하는 습관이 다르듯이 하나님과의 대화도 동일할 수는 없다. 그러나 분명한 것은 하나님께서 기뻐하시는 기도를 해야 한다는 사실이다. 아름다운 문장도, 감동적인 선율도, 시적인 운도 보시지 않으신다. 다만 "죄인이로소이다!"로 시작하면 틀림없다. 그것만이 죄와 거짓의 탈을 벗어 던지고 자비를 구하는 바른 자세가 될 것이다.

주여! 진실되게 하소서!
모든 것을 소상히 아시는 하나님 앞에서
진솔하게 하소서!

4) 영적 기도

기도하는 실체는 나 자신이라고 흔히 생각한다. 그렇지만 나 이외에 또 한 분이 있다는 것을 잊어서는 안 된다. 내 속에서 내 대신 기도하는 또 하나의 실체는 성령님(프뉴마 Spirit, 하기온 Holy)이시다. 성도(하기오이 Saint)란 성령을 받은 자(눅11:13,행8:17,롬5:5,살전4:8,갈3:2,요일3:24), 혹은 성령 충만함을 입은 자(행4;8,31,7;55,11;24,18:25,엡5:18)라는 뜻이다. 성도의 기도는 성령님의 인도하심에 부합된 기도, 즉 성령 안에서 하는 기도(엡6:18)여야 한다. 그것을 영적 기도라고 하며, 반드시 방언기도만을 말하는 것이 아니다.

그 성령님의 기도는 우리를 가르쳐 좇게 하고 때로는 감동시켜(고후6:6,벤후1:21) 회개를 통해 새롭게 하며(엡4:23딛3:5), 우리의 갈 길을 인도하며(롬8:;1,4-5,갈5:18), 길과 진리를 가르치며(눅12:12,고전 2:10-16) 우리의 사사로운 행위를 제재하며(행7:51,16:7,20:22), 육체의 소욕을 따르지 않게 한다(갈5:16). 흔히 기도하는 중에 전혀 염두에 없었던 사람을 위한 기도가 나온다거나, 까마득히 잊고 있었던 옛일이 생각난다거나, 미리 정해 둔 제목을 이탈하여 전혀 내 생각과 다른 기도를 하고 있는 자신을 발견하는 경우가 있다. 그것은 성령님이 함께 하신 탓이며, 이런 영적기도가 있을 때 그것을 지워 버리지 않고 결실을 찾으면 큰 은혜가 된다.

그뿐 아니라 "우리 속에 거하게 하신 성령이 (우리를) 시기하기까지 사모하며"(약4:5), 우리를 의롭게 하며(딤전3:16), 거룩하게 하고(갈5:25,벧전1:2,22), 말씀을 지켜(요일2:5) 내게 주신 사명을 이루게 하신다(요17:4). 이 성령님의 기도는 "하나님처럼 살게 하는 것"(벧전4:6)이라고 까지 고양해서 말하고 있다. 즉 성령은 우리와 더불어 기도를 통해서 하나님의 과업을 이루시는 것이다. 그러나 성령님은 우리를 강압적으로 역사하시지 않기 때문에 성도들이 그것을 인식하지 못할 때가 많으며, 인식 된다 하더라도 다시 확인할 필요가 있다.

이를 위해서 나 자신이 먼저 "신령한 것을 사모하는 자 되어...마음으로 기도"(고전14:12-15)할 때에 "성령 안에서 기도"하게 된다. 여기 "성령 안에서 하는 기도"란 내 개인의 생각대로 하기보다 성령님의 동참을 간구하며 기다리는 기도이다. 그것은 반드시 방언기도를 말하는 것도 아니다. 성령님의 인도하심과 도우심을 간절히 바라며 그의 뜻을 생각하는 기도로서 매우 중요한 대목이다.

"성령도 우리의 연약함을 도우시나니 우리는 마땅히 기도할 바를 알지 못하나 오직 성령이 말할 수 없는 탄식으로 우리를 위하여 친히 간구하시느니라"(롬8:26)는 말씀이 있다. 이 말씀에 대한 신학적 해석은 복잡하다. 특히 성령님이 "말할 수 없는 탄식으로" "친히 간구하시는"에 이견이 많다. 즉 성령은 "도우시는 이"어서 주체인 사람이 모르게 별도로 근심하고(엡4:30) 탄식하고 간구하느냐, 아니면 우리가 알게 또는 우리와 함께 탄식하시느냐를 문제 삼고 있다.

그리고 성령님이 우리 속에 계시면서 마음으로 하는 기도에 지시하시고 감화시키시는 보혜사(요14:16,26)의 역할과 가르치시는 진리의 영(요14:16,고전2:13)의 역할에 대한 의견도 다르다. 즉 성령님이 인간의 자유를 무시하고 강제로 역사하신다는 견해와 인간의 자유를 인정하는 범위 안에서 제삼자로서 개입하신다는 견해이다.

그러나 말씀에 따르면 우리가 성령을 거스릴 수도 있고(행7:51), 성령을 배반할 수도 있고(갈3:3), 소멸할 수도(살전5:19) 있다. 그와 반대로 순종하고 좇을 수도(갈5:16) 있고, 이끌릴 수도(행8:39) 있으며, 완전히 매인 바 되기도(행20;:2,16:7)한다. 성령님은 우리 안에 계시는, 생각과 뜻이 다른, 독립된 객체시며 우리가 따르지 않을 때 억압하시지 않는다는 것을 입증하고 있다. 그래서 인간이 성령의 뜻을 벗어날 때 탄식하신다고 했다(롬8:26). 만일 그가 인간을 강제로 공작하신다면 탄식하실 필요가 없다는 뜻이다.

그런데 성령이 탄식하는 이유가 무엇인가? 그것도 "말로 표현할 수 없는 탄식"을 하게 된 이유가 무엇인가? 그 이유는 우리가 연약해서 기도해야 할 것이 무엇인가를 너무도 모르고 있다는 것이다. 여기 기도할 "바(카도 데이 As it behaves)"는 "마땅히 기도해야 할 내용"을 뜻하는 말이어서 신자들이 너무도 영적 지식에 어둡다는 것을 지적하고 있는 것이다. 그래서 그것을 위해서 그가 대신 하나님께 간구한다는 뜻이며 "이를 위하여 깨어 기도하기를 항상 힘쓰라"(엡6:18)고 한 것이다. 영적 기도의 핵심은 먼저 이 "간구할 바"를 깨닫는 것이다.

그 다음 절에 "마음을 살피시는 이(하나님)가 성령의 생각을 아시나니 이는 성령이 하나님의 뜻대로 성도를 위하여 간구하신다"(롬 8:27)라고 하였다. 원어에는 "하나님께서 우리 마음속의 성령의 생각(프로네마)를 아신다. 왜냐하면 그가 성도를 위하여 간구하기 때문이다"라고 되어 있다. 여기에 나타난 중요한 사실은 성령님은 우리 속에 계시나 독립된 개체시며 우리와 별도로 기도하신다는 것이다. 즉 성령님의 기도와 성도의 기도를 합하여 천사들이 하나님 앞에 바친다는 것이다(계8:3-4).

하나님 앞에 상달된 우리의 기도와 성도를 위한 성령님의 기도내용이 정 반대라거나, 우리는 기쁨으로 기도했는데 성령님은 탄식과 슬픔으로 기도했다면 하나님께서 누구의 기도를 들으시겠는가 생각해 볼 일이다. 영적 기도가 무엇이냐? 그것은 나의 기도를 무시하고 성령의 기도와 일치 되게 하는 기도를 말하는 것이다. 기도를 시작할 때 성령님의 원하시는 바가 무엇인가를 먼저 살펴야 한다는 것이 예비기도의 중요성을 나타낸다.

예비기도만 하고 기도의 소통이 막 시작할 무렵에 하차하는 사람도 많다(히6:4). 내가 할 말만 늘어놓고 하나님이 막 답하실 차례가 되면 듣지도 않고 나가 버린다. 그러니 하나님의 뜻이 전달되기 전에 대화는 끝나버리는 것이다. 그러나 "길이요 진리요 생명이신 하나님과 소통이 일어나면 영적 계몽이 시작된다. 그리하여 의식주를 위한 이방인의 기도에서 탈피하여 그 나라와 의를 구하는 성도의 기도로 변하게 된다"(마6:31-33).

동방교회의 교부 펠라기우스는 "하나님은 사람의 의지(마음) 위에 직접 공작하시지 않고 계몽된 의지(마음) 위에만 간접적으로 공작하신다"고 했다. 어거스틴은 자연적 은혜로 주어지는 죄의 용서에 이어 마음속에서 구원의 원동력이 되어 죽었던 의지를 소생시키는 공작은 혜와 협력은혜, 그리고 성도를 성화시키는 후속은혜가 있다고 했다. 즉 기도의 목적은 내 형편과 사정만 늘어 놓는 것이 아니라 은혜를 받는 데 있다. 자신이 영의 사람이 되어 하나님에게 접근하도록 성령님은 역사하신다.

그것을 "구원의 원동력"이라고도 했다. 즉 기도는 병을 고치고 사업의 성공을 위한 마법상자가 아니라 구원의 원동력이라는 것이다. 그래서 기도는 소리 나는 거문고를 연주할 때 선율을 따라 느낌이 전달되는 것(고전14:7)과 같고, 전쟁을 치르기 전 전율과 용기와 결단을 일으키게 하는 전쟁 나팔 소리라고 했다(고전14:8). 그러나 성령의 위로와 격려의 거문고나 나팔 소리는 결코 웅장한 소리가 아니라 골방 안에 들어가 문을 닫고 하나님을 향해 자세히 귀를 기울일 때 들려지는 미세한 소리다.

그리고 입문기도의 응답은 죄의식과 하나님의식이, 소통기도의 응답은 하나님 사랑의식, 은혜의식, 사명의식이 생겨나게 한다. 오직 여호와를 앙망하는 자는 병들었던 의식이 "새 힘을 얻어 독수리의 날개치며 올라감 같으며 달음박질하여도 피곤치 아니할 것"이라고 했다(사40:31). 젊은이들에게 기도훈련을 시키면 몇 시간 중노동은 할 수 있어도 한 시간 기도는 못하겠다고 고개를 젓는다. 그러던 것이 은혜를 받으면 밤새워 기도하고도 하늘로 날아 오를 듯한 기쁨이 충만해지는 것을 본다. 그렇다면 오래 기도 할 때도 피곤치 않는 이유가 무엇인가? 그것은 성령과 함께 있었기 때문이다.

"하나님의 율법을 주야로 묵상(하긱)"(시1:2)한다는 것은 "주의 법도"와 "율례"와 "주의 말씀"(시119:148)과 "주의 행사"(시143:5)를 묵상한다는 뜻이다. 사업을 시작하기 위해 기도한다면 그 사업이 얼마나 돈벌이가 될지 보다, 주일을 지키는 일과 교회 봉사에 방해가 되지 않는지, 남에게 도움을 주는 사업인지, 하나님의 계명에 하자가 없는지, 나와 남의 영적 생활에 도움을 줄 수 있는 것인지를 말씀을 상고하며 묵상하면 응답을 얻을 것이다. 만일 누가 돈벌이만 생각하고 계획을 미리 세워 놓고 하나님의 도움을 청한다면 그 기도는 잘못 된 것이다.

예수님과 제자들, 선지자들과 기도로 평생을 보낸 나실인들, 그리고 성현들의 기도방법은 어떠했을까 생각해 볼 필요가 있다. 성현들이 어떻게 하나님과 일평생을 대화할 수 있었는가를 파악한다면 바른 기도를 할 수 있을 것이다.

영적 기도에 대한 연구와 신학은 신교에서보다 가톨릭에서 더 적극적인 것 같다. 가톨릭에서는 영성신학이 큰 위치를 차지하고 있으나 신교에서는 신학교 자체에 그런 과목이 없거나 미흡하다. 그래서 이 분야는 가톨릭 학자들의 의견과 기독교 역사상 알려진 성자들의 의견을 참작할 수밖에 없다.

홀므스(U. Holmes)의 "하나님을 체험하는 길들(The Ways for Experiencing God,1980)" 의 내용을 요약하여 소개하면 대략 다음과 같다.

1) 사색 묵상(Speculative Meditation): 주후 4-5세기에 왕성했던 방법으로 "나의 주 예수 그리스도 하나님의 아들이시어 죄인인 저에게 자비를 베푸소서"를 반복하며 마음을 비운다. 그리고 점차 말씀을 상고하며 영성 기도에 들어간다. 이 방법이 일부 적용된 것이 QT 기도이다.

2) 상상기도 (Kataphatic Med.): 14세기의 영국의 롤(Richard Rolle), 16세기의 스페인의 로욜라(Ignatius Loyola) 등이 주님을 상상하며 묵

상한 기도 방법이다. 어린양을 안으신 모습, 병자를 치유하시는 모습, 수가 샘가의 예수님, 풍랑 속에 깊이 잠드신 모습, 십자가상에서 신음하시는 주님 등을 상상한다. 이 상상을 오래하면 주를 만나는 체험과 희열을 맛보는 경우가 허다하다고 보고되어 있으나 신비주의와 금욕주의에 빠지기 쉬운 약점도 있다. 그의 추종자들은 신비적 몽상가로 평을 받고 있다.

3) 직관기도(Intuition Med.): 11세기의 칸터버리의 성자 안셀름(Anselm 1033-1109)이 주장한 방법으로 묵상 속에서 믿음으로 하나님의 임재를 파악하며 하나님과 대화하는 방법이다. 그리고 무궁무진한 그의 뜻을 깨닫는 것이다. 그는 작은 시골 수도원의 수사로 있으면서 '신의 탐색'(Quest for God)을 썼다. 그는 이 방법으로 하루에 일곱 시간씩 기도할 수 있었다. 그로 인해 왕이 그를 칸터버리의 대주교로 임명했을 때 그는 눈물로 탄원하며 사양했다. 그 이유는 하나님과의 대화시간을 줄이기를 원치 않았기 때문이었다.

4) 관상기도(Contemplative Med.): 17세기의 불란서의 페네론(Fennelon)과 봐욤(Rene Voillaume)에 의한 정숙주의(Hesychasm)에 기반을 둔 묵상법으로서 침묵 속에서 자신의 의지와 양심을 파악(Self-Awareness)한 연후에 주님의 뜻이 내뜻이 되게 하는 격차좁힘이다. 그리고 변화를 위한 기도, 봉헌과 순종을 위한 결의 그리고 하나님과 그리스도를 사랑하는 마음으로 응시하는 기도를 한다. 그들은 높은 탁자 위에 두 손을 모으고 무릎은 땅에 대고 몸을 곧게 세워 기도한다. 이것이 오늘도 많은 가톨릭 수도원에서 실시하는 방법이다.

그 밖에도 테레사 수녀의 "거둠의 기도법"이 있고 어린아이와 같은 단순한 기도를 주장하는 탄쾌리(A. Tanquerey)의 단순 기도법(Simple

Prayer) 등이 있다. 이들은 다 어떻게 하면 기도의 목적을 이루기에 효과적인가 하는 것을 체험을 통해서 얻은 방법들이다.

그럼에도 포이엘 바하(L.Feuerbach)나 심리학자 프로이투(S. Freud) 등은 이들 상상기도나 직관기도나 관상기도 등은 말씀을 떠난 직관적 체험을 중요시하여 편견을 낳기 쉬워 위험성이 내포되어 있다고 지적했다. 결국 기도는 하나님과의 대화여서 개인의 화법과 습관에 따라 자기나름의 기도법을 습득해야 한다고 본다. 그러나 기도의 중요한 목적은 "주와 합하여 한 영이 되는 것"(고전6:17)임으로 그리스도인은 기도에 힘써야 한다(고전7:5,골4:2). 기도가 없는 자는 그리스도인이 아니며 이 세상을 결코 이길 수 없기 때문이다.

저자가 진심으로 미래 교회를 위해 염려하는 일이 한 가지 있다. 그것은 세월이 흐를수록 깊이 그리고 길게 기도하는 사람들이 없어져 가고 있다는 사실이다. 나는 20여 년간 가산 수양관을 운영하면서 교회의 흐름을 지켜보아 왔다. 오, 육십 년 전에는 교회의 대부흥회는 한 주간이 보통이었고 청소년 수양회도 삼, 사일 계속되었다. 새벽기도와 오전 오후 성경 공부에 이어 저녁에는 뜨거운 부흥 집회로 열기가 더하고, 밤 11시부터는 그룹기도와 개인기도로 이어졌다. 마지막 밤은 회개와 간증 집회에 이어 새벽 5시까지 산에 올라 소나무 둥치를 끌어안고 눈물을 쏟았다.

그때 얼마나 많은 통회 자복의 눈물을 흘렸는지 오늘의 사람들은 상상할 수도 없을 것이다. 그때 그들이 받은 뜨겁던 성령 체험은 오늘의 젊은이들에게는 낯선 고전이 되었다. 영하 10도 이하의 추위 속에서 어떻게 땀나게 기도할 수 있었는지 이해할 수 없을 것이다. 그러던 것이 학교 진학과 취업 바람이 불고 나서는 3박 4일이 2박 3일로, 이제는 1박 2일로 단축되었고 친목 모임으로 끝나고 만다. 그러니 성령의 불이 붙을 겨를이 없어진 것이다. 회개할 기회는커녕 기도의 훈련은 상상도 못하게 된 것이다. 기도는 자기와의 싸움이기 때문에 피나는 훈련이 필요하지간 그 훈련을 받을 사람이 없다.

"인자가 올 때에 세상에서 믿음을 보겠느냐?" 는 말씀은
어쩌면 말세가 되면 참 된 기도가 없어진다는 예언인지도 모른다.

내 기도하는 그 시간! 그때가 가장 즐겁다.
이때껏 지은 큰 죄로 내 마음 심히 아파도,
참 마음으로 뉘우쳐 다 숨김없이 아뢰면,
주 나를 위해 복주사 새 은혜 부어 주시네!
내 기도하는 그 시간! 내게는 가장 귀하다.
저 광야 같은 세상을 끝없이 방황 하면서,
위태한 길로 나갈 때 주께서 나를 이끌어,
그 보좌 앞에 나아가 큰 은혜 받게 하시네!

5) 믿음과 능력

행위(Deed)란 어떤 목적을 이루기 위한 행동(Action) 또는 역사(役事)를 말하지만 물리적으로는 그것을 일(Work)이라고 한다. 마음에 먹은 생각을 육체를 통해 표현될 때 그것을 육체적 일이라고 하고, 정신을 통해 일을 할 때 정신적 일이라고 한다. 그리고 골방에서 기도하는 것이나 묵상이나 명상도 영적 일이다. 그 밖에도 위로와 격려와 용

서와 사랑 등은 영적 일에 속한다. 그와 반대로 영적 일에는 악한 일도 있다. 농부나 노동자가 육체노동을 하듯이 종교인은 정신노동을 한다.

일은 그것을 구상하고 계획된 후에 그 계획을 추진하기 위해서는 힘 또는 능력이 가해져야 한다. 몇 달 만에 빈터에 고층 건물이 들어서 기도 하고 산이 바다로 옮겨지기도 한다. 그러나 그 배후에는 계획한 자가 있고 설계자가 있다. 그리고 그 설계에 따라 중장비가 도입 되고 기술자와 일꾼들의 피나는 수고가 있다. 일사천리로 추진되는 일의 배후에는 반드시 없어서는 안 될 것이 있다. 그것은 일하는 사람들의 믿음이다. 설계도에 대한 믿음, 사업주에 대한 믿음, 정당한 보수를 받을 것이라는 믿음 등이 있다.

영적 일에 있어서도 마찬가지다. 하나님의 능력과 계획과 가치에 대한 신뢰 없이 일은 이루어지지 않는다. 예수님께서 믿음이 작은 제자들을 꾸짖으시고 이르시되 "만일 너희에게 믿음이 겨자씨 한 알 만큼만 있어도 이 산을 명하여 여기서 저기로 옮겨지라 하면 옮겨질 것이요 또 너희가 못할 것이 없으리라"(마17:20) 하셨다. 이 말씀을 보면 믿음이 능력과 힘인 것처럼 보이나 하나님의 능력을 유도하여 발휘할 수 있는 계기를 만들 뿐이다.

여호와는 나의 힘, 나의 요새, 환난날의 피난처(렘16:19-20,삼하22:33,시28:7,31:3-4,사25:4,렘17:17)는 하나님의 힘을 말한다. 그러나 "만군의 여호와께서 말씀하시되 이는 힘으로 되지 아니하며 능으로 되지 아니하고 오직 나의 신으로 되느니라"(슥4:6)는 미약한 인간의 힘을 말하는 대목이다.

영적 일에는 봉사나 전도 등 외면적인 일도 있으나 회개와 묵상과 기도와 계시와 자각 등 내면적인 일도 있다. 소나 트랙터의 힘을 빌려 땅을 경작하여 농사를 짓는 육체적 일처럼 자기 마음 밭을 경작하여 진리의 씨를 심고 김을 매고 물을 주는 영적 일도 있고, 땀을 흘리며 무거운 등짐을 지고 끙끙거리는 것처럼 가족과 교회와 사회의 짐을 지는 것도 일이다. 그런 일들은 시작할 때와 일한 후를 비교해 보면 반드시 변화가 있다. 그 변화는 일한 사람의 수고의 결과이며 그 수고는 믿음에서 시작 된다. 그 변화만큼 수고한 보람이 있으며 그것을 일(엘곤 Work)이라고 한다.

물리학에서는 이루어진 일은 가해진 힘과 일어난 변화에 비례한다는 정의가 있다. 하나님의 진리는 절대적인 것이어서 상대적인 인간의 정의나 증명 방법이 필요치 않으며 물리적인 경우와 같이 힘이나 변화를 정량적으로 측정할 수도 없다. 단지 여기서 잘 알려진 자연 원리를 이용하여 하나님의 절대 진리를 간접적으로 이해할 수 있을 뿐이다.

물리학에서는 일(W)과 힘(F)의 관계를, W(일)=F(힘) x S(변화)로 표현한다. 이 법칙은 어떤 물체에 힘(Force), 에너지 또는 응력(Stress)이 주어져 어느 거리만큼 그 물체가 이동하거나 또는 변형(Strain)하거나 변화(Reaction, Change)가 일어날 때 일(Work)이 이루어진다는 법칙이다. F가 0이면 W는 0이다. 힘(F)이 주어져도 변화(S)가 없으면 역시 일(W)은 없다. 그리고 힘(F)이 가해져 변화(S)가 일어나면 결과(W)는 힘과 변화의 첨가법 (+)으로 나타나지 않고 곱하기(x)로 불어난다는 것이다. 이것을 말로 표현하면,

1) 일이 이루어지려면 반드시 외부에서 힘 또는 에너지가 가해져야 한다.

2) 힘(F)이 주어지지 않으면 변화(S)는 일어날 수 없다.

3) 힘이 주어졌다 하더라도 변화가 따르지 않으면 일은 없다.

4) 일의 크기는 힘과 변화의 곱으로 나타난다.

이 법칙은 정신과 영의 세계에서도 성립 된다고 본다. 여기 말한 변화(S)는 물리학에서는 이동 또는 변형으로, 화학에서는 열함량 변화 또는 화학변화로, 생물학에서는 성장으로 보며 힘(에너지)이 주어지고 그 힘(F)을 받아 변화(S)가 생기면 일, 결과 또는 열매(W)를 맺는다는 이치다. 영적 일도 힘이 주어지고 본성이나 정신에 변화가 생기면 영적 일이 이루어진 것이다. 즉 가해진 힘의 크기(F) 만큼 그리고 그 힘을 받아 일어난 변화(S) 만큼 결과(W)가 나타난다는 이치다.

여기에 중요한 것은 믿음의 설자리에 있다. 믿음을 일의 원동력인 힘으로 보느냐, 하나님의 능력을 힘으로 보느냐 하는 것이 다를 뿐이다. 불교나 유교나 힌두교는 자신의 의지나 각성을 힘으로 본다. 그러나 기독교는 태양이 모든 힘의 원천이듯이 하나님의 능력을 힘으로 본다. 그럼에도 어떤 이는 불교나 힌두교처럼 믿음이나 깨침을 힘으로 보는 사람들이 있다. 이들은 하나님의 능력보다 인간의 능력에 더 무게를 둔다.

철학에서는 일 또는 행위의 원인으로 이성과 사고로 보았고, 심리학에서는 행위의 원동력을 신경과 감정자극으로 보면서 기계적으로 해석한 본 듀위의 기계주의(Dewey's Instrumentalism), 경험적 지식으로 본 럿셀의 경험주의(Russell's Empiricism), 느낌과 직관으로 본 칼나프의 개념주의(Carnap's Conceptualism) 그리고 이성과 의지로 본 칸트의 이성주의(Kant's Rationalism) 등 여러 견해가 있다. 이들은 모두 행위의 원동력을 생리적 힘, 경험의 힘, 감정과 이성의 힘으로 본 것이다. 즉 그들은 변화를 일으키는 힘(F)이 인간 자체에 저장되어 있다고 보는 것이다.

미국의 철학자 화이트헤드(Alfred N. Whitehead)는 "과정과 실재"

(Process and Reality)에서 행위(W)는 의지와 감정(F)에 의한 반응(S)이라고 보았다. 그리고 그 반응이 옳은 것이냐 잘못된 것이냐는 별개의 문제라고 했다. 사람이 검은 고양이나 뱀을 보았을 때의 감정이 동력이 되어 달아나는 반응(S)을 일으킨다. 그러면 그 동기와 변화만큼 일을 한다고 보는 것이다. 그러나 사람에 따라 나타나는 변화(행위)는 뱀이나 고양이의 특성과는 아무 상관이 없다고 했다. 즉 이성의 힘(F)은 부정확하여 과오(W)를 일으킬 수 있다는 것이다. 그래서 인간의 감정이나 인식은 같은 외부 자극에 대해서 다르게 반응하여 범죄와 선행의 원인이 된다고 본 것이다. 그리고 음악이나 예술은 감정의 '공감대(共感帶)'를 자극하는 것이며 그것을 '실재하지 않는 실재'라고 하면서 선험적 영감을 힘으로 보았다.

칼나프나 화이트헤드는 느낌과 감정을 그리고 칸트는 이성을 행위의 주된 원동력으로 보면서 플라톤의 "선험(Priori)"적 능력을 인정했다. 그리고 짐승들과 다른 점을 인간의 감정과 선악을 판단하는 이성 때문이라고 생각하면서 그로 인해 나타난 슬픔과 기쁨을 변화로, 그리고 이루어진 선과 악을 일 또는 과업으로 볼 수 있다. 즉 선과 악은 감정과 이성과 의식의 반사 결과이지만 외적 영향을 받는 선험적 존재라는 것이다.

이것을 기독교에서는 외적 힘을 성령의 역사와 마귀의 유혹이라고 본다. 자신의 힘만을 의존하는 불교나 라마교나 힌두교는 이 미약한 자력을 개발하여 선한 반응을 일으키려는 것이지만, 기독교는 자력으로 선한 힘(F)을 가질 수 없다고 믿고 하나님의 절대적 능력(F)을 의존하는 믿음을 주장한다. 그것이 기독교는 고행이나 수행을 하지 않고 하나님의 힘을 힘입어 보잘 것 없는 자들이 사역자라고 날뛰는 이유이다.

기차가 움직이는 것은 기관차가 있기 때문이다. 자연 과학과 인문 과학의 차이점은 기관차의 원동력을 디젤 기름으로 보느냐 기관사로 보느냐에 있다. 그러나 그 기차는 하나님이 놓으신 자연법칙의 레일 위로 간다는 데는 이의가 없다. 종교는 신께서 태양도 물도 자연도 인간도 만드셨으며 각 인간의 두뇌도 지으셨다고 보는 것이다. 단지 믿음으로 지시를 받는 기관사가 신이 공급하는 기름의 힘으로 기관차를 앞뒤로 움직여 일을 하게 하는 것이다. 기차를 운영하시는 신은 보이지 않지만 기차는 분명히 그의 지시에 따라 움직이고 있는 것이다.

인간이 기계나 물질과 다른 점은 보고 느끼고 행동할 수 있는 이성과 자유의지를 가졌다는 점이다. 그러나 인간에게는 자연의 힘에 비교할 수 있는 힘이 없다. 인간의 힘은 너무도 미약하여 자기 한 몸도 마음대로 하지 못하고 속수무책으로 이끌리어 살다가 죽어가는 보잘 것 없는 존재다. 단지 우리가 선택할 수 있는 자유는 그 능력을 믿고 의지하고 따를 것인가 말 것인가에 있을 뿐이다. 기독교는 그 절대적 힘의 근원인 신이 역사상에 나타나 진리와 능력을 직접 보이시며 인간으로 하여금 믿고 따라오게 길을 제공하신 것이다(요14:6).

그렇다고 믿음 자체가 무슨 힘이 되는 것도 아니다. 오로지 힘을 의지하고 순응하겠다는 언약의 계약서일 뿐이다. 그 계약서 한 장 때문에 많은 원조를 받을 수 있지만 계약서는 계기를 만들 뿐 그 자체가 힘이 되는 것은 아니다. 그러면 영적 힘은 신의 격려와 위로와 사랑과 긍휼과 치유의 능력으로 작용하여 치유와 화목과 평화와 소생과 희생과 봉사 등의 변화(S)로 나타난다. 이 일의 배후에는 목적과 뜻을 가진 힘의 주관자가 있다는 것이며 따라서 "힘"이라 하지 않고 "능력"이라 한다. 그와 반대로 마귀의 능력은 유혹과 질투, 시기, 탐욕, 정욕, 미움의 형태로 생각과 감정을 변화시켜 분노, 질책, 저주, 거짓, 음란, 도적. 살인, 파괴, 멸망의 죄악의 일을 이룬다.

특히 하나님의 영은 힘이 있어 빛으로(사60:19-20,마5:45,17:5,계 21:11) 나타난다. 그리고 바울이 다메섹 도상에서 발견한 "해보다 더 밝은 빛"(행26:13)은 하나님의 임재를 뜻한다. 그 강력한 빛은 물리적 빛과 달라 영안이 열리지 않은 다른 사람에게는 보이지 않는 특성을 가지고 있다. 이것이 그림자도 없는 빛이다(약1:17). 그 빛은 신비로운 능력의 생명력으로 창조력이며 삶의 원동력이요 마음과 생각과 행동 의 원동력이 된다.

그리고 그 힘(두나미스 Power)을 하나님의 능력이라 하며 그가 통 치하시는 힘을 권세라 부른다. 그리고 그 능력의 세기 또는 강도(强度) 를 "크라토스 Strength"라 하여 능력에는 강도가 있음을 말한다. 성경 에는 그 힘의 강도를 "능한"(골1:11), "힘"(벧전4:11) 또는 "세력"(히 2:14)으로 번역되어 있어 "능력(두나미스)"과 혼돈하기가 쉽다. 힘의 세기는 힘의 종류에 따라 다르게 나타난다. 팔 힘이나 다리의 힘이 남 자와 여자, 어른과 아이에 따라 다르듯이 믿음으로 받는 하나님의 능 력의 세기(크라토스)도 각각 다르다. 다 같이 기도하지만 받는 능력의 세기는 다 다르다.

이사야서에 이런 말씀이 있다. "과연 태초로부터 나는 그이니 내 손 에서 건질 자가 없도다. 내가 행하리니 누가 막으리요... 보라 내가 새 일을 행하리니 이제 나타낼 것이라 너희가 그것을 알지 못하겠느냐 반 드시 내가 광야에 길을 사막에 강을 내리니... 내가 택한 자에게 마시 게 할 것임이라"(사43:13-20). 여기 "내가 행하리니"한 것은 능력(F)을 역사하겠다는 뜻이며 변화가 일어나 사막에 강이 생겨 택함을 받은 자

(초청 받은 자)가 마시도록 하겠다는 것이다. 이 사막의 강은 성령의 생수의 강을 의미하는 것이다.

특히 영적으로 변화를 받아 새사람으로 거듭난다는 것은 인간의 권면으로 이루어지는 것이 아니라 "성령의 능력(두나미스)에 의한"(눅4:14,롬15:13,고전12:10), 즉 강력한 힘, "말씀의 강력한 힘(크라토스)"(행19:20)이 작용하였기 때문이다. 여기에 아무도 변화와 업적(일)을 "자랑하지 못하게 하는" 이유를 알 수 있다. 즉 인간의 가르침이나 수양은 미약한 힘이어서 지각을 자극하여 계몽할 수는 있으나 영혼을 180도 전환시키는 거듭남은 불가능한 것이다. 인간의 내적 변화는 강력한 하나님의 능력에 의해서만 가능한 것을 말한다.

하나님의 능력은 천지를 창조하신 능력(두나미스 롬1:20,히1:3,계7:12)일 뿐만 아니라 그것을 운영하시는 능력이다(롬2:20). 그것이 인간을 변화시키시는 구원의 능력(계12:10), 죽은 자를 살리시는 부활능력(마22:29,고전6:14,행26:8,고후13:4), 마귀와의 전투능력(고후6:7), 고난을 견디는 인내능력(딤후1:8), 경건한 삶을 위한 경건능력(딤후3:5) 그리고 생명을 주시는 생명력(히7:16)이다. 하나님은 전능하셔서 "모든 능력으로 능하게 하신다"(골1:11)고 했다. 그러나 나타난 각각의 능력의 크기는 믿음에 따라 다르지만 세세토록 있는 하나님의 능력이다(계7:12).

같은 세기의 능력이 똑같이 인간에게 미친다 하더라도 그것을 마음 문을 열고 받아들이는 사람의 반응 여하에 따라 그 강도(크라토스)는 다르게 작용 된다. 그것은 인간에게는 선택의 자유와 비판하고 결정할 수 있는 이성을 주셨기 때문이다. 누가 택함을 받은 자인가? 하나님의 은혜로 능력을 받아 변화된 자이다. 그것이 겸손하게 하나님의 능력에 의지하는 자이다. 겸손한 자가 더 강한 능력(크라토스)을 은혜로 받게 되는 것이다(고전1:27-28). 그들은 자신의 부족을 시인하고 남의 도움을 의지하기 때문이다. "힘의 능력으로 강건"(엡6:10)하여 강한 힘을 얻으며(딤후2:1,히11:34), "내게 능력 주시는 자 안에서 모든 것을 할 수 있다"(빌4:13).

나는 용무를 보러 나갈 때마다 외출복을 입고 보청기를 꼽고 안경과 휴지까지 챙겨 차고로 가다가 "앗차! 또 잊었구나!" 하고 되돌아 설 때가 잦다. 좋은 차가 대기하고 있어도 무슨 소용이 있는가? 작은 키(Key)가 없다면 말이다. 아무리 삶과 목적이 분명한들 무슨 소용이 있겠는가? 내 재능이나 힘으로 갈 수 없는 먼 곳에 뜻을 두고 있다면 무슨 소용이 있겠는가? "내가 곧 길이요 진리요 생명"(요14:6)이신 엔진을 움직일 수 있는 작은 믿음의 키가 없다면 말이다.

하나님께서 하늘나라가 가까이 왔다고, 겨자씨만한 믿음만 있으면 갈 수 있으니 값없이 받기만 하라고 외치지만 사람들은 "내게 두 다리가 있으니 어디든지 갈 수 있다"고 웃음거리로 보는 사람들이 많다. 그리고 그들은 두 다리로 제자리만 맴돌고 있다. 혹 은혜로 구원의 키를 받았다 하더라도 그것을 무용지물로 만드는 이도 있다. 차가 있어도 성령의 기름이 떨어져 차고에 썩히고 있는 이도 있다(마25:8-10). 믿음은 작은 것이나 큰 능력을 받아들이는 방편이요 움직이게 하는 키와 같다. 그것이 없으면 큰 능력을 입을 수 없다(막6:4-6).

변화와 일이 이루어지는 원리는 차나 기계와 다를 바가 없다. 기름도 준비 되어 있어야 하고(마25:8-10) 녹슬거나 고장나지 않도록 수시로 움직여야 한다. 그것을 들어 "믿음은 있는데 행함이 없다면 그것은 죽은 믿음"(약2:14,17)이라 한 것이다. 녹슬고 부서져 고장난 기계를 잡고 혼자 끙끙거려도 아무 소용이 없다. 인간의 건강회복이나 신앙회

복이나 관계회복도 다를 바가 없다. 잘못을 청산하고 회개하여 새로운 출발을 시도해야만 한다. 그것을 위해서는 그 일을 맡은 성령님을 의지해야 한다(갈3:5). 그러면 속사람이 회복 되어 강건하게 되고(엡 1:19-20,3:16) 사람을 변화시키는 '신기한 능력'(벧후1:3)을 체험하는 일꾼이 될 수 있다(엡3:7).

최우수 사진작가 상을 수상한 어떤 유명 작가의 기사다. 그는 미국 군인으로 아프가니스탄 전투에서 지뢰를 밟고 한쪽 팔과 한쪽 다리를 잃었다. 그는 병원에서 퇴원했을 때 미래가 없어 자살을 생각했다. 그러던 중에 주위의 권유로 믿음을 갖게 된다. 그리고 19세 때 우연히 취미를 붙인 사진기를 들고 작품을 만들며 기술을 익혀 다시 아프가니스탄으로 간다. 그리고 많은 비참 속에 희망을 잃지 않는 인간의 서정시를 작품에 담아 전 세계의 영혼을 깨우치기 시작했다.

자기처럼 지팡이를 짚고 걸음을 배우는 팔다리를 잃은 어린이, 숨을 거둔 남편 옆에 넋을 잃고 멍하니 서 있는 아내, 피투성이가 된 어머니 가슴 위에 엎드려 슬피 우는 애기 등 인간의 흉금을 찌르는 작품들로 그는 유명해졌다. 기자가 그 사진작가에게 이렇게 질문을 던졌다.

"당신이 이런 비참한 장면을 현장에서 찍으려고 할 때 그들이 거부하지 않았습니까?" 그는 답했다. "거부할 때도 있지요. 그럴 때는 내 자신의 팔과 다리를 보여주며 이것은 아무 굴욕스러운 일이 아니라고 깨우쳐 주었지요".

기자는 다시 물었다. "당신이 불편한 몸을 가지고 위험한 전쟁터를 다니며 사진을 찍는 목적이 무엇입니까?" 그는 이렇게 대답했다.

"나처럼 전쟁터 최전방에 서서 생명을 내 던지고 비극의 장면들을 사진에 담아 그것을 목격하지 못하는 사람들에게 전하려는 작가들은 둘 중 하나의 사명자들입니다. 그 하나는 '전쟁 반대 주의자'요 다른 하나는 '휴머니스트' 입니다".

그리고 그는 의미심장한 말을 했다. "작품 하나하나에 잠든 심혼에 깨우침을 주려는 사명을 가진 자는 자기 생명을 바치지요. 생명을 바친 작품이 아니면 생명력이 없으니까요!'

그의 말은 옳았다. 신념이나 신앙이 없으면 결코 생명을 바칠 수는 없다. 싸움을 멈추고 생명을 구하겠다는 일념으로, 하찮은 육신의 죽음이나마 얼마동안 막아 보겠다는 신념으로 기꺼이 자기 생명을 바친다면 하물며 지옥 형벌에서 영원한 생명을 구하는 일에 이토록 무성의 할 수가 있겠는가? 생각해 볼 일이다. 큰 일에는 큰 힘이, 작은 일에는 작은 힘이 소요 되는 법이다.

"너희 믿음의 역사와 사랑의 수고와...소망의 인내를 우리 하나님 아버지 앞에서 끊임없이 기억함이니 하나님의 사랑하심을 받은 형제들아 너희를 택하심을 아노라"(살전1:3-4). 이 말씀은 믿음과 소망과 사랑의 증거는 하나님의 능력(F)이 신자의 역사와 수고와 인내라는 변화(S)를 통해서 생명을 구하는 열매(W)로 결실한다는 이치다. 즉 하나님의 능력이 우리에게 전달되어 일을 하게 하는 것이다.

그리고 하나님의 능력이 작용하면 성품의 변화가 일어난다. 그것을 신의 성품에 참여한다(코이노네오)(벧후1:4)고 표현하고 있다. 그 뜻은 동참한다(Partake)나 한 몫 낀다(Share)는 뜻이 있어 신의 강압적인 변화가 아니라 자발적 참여를 뜻하며, 하나님 성품과 동일하게 되는 완벽한 변화를 말하는 것이 아니라 부분적 참여(Partake)를 뜻하고 있다. 그리고 "그러므로 너희가 더욱 힘써 너희 믿음에 덕을, 덕에 지식을, 지식에 절제를... 형제 우애에 사랑을 더하라"(벧후1:5-7)고 했다.

여기 "더하라"가 원어에는 '에피코레게오'(공급한다)로 마치 휘발유를 차에 넣는 것과 같이 "네 자신이 공급하라"는 뜻이다. 즉 "네가 만들라"가 아니라 있는 것을 "공급하라"는 것이다. 그 일을 "더욱 힘써 더하라"(벧후1:5)고 당부하고 있다. 그것을 원어에는 "스포우덴(부지런히)"과 "파레이스듀오(표없이)"로 되어 있어 "표없이 부지런히 힘쓰라"고 한 것이다. 신의 힘에 의한 변화(S) 과정에 인간이 협력할 때 자기가 하는 것처럼 야단스럽지 않게 표없이 힘쓰라는 뜻이다. 기술자가 공구 없이 일할 수 없는 것처럼, 공구가 되어 달라는 것이다. 그것이 신자를 "그릇(스큐오스)"(롬9:21,고후4:7,히9:21), 또는 "병기(호프라)"(롬6:13)라 하신 이유이다.

하나님의 능력(요5:20,9:3)이 있어 거기에 상응하는 인간의 가시적 변화가 일어나면 사역(W)이 이루어진다. 외부에서 주어진 성령님의 능력(F)이 있기 때문에 하나님의 선하신 일(W)이 조용한 가운데 진행되는 것이 기독교의 특징이다. 그리고 그 힘으로 본질 변화가 일어나 거룩한 성품으로 표없이 성화되어 하나님의 나라가 이루어지는 것이다. 이것이 제 힘만 의지하고 용을 쓰다가 지나가는 자연인과 다른 점이다.

그것이 사도와 제자를 택하시는 이유요 "영생을 취하라!"(딤전6:12), "싸우라"하신 이유다. 생명력은 금생에서 영생으로 심판을 거쳐 형태만 변할 뿐 사그라지지 않고 이어지는 것이다. 영생은 작은 믿음의 결과가 아니라 믿음으로 받은 막강한 능력의 결과이다. 그 능력이 이 세상을 이기게도 하고, 죄성이 성화되게도 하고, 놀라운 기적들이 일어나게도 하고, 죽음에서 부활하게도 하고, 영생하게도 하신다.

영원하신 하나님의 능력과 변치 않는 진리를 주심을 감사합니다!

사람은 가고 세상은 변해도, 그 속에 하나님의 나라와 생명은 영원할 것입니다.

아멘!

6) 예배

나는 몇 해 전에 몬트리올에서 밴쿠버로 이사를 왔다. 하루에 일곱 시간씩 차로 달려 광활한 대륙을 지나 7일 만에 이곳으로 왔다. 태평양 연안의 밴쿠버는 동부의 몬트리올에 비해 도시는 작지만 한인들의 인구로 보면 5만이나 되어 몬트리올의 20배가 넘는다. 그와 동시에 한인 교회수도 약 250개나 된다니 교회를 선택하기가 여간 어려운 것이 아니었다. 교회에서 만난 어떤 이는 3년이 걸렸다고 했다. 어디를 가나 뜨내기 이민사회라 선택도 어렵고 정 붙이기도 어려운 것이 사실이다.

주일에 교회를 찾았을 때 복잡한 교리도 문제이지만 누구나 우선 분위기나 예배다운 예배를 드릴 수 있는 신령한 교회를 찾는다. 그러나 요즈음 교회는 사회에 유행하는 '강남 스타일'을 모방하여 기타와 드럼과 악기와 춤으로 정신을 산만하게 만들어 시장판의 북새통을 연상케 한다. 그 어디에서도 "신령과 진정으로" 예배를 드릴 수 있는 분위기가 못 되었다.

예수님께서 사마리아 이방 여인과 다소곳이 우물가에서 대화를 나누셨다. 한낮에 물 긷기 위해 나온 그 여인의 비참한 배후를 아시고 정곡을 찔렀을 때 그 여인은 그가 선지자인 것을 알고 하나님께 올바르게 예배드릴 곳에 대해 물었다. 그때 예수님께서 그에게 예배에 관한 귀중한 진리를 말씀하셨다.

"하나님은 영이시니 예배하는 자가 영과 진리로 예배할지니라"(요 4:24). 여기 언급된 "영과 진리로"라는 말씀에는 깊은 뜻이 담겨 있다. "영으로"(엔 푸뉴마티)는 '영적 상태'(in spirit)를 뜻하고 있어 "영적인 일은 영적인 것(영적상태, 또는 영적조건)으로 분별하느니라"(고전 2:13)를 말하고 있는 것이다. 즉 '영으로' 란 영이신 하나님과의 영적 소통을 뜻하며 예배는 영과 영의 만남을 뜻하고 있는 것이다. 즉 하나님은 영이시기 때문에 형식과 방법보다 예배 드리는 자의 마음가짐이 영적이어야 하고 진실되어야 한다는 것이다.

그 이유는 예배는 사람을 위한 것이 아니기 때문이다. 우리가 축복받기 위해서 예배를 드리는 것도 아니다. 근본적인 예배의 의의는 인간이 하나님을 섬기는 예식(아보다,출12:25-26) 또는 섬김(마바트,삼하15:8)에 있다. 신약에서는 예배를 "경배하는 것"(프로스쿠네오,요 4:20,히11:21계4:10)이라고 했다. 자식이 살아계신 부모를 때를 따라 문안하는 도리와 같다. 만일 자식이 꼭 무엇을 바라고 찾아간다거나 어떤 소득을 얻기 위해 모여 쑤군덕거린다면 그들은 불효자식이다. 자식이 부모는 뒷전에 두고 저희들끼리 담소하다 헤어진다면 자식이라고 할 수 없다. 그렇다면 오늘의 교회는 어떤가?

예배형식은 시대에 따라 변해갔다. 구약의 엄숙한 "섬김(마바트)"에서 신약의 '예배'(프로스-쿠네오)로 형식이 바뀐 것이다. 즉 예배를 '프로스'(가까히)-'쿠네오'(Kiss)라고 부른 이유는 유대인들의 입 맞추는 일상적인 인사 동작을 뜻하고 있다. 인사하는 상대가 누구냐에 따라 태도가 다르다. 여기 말한 '프로스-쿠네오'는 '가까이 몸이 닿게 (프로스)' 입 맞추는 것으로 부자간의 존경과 애정을 나타내는 입맞춤이다. 하나님과 입을 맞추다니! 옛날에는 상상도 할 수 없는 일이었다.

구약시대의 예배는 삼엄하고 두려운 분위기 속에서 진행되었다. 옷을 청결케 하며 때로는 신을 벗고(출3:5), 때로는 여러 날 금식과 금욕생활로 정성을 가다듬어야만 했다. 그 근본 이유는 거룩하시고 위엄을 가지신 하나님 앞에 죄인인 인간이 감히 접근한다는 것이 상상 못할 일이었기 때문이다. 그리고 그들에게 요구된 것은 죄사함을 받기 위한 제사가 있을 따름이었다.

그러던 것이 솔로몬 때부터 예배의식이 갖추어지고 찬양과 단조로운 영창에 기악이 사용되고 춤도 등장하게 되었다. 그리고 십일조 헌금과 말씀낭독과 설교와 간구와 맹세가 있게 된 것이다. 그 이후에 아하스 왕 때 산당이나 아름다운 푸른 나무 아래서 제사와 분향을 하면서 이방 제단의 제도와 양식을 본뜨다 타락하게 된다(왕하16:10-16). 그리하여 하나님께서 진노하셔서 히스기야 왕을 통해 우상을 제거하고 대숙청을 단행했다(왕하18:4). 그리고 희생 제사를 위주로 하는 성전 예배와 율법낭독을 위주로 하는 회당 예배로 나누어지게 된다(렘36:6-15).

바벨론 포로시절에는 회당(순아고게 Synagogue)만 있었고 귀환 후에도 회당의 역할이 이어졌으며 예수님 당시에는 유대인이 10인 이상 무리를 지어 사는 '게토'마다 회당이 있었다(행13:5,14:1,17:10). '함께(순)-모임(아고라)'을 위한 "회당"(순아고게)은 따로 있었으나 때로는 공회나 상가를 이용하기도 했다. 그리고 회당에서는 인간차별도 심했고(막12:39,눅11:43,20:46,약2:2) 비행이 많아 "사단의 회"(계3:9)로

지칭받기도 했다. 그런 부조리가 많은 회당을 예수님께서는 안식일마다 규칙적으로 나가서 참석하셨던 것이다(눅4:16). 그리고 거기서 병자를 고치셨고(눅4:15-24, 44) 핍박도 당하셨다(눅4:28-30).

한때 회당이 성스럽지 못하다하여 "가할"이라는 새로운 명칭으로 모이기도 하였으나 그 이름이 오래가지는 못했다. 예수님 승천 이후 마가의 다락방에서 시작된 뜨거운 성령의 불의 열기가 각 지방으로 퍼지면서 예루살렘을 중심으로 "에크레시아"(부름 받은 자의 모임)로 불린 새로운 교회가 서기 시작했고(갈1:18,21), 사마리아에도(행8:14), 다메섹에도(행9:19) 그리고 안디옥에도(행11:20) '교회'가 설립되고 신도들을 "제자", "형제" 또는 "지체"라 부르게 되었으며 안디옥을 위시하여 "그리스도인"(크리스티아누스 Christian, 행11:26)이라 불려졌다. 그들은 매일 모여 예배를 드렸고 서로 유무상통하는 공동체로서 교회가 이루어진 것이다.

그 이후 박해가 시작되면서 교회는 위기를 맞아 묘지나 지하 동굴로 터전을 옮기면서 지하교회로 잠시 모습을 숨겼으나 그들의 삶은 뜨거웠다. 그들의 기도와 예배와 교제는 참으로 신령과 진정한 모습으로 남아 있었다. 거기에는 백향목 향나무 냄새가 가득한 성소도, 지성소도 없었고, 일정한 예배의식도 없었다. 솔로몬 때 있었던 악기도, 영창도, 장엄한 찬양도, 예복도, 탁자나 의자도, 아무 것도 없었다.

장로나 제자 할 것 없이 어떤 이는 서서, 어떤 이는 바위에 앉아서 정해진 시간도 형식도 없이 기도하고 말씀을 들었다. 그러나 그 설교와 기도 속에는 감동이 있었고, 눈물 콧물이 범벅이 되어 온 몸을 순교로 불사를 만큼 뜨거운 성령의 열기가 모든 사람의 가슴을 벅차게 했다.

당시 바리새인은 월요일과 목요일에 금식을 했다. 그리스도인은 그 대신 수요일과 금요일에 금식한 것으로 기록되어 있다. 그것이 오늘까지 수요 예배와 금요 기도회로 유지되어 오고 있는 것이다. 초대교회 (Apostolic Church)에 대한 기사는 사도행전, 바울 서신과 히브리서, 베드로후서 그리고 목회서신 외에도 크레멘트 서신, 바나바 서신, 아포그립바 외경, 예루살렘 멸망 후에 기록된 조세프스 경, 2세기에 기록된 이그나튜스와 폴리갑 서신, 그 이후의 헐마스(Hermas)와 저스틴 (Justin Martyr) 서신, 이레뉴스((Irenaeus) 서신 등에 상세하게 기록되어 있다.

얼마 전 대학 공부에 시달려 교회 출석을 하지 않는 가까운 한 젊은 이를 만났다. "교회 출석만큼은 꼭 해야지!" 라고 권면했더니 "마음으로 믿으면 되지 꼭 교회를 가야만 합니까?" 라고 불퉁스럽게 답했다. 나는 그에게 "바쁘다고 가까이 계시는 부모를 방문하지 않는다면 효자는 될 수 없지!" 했더니 그는 "하나님하고 부모님하고는 다르잖아요!" 라고 대답했다. 나는 그에게 예수님의 말씀을 들려 주었다.

"누구든지 사람 앞에서 나를 시인하면 나도 하늘에 계신 내 아버지 앞에서 그를 시인할 것이요 누구든지 사람 앞에서 나를 부인하면 나도 하늘에 계신 내 아버지 앞에서 그를 부인하리라"(마10:32-33). 그리고 "...모든 무릎을 예수의 이름에 꿇게 하시고 모든 입으로 예수 그리스도를 주라 시인하여 하나님 아버지께 영광을 돌리게 하셨느니라"(빌 2:10-11).

이 말씀 중에 하나님과 사람 앞에서 그리스도를 주로 "시인한다"는 말씀의 뜻을 알려 주었다. "시인한다"(호몰로게오)는 "약속한다", "고백한다", "찬양한다"는 뜻이다. 이것들은 예배 행동으로 주를 시인하는 방법이다. 그것은 그리스도를 주로 시인하는 전도나 선행이나 예배 참석 등을 뜻한다. 나는 그에게 힘을 주어 말했다. "학생은 무엇으로 그리스도를 주라고 시인하고 있는가?" "그대가 대학에서 전도하여 그리스도를 시인하거나 주일을 지켜 예배하지 않는다면 그대가 하나님 앞에 섰을 때 무엇으로 주님의 시인을 받을 것인가 생각해야 하지 않겠나! 잘 생각해 보게". 그는 고개를 깊이 숙이고 있었다.

신약시대에는 정해진 장소나 시간에 제약을 받지 않고 "범사"에 친근한 아버지께 대하듯 하되 영적으로 하나님을 찬양하며 주로 시인하는 예배를 드렸다. 만일 예배자가 영적이지 않다면 영이신 하나님을 찬양하고, 경배하고, 기도하고, 사명을 부여받는 일이 불가능할 것이다. 그래서 "형제들아 내가 하나님의 모든 자비하심으로 너희를 권하노니 너희 몸을 하나님이 기뻐하시는 거룩한 산 제물로 드리라. 이는 너희가 드릴 영적 예배니라"라고 했다(롬12:1).

성경에는 영(푸뉴마)을 "마음"으로 번역하고 있다(마26:41, 롬1:28, 7:23, 딤후3:8 빌4:7). 그래서 교회에서 예배 때 부르는 찬양은 영적으로 즉 마음 깊은 곳에서 우러나는 찬양이면 족하다. 옛날에는 부드러운 소리 때문에 올겐의 반주아래 엄숙하고 경건한 음악을 택하느라 단조로운 그레고리안 찬가를 불렀다. 그것이 반드시 4부 합창일 필요는 전혀 없다. 발성법이나 창법은 더욱 중요하지 않았으며 옷을 일률적으로 구색 맞출 필요도 없었다.

그러나 요즈음 성가대는 합창대라고 명칭을 바꾸는 것이 옳다. 아름다운 선율과 화음은 청중을 위해서는 나쁠 것은 없다. 그것은 그렇다치고 잔잔하고 깊이 있는 피아니시모는 거의 없고 포티시모가 너무 잦아 마음으로 드리는 경건한 찬양답지 못하다. 무엇보다 찬양자의 얼굴과 몸표정에서는 긴장한 모습만 보일 뿐 영혼의 충만한 기쁨을 읽을 수 없다. 누가 들으라고 부르는 찬양인지, 대 예배에서 부르는 찬양의 대상이 사람인지 하나님인지 전혀 알 수 없다.

개혁 장로교(Reformed Presbyterian)에서는 "찬송가"를 부르지 않는다. 그들은 시편 1편에서 149편까지를 나누어 6백여 장으로 기록한 "시편(Psalm)"을 부른다. 음률은 비슷한 그레고리안 곡조로 조용하고 장엄하게 부를 따름이다. 내가 그들에게 찬송가를 부르지 않는 이유를 물어 보았더니 그들의 대답은 간단했다. 찬송가는 "사람이 만든 것이어서 하나님이 기뻐하신다는 보장이 없다"는 것이었다.

옳은 말이다. 우리가 부르는 찬송가 전체가 잘못되었다는 것은 아니나 그 속에는 부흥성가와 감상곡이 많다. 더욱 가스펠송은 비 성서적인 가사에 경건미가 없는 선율이 대부분 차지하고 있다. 그것도 율동과 기타와 때로는 드럼을 동반하여 예배의식을 무속 종교의 작태로 전락시키고 있다. 대 예배와 부흥회와 특별 집회를 구분하지 못하는 과실을 아무렇지 않게 연출하고 있다.

저자가 구라파에 있을 때의 일이 생각난다. 구교와 신교의 중간이라고 할 수 있는 루터교 교회였는데 정면에는 제사를 위한 엄숙한 제단이 있어 제사를 드리고 그 다음 순서로 회중의 한 중간 기둥에 높이 붙어 있는 강대에 목사(신부)가 올라가 설교를 했다. 그리고 제사와 설교를 구분하여 설교할 때는 군중속에 서서 간증하기도 하고 성경말씀으로 성도의 사명을 고무하였다.

내가 특히 감명을 받은 것은 벽에 부착된 파이프 오르간의 장엄한 선율 때문도 예배 보는 이들의 조용하고 엄숙한 분위기 탓만도 아니었다. 어디서 들려오는지 천장에서 사뿐히 내려오는 소년 찬양대의 맑고 청아한 찬양 때문이었다. 조용한 독창으로 시작하여 때로는 이중창,

때로는 합창으로 변하였으나 대부분 유니송이었고 대위법으로 작곡된 탓으로 자연스럽게 화음을 이루기도 했다. 설교할 때는 잠시 사라졌다가 설교가 끝날 즈음에 다시 이어졌고 기도할 때는 "할렐루야" 연창이 들릴락 말락 사그라졌다가 다시 살아나 천사의 소리와 같았다.

그러나 그들의 얼굴은 어디에도 찾을 수 없었으며, 몇 사람인지도 알 수 없었다. 고개를 돌려 아무리 두리번거려 보았으나 헛수고였다. 그것도 또 다른 하나의 세련된 형식일 수 있으나 찬양이 기도와 설교와 잘 조화를 이루어 청중들의 영혼을 천국으로 끌어올리는 듯한 느낌을 주었다. 모든 것이 "할렐루야! 할렐루야!'로 연결된 차분하고 경건한 분위기로 성도들의 심령을 천국으로 이끌어 주는 듯 했다. 인간의 치장과 가면과 소음이 짙을수록 하늘나라는 흐려지는 것을 깨달았다.

경배의 핵심은 입술에 있지 않고 마음에 있다. 마음은 콩밭에 있는 날새들의 예배, 그것은 "헛된 예배"(막7:6,7)가 될 수 있다. 그리고 가식 없는 순전함과 진실함이 없는 예배도 헛것이다(고전5:8,고후2:17). 순전함과 진실함이란 많은 형식과 짙은 치장과 채색된 가면을 벗겨야만 드러난다. 대예배의 대표 기도는 길 필요도 없다. 한두 마디의 기도라도 좋다. 단 진정한 마음의 기도면 족하다. 흔히 잘 다듬어 예습된 기도는 미사여구로 꾸며진 청산유수다. 문제는 영의 기도는 연출이 아니라는데 있다. 시나리오나 각본이나 연출은 다 바리새인의 외식일 뿐이다.

"바리새인은 서서 따로 기도하여 이르되 하나님이여 나는 다른 사람들 곧 토색, 불의, 간음을 하는 자들과 같지 아니하고 이 세리와도 같지 아니함을 감사하나이다. 나는 이레에 두 번씩 금식하고 또 소득의 십일조를 드리나이다". 이 기도에 무슨 잘못이 있는가? 그들이 가식으로 거짓말한 것도 아니다. 그들은 사실 그렇게 살아왔고 노력한 사람들이다. 그래서 감사한 것이다. 그러나 그들의 잘못은, 말은 "하나님이여"라고 하였으나 마음은 "청중들이여"라고 했던 것이다. 골방에 들어가 문을 닫고 하나님 앞에 하듯 겸손히 했더라면 기도가 달랐을 것이다.

그런데 "세리는 멀리 서서 감히 눈을 들어 하늘을 쳐다보지도 못하고 다만 가슴을 치며 이르되 하나님이여 불쌍히 여기소서 나는 죄인이로소이다"(눅18:10-13)라고 했다. 그들은 사생활에 있어 바리새인에 비교할 수 없는 추한 삶을 살아온 자들이다. 그러나 그들은 "멀리" 따로 서서 혼자만의 골방을 만들어 가식 없는 기도를 한 것이다. 그렇다면 하나님께서는 매일 매일의 행위는 보시지 않고 몇 마디 기도만으로 모든 것을 단정하셨다는 말인가?

그러나 바리새인들이 몰랐던 것은 첫째로 하나님께서는 겉보기, 즉 금식과 십일조와 아름다운 선행에 대한 자고함을 보시지 않으시고 가련한 상한 마음을 보신다는 것과, 아무리 선한 척해도 하나님 앞에서는 다 같은 죄인이라는 사실이었다. 그리고 두 번째는 하나님께서는 진실되고 겸손한 자에게 자비를 베푸시고 교만한 자를 물리치신다는 것이다. 그리고 세 번째는 하나님의 이름을 들먹인 가식을 싫어하신다는 것이다.

세리는 감히 "하늘을 쳐다보지도 못하고" 가슴을 치며 "불쌍히 여기소서", "죄인이로소이다"라고 했다. 거기에는 위선이나 가면이 없었고 거룩하신 하나님을 의식하고 겸손하게 불쌍히 여겨 달라는 애원이 있을 뿐이었다. 그 속에는 개탄과 회개가 있었고 하나님의 자비와 용서만 바라는 기대가 있었다. 그것은 사하심과 구원하심을 소원하는 영의 기도요 진정한 애원이었다.

바리새인들에게는 많은 훌륭한 점이 있었다. 그럼에도 예수님께서 극히 싫어하셔서 7화(禍)를 선언하셨던(마23장) 이유는 그들의 외식 때문이었다. '외식'(휘포크립타이)이란 가면을 쓰고 연극하는 것을 뜻하며 '외식자'란 '연극배우'라는 뜻이다. "그들이 행하는 행위는 본받지 말라. 그들은 말만하고 행하지 아니하며... 모든 행위를 사람에게 보이고자 하나니... 잔치의 윗자리와 회당의 높은 자리와 시장에서 문안 받는 것과 사람에게 랍비라 칭함을 받는 것을 좋아하느니라"(마 23:3-7). 그들은 외식으로 자기를 속이고 하나님을 속이려 한 것이다.

"그들이 내 백성의 상처를 가볍게 여기면서 말하기를 평강하다 평강하다 하나 평강이 없도다. 그들이 가증한 일을 행할 때에 부끄러워 하였느냐? 아니라 조금도 부끄러워하지 않을 뿐 아니라 얼굴도 붉어 지지 않았느니라..."(렘6:14-15). 이 말씀은 그들의 예의 바르고 단정한 신앙생활 이면에는 음탕과 욕심과 교만이 숨어있어 회칠한 무덤이었 다는 것을 알고 계셨다는 뜻이다. 그래서 그 "가증한 일", "미움받을 일"들을 숨긴 것을 외식이라고(마6:5,23:25-27) 하셨다.

세상이 자연재난과 한발과 기근으로 병들고 굶어 죽는 사람이 많은 데 "나와 우리"를 보호하셔서 감사하다는 기도, 범죄와 사건이 빈번하 여 어수선한데 "나와 우리"는 무사하게 하셔서 감사하다는 기도가 잦 다. 그 감사는 순박한 것이 아니라 이기적인 감사이다. 주님의 말씀에 "나는 자비를 원하고 제사를 원치 아니하노라"(마12:6-7)라고 하셨다. 제사는 하나님께서 시키신 예배 의식이다. 그런데 그것을 원치 않으신 다고 하신 것은 신령과 진실은 없고 복 받기만 바라는 이기와 야욕 때 문이다.

설교도 마찬가지다. 설교자가 거룩한 삶을 위하여 하나님을 대신하여 책망도 권면도 할 수는 있다. 그렇지만 그보다 더 중요한 것은 학위복도 가면도 벗고 솔직한 죄인의 한 사람으로 진실되고 신령한 권면이 있어야 한다. "나도 이런 위선자요 죄인입니다... 나도 이렇게 낙담했습니다 ... 이 말씀에서 힘을 얻었습니다"라는 진솔한 권면을 하나님께서 기뻐하실 것이다. 기수(旗手)로서 깃대를 흔드는 대신 회중과 함께 울고 함께 무릎을 꿇는 소탈하고 진실됨이 아쉽다.

언젠가 덴마크 어느 시골 작은 교회에서 예배를 드린 적이 있다. 예배순서에는 "간증 또는 찬양"이라는 항목이 있었다. 5, 60대 할머니 네 사람이 나왔다. 그리고 눈을 감고 묵도를 드린 후 찬양을 하겠다고 했다. 한 사람은 밴죠를, 다른 한 사람은 기타를 쳤다. 그에 맞추어 네 사람은 합창을 했다. 세련되지 못한 음성에 박자도 맞지 않았으나 은혜에 감격해 눈물을 흘리고 있었다. 나도 눈물을 흘렸다. 목사도 간단하게 간증 설교를 했다. 나는 그날 드린 예배를 일생 잊을 수 없다.

예배를 신령과 진정으로 드려야 할 또 다른 이유가 있다. 성경에는 "거룩한 자"(하기온) 또는 "거룩한 것"(하기오스)이라 부름받은 이는 하나님과 주 예수와 천사들이며(눅9:26,계14:10) 그리고 선지자(눅1:70,벧후3:2,11,계11:18)와 성령님(마12:32,요7:39,14:26,행1:5)이다. 그리고 놀랍게도 '성도'를 "거룩한 자"(하기온, 롬12:13,15:25,16:2,16,엡1:4,18,5:27)라 하였다. 그렇다면 죄인을 어떻게 성도라 하신 것인가. 그것은 예배를 통해서 거룩해지도록 허락 받은 자라는 뜻이다.

그래서 거룩한 예배는 속죄가 반드시 있어야 한다. 그래서 "하늘에 있는 것들의 모형"인 "이런 것들은 정결하게 할 필요가 있었으나 하늘에 있는 것들은 이런 것들보다 더 좋은 제물로 할지니라"(히9:23) 하신 것이다. 여기 "이런 것들"이란 옛날 제단에 바쳐진 제물을 말하고 있다. 교회는 "그리스도의 피받침으로 세워진 곳"으로 오늘도 "피받침"이 있어야 한다. 단순히 천부를 배알하는 곳이 아니고, 하나님 앞에 죄를 고하고 예배드림으로 거룩해져야 한다.

우리는 아직 '거룩한 자'(하기온)가 된 것은 아니다. 의롭지 못하나 의롭다 여기시고, 성도(聖徒)가 못되나 성도로 부르심 받은 은혜에 보답하기 위해 예배를 드리는 것이다. 그것을 위해서는 반드시 교회나 대 집회에서만 예배를 드리는 것이 아니라 기도와 회개와 말씀과 찬양이 있으면 그것이 예배다. 그 예배를 통해서 성화가 이루어지는 것이다. 그러나 교회를 가야 하는 이유는 주님의 발자취를 따르기 위함이며 두 번째 이유는 숯불이 식지 않게 하기 위함이다.

그리고 세 번째로 성도는 교회를 통해서 그리스도의 지체가 된다 (고전12:27-28). 지체(멜로스)란 한 부분이라는 뜻이다. 즉 성도는 독립체가 될 수 없고 교회를 통해서 지체 간에 서로 돕고 변화 되어가는 것이다(고전12:20-22). 가지가 많으면 바람 잘 날이 없듯이, 가족이 많으면 시련과 싸움도 잦다. 그러나 그 싸움을 통해 자신의 부족을 알게 되며 어른의 충고와 지도를 따라 인간이 되어가는 것이다. "오직 너희를 부르신 거룩한 이처럼 너희도 모든 행실에 거룩한 자가 되라"(벧전1:15-16)로 명령문을 사용하고 있다. 여기 "너희"는 "너 개인"을 뜻하는 것이 아니고 소아세아에 흩어진 성도들을 말하고 있다. 즉 교회의 성도 "너희들"은 거룩한 자가 되라는 뜻이다.

믿음도 거룩한 것이며(유1:20) 기도도 거룩하다(계8:3-4) 한 것은 예배를 통해서 거룩해 질 수 있다는 말이다. 뿌리가 거룩하면 가지도 거룩하다(롬11:16)는 말씀은 가지가 뿌리와 둥치에 잘 붙어 있어야 함을 시사한다. "내가 거룩하니 너희도 거룩하라"는 "내가 거룩하니 내 백성도 거룩해져야 한다"는 뜻이다. 우리는 교회 출석과 예배를 통해 하나님의 자녀임을 확증할 뿐 아니라 하나님을 기쁘시게 하며 말씀의 생명 시냇가에서 날로 새로워지고 거룩하게 자라는 것이다. 그것이 구원에 이르는 길이다.

> 나 가나안 복지 귀한 성에 들어 가려고 내 무거운 짐 벗어버렸네.
> 죄중에 다시 방황할 일 전혀 없으니 저 생명 시냇가에 살겠네.
> 길이 살겠네! 나 길이 살겠네! 저 생명 시냇가에 살겠네!
> 길이 살겠네! 나 길이 살겠네! 저 생명 시냇가에 살겠네!
> 아멘! 아멘!

7) 교회의 의의(意義)

교회란 어떤 곳인가? 이 질문에 대한 답은 극히 쉬울 것 같으나 그렇지 않다. 마치 삶이란 무엇인가? 하는 물음처럼 보편적이면서 다양하고, 단순하면서 복잡한 것은 무엇이나 답이 쉽지 않다.

첫째로 교회의 의의는 하나님이 거주하시는 곳이라는 데 있다. 그래서 옛날에는 교회를 성전이라 불렀다. "성전(나오스 Shrine)"이란 "거주한다(나이오 Reside)"에서 왔다. 즉 하나님이 거주하시는 처소라는 뜻이다. 그래서 "너희는 너희가 하나님의 성전인 것과 하나님의 성령이 너희 안에 계시는 것을 알지 못하느냐? 누구든지 하나님의 성전을 더럽히면 하나님이 그 사람을 멸하시리라. 하나님의 성전은 거룩하니 너희도 그러하니라"(고전3:16-17) 하신 것이다.

옛날 모세가 애굽을 탈출했을 당시(BC 1275)에는 장막 성소(이에로우 Sanctuary)가 있었다. 그것이 솔로몬이 웅장한 성전을 지으면서 신전(Tabernacle, Shrine) 또는 성전(Temple)이라 부르게 된다. 솔로몬의 재위 4년(BC 957)에 지은 것을 제1 성전이라 부르고(왕상6:2), 4백년 후 재건축한 것을 제2 성전이라 부른다(BC520-516,스4:24,6:15). 그러나 그 성전도 퇴화되어 느헤미야가 BC 445년에 재건하였으나(느2:28) 다시 파괴되었다. 예수님 당시에 남아 있던 성전은 네 번째 성전으로 헤롯 대왕이 주전37년 예루살렘을 점령하여 세운 헤롯 성전이었다. 인간이 세운 성전은 크나 작으나 영구한 것은 없었다.

이렇게 교회의 명칭과 예배형식은 시대에 따라 변천되어 왔다. 옛날에는 대제사장만이 들어갈 수 있는 "성막"과 지성소가 있었고 지성소 밖에 제사장이 분향하며 제사를 드리는 성소가 있었다. 그리고 이스라엘 백성들은 절기 때마다 "섬기는 예법"(히9:1,6, 출26:1,31)에 따라 제사를 드렸다. 그리고 평소에는 주거지 근처에 있는 회당에서 안식일 마다 모여 율법을 낭독하고 랍비의 해설을 듣고 운을 붙여 시편을 읽었다.

신약시대에 와서 '에클레시아'(소명 받은 자의 모임)로 이름이 바뀌면서 엄격한 양식의 제사에서 해방되어 "친근한 경배(프로스쿠네오)"로 변하게 된 것이다. "에클레시아"는 '에크(밖으로 out)'와 '클레시아(초대 Invitation)'의 준말로 '초대 받아 나왔다'는 뜻이다. 즉 "하나님에게 초대 받은 자의 모임", "사명을 받은 자의 모임"이라는 뜻이다. 그리하여 형식을 떠나 자유스럽게 시와 찬미와 신령한 노래로 찬송하여 범사에 우리 주 예수 그리스도의 이름으로 아버지 하나님께 감사하는 예배로 바뀌어진 것이다(엡5:19, 골3:16). 옛날 엄한 숭배의 대상이었고 명령자였던 성전의 주인이 친근한 사랑의 초청자가 된 것이다. 이것이 교회의 두 번째 의의다.

그렇게 성소에서 성전으로 그리고 회당으로, 그리고 근래에 와서는 성당(Basilica)과 교회(Church)로 불려지게 되었다. 오늘의 "Church(교회)"란 독일어의 "키어케"(Kirche)에서 왔다. 그 "키어케"는 "주(큐리아케)와 집(오이키아)"이 줄여져 "큐리아케"(주님의 집)로 불려지게 된 것이 유래다. 즉 교회는 "주의 집" 또는 "주로 삼은 자의 집"이라는 뜻이다. 그래서 칼 바르트는 "교회는 무겁게 짐을 등에 업고 다니는 달팽이의 껍질이 아니라 전령관의 직책을 받은 하나님의 부대"라고 했다.

　　바울은 "그(그리스도)는 몸인 교회(에클레시아)의 머리시라 그가 근본이시요 죽은 자들 가운데서 먼저 나신 이시니 이는 친히 만물의 으뜸이 되려 하심이라"(골1:18)고 했고, 베드로는 교회의 사명을 "너희는... 그의 소유가 된 백성이니 이는 너희를 어두운 데서 불러내어 그의 기이한 빛에 들어가게 하신 이의 아름다운 덕을 선포하게 하려 하심이라"(벧전2:9)고 했다. 여기에 "교회(에클레시아)"라는 새로운 이름이 주어졌고 "주님의 아름다운 덕"(진리)을 선포하는 장소가 된 것이다.

　　그 목적을 이루기 위해 진리를 가르치고 배운다는 뜻에서 "교회"(敎會)로 동양에서는 불려지게 된 것이다. 예수님 당시에도 회당(시나고그)에서 말씀을 가르쳤다(마4:23,9:35,13:54,요18:20,고전14:19). 그러나 그 가르침은 교회의 근본 목적은 아니었다(고전14:35). 그러면 그 목적은 어디에 있는가? 예배하는 예배당인가? 성경공부 하는 교육장인 교회인가? "나는 인애를 원하고 제사를 원하지 아니하며 번제보다 하나님 아는 것을 원하노라"(호6:6)를 보면 엄숙한 예배보다 진리를 가르치고 배우는 것이 더 중요한 것처럼 보인다.

　　그러나 여기 "아는 것"이란 지식적으로 아는 것(오이다)이 아니고 체험으로 아는 것(기노스코오)이어서 "하나님 아는 것"이란 하나님의 사랑과 공의와 거룩하심과 그의 능력을 체험으로 아는 것을 뜻하고 있다. 그러기 위해서 부르심을 받은 자의 모임(에클레시아)을 교회(敎會)라고 한 것은 학교라는 말과 비슷하여 합당치 않다. 교회는 진리와 사명을 가르칠 뿐만 아니라 성도들이 서로 화답하며 교제하며, 서로 돕고 위로하고 화목하는 체험의 장소가 되어야 한다.

이스라엘 백성은 돌로 지은 그 웅장한 대 성전을 크게 자랑삼고 있었다. 예수님께서는 그들에게 말씀하신다. "이 성전보다 더 큰 이가 여기 있느니라. 나는 자비를 원하고 제사를 원치 아니하노라"(마12:6-7) 하신다. 당시에 최대 건물이었던 "성전 보다 더 크다"니? 예수님 자신이 성전이라니? 이해하기 어려운 말씀을 하셨다. 당시의 헤롯 성전은 솔로몬 성전의 두 배의 크기로 뜰의 넓이가 4만 5천 평, 건물의 바닥 넓이는 2천 2백 평 정도였으니 꽤 큰 건물이었다. 예수님의 성전은 그보다 더 웅대하시다는 뜻인가?

여기에 사용하신 "더 크다(메이존)"는 광대하다는 뜻을 가진 "메가스"의 비교급이다. 이 '메가스'는 큰 돌(마27:60), 큰 나무(눅13:19), 큰 고기(요21:11), 큰 방(눅22:12) 등에 사용 된 중성이어서 큰 것, 큰 인물을 나타낸다. 그래서 어떤 이는 성도를 성전(엡2:22)으로 본 것과 예수님 자신을 가장 큰 성전이라고 하신 것은 무형의 성전으로 본 것이다. 문맥으로 보아 다윗이 안식일에 율법을 어기고 진설병을 먹은 일(마12:2), 제사장들이 안식일에 율법을 어기고 제사를 드린 일(마12:5)을 들먹이신 것을 보면 율법에 따라 지어진 성전보다 더 큰 사랑과 능력의 새 성전의 주인이 예수님이라는 것을 밝힌 것이다. 즉 자비의 공간 (마12:7)을 말씀하신 것이다.

그래서 그 성전에서 때를 따라 물질을 바치는 제사 보다 자비와 사랑을 바치는 것을 원하신다고 했다. 인류는 힘써 제물을 바쳐 그 결과 대 성전은 지구 곳곳에 웅장한 자세로 서 있다. 그래서 "사람들이 성전을 가리켜 그 아름다운 돌과 헌물로 꾸민 것"을 자랑삼았다. 그러나 "예수님께서는 "이것들이 날이 이르면 돌 하나도 돌 위에 남지 않고 다 무너뜨려지리라"(눅21:5-6) 하셨다. 즉 헌물과 돈으로 세운 성전은 무너질 것이지만 자비와 사랑으로 세운 성전은 무너지지 않는 것이다. 성전의 근간은 돌로 지었느냐 나무로 지었느냐도, 천정이 돔이냐 아치냐도 아니다. 보다 중요한 것은 흉금의 화음을 공명시키는 사랑의 아치로 지어져야 한다.

우리의 마음과 몸에 성령을 모시면 성전이 된다(고전3:16-17). 유형적 성전(나오스, 마23:16-17,26:61,요2:15-21)은 아무리 아름답게 꾸미고 단장한다 하더라도 돌(세포) 하나도 돌 위에 남지 않는 분해가 올 것을 예언한 것이다. 6층 높이의 큰 건물이었던 예루살렘 성전은 예언하신 대로 40년 후에 무너졌다. 예수님께서 부활하실 것을 "성전을 헐라 내가 사흘 동안에 일으키리라"(요2:19)로 시사하셨고, 그 뜻을 "예수는 성전된 자기 육체를 가리켜 말씀하신 것이라"(요2:21)고 요한은 해석했다.

우리의 육체와는 달리 속사람에 하나님이 임재하시면 후패하지 않는 본질적 성전(히에론, 마12:12-15,23,요2:14-15,고전9:13)이 된다. '성령님을 모신' 영혼은 영원한 성전의 모형이 될 것을 암시하신 것이다. 이 영혼의 성전(히에론)이 세 번째 의의다.

"그리스도께서는 참 것의 그림자인 손으로 만든 성소에 들어가지 아니하시고 바로 그 하늘에 들어가사 이제 우리를 위하여..."(히9:24)라고 하셨다. 즉 지상의 성전은 하늘나라의 그림자라고 하셨다. 본체의 양식을 닮은 모형이요 실체의 테두리만 어렴풋이 나타내는 그림자라는 뜻이다. 실제로 영원하신 하나님의 입장에서는 인간의 삶 자체가 "나그네요 그림자"(대상29:15,시102:11,144:4,욥17:7,전6:12)일 뿐이다.

그림자란 실상 뒤에 잠시 나타나는 허상(虛像)을 뜻한다. 그림자나 모형을 보면 실상이 존재한다는 것과 실체의 윤곽만 어림짐작할 수 있다. 교회가 하늘나라의 그림자라는 말씀에는 하늘나라를 세상에 그대로 전시할 수 없어 교회를 그림자로 보이셨다는 뜻이다. 하늘나라의 색깔도 재료도 참 모습도 성질도 전적으로 알 수 없다. 그러나 교회를 통해서 어림잡이나마 보여 주어야 할 사명이 부여 되었다는 뜻이다. 여러 성도들이 모이는 교회나 성령님을 모신 우리의 영이 하늘나라의 모형이요 그림자라는 뜻이 바로 그것이다. 얼마나 감사할 일이 아니겠느냐?

그림자(몰페에)를 형체(빌2:7) 또는 모양(딤후3;5)으로도 번역 되어져 있어 유사성을 뜻하기도 한다. "나의 자녀들아 너희 속에 그리스도의 형상(몰페에)을 이루기까지 다시 너희를 위하여 해산하는 수고를 하노니"(갈4:19)와 "너는 그리스도 예수 안에 있는 믿음과 사랑으로써 내게 들은 바 바른 말을 본받아 지키고..."(딤후1:13)에서 "본받아"는 모형이 되라는 뜻이다. 교회의 근본목적은 "말씀을 본받아 그리스도의 믿음과 사랑의 형상을 이루는데" 있다. 이 형상(후포투포스 Pattern) 역시 유사성을 말하나 동일성을 말하는 것은 아니다.

칼 바르트는 그의 "로마서 강해, II 판"에서 하나님의 특성을 인간의 특성과 비교하여 '전적 타자'(他者)라고 표현했다. 즉 하나님의 영원성은 인간의 유한성과, 하나님의 영성은 인간의 육성과 그리고 하나님의 거룩하심은 인간의 속성과 전적으로 다르다는 것을 전적타자(全的他者 Ganz Andere)라고 했다. 마치 빛과 어둠은 완전히 다르지만 사물의 윤곽을 나타낼 수 있다. 그것이 이 세대를 본받으면 안 되는 이유(롬12:2)요, 이 세상이나 세상에 있는 것들을 사랑하면 안 되는 이유(요일2:15)다.

비록 그림자란 본체와는 큰 차이가 있다. 교회가 하늘나라의 그림자 역할을 감당하라는 것은 자기의 독생자를 본받아 이 "전적 타자"의 윤곽만이라도 나타내는 역할을 하라는 것이다. 그림자는 빛 자체도, 그렇다고 어두움도 아니다. 비록 흐릿한 윤곽이나마 천국처럼 인간에게 안식처가 되어 달라는 것이다. "하늘나라 그림자" 이것이 교회의 네 번째 의의다.

하늘나라 그림자란 사막의 "쉼터"요 죄인의 피난처를 말한다. 뜨거운 햇빛 아래 그 그늘이 나그네에게 제공하는 임시 안식처로서의 소중함은 무엇으로도 비교할 수 없을 것이다. 그것을 "여호와는 너를 지키시는 이시라 여호와께서 네 오른 쪽에서 네 그늘이 되시나니"(시121:5)라고 하셨고 "나를 눈동자 같이 지키시고 주의 날개 그늘 아래에 감추사"(시17:8-9)라고 하신 것이다. 오늘 교회가 사막의 그림자와 같은 사명을 다하라는 뜻이다.

특히 "주의 날개 그늘"(시36:7,57:1,63:7,91:1), 혹은 "큰 바위 그늘"(사32:2)은 여호와의 보호 상징이다. 반복된 이 말씀은 고된 삶 속에 허덕이는 인간에게 주신 하나님의 그늘진 쉼터(마11:28)요, 요새라는 뜻이다. 이것이 '교회는 하늘나라의 그림자' 라는 뜻이다. 그와 반대로 만일 교회가 냉랭하여 아무 위안과 쉼터가 되지 못하고 서로 헐뜯는 싸움터가 되어 상처를 준다면 그것은 교회가 될 수 없다.

그리고 다섯 번째 의의는 "하나님의 진리의 기둥과 터"(딤전3:15)라는데 있다. "이 집은 살아계신 하나님의 교회요 진리의 기둥과 터니라"(딤전3:15)라고 했다. 여기 "진리의 기둥(스튜로스 Piller)이란 집을 세우는 기둥을 뜻한다. "레바논의 백향목 기둥"(왕상7:2), "성전 기둥" (렘27:19,겔40:49,42:6)이란 충해를 받지 않고 마디도 없이 곧게 자라나 최고의 건축재와, 선재(船材)와 관재(棺材)로 쓰인 백향목을 말한다. 교회는 사랑의 쉼터가 되어야 하지만 그렇다고 죄와 악이 창궐하여 썩어서는 안 된다는 뜻이다.

아무리 레바논의 백향목이라 하더라도 결국은 썩어 부패할 것을 암시하고 있다. 인간의 조직체에는 영원한 백향목은 없다. 인간 조직체는 커지면 커질수록 야욕과 주권 다툼으로 반드시 부패하기 마련이다. 그리하여 불가피하게 세월과 더불어 원래의 목적이 희박해진다. 이것이 인간 조직체는 오래가지 못하고 개혁이 불가피한 이유이다.

또 다른 기둥(스튜로스)의 뜻은 기념비 또는 기표(記標)라는 뜻이 있다. 야곱이 하란으로 가는 도중에 돌을 베개하고 잠들었을 때에 꿈 가운데 하나님을 만나게 된다. 그는 잠에서 깨어 베개로 삼았던 돌로 기둥을 만들고 "여호와께서 여기 계시다"는 뜻으로 "벧엘"(하나님의 집)이라 이름을 붙였다(창28:18-19). 그리고 그 기둥에 기름을 붓고 서원했다(창31:13). 또 "땅의 기둥들은 여호와의 것이라 여호와께서 세계를 그것들 위에 세우셨도다"(삼상2:8) 하셨다. 여기 "여호와께서 세우신 땅의 기둥"이란 "여호와의 진리의 기표"를 뜻한다.

교회는 진리의 기둥(욥38:4)이란 진리의 표석(標石)이라는 뜻이다. 등산 길목에서 흔히 목표지점의 거리와 방향을 알리고 표고를 알리는 기표를 볼 수 있다. 하늘나라 길목에서도 방향과 거리와 표고를 알리는 기표가 있다. 야곱의 "벧엘(하나님의 집)"처럼 교회는 하나님의 임재와 진리를 입증하는 표석이 되어야 한다. 내가 가고 있는 길이 바른 길인가? 목표지점에 얼마나 가까이 다가왔는가? 를 교회에서 확인 할 수 있어야 한다. 그러나 오늘의 교회는 안내자를 믿을 수 없고 인간적인 형식에 시야가 흐려져 있어 진리의 지표(指標)가 분명치 않다.

집에 터가 있고 기둥이 있듯이 이 영적인 성전에도 터와 기둥이 있다. 그 터는 진리의 터이어야 하고, 그 기둥은 진리의 기둥이어야 한다. 진리의 터 위에, 진리로 기둥 삼아 세워진 교회(딤전3:15)는 무너지지 않고 영원하다는 것이다. 콘크리트의 인공 터와 백향목의 기둥으로서는 영원할 수 없다. 콘크리트의 수명은 2백년이요 백향목의 수명은 비바람을 막지 못하면 길어야 백년이다.

그렇지 못하고 이 영적 성전에 "바알"(비옥신(肥沃神)―물질주의, 탐욕주의, 자본주의, 이기주의를 뜻함)이 주인이 되면 하나님의 첫째, 둘째, 셋째의 계명과 이상에 말한 다섯 가지 의의를 저버림으로 그의 진노를 면치 못하게 될 것이다(고전3:13-15). "내가 지혜로운 건축자와 같이 터를 닦아 두매 다른 이가 그 위에 세우나 그러나 각각 어떻게 그 위에 세울까를 조심할지니라. 이 닦아둔 것 외에 능히 다른 터를 닦아 둘 자가 없으니 이 터는 곧 예수 그리스도시라"(고전3:10-11).

여기에 "교회의 터와 건축 방법"에 대한 분명한 설명이 나와 있다. 그것은 그리스도께서 만들어 놓은 진리의 터 위에 건물은 인간이 세우지만 주의하라는 것이다. 철학적 진리나 과학적 진리나 신학적 진리나 다른 어떤 건축 공학적 진리에 의해 건물을 세워서도 안된다(마7:24-25,고후11:4). 오로지 하나님의 주어진 말씀! 그것에 가감 없이 그 말씀의 진리의 터 위에 교회를 지어야 한다. 이 말을 "듣고 행하는 자가 그 집을 반석 위에 지은 지혜로운 사람"(마7:24) 이라고 하셨다.

다시 말하지만 지표(指標)란 바른 길로 인도하는 안내자이다. 어두운 밤의 해로를 밝혀주는 등대는 못 되더라도 야밤에 보행자를 돕는 가로등은 되어야 한다. 지표나 등대가 없다면 위험한 낭떠러지나 암초에 낭패를 볼 수 있다. 우리의 삶의 모습을 보고 "나도 저 사람 처럼 살고 싶다"는 평을 받아야 한다. 그런데 "장로도 집사도 명예와 이익문제, 그리고 오락과 여자문제에 있어서는 똑 같더라!"는 평을 듣는다면 그는 진리의 반석 위에 지어진 바람직한 지표가 될 수 없을 것이다.

교회의 여섯 번째 의의는 "땅에 있는 것이나 하늘에 있는 것들이 그로 말미암아 자기와 화목하게 되기를 기뻐하심이라"(골1:18-20)에 있다. 즉 교회를 통해서 하나님과 인간이, 그리고 인간과 인간이 화목하기를 원하신다는 것이다. 거기에 기독교 '공동체'라는 말이 생겨난다. 옛날 회당에서는 반드시 예배 후에 음식을 나누는 성도의 교제(코이노니아)가 있었다(고전11:33-34). 그것으로 불충분하여 함께 한 곳에 모여 살며 유무상통하는 공동체를 이루었다.

이 목적을 위해서 교회의 머리는 그리스도이시며(엡1:22-23,골1:18) 성도들은 한 몸에 붙어 있는 지체(롬12:4-5,고전12:27)라는 지체사상이 생겨났고 여러 형태의 공동체가 과거 2천 년 동안 도처에 줄곧 있어 왔다. 이 지체사상과 화목의식이 초대 교회에서는 분명하여 사유재산을 교회에 바쳐 유무상통한 기독교 공동체를 형성 했었다(행4:32). 그리하여 "그리스도 예수 안에서" 서로 권면하고 위로하고 돕는 긍휼과 자비의 공동체(빌2:1)를 이루었다.

근대에 와서 독일을 위시하여 교회를 중심으로 기독교 공동체(Gemeind)가 생겨났고 형식을 유지하다가 신자들의 사생활(Privacy)이 중요시 되자 교회 곁으로 이사하여 구역을 형성했던 교구제(Parish)로 발전하게 된다. 그것이 구라파의 오래 된 도시들이 교회를 중심으로 부채꼴로 도시가 형성된 원인이다. 그것이 차와 같은 이동기구가 발달하면서 오늘에는 형제 모임(Commune)으로 변천하게 된다.

그러나 이런 변천은 "몸이 멀어지면 마음도 멀어진다(out of sight, out of mind)"는 원리에 따라 각 지체사상은 개인주의에 밀려나고 말았다.

같은 문으로 어깨가 닿게 드나들면서도 이름도 성도 모르는 남남을 지체라 할 수 있을 것인가? 교우들 중에 누가 굶고 누가 울고 있는지 서로 무관심한 교우들을 한 몸이라 할 수 있을 것인가? "과부와 나그네와 고아들을 위한 헌금"(신14:28-29,26:11)으로 성경에서 지시한 일이 없는 대형화, 현대화에는 경쟁적인 교회들, 십일조의 막대한 자금은 교회 부동산 확장과 교역자 봉급 향상에 쓰여지고 구제와 선교비에는 인색한 현실 교회들을 무엇으로 해명할 것인가? 차츰 교회는 가난한 서민들에서 멀어져 가고 거지와 노숙자가 차별당하는 곳으로 전락되었다.

일부 성직자의 도덕적 타락, 사명의식 상실, 교회의 기업화, 물량화, 현대화, 세속화의 풍조 속에서 차츰 교회는 약해져 가는 현실을 무엇으로 해명할 것인가?

과연 교회는 앞으로 다가올 풍랑에 넘어지지 않고 살아남을 방주가 될 수 있을 것인가?

하나님의 집으로! 진리의 터와 기둥으로! 화합의 장소로 과연 인정받을 것인가?

이 말세의 풍랑 속에서! 주여 인도하소서! 주의 몸 된 교회를 붙드소서!

5장

성화

{ 05 성화

1) 정숙주의(Quietism)와 경건주의(Pietism)

　종교(Religion)란 '경건'이란 뜻이다. 경건이란 정숙, 신중, 근신, 진실을 뜻한다. 그래서 불교에서는 좌선(坐禪)을 기본 수도 방도로 삼아 그들의 경건을 추구한다. 그 좌선의 선(禪)은 '고요할 선'으로 함구하고 말을 피하는 것을 뜻한다. 이슬람교에서는 "침묵주의(Sufism)"라 하여 말의 무절제와 방종을 삼간다.

　법정스님의 '무소유'에 침묵의 의미가 실려 있다. "현대는 말이 많은 시대다. 먹고 뱉어내는 것이 입의 기능이기도 하지만 현대는 전자매체를 통해 말없이 혼자서 지껄일 수 있는 시대다. 그리고 언론의 자유 탓으로 아첨과 협박과 욕설이 난무하게 되었다. 말이 많으면 별로 쓸 말이 없다. 하루 종일 토해낸 말을 다 주워 담아 달아보면 하잘 것 없는 소음뿐이다"라고 했다.

　그리고 그는 이렇게 말을 이었다. "좋은 친구란 말이 없어도 같이 있는 시간이 지루하게 느껴지지 않으며 따분하지 않다. 말이 입 밖에 나오지 않아도 구슬처럼 영롱한 말이 침묵 속에 오고 간다... (말은 꽃처럼 아름답지만) 양귀비꽃은 그것으로 마약을 만든다. 내가 물을 주어 기른 꽃, 내가 벌레를 잡아주고 김을 매주는 흙에서 함께 자라나 빛깔과 향기가 다른 꽃이 피어난다는 것이 신비요 순수한 모순이다"라고 했다. 그래서 불교는 묵언주의(默言主義)를 주장한다.

그리하여 아무리 좋은 말도 안 하는 것만 못하여 참선(參禪)하는 선원(禪院)에는 안팎에 '묵언(默言)' 또는 '침묵 (沈默)'이란 표지가 붙어 있다. 말하지 말라는 것, 시비를 따지지 말며 침묵을 통해서 생각을 여과하여 마음을 맑게 하라는 것이다. 그래서 그는 "극히 감격스러울 때 말을 잃는 것은 침묵이 미덕임을 증명하는 자연의 지시"라고 했다. 그는 어떤 진리나 세상사가 마음 깊은 곳에 닿으면 자연스럽게 잠잠해지는 것이라고 본 것이다. 그리고 법정스님은 10년이라는 긴 세월 동안 한 마디도 말하지 않고 벙어리로 지냈다.

기독교에서는 침묵보다 정숙을 주장한다. 기독교의 정숙주의(靜肅主義 Quietism)의 첫 번째 목적은 고요한 중에 주의 음성을 듣기 위해 귀 기울이는 것을 말한다. 이것은 옳은 말을 고르기 위한 훈련도, 경솔을 덮기 위한 과묵도 아니다. 불필요한 말을 삼가며 마음을 모아 내면을 관찰하며 고요한 중에 주의 음성을 듣기 위함이다. 그리고 두 번째 목적은 입은 단순히 먹기 위해 존재하는 동물적 의의를 넘어 대화로 선을 행하며 진리를 추구하고 전파할 뿐 아니라 하나님을 찬양하는데 참 된 의의가 있다고 믿기 때문에 침묵이 아닌 정숙을 택한다.

주님께서 말씀하셨다. "너희는 악하니 어떻게 선한 말을 할 수 있느냐? 이는 마음에 가득한 것을 입으로 말함이라. 선한 사람은 그 쌓은 선에서 선한 것을 내고 악한 사람은 그 쌓은 악에서 악한 것을 내느니라"(마12:33-35). 이 말씀은 말을 하지 말라는 뜻이 아니라 말은 곧 마음의 표현에 지나지 않으며 마음의 변화가 앞서야 한다는 뜻이다. 말을 안 한다고 마음이 착하게 변하는 것이 아니라 마음을 닫아 놓았을 뿐이라는 뜻이다.

"내가 너희에게 이르노니 사람이 무슨 무익한 말을 하든지 심판 날에 이에 대하여 심문을 받으리니 네 말로 의롭다 함을 받고 네 말로 정죄함을 받으리라"(마12:36-37,참고 마5:22)라고 하셨다. 말이 입에서 나와 공중에 흩어져 소멸해 없어지는 것이 아니라, 속사람의 증거요 본질의 표현인 범주(範疇)로서 심판의 증거 자료로 남는다는 뜻이다. 세상 법정에서는 말을 참고자료로 삼지만 하나님께서는 피 묻은 칼이나 독약과 동일한 증거물로 삼는다는 뜻이다.

하나님께서는 "행위를 따라"(계20:12), "행위대로 심판"(계20:13)하시지만 마음과 말도 행위로 보신다는 것이 세상과 다르다. 그래서 구속함을 받은 자는 "그 입에 거짓말이 없고 흠이 없는 자들이라"(계14:5)고 했다. 거짓말, 험담, 욕설, 분노, 저주, 자랑 등 악한 말뿐만 아니라 착하고 정직한 말, 찬양과 위로, 기도와 전도 등도 그대로 증거물로 나타날 것이다.

예수님은 십자가에 달리시기 직전 법정에 섰을 때 사람들의 무모한 고소와 힐난을 받으셨으나 입을 굳게 다무셨다(마26:63,행8:32). 그리고 바울은 신자들에게 "주 예수 그리스도 안에서 권하기를 조용히 일하여 자기 양식을 먹으라"(살후3:12)고 했다. 그래서 "이는 우리가 모든 경건과 단정한 중에 고요하고 평안(헤이쉬키아)한 생활을 하려 함이니라"(딤전2:1-2)고 하셨다. 이 말씀을 보면 전도니 사명이니 하며 부산을 떨 필요 없이 평안하게 지내면 충족한 것으로 보인다.

"내 사랑하는 형제들아 너희가 알지니 사람마다 듣기는 속히 하고 말하기는 더디 하며 성내기도 더디 하라"(약1:19). "우리가 다 실수가 많으니 만일 말에 실수가 없는 자라면 곧 온전한 사람이라 능히 온 몸도 굴레 씌우리라"(약3:2-12)고 했다. 말을 하지 말라가 아니고 더디 할 것과 실수가 없도록 하라는 것이다. 그리고 "혀는 작으나" 많은 것을 태우는 불이요, 배의 키와 같이 방향을 잡는 중요한 역할을 하며 독이 있어 사람을 죽게 만든다. 아무리 바른 말이라 할지라도 "그 마지막 말은 하지 않았었으면" 하고 후회하는 것도 이 때문이다. 많은 파탄이 말에서 시작 된다.

근대의 성자로 불린 에벌린(Evelyn Underhill 1875-1941 英)은 이렇게 말했다. "사람들은 자신을 과대하게 나타내려고 사람들 앞에서는 말을 많이 하며 수다를 떤다. 그러면서도 하나님 앞에서는 침묵을 지킨다. 그러나 성도는 사람 앞에서는 과묵하면서 하나님 앞에서는 거북함을 모르는 자다". 이것은 하나님 앞에 거룩하게 성화되기를 바라는 자의 바른 자세라 하겠다.

온유하고 안정된 숨은 속사람은 성령의 사람임을 지시한다. "육체를 따라 난 자"가 있고 "성령을 따라 난 자"(갈4:29)가 있다. 육을 따라 난 자는 "호색, 분쟁, 분냄, 당파, 시기와 방탕"(갈5:19-21)으로 인해 시끄러운 삶을 면할 수 없다. 그와 반대로 성령을 따라 난 자는 "화평과 참음, 온유와 절제 등"(갈5:22,23)으로 감정을 다스려 "그리스도 예수의 사람은 육체와 함께 그 정과 욕심을 십자가에 못박은 자"(갈5:24)로 사는 것이다. 그러면 "서로 격동하고 투기하지"(갈5:26) 않을 것이다.

기독교 정숙주의의 둘째 의의는 '비밀'을 간직하는 데 있다. 정숙의 뜻은 '잠잠하다'(시가오오), 또는 '고요하다'(눅20:26, 행21:40, 고전14:28,30,34)와 '감취었다'(롬16:25)는 뜻을 가지고 있다. 잠잠한 자란 숨겨진 비밀을 간직한 자라는 뜻이다. 큰 비밀을 가진 자는 결코 떠들거나 노출시키지 않는다. 큰 사명을 지닌 사람일수록 남에게 떠벌리고 다니지 않는다. 그리고 묵묵히 자기만의 보화로 삼는 것이다. 그것이 왕의 밀사에게 주어진 기본 의무일 것이다. 그렇다면 정숙과 경건은 같은 것인가?

경건이라는 단어에는 몇 가지가 있다. 그 중에는 겉사람의 경건, 즉 의식적(儀式的)경건을 "드레스코스"(약1:26-27)라 하고, 도덕적이고 예의 바른 경건을 "유스케모온"(막15:43)이라고 한다. 그리고 디모데전서에 여러 번 나오는 "유세베이아"(딤전2:2,3:16)의 경건은 내면적 연단을 뜻한다. 이 경건에 "이르도록 네 자신을 연단하라. 육체의 연단은 약간의 유익이 있으나 (속사람의)경건은 범사에 유익하니 금생과 내생에 약속이 있느니라"(딤4:7-8) 하셨다. 그러면 기독교 경건주의는 정숙주의와 다른 점이 무엇인가?

기독교 정숙주의는 중세의 수도사 안셀름(Anselm 1033-1109)이 쓴 "신의 탐색(Quest for God)", 스페인 신부 모리노스(Molinos)가 쓴 "영적 인도(Spiritual Guide 1675)"와 그 즈음에 살았던 프랑스의 구용(Jeanne Guyon)의 "영적 강화(Spiritual Discourses 1716) 등에 의해서 확립되었으며 정숙주의(Quietism)가 수도원의 기반이 된다. 그래서 정숙주의를 "Molinos"라 부르게 되고 수도원을 정숙원이라는 뜻으로 "Monastery"라 불려지게 된다. 즉 정숙은 경건의 기본이라는 뜻이 담겨 있다.

그리하여 페네롱(Fenelon), 폴 슐쯔(Paul Schultz) 등 수많은 수도사들, 성자들에 의해 그 사상은 확고히 전수되어 왔다. 현대에도 가톨릭에서는 "피정의 집(Retreat)"과 "수도원(Monastery)"이 세계 도처에서 운영되고 있어 수많은 수사들이 그곳에서 수도하는 것을 본다. 그들은 그것을 기반으로 영성 훈련을 받는다. 어쩌면 이것이 가톨릭의 표면화된 힘의 저력인지도 모른다.

정숙주의의 기반을 닦은 폴 슐쯔(Paul Schultz)는 "말씀에는 한 신비로운 소리가 현존한다. 그것은 하나의 소리일 뿐 다른 아무 것도 아니다. 이 소리는 매우 조용하여 너의 지각을 총 동원하여 귀를 기울여야 들을 수 있다. 이 소리는 마치 다른 소리와 경쟁이나 하듯 부르짖는 소리가 아니다. 다른 소리와 경쟁하지 않는 이유는 다른 소리와 비교되는 소리가 아니기 때문이다"라고 말했다. 그는 이 소리를 듣는 일이 신앙생활에 가장 귀중한 일로 보았다. 정숙은 이 소리를 듣기 위함이라는 것이다.

그리고 "왜 우리가 이 소리를 들을 수 없는 것일까?" 그것은 인간들이 이 소리를 다른 소리와 비교하려 하고, 동화시키려 하고, 병렬(並列)시키려 하기 때문이다. 이 소리는 살아서 역사하지만 극히 자유스러워 인간의 어떤 방해도 받지 않는다. 만약 신이 큰 지진을 일으켜 그 위력으로 인간을 복종시키려 했다면 인간의 자유와 삶을 희생시키는 결과가 되었을 것이다. "신의 음성은 고요하고 차분하고 평안한 가운데 사모하는 자에게 성령님과 함께 어울려 우리의 영혼에 호소한다(고전2:14)"고 했다.

그리고 그는 이렇게 말했다. "사람이 하나님의 음성을 듣고 영으로 거듭나지 않으면 하나님의 나라를 볼 수 없기 때문이다"(요3:3). "왜냐하면 이 고요한 소리는 우리 자신이 우리에게 이야기 할 수 없는 그 무엇을 하나님께서 우리에게 이야기 하는 것이기 때문이다. 이것은 우리 인간 이성을 무력화 시키는 말들이다. 그리하여 이 소리만이 인간을 변화시키고 인간으로 하여금 신의 영역으로 끌어 들일 수 있는 구속력을 가지고 있다"고 했다.

그리고 사람이 그 소리를 잘 듣지 못하는 이유를 "하나님께서 우리에게 고요한 소리로 접근하시지만 사람은 누구나 자신이 이미 정해 둔 '기대(期待)하는 말(Expected Words)'이 있기 때문에 고요한 말을 듣지 못한다고 보았다. 그 기대했던 말과 전혀 다른 말은 들려와도 들려지지 않는다. 그러나 마귀의 속삭임은 정욕적이고 이기적인 인간이 기대하고 있는 말과 일치하기 때문에 쉽게 들려진다. 그래서 영들을 구별하는 능력(고전12:10,14:29,요일4:1)으로 고요한 소리를 듣는 것만큼 긴요한 것은 없다"라고 말했다. 그의 말은 옳다. 사람들은 기대하는 소리만 듣는다. 남과 대화를 하거나 설교를 듣고 은혜를 받았다는 뜻은 자기가 기대한 소리를 들은 경우이다.

헐무트 티어릭(Helmut Thieliche)은 "현대 기독교는 현대화로 수난기를 맞고 있다. 발달된 이성과 개인의 자유가 현대인의 정신을 고갈시켜 '고요한 소리'를 듣지 못하게 만들었다. 신의 '고요한 소리'를 듣지 못한다면 '신은 죽었다'고 결론지을 수밖에 없다. '고요한 소리'를 듣지 못하는 교회는 죽은 교회요 이 소리를 듣지 못하는 신학은 더이상 신학이 될 수 없다"라고 했다.

대체로 말을 많이 하는 사람은 남보다 자기만 생각하는 사람들이다. 혼자 잘났다고 떠드는 사람들은 자기에게 도취된 사람들이다. 특히 사회 구조가 자신이 무시되기 쉬운 풍토에서 자라난 사람일수록 남들보다 뛰어나고 돋보이기 위해 튄다. 그런 사람일수록 마음에 안정이 없고 여유스럽지 못해 시끌벅적하다. 그래서 말을 많이 하는 사람은 마음에 안연함(헤이쉬키아)이 없다. "이르시기를 너희는 가만히 있어 내가 하나님 됨을 알지어다"(사46:10) 하신 것이다.

"빈 양철통이 시끄럽다"는 말은 그 속에 무거운 비밀이 담겨 있지 않다는 뜻이다. 음악이든지 운동이든지 그리고 학문이든지 다를 바가 없다. 어느 경지에 도달하여 값진 보화를 얻은 사람은 표현에 무리와 힘씀이 없다. 찬송이나 기도나 봉사도 마찬가지다. 깊은 샘에서 솟아나는 물처럼 영혼의 깊은 곳에서 비밀스럽게 진행되는 잔잔한 움직임이 있을 따름이다. 식물이 싹이 나고 줄기와 잎이 자라고 꽃이 피고 그 이후에 열매를 맺을 때에 무슨 소리가 있던가?

기독교의 경건이 불교나 힌두교의 침묵이나 정숙과 다른 점이 바로 여기에 있다. 우리에게도 "조용히 하라(헤쉬키아)"는 하나님의 명령이 있다. "하나님이 우리를 부르심은 부정하게 하심이 아니요 거룩하게 하심이니... 또 너희에게 명한 것 같이 조용히(헤쉬키아) 자기 일을 하고 너희 손으로 일하기를 힘쓰라"(살전4:7-11)는 데 있다. 즉 거룩이 성숙해지면 정숙이 따른다는 것이다.

여기 "우리를 부르신 목적"은 거룩해짐을 위함이라고 했다. 그리고 "내가 첫째로 권하노니...간구와 기도와 도고와 감사를 (소리 내어)하되... 이는 우리가 모든 경건과 단정함으로 고요하고 평안한 생활을 하려 함이라"(딤전2:1-2)고 한 것이다. 이 말씀은 어떻게 보면 서로 모순된 내용으로 보인다. 소리 내어 기도도 하고, 감사도 하고, 찬양도 하고, 전도도 하되, 고요하고 평안하게 하라는 것이다. 그렇지만 떠들고 격동하지 말라는 것이다. 이것이 떠들지 않는 고요함과 장엄하고 위엄이 있는 정중함을 뜻하는 정숙(靜肅)이지만 그것은 경건에는 미치지 못한다.

세례요한이나(마3:3) 예수님께서 천국을 전파하시며(마4:17) 복음을 전파하신 것은 정숙보다 경건의 중요성을 입증하고 있다. 예수님께서 나귀 타고 입성하셨을 때 많은 군중이 호산나를 외쳤다. 경건의 모양만 추구한 바리새인들이 그것을 못마땅하게 여겼을 때 예수님께서 "내가 너희에게 말하노니 만일 이 사람들이 침묵하면 돌들이 소리 지르리라"(눅19:40)고 하셨다. 외치고 소리 지르는 일도 필요할 때가 있다는 뜻이다. 이것이 외형적 경건인 정숙주의와 다른 점이다.

여기 "고요함(예레몬)"과 "평안함(헤쉬키아)"을 구별하여 말씀하셨다. 소리와 잠음이 없는 고요함(예레몬 Calm)과 신뢰에서 오는 평안(헤쉬키아 Quiet)을 겸해서 가지라는 것이다. "주 여호와 … 거룩하신 이가 이같이 말씀하시되 너희가 돌이켜 조용히 있어야 구원을 얻을 것이요 잠잠하고 신뢰하여야 힘을 얻을 것이거늘"(사30:15)의 "조용히"는 소리를 낮추는 것이요 "잠잠하고"는 신뢰에서 오는 평안을 말한다. 이것은 이성의 계산과 판단에서 오는 침묵과는 다른 것이다. 여기 "평안(헤쉬키아)"은 영혼의 "안연함(晏然 Resting)"을 뜻하고 있어 내면적 경건(유세베이아)을 말한다.

그리고 "누구든지 스스로 경건(드레스코스)하다 생각하며 자기 혀를 재갈 물리지 아니하고 자기 마음을 속이면 이 사람의 경건(드레스코스)은 헛것이라. 하나님 아버지 앞에서 정결하고 더러움이 없는 경건(드레스코스)은 곧 고아와 과부를 그 환난 중에 돌보고 또 자기를 지켜 세속에 물들지 아니하는 그것이니라"(약1:26-27)에 나오는 경건(드레스코스)은 외면적 경건을 말한다. 이것은 범사에 유익한 내면적 "경건(유세베이아)"만 못하다. 그러나 "하나님 아버지 앞에서 정결하고 더러움이 없는 경건(드레스코스)"이란 하나님 보시기에 정결해야만 한다는 것이다.

왜 정결해야만 하느냐? 말세에는 경건의 모양만 갖추었을 뿐 "자기를 사랑하며 돈을 사랑하며 자랑하며 교만하며 비방하며… 조급하며 자만하며 쾌락을 사랑하기를 하나님 사랑하는 것보다 더하며 경건(유세베이아)의 모양은 있으나 경건의 능력은 부인"(딤후3:1-5)한다는 것이다. 여기 모양(몰페에)만 있고 능력(두나미스)은 부인한다는 뜻이 무엇인가?

여기 "부인한다(엘레모오)"란 "버린다", "거부한다"는 뜻이다. 즉 경건한 척 하는 모양만 있을 뿐 그 능력이 효력을 발휘하지 못했다는 것이다. 앞서 '힘과 능력'에서 말한 힘은 없고 변화한 척 모양만 낸다는 것이다. 그러면 효력(W)은 없다는 뜻이다. "모양만 있고 힘은 없다"는 것은 변화된 척 흉내만 내고 있다는 뜻으로 그것은 가짜 경건을 고발하고 있는 것이다.

여기 말하는 경건의 능력이란 무엇을 말하는 것인가? 이것은 단순히 세속에 물들지 않는 능력이나 과부나 고아를 돌보는 자선 능력을 말한 것인가? 아니면 "선을 기뻐함과 믿음의 역사"(살후1:5)를 이루는 능력인가를 깨달을 때 비로소 "크도다 경건의 비밀이여!"(딤전3:16)라고 감탄할 수 있을 것으로 본다. 세속화 되지 않고, 과부나 고아를 돌보는 일은 하나님의 능력에서만 온다는 것이다. 그 능력을 경건의 능력이라고 했다.

바울은 이것을 "우리 복음이 말로만 너희에게 이른 것이 아니라 또한 능력과 성령과 큰 확신"(살전1:5)으로 나타난 것이라고 말하고 있다. "너희 믿음의 소문이 각처에 퍼졌다는 것", "살아 계시고 참 되신 하나님을 섬기는 것" 그리고 그리스도의 재림을 "너희가 기다리는 것"(살전1:8-10) 등으로 나타났다는 것이다. 이것들은 믿음의 능력이요 소망의 능력이요 사랑의 능력이다. 베드로는 그것을 "신기한 능력으로 생명과 경건에 속한 모든 것"(벧후1:3)이라고 하면서 "정욕 때문에 세상에서 썩어질 것을 피하여 신성한 성품에 참여하는"(벧후1:4) 길이라고 했다.

이것이 정숙과 경건의 차이점이다. 정숙으로 하나님의 음성을 듣는 것은 경건의 출발이요 사명을 의식하는 단계이다. 그러나 그것으로 끝난다면 "경건의 능력"이 없는 죽은 경건인 것이다. 말씀을 들을 뿐 아니라 내면적 경건(유세베이아 Godliness), 즉 '하나님 다워짐'으로, 고아와 불쌍한 자를 돌보는 "능력"(골1:11)으로 표출 될 때에 구원이 이루어지는 것이다.

기독교 경건주의(Pietism)는 19세기 독일 남부 보헤미아 지방에서 요한 웨슬레와 진센돌프 등에 의해 시작된다. 그들은 구원이 경건의 모양에 있는 것이 아니고 경건의 능력에 있다는 것을 강조하였다. 그리스도인이 수도원에서 명상 가운데 하나님의 음성을 듣는 것은 좋은 일이라 하겠다. 그러나 복음을 전하고(롬10:14,고전9:14,빌1:18,골1:28), 그리스도를 증거하며(고전2:1), 진리를 가르치고(마28:20,행4:1-2), 고난 속에서도 그리스도의 사랑을 나타내는 사명을 다할 때 결실이 나타나는 것으로 보았다.

시도 때도 없이 떠들고 북치고 춤추는 야단스러운 현실 교회에 경건의 능력이 있는가 반성해 보아야 한다. 하나님에게 영적 사명을 받아 부름을 받은 자들이 모인 교회가 무슨 큰일이나 일어난 것처럼 시끄럽고 호들갑이 심하여 도무지 고요한 소리를 들을 수 없다면 문제가 있는 것이다. 성령의 인도하심으로 내면적으로 수양이 되어야 할 사람들이 무엇을 안다고, 그리고 무엇을 얻었다고 법석을 떤다면 그 속에 경건의 능력이 나타날 수 있겠는가 생각해 볼 일이다.

예수께 조용히 나가 네 마음을 쏟아노라.
늘 은밀히 보시는 주님 큰 은혜를 베푸시리! 아멘! 아멘!

2) 천국의 보화

인격과 수양을 가늠하는 한 가지 척도는 "당신은 무엇을 보화라고 생각하십니까"라는 질문에 대한 답일 것이다. 서양인이건 동양인이건 원시인이건 문명인이건 할 것 없이 자기가 살아 있는 의미는 자기가 소유하거나 꿈꾸는 보화를 얻는 데 있다. 원시인에게는 칼이나 활이나 창이 그들의 보화일 수도 있고, 근대인에게는 총이나 재력이, 현대인에게는 컴퓨터나 자동차가 보화일 수도 있다. 그리고 어떤 이에게는 직장이나 오락이나 가정일 수도 있겠다. 그 답에서 그 사람이 살아가는 가치관은 물론 삶의 의미를 알 수 있다. 삶이란 더 나은 보화를 찾는데 의의가 있다.

개인마다 보화가 있듯 사회와 도시와 나라마다 각각 다른 보화가 있다. 지역적 보화로는 기후나 아름다운 명승지나 지하자원 같은 유형적인 자연의 혜택일 수도 있고, 사회제도나 역사나 전통 같은 무형적인 보화도 있다. 후한 인심이나 안정된 사회 풍토가 이민자들에게는 귀중한 보화가 된다. 각자의 환경과 교육 수준과 종교와 사상에 따라 보화의 정의는 각각 다르며, 같은 종교를 가졌다고 하더라도 받은 은사와 신앙 수준에 따라 그들이 생각하는 보화는 다르다.

보화 또는 보배란 무엇인가? 이 질문에 대해 어떤 이는 부귀를, 어떤 이는 건강을, 어떤 이는 부동산이나 동산을 그리고 어떤 이는 일터를, 학벌이나 자식이나 명성을 들 것이다. 그보다 좀 더 깊이 생각하는 사람은 학벌보다 지식을, 금전이나 물질보다 신앙을 들지도 모른다.

보화(Treasure)란 귀한 것, 값나가는 것, 마음이 당기는 것, 사람들이 알아주는 것, 희귀한 것, 가장 유효한 것, 의지할 만 한 것, 행복을 주는 것, 그리고 특이한 의미를 가진 것 등 다양한 정의를 내릴 수 있겠다. 그래서 아무 소용이 없는 풀뿌리가 어떤 병자에게는 보배가 될 수 있고, 보기에 흉측한 골동품이나 종이 한 장이 가보가 된다. 이들 보화의 공통된 특징은 내게 의미가 있어 "남들에게 자랑 삼을 수 있는 것"들이다. 그러나 성경에서 말하는 보화의 개념은 전연 다른 것 같다.

성경적인 "보화" 또는 "보물(데사우로스)"이란 "숨겨둔 것"이라는 뜻이다. 즉 남에게 보이기 위한 것도, 자랑 삼을 것도 없이 자기만이 "숨겨두고 기쁨을 얻는 것"(빌4:4)이라는 뜻이다. 그래서 "보물 있는 그곳에는 네 마음도 있다"(마6:21)고 했다. 남에게서 인정받을 필요도 없이 내 마음만 그것에 가 있다면 그것이 보화다. 그래서 바울은 "믿음의 비밀"(딤전3:9)을 보화로 보았다.

보화란 자랑삼을 것이 아니라 비밀히(뮈스태리온 Mystery) 숨겨진 것이다. 작은 보화는 흔히 자랑하지만 큰 보화는 숨기는 법이다. 특히 영적 비밀(고전14:2)로 하나님에 관한 비밀(고전2:7,4:1,골2:2), 그리스도에 관한 비밀(골2:2), 예정의 비밀(고전2:7,엡1:9) 그리고 복음의 비밀(엡6:32) 등은 다 천국 비밀(마13:11)로서 눈에 보여지는 것도, 증명할 수 있는 것도 아니다. 거저 받은 자만 알고 믿음으로 기뻐할 것 뿐이다. 그것은 영으로만 식별할 수 있는 증거(고전14:2,히11:1-3)이기 때문이다.

예수님의 숨겨진 보화에 대한 다섯 가지 비유는 마태복음 13장에 자상하게 나와 있다. 제자들이 그에게 비유로만 말씀하시는 이유를 물었을 때, 그는 "천국의 비밀을 아는 것이 너희에게는 허락되었으나 그들에게는 아니 되었나니... 그들이 보아도 보지 못하며 들어도 듣지 못하며 깨닫지 못함이니라(마13:11-13)라고 하셨다. 이 대목을 어떤 사람들은 선택설로 해석한다. 그리하여 특정인에게는 고의적으로 숨기시고, 택한 자에게만 나타나는 것으로 해석한다. 그리고 보지 못하는 책임을 하나님에게 돌린다.

눈이 있고 귀가 있다고 아무나 보화를 식별할 수는 없다(마13:13). 눈은 사건이나 사물을 보고 "그 뜻"을 깨닫는 정신적 눈(오프탈모스, 마6:22-23,막8:17-18)이 있고 가시적 사물만 보는 생리적 눈(음마,막8:23)이 있다. 눈(오프탈모스)이 있다 손치더라도 죄가 가리워져 둔화되어 선과 악을, 덕과 죄를 구별하지 못하는 눈, 범죄만 보는(마18:9,20:15) 눈, 사람을 "나무 같은 것"(막8:24)으로 보기도 한다. 두려움을 보기도 하고(마14:30), 영적 세력(롬7:23)이며 근심과 기쁨(고후7:8), 믿음(약2:22)과 영혼의 안식(히3:19)을 보는 눈도 있다.

눈이 백내장이나 녹내장이 덮이면 시력을 잃듯이 영의 눈이 죄로 가리워지면 영의 일을 볼 수 없으며(눅24:16) 눈이 있어도 보지 못하게 되는 것이다(막8:17-18). 그것이 보화가 드러나지 않고 숨겨져 있는 이유다.

예수님의 예화 가운데 밭에 감추인 보화와 진주에 대한 예화가 있다. 보물이 무엇인지 그리고 그것을 얻을 수 있는 방법이 무엇인지 예화로 나타내셨기 때문에 어렴풋이 짐작하게 할 뿐이다. 그래서 이 말씀에 대한 이해는 사람의 영적 시력에 따라 다르다.

"천국은 마치 밭에 감추인 보화와 같으니 사람이 이를 발견한 후 숨겨두고 기뻐하며 돌아가서 자기의 소유를 다 팔아 그 밭을 사느니라. 또 천국은 마치 좋은 진주를 구하는 장사와 같으니 극히 값진 진주 하나를 발견하여 가서 자기의 소유를 다 팔아 그 진주를 사느니라"(마13:44-46)라고 했다. 즉 보화를 찾는 노력과 진가를 식별하는 일이 첫째며 그 다음 자기의 소유를 팔아 그 밭을 소유하는 것이 둘째 일이다.

이 보화는 구원의 진리이며 식별하는 눈과 찾으려는 노력이 있어야 한다는 것, 그리고 그 보화를 얻기 위해서는 희생이 따라야한다는 진리다.

여기서 값진 보화가 산속 동굴이나 사람이 뜸한 절벽에 숨겨져 있는 것이 아니고 삶의 터전인 평범한 밭에 숨겨져 있다는 것, 그리고 값진 진주가 따로 존재하는 것이 아니라 평범한 진주들 속에 숨어 있다는 것이다. 그것을 발견할 수 있는 사람은 밭을 경작하며 열심히 사는 농부이거나 평범하게 하루하루를 사는 상인이지만 가치 있는 것을 찾으려 노력한 자가 발견한다는 특징이 있다.

그 당시의 보화 보관 방도는 전대(발란티온,주머니,눅12:33)나 밭이었고 보다 더 귀중한 보화는 성전의 보관창고였다. 그러나 그 어디서도 좀과 도둑은 피할 수 없었다(마6:20). 밭은 도적과 전쟁을 피할 수 있는 안전한 곳이었다. 그러나 묻은 비밀을 아는 사람이 죽고 세월이 흐른 후에는 왕왕 요행을 구하는 농부들에 의해서 발견되는 진기한 사건이 일어나곤 했다. 그럴 때는 농부들이 그 밭을 사야 합법적으로 그 보화를 소유할 수 있었다. 그래서 농부들은 행여나 보화를 찾을까 하는 기대심리로 밭을 깊이 경작하는 이들이 있게 된 것이다.

보화를 발견한 농부는 삯꾼의 근성으로 일하지 않고 성실하게 노력한 자들이었다. 밭은 생계요 일터요 삶의 방식일 뿐이다. 어떤 밭은 아무리 노력해도 아예 보화가 숨겨져 있지 않다. 그런 밭은 팔고, 보화가 숨겨진 새 밭을 사야만 한다. 그러나 보화의 값을 별도로 치른 것이 아니기 때문에 보화는 여전히 은혜로 얻어진 것이라는 뜻이다. 그것을 "부수적 은혜(附隨的 恩惠)"라고들 한다. 노력과 희생은 보화의 진가에 비한다면 결코 대가가 될 수 없기 때문에 은혜로 보는 것이다.

흔히 믿음으로 받는 보화는 값없이 은혜로 얻은 것인데 왜 자기의 소유를 팔아야 하느냐 하는 것을 모른다. 특히 자기가 소유했던 재물을 다 팔아 보화를 샀다면 그것이 어떻게 은혜가 될 수 있는가 하는 것이 이해가 가지 않는다. 그것이 "구하는 자에게", "찾는 자에게", "문을 두드리는 자"에게만 주시겠다는 은혜(마7:7-8)요 보화를 발견하고 모든 것을 버린 자에게 주시는 상급이다.

이 부수적 은혜란 덤(Extra)으로 따라온 은혜라는 뜻이 아니라 전제조건이 충족 될 때 오는 은혜라는 뜻이다. 특히 은혜(카리스)란 호의(好意)라는 뜻이 있어 아무에게나 이유나 대가 없이 주어지는 것을 말한다. 그렇다고 아무에게나 주어지는 것이 아니라 찾고 노력하여 일하는 성실한 자에게 주어지는 부수적(附隨的) 실재(Practicality)여서 누구나 노력하는 자에게 공평하게 주어지는 부수(副受)적 실재(Substantial)라는 말이다. 즉 보화는 은혜이지만 자기 것을 희생하는 자에게 주시는 부수적 은혜라는 것이다.

팔고 사는 것은 가치를 따진 교환작업이다. 사람은 누구나 일생동안 값나가는 보화를 찾으려고 노력하고, 찾으면 물물교환을 한다. 그런 교환 작업의 이면에는 가치를 볼 수 있는 눈도 있어야하지만 결단과 모험과 희생도 뒤 따라야 한다. 남이 버린 돌을 주워다가 귀중한 모퉁이 돌로 삼아 값진 집을 지은 사람도 있고, 탕자처럼 귀한 땅을 팔아 허랑방탕하다가 세상을 오염만 시키고 가는 사람도 있다.

진주장사가 발견한 고귀한 진주는 아무나 볼 수 없는 특징을 가지고 있었다. 그 진주는 다른 진주와 달라 투명하여 맑고 은은하고 청아한 빛이 속에서 품겨 나오고 있었다. 보화는 그 빛을 식별(Discern)할 수 있는 사람의 것이다. 그렇지 못하면 "돼지 앞에 진주를 던지지 말라 그들이 그것을 발로 밟고 돌이켜 너희를 상하게 할까 염려"(마7:6)하게 된다. 그리고 "진주를 구하는 장사와 같으니"(마13:45)의 "구하다(제에테오 Seek)"는 "찾아 헤맨다"는 뜻이 있어 찾는 자가 발견한다는 뜻이다(마7:8). 그러나 "성령의 지시"(요14:26)를 따른 노력이다(마7:24).

그 보물을 발견한 두 사람은 그대로 비밀히 묻어두고 가서, 자기 소유를 팔아 그 밭과 진주를 샀다. 그 밭을 사기 전이나 후나 비밀이 노출된 것은 없다. 단지 그 보물이 어느 위치에 얼마나 깊은 곳에 숨겨져 있다는 비밀을 알고 있을 뿐이다. 달라진 것이 있다면 억제할 수 없는 기쁨과 흥분을 마음 깊숙이 다소곳이 간직하고 있을 뿐이다. 이것이 처음 진리를 발견하고 감격과 기쁨에 어쩔 줄 모르는 환희를 말한다. 이런 희열이 없으면 "큰 구원을 등한히 여기게"(히2:3) 된다.

독일 신학자 본 회퍼(Dietrich Bonhoeffer)는 그의 저서 "The Cost of Discipleship 1959)에서 "값 싼 구원"에 대해 경고한다. "교회들은 너무 자주 값싼 은혜(Cheap Grace)를 교인들에게 제공하고 있다. 교회들은 성찬을 싸구려로 팔고, 막연하게 하나님은 사랑이시다는 감상적인 메시지를 남발한다. 그러면서 하나님 임재의 기본인 그의 공의로운 심판과 그의 사랑의 표현인 십자가의 진가를 무시하고 값싼 것으로 잘못 가르치고 있다"고 한 말은 결코 과장일 수 없다.

게으름에는 두 가지 있다. 그 하나는 일을 모르거나 맡은 일이 없어 "게으른"(알고스 Idle 벧후1:8,딛1:12,약2:20) 경우다. 이런 자를 "무익한(마12:36) 자"라고 했다. 그리고 일을 알면서도 빈둥거리는 자를 "게으른"(오크네로스 lazy 마25:26)자라고 했다. 바울이 "...부지런하여 게으르지(오크네로스) 말고 열심을 품고 주를 섬기라. 소망 중에 즐거워하며 환난 중에 참으며 기도에 항상 힘쓰며 성도들의 쓸 것을 공급하며 손대접하기를 힘쓰라"(롬12:10-13)라고 당부하신 것은 일 맡은 성도에게 하신 말씀이다. 모르고 게으른 자는 보화를 찾지 못한 자요, 알면서도 게으른 자는 보화를 찾고서도 옛 밭을 팔지 못한 자이다.

예수님께서 천국에 관한 결론적 비유를 말씀하셨다. "또 천국은 마치 바다에 치고 각종 물고기를 모은 그물과 같으니 그물에 가득하매 물 가로 끌어내고 앉아서 좋은 것은 그릇에 담고 못 된 것은 내버리느니라"(마13:47-50). 여기서 바다는 세상을, 그물은 복음 또는 교회를, 각종 물고기는 신자를 말하고 있다. 언급된 그물은 보통 그물이 아니고 '사게네' 라는 길이가 약 1킬로나 되는 싹쓸이 저인망을 말하고 있어 심판을 뜻한다. 도드(C.H.Dodd)목사는 그의 저서(*The Parables of the Kingdom* 1935)에서 천국의 심판과 성도들의 변화를 말한 것이라고 지적했다(겔17:19-20).

그물에 걸린 고기 중에는 먹지 못하는 고기가 더 많았다. 그들은 갈릴리 바다에 많이 서식하는 "오핀"이라 불리는 비늘 없는 고기(마7:10 뱀으로 번역되기도 함)는 버림을 받는다는 것이다. 근본적으로 죄인이었던(롬3:11-18) "오핀"들이 하나님의 은혜로 본질적 변화를 받을 기회를 얻은 것이다. 그러나 변화 받은 자와 변화 받지 못한 자를 심판 날에 구별하신다는 것이다. 이 비유를 보화를 얻은 농부와 지혜로운 진주 장사와 비교해 본다면 "오핀"은 보화를 등한히 여기고(히2:3) 자기의 옛 밭과 소유를 팔지 못한 자를 말하고 있다(눅18:23). 결국 이들은 구원을 있으나 마나한 값싼 것으로 여기고 희생을 거부했던 것이다(히2:3).

예수님께서는 구원의 길을 세상에 선포하시기 위해서 오셨다. 자기의 말을 듣고 하나님을 믿으면 영생을 얻는다고 하신 것(요5:24)이나, 자기가 영생의 양식이라고 하신 것(요6:27,55), 그를 믿는 자는 그 배에서 생수의 강이 흘러 난다(요7:38)는 것, 그리고 자신이 곧 길이요 진리요 생명이라 하신 것(요14:6)들은 인간에게 구원을 주시기 위함이었다. 그리고 우리를 구하시기 위해 고난을 받으시고 십자가를 지셨다. 그리고 우리에게 그를 본받아 구원 사역에 동참하게 하심이었다(벧전2:21). 그래서 옛 성경에는 "네 있는 것을 다 팔아 가난한 자들에게 주라...그리고 와서 네 십자가를 지고 나를 따르라"(막10:21)고 되어 있었다.

예수님은 진리를 풀어 가르치시기 위해 오신 것이 아니라, 진리를 선포(Proclamation)하며 명령을 내리시기 위해 오셨다. 그래서 이해되지 않거나 모순 되게 보이는 부분이 많다. 그가 처음 하신 산상수훈에도 천국의 복을 받는 길은 모순투성이로 보인다. 마음이 가난해야 복받아 천국을 소유할 수 있다는 것, 슬퍼해야 위로를 받는다는 것, 온유해야 땅을 차지한다는 것... 등은 세상 이치와 반대 되는 일이다. 그래서 이것을 기독교의 파라독스라고 부른다.

신약에만 천국이라는 말이 149회나 나온다. 그 밖에도 "하늘나라, 아버지 집, 본향, 거할 곳"(요14:2), "영원한 처소"(눅16:9), "곳간"(마13:30) 그리고 "그릇"(마13:48) 등으로 말씀하셨으나 모두 하나님께서 주권자로 통치하시는 왕국(롬9:20)를 뜻한다. "천국"에 대한 정의는 열 가지도 넘는다. 그중에 유대인들의 유토피아설, 그리고 천년왕국설, 새 하늘과 새 땅설(계21:-22), 그리고 슈바이처나 불트만의 지상천국설 등이 중요한 설이다. 천국에 관한 책도 많고, 천국을 보았다거나 다녀왔다는 기행문도 적지 않다. 그리고 천국은 속히 오느냐 천천히 오느냐에 대한 견해도 다르다.

그중에서 루터가 주장한 마음의 천국설을 꼭 알 필요가 있다. 현세에서 이루어진 마음의 천국이 내세의 천국으로 이루어진다는 견해다. 그는 그것을 "마음이 가난한 자는 복이 있나니 천국이 저희 것이라" (마5:3)하신 것과, 세례요한이 "회개하라 천국이 가까왔느니라"(마 3:2)하신 것과 예수님께서도 똑 같이 선포하신 것(마4:17), 그리고 밭에 씨뿌리는 비유(마13:3-30,막4:30-32,26-29,4:1-9)며 밭에 감추인 보화(마13:44-46) 등을 들고 있다. 그리고 그는 천국이란 어느 지점이나 위치에 있는 것이 아니라(눅17:20-21) 하나님에게 죄 사함 받고(골1:13-14) 마음에 평화와 기쁨과 사랑이 이루어진 마음(롬14:17)이 곧 천국이라고 보는 것이다.

"천국은 좋은 씨를 제 밭에 뿌린 사람과 같다"(마13:24)의 '제 밭'이란 각자의 현실적 마음 밭을 말한다. 그러나 그 마음 밭이 길가 밭처럼 단비가 스며들지 못하는 굳어진 밭이거나, 습기를 함유하지 못하는 돌짝밭이거나, 가시가 무성한 묵은 옛밭에서는 좋은 씨가 자라날 수 없다. 이들이 피와 땀으로 개간 되어 옥토로 되지 않으면 씨앗은 자랄 수 없다. 여기서도 땀과 노력이 있어야 새 밭을 얻을 수 있다는 것을 암시하고 있다. 이 비유가 가르치는 진리는 옛 밭을 그대로 두고서는 영생의 보화는 없다는 것을 말한다.

"회개하라 천국이 가까왔다"(마4:17)의 "가깝다(엔구스 near)"는 공간적으로 가깝다는 뜻이며 "하나님의 나라가 이미 너희에게 임하였느니라"(눅11:20)의 '이미'는 시간적으로 과거사를 말하는 것이다. 즉 하늘나라는 공간적으로 그리고 시간적으로 이미 임했다는 것을 말한다. 마음 문을 열고 구원의 본류에 참여하게 된 것을 말한다.

"심령이 가난한 자는 복이 있나니 천국이 그들의 것임이요"(마5:3)의 "가난(프토코스)"은 사전에 "begging"으로 되어 있다. 이 가난은 물질적인 가난(페네에스 needy)과는 다른 정신적 가난이다. 남에게 구걸할 수 있는 가난은 마음의 겸손에서만 온다. 가난해도 왜 구걸할 마음은 없는 것인가? 무엇인가 자기 나름으로 믿을 곳이 있거나 자존심이 살아있기 때문이다. 그리고 세상에 믿을 사람은 자기 밖에 없다는 피해의식과 불신 탓이다. 값진 구원을 받을 자는 겸손하여 하나님에게 애걸하며 "큰 구원을 등한히 여기지"(히2:3) 않고 맹세를 지킨 자라야한다.

바리새인들이 예수님이 행하신 이적과 기사를 보고 그에게 어느 때에 하나님의 나라가 임하나이까"라고 질문한 일이 있다. 예수님의 대답은 "하나님의 나라는 볼 수 있게 임하는 것이 아니요 또 여기 있다 저기 있다고도 못하리니 하나님의 나라는 너희 안에 있느니라"(눅 17:20-21)라고 결정적 대답을 하셨다. 이 말씀은 어떻게 보면 동문서답인 것 같다. 그러나 그의 대답은 하나님께서 통치하시는 하늘나라는 "임하는(엘코마이 Appear)" 것, 즉 유형적으로 나타나는 것이 아니라 "너희 안에(엔토스 휘몬)" "있다(에스틴)", 즉 너희 마음에 무형적으로 존재한다는 뜻이다.

이 말씀들을 종합하면 분명한 한 가지 결론을 얻을 수 있다. 하나님의 나라는 회개하고 마음이 가난해지면(마5:3) 거기에 하나님 나라가 임한다는 것이다. 그렇게 보면 회개란 단순히 굳어진 땅과 돌과 가시가 무성한 "옛 마음밭"을 개간(開墾)하는 큰 간척 사업이며 옛 밭을 파는 생명을 건 모험이다. 그러면 천국은 결코 멀리 아득한 곳에 떨어져 있는 것이 아니라 가까운 마음 속 새밭에 묻혀 있다는 것이다. 그러면 그 보화가 주는 기쁨이 얼마나 크겠는가! 아멘! 할렐루야!

"내 영혼이 은총 입어 중한 죄짐 벗고 보니,
슬픔 많은 이 세상도 천국으로 화하도다!'

"주의 얼굴 뵙기 전에 멀리 뵈던 하늘나라,
내 맘속에 이뤄지니 날로 날로 가깝도다!"

"높은 산이 거친들이 초막이나 궁궐이나
내 주 예수 모신 곳이 그 어디나 하늘나라!"

"할렐루야! 찬양하세! 내 모든 죄 사함 받고!
주 예수와 동행하니! 그 어디나 하늘나라!"

3) 가시와 엉겅퀴

인생의 고통스러운 삶을 일컬어 '가시밭길'이라 한다. 가시에 찔려 그 상처로 고통이 멎을 날이 없다. 가시는 가정에도, 친구에게도, 교회에도 있다. 사람이 사는 곳에 가시가 없는 곳은 없으나 겉으로는 교양과 교활과 외식에 가리워 보이지 않는다. 사람의 가시는 사이가 서로 가까워져 이해 문제나 감정 문제가 야기되면 비로소 드러난다. 그러면 가시는 남에게 상처를 입힐 뿐 아니라 자신에게도 고통을 준다. 그것은 본질을 향한 회귀본능이기 때문에 어쩔 수 없다.

가시는 하나님께서 아담에게 내리신 저주에 담겨 있다. "내가 네게 먹지 말라 한 나무의 열매를 먹었은즉 땅은 너로 말미암아 저주를 받고 너는 네 평생에 수고하여야 그 소산을 먹으리라. 땅이 네게 가시덤불과 엉겅퀴를 낼 것이라"(창3:17-18). 그리고 "땅이...합당한 채소를 내면 하나님께 복을 받고 만일 가시와 엉겅퀴를 내면 버림을 당하고 저주함에 가까와 그 마지막은 불사름이 되리라"(히6:8)고 하셨다. 그 때부터 가시와 엉겅퀴는 하나님의 저주의 대상이 된 것이다.

여기서 말하는 채소와 가시는 인간의 마음 밭에 성장하는 행실을 말하고 있다. 채소는 사람에게 유익을 주는 선한 결실을, 가시와 엉겅퀴는 해를 주는 악한 결실(눅7:43-45)을 나타내고 있어 복과 심판을 초래한다. 그럼에도 인간의 본능은 복을 원하면서 복보다 저주 받을 가시를 돋게 하는 모순된 뒤틀린 본성을 가지고 있다(딤전6:10). 그리하여 평화를 원하면서 스스로 고통의 올무에 매이게 된 것이다. 그것은 인간의 자립욕망이 가져온 결과였다.

이 저주(창3:17-18)로 유대나라에는 많은 종류의 가시와 2백 가지도 넘는 엉겅퀴가 전 국토를 잠식하고 있다. 특히 "엉겅퀴(트리베로스)" 는 짙고 푸른 잎 때문에 아름답기만 하다. 그러나 "세 방향(트리) 화살 (베로스)"이란 이름 그대로 어느 방향에서 접근하든지 매서운 가시로 피해를 준다. 왜 세 방향으로 돋아난 것인가? 평면을 뜻하는 두 방향은 인간을 해치기 위해, 그리고 셋째 방향은 신을 대항하기 위해 돋아난 것이다. 그것이 부모를 거역하며 하나님을 배반하게 된 이유다.

박토에서도 번식력이 강한 가시(Thorn)와 엉겅퀴(Thistle)의 다른 점은 사나운 가시가 줄기에 있느냐 아니면 겉보기에 아름다운 잎가에 돋아나 있느냐에 있다. 강하고 큰 가시는 성격이 과격하고 도전적인 사람에게 있다. 그러나 엉겅퀴는 푸른 잎가에 숨어 있어 쉽게 눈에 뜨이지 않아 교양 있고 소극적 성격을 가진 자나 사려 깊고 수양된 사람에게 있다. 종교인이나 신앙인에게도 이 가시가 있다. 눈과 혀에도 사나운 가시가 있고(약3:5-6) "사탄의 사자"(고후12:7)의 역을 맡는다.

원시인이 짐승과 원수를 물리치기 위해 사용한 가시와 엉겅퀴가 철조망이 되고 그것이 창과 화살로 발전하더니 오늘에는 총포로 변신하였다. 컴퓨터와 TV, IT 등 전자매체에 범람하는 폭력과 음란과 패륜이 마음의 가시를 부추기고 있다. 말씀은 그 원인을 "세상의 염려와 재리의 유혹"(마13:22) 탓이라고 했다. 재리를 탐하여 남을 해치고 피해를 입지 않으려고 방어용 가시가 필연적으로 돋아난다. 즉 약육강식과 생존경쟁 탓이다. "작용과 반작용의 원리"로 한 쪽이 상처를 입히면 반드시 앙갚음의 되돌림이 있다. 결국 가시와 엉겅퀴는 "버림과 불사름"(히6:8)으로 끝맺는다.

최근 미국에서 총기 난사 사건이 잇따르자 오바마 대통령이 총기 제재조치를 의회에 상정했다. 그럼에도 그의 의견에 반론이 많은 것은 이미 보급된 천만 정 이상의 총기를 회수한다는 것은 사실상 불가능하며 오히려 선량한 사람들의 정당방위를 해칠 뿐이라는 것이다. 말하자면 홍수에 둑 터진 격으로 수습 시기가 넘었다는 것이다. 총기의 보급이 아니라 이미 보급된 마음의 포악성에 문제가 있다는 말이다. 제재법을 들먹이자 늦을세라 총포상이 호황을 맞은 것이 이를 입증한다.

사도 야고보와 그의 아우 요한은 예수님의 이종 사촌이었다. 그들은 예수님의 측근이요 수제자였으나 예수님께서 "보아네게"(우뢰의 아들,막3:17)라고 부르신 이유는 성질이 급하고 과격한 탓이었다. 제자들과 여인들까지 떼거리로 사마리아의 어느 작은 마을에 들어가려고 했을 때 수용 능력 탓으로(설) 거절을 당한 일이 있었다. 그때 화가 난 요한은 하늘의 불로 저들을 멸하기를 예수님에게 청한다(눅9:54). 이것은 엘리야가 했던 전철(왕하1:10-12)을 따랐을 것으로 보기도 하지만 실은 그의 본성 탓이었다. 이것을 보면 하나님의 종도 때로는 가시와 엉겅퀴가 있다.

가시와 엉겅퀴는 모세도 다윗도 베드로도 바울도 그 어느 누구에게도 있었다. 바울은 2차 전도여행을 떠날 때 동료 바나바와 "심히 다투었다"(행15:39). 그 이유는 1차 여행 시 밤빌리아에서 그에게 순종하지 않고 떠난 마가를 데리고 가는 것이 못마땅해서였다. 그 다툼으로 그들은 나누어지게 된다. 그뿐 아니라 사도들과(갈2:2-6) 동역자들과(고전3:4-7)도 다툼이 있었고 그의 성격 탓으로 좌충우돌을 면치 못했다.

자신이 목사로서 히틀러 암살단에 가입하여 "최선책이 아니라도 좋다. 사람을 마구 죽이며 질주하는 미치광이를 그냥 두고, 죽은 자를 장례하고 가족들의 위로자로 머무를 수는 없다. 차선책이지만 그 미치광이를 총으로 살해할 수밖에 없다"고 선언한 본 회퍼(Dietrich Bonhoeffer)는 4년 후 1943년 사형대의 이슬로 사라졌다. 그리고 전쟁은 끝났고 독재자는 자살했다. 살인을 '차선책' 이라고 단정했던 그 성직자가 총을 들고 이룩한 것이 무엇이었던가? 그가 미치광이를 막고 전쟁을 종식시켰던가? 무기와 성경을 양 손에 잡고 싸움을 일삼은 해방신학을 만들어 무슬림을 모방한 것 이외에 무엇이 있었던가?

그의 옥중 생활에 동참했던 죄수들의 증언을 보면 그는 분명 보통 사람과는 다른 점이 많았다. 그런데 그의 옥중 시(詩) "나는 누구인가?"를 보면 그에게 숨은 또 다른 자아가 있음을 보여준다. 그의 사구절 시는 서두마다 "나는 누구인가?"로 시작된다. 사람들은 그를 죄수로 보지 않고 "태연 명랑한 영주 같다"고, "자유롭고 다정한 명령자 같다"고, "침착하게 미소짓는 승리자 같다"고 했다.

나는 누구인가? 목졸린 사람처럼 숨 쉬려고 몸부림치는 나는 누구인가?
… 폭행과 사소한 모독에 분노로 떠는 나는 누구인가?

… 멀리 친구를 그리워하다 낙심하는 나는 누구인가?

… 기도하다 지쳐 허탈에 빠져 모든 것에 이별을 고하려는 나는 누구인가?

사소한 모독에 분노로 떠는 이유가 무엇이었던가?

낙심하고 허탈에 빠지는 이유가 무엇이었던가?

이것이 바울의 한탄(롬7:18-24)과 닮은 인간의 이중성을 고백한 것이라면 누가 "나는 가시가 없다고 장담하겠는가?"

엉겅퀴의 가시는 큰 상처를 주지 않지만 작은 상처를 통해서 병균이 침범하면 치명적인 원인이 될 수 있다. 이것이 형제를 원망하거나 "라가"라 하는 자(마5:22-23), 뿔난 염소(마25:33), 분노를 참지 못한 모세(민20:10-12,약1:20)의 결말에서 그 대가를 짐작할 수 있다.

가시가 왕성하게 된 근본 이유는 아담과 하와에서 찾을 수 있다. 집요하게 원인을 따져보면 그것은 에고(Ego 自我) 탓이다. 하와와 아담은 하나님의 그늘 아래서 순종하며 사는 동안 에고가 없었다. "하나님과 같아 질 수 있다"는 마귀의 꼬임으로 선악과를 따먹으면서 에고가 가시처럼 싹나 그들은 독립을 원했다. 그러나 추방당한 세상에는 그들의 안전을 보장해 줄 보호자가 없었다. 그들은 어쩔 수 없이 자구책으로 보호방법을 마련한 것이 가시다.

그들은 자신의 추함을 나뭇잎으로 가리다가 짐승을 잡아 가죽으로 옷을 지어 입었다. 추위와 더위를 피하기 위해 움막을 짓고 동물과 원수를 피하기 위해 무기를 만들어야만 했다. 그러나 실은 가시가 돋아난 것은 자기를 보호하기 위해서가 아니라 에고를 보호하기 위해서였다. 에고란 단순한 자아가 아니라 자기를 신과 같이 높이려는 교만이요 의도적인 반항이다. 이것이 인간 본성에서 오는 원죄이다. 이 삭막한 광야에서 "육신의 정욕(동물적 야욕)과 안목의 정욕(지성적 야욕)과 이생의 자랑(성취 야욕)"(요일2:16)을 쟁취하기 위한 유일한 방법은 가시였다.

어떤 학자는 말했다. "다른 모든 죄가 도덕적 죄라면 교만은 영적 죄다". 교만 속에는 가시 돋친 '나'(에고)가 있다. 남이 나를 알아주지 않고 간섭하면 무조건 싫다. 왜 싫은가? 남이 나보다 훌륭하고 거물처럼 행세하는 것이 보기 싫다. 왜 싫은가? 내가 그처럼 되고 싶은데 그가 내 자리를 차지하여 침범했기 때문이다. 교만은 단순히 다른 사람보다 낫다는 심리가 아니라, 다른 사람을 짓밟고 압도하고 굴복시키려는 심리다.

남을 자기 앞에 무릎을 꿇게 하려는 교만은 같지만 사람에 따라 방법은 다르다. 가수는 자기 노래에, 학자는 자기의 지식에, 어떤 이는 자기가 가진 명예나 재물에, 다른 이는 자기의 삶에 굴복하여 무릎 꿇기를 바라고 굴욕을 준다. 어떤 부흥강사가 눈에 핏발을 세워 고래고래 고함을 지른다. "이것도 기도라 할 수 있느냐?" "그것도 신앙이냐?"라고 윽박지른다. 그리고 자기 자랑을 늘어 놓는다. 그러나 그것도 기를 꺾으려는 독선적인 교만의 가시다. 겸손과 온유와 사랑이 없으면 모두가 교만의 가시다.

어떤 이는 남의 힘이나 위력을 등에 업고 압도하려고 한다. 남편이나 부모나 아니면 친구나 자식을 업고 나선다. 때로는 사람이 아닌 단체나 기관이나 교회를 들먹이며 소속된 힘을 과시한다. 때로는 학위나 경험이나 기술이나 재산이나 어떤 브랜드의 위력을 힘 입는다. 왜 어린아이로부터 어른까지 유명 브랜드가 아니면 거들떠 보지 않는가?

에고와 자존심을 위해서다. 자존심을 위해서는 몇 배의 값을 치르고도 아쉬움이 없다. 거기에 사는 보람을 느끼지만 사실은 많은 헛된 값을 치르고 교만의 가시를 사는 것이다.

가시는 말의 강하고 사나움에만 있는 것이 아니라 눈빛과 표현에도 있다. 남을 압도하고 자신을 돋보이게 하는 모든 것은 가시다. 가정에도 교회에도 말없는 싸움이 있다. 그 대부분은 교회의 머리는 그리스도가 아니라 자기라고 생각하기 때문이다. 이 인간의 고질적 교만의 싸움터 위에 인간 조직이 서 있다. 그래서 내가 싫으면 네가 나가라고 배짱을 부린다.

얼마 전 UN기구에서 '국가별 국민 행복지수' 서열이 발표되었다. 그리고 그 서열에는 덴마크와 핀란드가 1, 2위로 표기되어 있었다. 그들의 국민 소득이 높은 것도 아니고 기후와 자연 환경을 따지면 세계에서 하위에 속한다. 이 열악한 곳에 사는 그들이 행복한 이유가 무엇일까 생각해 보았다. 그리고 필자가 그곳에서 공부하던 1960년대 일이 생각났다.

그들에게서 살인이나 강도나 강간이나 싸움은 물론 언쟁과 다툼과 시비를 볼 수 없었다. 그들은 대화 가운데 불평이나 토론이 시작 되면 얼른 화제를 돌린다. 극장이나 TV프로에서도 전쟁영화나 갱 영화나 서부 영화를 찾아볼 수 없다. 어떤 이는 의욕도 흥분도 도전도 없는 여성화된 현실을 한탄하는 이도 있었으나 루터교를 국교로, 십자가를 국기로 삼은 국민의 95%가 기독교교인이라는 사실과 무관하지 않아 보였다.

그러다가 한국에 돌아와 먹살을 잡고 싸우는 국회는 장터와 다를 바 없이 난장판이었고, 교회나 사찰도 폭언과 난투극이 영화나 TV 드라마처럼 흥행하고 있었다. 그 이유를 물었더니 조밀한 인구 밀도와 쌓이고 맺힌 한(恨) 탓이라고, 어떤 이는 소국(小國) 심리 탓이라고 했다. 하지만 들꽃 같이 애잔한 백의민족의 향기와 예의지국의 기개는 어디에 갈무리하고 가시와 엉겅퀴가 무성하게 되었는지 알 수 없었다. 덴마크와 핀란드가 어디 대국이었으며 전쟁이 없었던가?

어떤 이는 기독교의 근본정신을 도전과 개혁과 싸움(마10:34)에 있는 것으로 착각하고 칼을 뽑은 베드로처럼 좌충우돌을 일삼는다. 그러나 주님께서는 악을 악으로 갚지 않고(마5:38-45) 온유한 자가 되어 기업을 받을 것을 가르치셨다(마5:5,눅6:38)). 그리고 우리의 원수는 오직 죄(히12:4)요, 육의 생각(롬8:7)과 마귀(마13:39,엡6:11-12)라는 것을 가르쳤다. 그럼에도 어떻게 교회 안에 시비와 소송과 싸움이 끝날 날이 없는지 이해가 가지 않는다.

탈무드의 이야기다. 어떤 사람이 사방 벽을 거울로 집을 지었다. 어느 날 개 한마리가 그 방에 들어왔다. 그 개는 자기를 사납게 보는 수많은 개들을 보았다. 그는 짖기 시작했다. 수많은 개들이 자기를 향해 싸움을 걸어왔다. 그는 사납게 이리저리 뛰며 죽을 힘을 다해 싸웠다. 싸우는 소리 비명 소리가 아침이 되어서야 잠잠해졌다. 그 개는 죽어 있었다. 그는 홀로 자기와 싸우다가 죽은 것이다. 사람들은 상대의 멱살을 잡고 싸운다. 그러나 실은 상대 탓이 아니라 자기 탓으로 싸움을 걸고 자기 탓으로 싸우다 죽는 것이다.

철학자 장 폴 사르트르는 '닫힌 문'에서 인생을 "창문도 거울도 없는 여관 방"으로 보았다. 아마 그는 외로운 사람이었나보다. 그러나 실은 거울이 너무 많은 것이 탈이다. 이 세상은 자기의 거울이다. 남은 내가 하는대로 돌려준다. 내가 선하면 선으로, 내가 남을 악하게 보면 남도 나를 악하게 본다. 내가 남을 의심하는 것은 남의 탓이 아니라 내가 남을 믿지 못하기 때문이다. 내가 남에게 화를 내는 것은 내게 인내가 부족하기 때문이다. 남이 나에게 눈 화살을 쏘면 내 눈에도 반드시 문제가 있다는 증거다. 내게 가시가 없다면 남에게 상처를 입히려고 덤비지 않을 것이다.

사나운 세상은 가시밭 지옥이다. 사람들은 세상이 사납다고 분노를 터뜨리며 좌충우돌한다. 그리고 그들은 "세상은 무는 개를 돌보고 찌르는 가시를 겁낸다"면서 포악성을 공공연한 무기로 삼는다. 그러나 못되고 사나운 자기 탓으로 세상이 지옥으로 변해가는 것을 깨닫지 못한다. 그럼에도 자신의 충혈된 눈과 흉측한 발톱을 의식하지 못한다.

주님의 말씀이다. "어찌하여 형제의 눈 속에 있는 티는 보고 네 눈 속에 있는 들보는 깨닫지 못하느냐? 보라 네 눈 속에 들보가 있는데 어찌하여 형제에게 말하기를 나로 네 눈 속에 있는 티를 빼라 하겠느냐? 외식하는 자여 먼저 네 눈 속에서 들보를 빼어라. 그 후에야 밝히 보고 형제의 눈 속에서 티를 빼리라"(마7:1-6). 이 말씀은 네 눈 속에 있는 들보 같은 가시를 먼저 빼라는 것이다. 눈 속에 든 가시는 자기를 해칠 뿐이라는 진리다.

어떤 성경학자는 이 말씀을 "익살스런 풍자"라고 했고 다른 이는 "현실성이 없는 과장"이라고 했다. 그리고 "눈 속에 티만 들어가도 견딜 수 없는데 들보가 들어갈 수 있겠느냐"라고 반박한다. 그러나 눈 속의 티나 들보는 마음속의 가시를 말한다. 마음의 시야를 가리는 것은 들보 뿐만 아니라 TV나 차나 집도 있다는 것을 모른다. "눈은 몸의 등불이요 마음의 창문"(마6:22)이라면 들보가 가린다고 한들 얼마나 가리겠는가?

"티(칼포스)"란 깨진 "작은 조각(Chip)", 즉 가시라는 뜻이다. 가시가 눈에 돋아나면 자기를 해친다는 뜻이다. "티"는 사소한 도덕적 과실을 뜻한다. 그 이유는 눈(오프탈몬)은 육안을 말할 때도 있으나 "마음으로 깨닫는 것"(요12:40), 또는 "영적 눈"(롬11:8)을 말하기 때문이다. 조각에는 "티(칼포스)"가 있고 그보다 큰 조각(스코록스,고후12:7)"이 있으며 그보다 더 큰 조각을 "들보(도콘)"로 표현했다. 어떻게 눈에 큰 가시가 들어가도 아픔이 없고 지낼 수 있느냐? 그러나 마음의 눈은 육안과 달라 작은 것이 들어가도 아픈 사람이 있고 큰 티가 들어가도 아무렇지 않는 사람이 있다. 그 대신 마음의 눈이 충혈 되고 손발이 떨리지만 그것을 본인은 깨닫지 못하는 것이다(고전8:7).

예수님께서 감람산에서 기도하시고 아침이 되어 성전으로 들어가셨다. 그 때 분노한 바리새인과 서기관들이 음행 중에 잡힌 여자를 예수님에게 끌고 왔다. 그리고 모세의 율법을 들먹이며 돌로 그 여인을 치려고 하면서 "당신의 의견은 어떻냐?"고 물었다. 사실 그들은 모세의 율법으로 예수님이 꼼짝없이 올가미에 걸려들게 하려고 시험했던 것이다. 그 때 예수님께서 몸을 굽혀 손가락으로 땅에 무엇을 쓰셨다. 그리고 일어나 "너희 중에 죄 없는 자가 먼저 돌로 치라!" 하셨다. 즉 증인이 될 사람이 먼저 돌로 친 후에 다른 사람들이 돌로 치는 율법(신17:7)을 밝히신 것이다.

이 증인에게 만일 같은 죄과가 있는 것이 사후에 밝혀지면 살인자가 되는 율법 때문에 그들은 증인이 되는 것을 망설일 수밖에 없었다. 예수님께서 땅바닥에 쓰신 글이 무엇이었을까에 대한 추측은 많다. 아마 증인으로 앞장 선 자의 죄목을 쓰셨을 것이라는 의견이 지배적이다. 그 이유는 고발자가 "하나씩 하나씩 (물러나) 나갔다"(요8:9)는 말씀에서 짐작할 수 있다. 즉 자신들도 까맣게 잊었던 일들을 지적하신 것이다. 사람은 누구나 고백하지 않고 숨겨둔 들보가 있다. 그래서 "자기 눈 속의 들보를 빼라"하신 것이다. 그 들보는 자기를 해치는 가시다.

그리고 사람마다 잊었거나 인식하지 못하는 들보가 있지만 그 들보를 인식하지 못하는 이유가 무엇일까? 그것은 팔은 안으로 굽는다는 자기보호의식과 동물적 본능(푸시코스,유10,벧후2:12)과 눈의 각막을 덮은 콩깍지인 정욕이라는 심안(心眼)의 백내장(白內障) 탓이다. 이들 들보를 죽이고 빼는 것이 성화가 시작 되는 길이다.

세상은 개와 돼지들이 판을 치는 곳이다. 약한 자를 발로 짓밟고 물어 뜯는 자들이 판을 치는 세상이다. 마음에 가시와 엉겅퀴가 무성하여 도전적인 사람이 성공하는 어두운 세상은 마귀가 권세를 잡은 세상이다. 아무리 산속 깊이 들어가 은둔하여 세상을 멀리한다고 해서, 그리고 빈 배가 되려고 고행한다고 해서 가시가 없어지겠는가? 외롭게 서 있는 가시 나무일 뿐이며 썩은 강물에 침식되어 썩어가는 빈 배일 뿐이다. 배를 돌보는 주인이라도 있었더라면 썩은 물이라도 퍼낼 수 있었을 것인데 말이다.

이슬람교에는 오주(五柱 5 Pillars)라는 기본 계율이 있다. 1) 알라신만이 유일신이며 모하멧은 그의 예언자 2) 일일 5회 기도 3) 수입의 1/40로 구제 4) 라마단 계율 5) 메카 성지순례가 그것들이다. 그러나 거기에 두 가지 준 계율이 붙어 있다. 그 첫째가 성전(聖戰)참여요, 둘째가 지도자에의 명령복종이다. 이 준 계율 때문에 그들은 코란과 함께 칼을 들고 죽기까지 싸운다. 그래서 11세기에 무서운 종교 전쟁이 일어났고 종말에도 그럴 것이다.

모하멧이 52세 때 박해를 견디지 못해 고향 메카를 떠나 150명의 제자들과 Yathrib(후에 Medina로 개명)로 피신한다. 그는 그곳에서 그 해를 기원(AD622년 9월 20일, 라마단) 원년으로 삼고 대군을 양성하여 8년 후에 메카를 칼로 점령하였다. 그리고 그들은 한 손에 코란경을 다른 손에 칼을 들고 중국 국경에서 대서양까지 수많은 인명을 희생시키고 점령하는데 85년밖에 걸리지 않았다.

흔히 사람들은 예수님께서도 평화를 주러 온 것이 아니라 검을 주러 오신(마10:34) 분으로 본다. 그래서 걸핏하면 목에 핏대를 세우고 큰 소리를 친다. 그러나 형제를 '라가'(바보)라 하는 자는 지옥심판을 받는다(마5:22)고 했고, 악한 자를 대적하지 말며, 원수를 사랑하라(마5:38-48)고 가르치셨다. 바울은 교회에서나 가정에서 지도하고 충고할 때는 "온유한 심정으로 바로 잡고"(갈6:1) 거역하는 자를 징계할 때에도 "온유함으로" 하라고 가르치셨다(딤후2:25).

주님께서 하신 "아름다운 열매를 맺지 아니하는 나무마다 찍혀 불에 던지운다"(계20:12)의 아름다움과 착하고 충성된 종(마25:21-23)의 착함은 무엇을 말하는가? 이것은 결코 성스러운 성(聖)의 경지를 말하는 것이 아니고 그저 인간미가 있는 착함(카로스 善)을 말하고 있어 친절하고 온유함을 가리킬 뿐이다. 즉 착하고 온유함은 성이 아니라 선의 기초일 뿐이다. 선화(善化)는 성화(聖化)의 기초라는 뜻이다. 선하지 못하면 성화는 말하지도 말라는 뜻이다. 그것이 성화의 7단계 중에 첫단계가 덕(德)이라고 하신 이유이다(벧후1:5).

사람들은 사나운 세상을 이기려면, 보다 더 사납고 강하고 포악해야 이길 수 있다고 착각한다. 강하고 사나운 사자같은 짐승이 번창할 것 같지만 살쾡이에게도 먹히는 양들이 번창하는 이유는 목자의 돌보심 때문이다. 포악에는 겸손으로, 어두움은 빛으로, 사나움은 온유로, 교만은 겸손으로 이길 수 있는 이유가 그 때문이다. 그것이 "약할 때 강한" 기독교의 비밀이다(고후12:9,13:9).

자신은 좁은 길을 가면서 넓은 길을 가는 사람에게 관용을 베풀며(빌4:5), 자신은 불의를 미워하면서 불의한 자를 용납하는 온유(프라오스)는 기독교의 파라독스이다. 바울도 그리스도의 온유와 자비(고후10:1,갈5:23,6:1,엡4:2,골3:12,딤전6:12)를 강조했고, 그리고 성령의 열매는 온유(갈5:22-23)라는 사실을 지적했다. 그리고 온유함은 겸손이 함께 하며(엡4:2,골3:12) 온유는 오래 참음으로 용납하는 것(엡4:2, 골3:12)이라고 했다. 온유(프라오스)는 "덕"(벧후1:5)으로 표현된 성화의 기초이다.

예수님께서 말씀하셨다. "나는 마음이 온유하고 겸손하니 나의 멍에를 메고 내게 배우라"(마11:29). 그리고 "온유한 자는 복이 있나니 그들이 땅을 기업으로 받을 것임이요... 긍휼히 여기는 자는 복이 있나니 그들이 긍휼히 여김을 받을 것임이요"(마5:5,7)라고 하셨다. 즉 자기 교만과 보호책인 가시를 없애고 온유해지면 복을 받게 된다는 뜻이다(롬8:26). 이것이 복 받는 비결이다(히11:34).

말고의 귀를 칼로 쳤던 베드로도 무저항주의자로 변했고(벧전2:23-24), 우뢰였던 요한도 80이 넘으면서 유순한 사랑의 사도가 된다(요한일서,이서, 삼서). 바울도 한 때 싫어했던 마가를 말기에 친근한 동역자로 삼았고(딤후4:11,몬24) 돈을 훔쳐 달아난 오네시모를 주인 빌레몬에게 돌려보내면서 당부한 내용(몬:16-18)을 보면 그들에게 가시가 없어진 정황을 포착할 수 있다.

"오직 위로부터 난 지혜는 첫째 성결하고 다음에 화평하고 관용하고 양순하며 긍휼과 선한 열매가 가득하고 편견과 거짓이 없나니 화평하게 하는 자들은 화평으로 심어 의의 열매를 거두느니라"(약3:17-18)." 여기에서는 의로워지는 열매, 즉 믿음의 결실은 성화에서 온다는 것을 암시하고 있는 것이다.

주여! 사납고 교만한 나는 죽고 그리스도의 온유가 살아나게 하소서!

온유하고 부드러운 어린양 같은 주님의 성품으로 속속들이 변화 되게 하소서! 아멘!

4) 앙망하는 자.

"오직 여호와를 앙망하는 자는 새 힘을 얻으리니 독수리의 날개 치며 올라감 같을 것이요 달음박질하여도 곤비치 아니하겠고 걸어가도 피곤치 아니하리로다"(사40;31). 여기 피곤하다는 말과 곤비하다는 말이 나온다. 두 말은 비슷하지만 곤비는 피곤에 지쳐 기력이 쇠진한 상태를 말한다. 달리는 사람이 경주가 끝나면 쓰러지기도 하고 가슴을 틀어쥐고 괴로워하는 것을 본다. 그런 탈진 상태를 곤비하다고 한 것이다.

우리교회 성도 중에 식당을 운영하시는 분이 몇 있다. 한 번은 "요즘 어떠세요?"라고 물었더니 집사님은 "장마철이라 비가 많아 피곤하지요"라고 대답했다. 나는 "장마철에 손님이 많은 모양이군요!"라고 했더니 "그와 반대지요! 손님이 많으면 신이 나 피곤하지 않지만 손님이 없으면 피곤해지지요"라고 대답했다. 그러고 보니 창문 밖을 하염없이 바라보며 수심이 가득한 그의 여윈 얼굴에는 피곤이 쌓여 있었다. 피곤은 육체에서 오는 것이 아니라 마음에서 오는 것이다.

인생살이에 있어서도 독수리처럼 하늘을 높이 나는 사람도 있고, 말처럼 달리는 사람도 있다. 그들의 공통점은 피곤과 곤비를 마음으로 느끼며 고행길을 살아가는 것이다. 더욱 무거운 짐을 지고 먼 길을 가는 사람은 도중 도중에 짐을 내려놓고 깊은 한숨을 몰아쉬며 쉬었다 간다. 그래서 "수고하고 무거운 짐 진 자들아 다 내게로 오라 내가 너희를 쉬게 하리라. 나는 마음이 온유하고 겸손하니 나의 멍에를 메고 내게 배우라. 그리하면 너희 마음이 쉼을 얻으리니"(마11:28-29)라고 하셨다. 즉 마음으로 평안을 얻는 방법은 주님의 온유와 겸손을 배우는 것이다.

여기 "쉼(아나포우시스)"은 "위를 향한(아나) 멈춤(파우오)"을 뜻한다. 왜 땅을 향해서 덥석 앉아서 쉬거나 누워서 쉬지 않고 가뜩이나 피곤한데 짐 진 채 하늘을 바라보고 서서 쉬라는 것이 말이 되는가? 그러나 이 쉼은 앙망하는 것을 뜻하며, 일이나 동작을 중단하는 쉼과는 전혀 다른 뜻이 있다. 즉 영혼이 피곤할 때 영적 쉼을 뜻하며 "나의 멍에를 메고 내게 배우는 것"이 영의 피곤을 풀어주는 "위를 향한 쉼", 즉 "앙망하는 쉼"이라고 설명하고 있다.

왜 하늘 높이 나는 독수리에게 나뭇가지나 둥지에 내려가 쉬라 하지 않고 하늘 높이 위를 앙망하라 하셨을까? 날개침을 중단하면 잠시 후 땅으로 추락하고 만다. 그래서 독수리에게 피곤하고 곤비함을 해소하는 방도는 사냥꾼과 맹수들이 판치는 땅으로 활강하지 않고 위를 향해 날개치는 것이다. 즉 하늘 높이 위를 향해 머물러 있는 시간이 독수리가 쉬는 시간이다. 사람도 마찬가지로 "여호와를 앙망"하며 날개치며 하늘 높이 머물러 있으라는 뜻이다.

저자가 쓴 책 '희망은 어디에?'에서 희망과 소망의 차이에 대해서 썼다. 영어에는 희망과 소망이 구별 없이 'Hope'로 되어 있으며 누구나 사랑하는 단어이다. 그러나 희망은 바라는 것을 뜻하며, 소망은 의망(意望)으로 "뜻을 둔다"는 '소(所)'와 바란다는 '망(望)'을 쓴다. 따라서 소망은 일상생활에서 흔히 갖는 '먹거리', '입을 거리', '일거리'의 '거리'에 큰 뜻을 두어 내려다 보지 않고 하늘나라에 뜻을 두는 것을 말한다.

"그런즉 믿음 소망 사랑은 항상 있을 것인데"(고전13:13)의 "그런즉(쉰니 But Now)"은 "과거는 그러나 지금은"이라는 뜻이다. 즉 "내가 어렸을 때에는 말하는 것... 깨닫는 것... 생각하는 것이 어린 아이와 같다가 장성한 사람이 되어서는 어린 아이의 일을 버렸노라"(고전13:11)와 같이 과거를 회상하며 "과거는 그렇지만 지금은"(고전13:12) 그렇지 않다는 뜻이다.

그리고 또 다른 뜻을 가진 "지금은"이 있다. "지금(알티 yet)은 거울로 보는 것같이 희미하여... 부분적으로 아나 그 때에는(토테 but then) ... 온전히 알리라"(고전13:12)의 "지금은"은 "아직도"라는 뜻이 있어 현재 진행중이어서 불완전을 암시하고 있다. 즉 현재의 상황이 미래의 상황과 비교한다면(골1:5) 아직도(알티 yet) 미흡한 것을 나타내고 있다. 그리고 "그 때(토테)에는" 지금과 확연히 다를 것이라는 앙망의 뜻이 담겨 있다.

믿음은 "지금은(쉰니)"에서 아직도(알티)"로 그리고 "그 때에는(토테)"으로 점진적으로 자라나는 일련의 변화요 성장하는 실상인 것이다. 믿음이 확실하면 소망도 확실하고 믿음이 자라나면 소망과 사랑도 자라나는 것이다(롬15:13). 거기에 없어서는 안 될 연결고리가 '앙망'이라 하겠다. 즉 믿음은 현재 완료형이 아니라 진행형이며 그 진행에 있어서 힘들 때마다 새 힘을 공급하는 것이 앙망인 것이다. 앙망하는 자의 믿음은 새 힘을 얻어 성장해 가는 것이다. 만일 앙망이 없으면 성장도 없다는 뜻이다.

신앙(信仰)과 앙망(仰望)은 모두 '우러를 앙(仰)' 자를 공유하고 있다. 즉 신앙은 우러러 믿는 것이요, 소망은 우러러 바라는 것이다. '우러러' 는 보는 시선의 초점이 위를 향하고 있다는 뜻이다. 자기가 존경하고 희망하는 사람이거나 진리가 있다면 그의 높은 인격과 진리에 마음과 정성을 두게 된다. 그래서 "앙망"(해크데코마이)은 거룩한 높은 목표를 우러러 지향한다는 뜻이다. 믿음은 현실적 앙망이며 소망은 미래에 대한 앙망이다. 믿음은 현실에 주어진 사명과 고통과 싸움과 씨름을 잘 감당하도록 앙망하는 것이며, 소망은 미래에 다가올 영광을 바라는 것이다.

신앙과 소망은 모두 은혜의 기초 위에 세워진 2층 건물과 같아서 아래층(믿음)이 없이 위층이 있을 수 없다. "소망의 하나님이 모든 기쁨과 평강을 믿음 안에서 너희에게 충만하게 하사 성령의 능력으로 소망이 넘치게 하시기를 원하노라"(롬15:13). 즉 믿음이 충만해지고 그 다음에 소망이 넘치게 된다는 뜻이다. 이들은 다 은혜의 기초 위에 현실적으로 연결되어 서 있다. 이 건물의 기둥은 성령이시며 그의 도움으로 기도와 인내와 연단이 생기게 된다(롬5:4,12:12).

기다림은 믿음에서 온다. 사람이나 택시를 기다리는 것은 그들이 올 것을 믿기 때문이다. 그러나 약속한 사람을 기다리는 것이나, 시간에 쫓겨 택시를 기다리는 조바심은 사람에 따라 다르다. 발을 동동거리는 사람도 있고, 태연자약하게 기다리는 사람도 있다. 무엇 때문에 기다리느냐에 따라 기다림은 천차만별이라 하겠다. 현실만 보는 유아,

2-3년만 보는 소년, 그리고 보다 멀리 보는 청년, 그리고 모든 것을 체념한 노년에 따라 기다림은 다르다. 그래서 젖먹이 믿음도 있고 청년 믿음도 있고 장년 믿음도 있다. 그리고 노숙한 믿음에 대한 일화가 성경에 기록되어 있다.

"형제들아 주의 강림하시기까지 길이 참으라. 보라 농부가 땅에서 나는 귀한 열매를 바라고 길이 참아 이른 비와 늦은 비를 기다리느니라. 너희도 길이 참고 마음을 굳게 하라. 주의 강림이 가까우시니라"(약5:7,8). 여기 "길이 참다(마그로두미아 Endurance)"는 기한 없이 참는다는 뜻이며 "기다린다(에크데코마이 Await)"는 느슨하게 기다리는 것이 아니고 정신을 차리고 대기한다는 뜻이 있다. 왜 느슨하게 기다리는데 긴급하게 대기해야 하느냐가 이해되지 않는다.

그것을 "주의 강림하시기까지 농부처럼 기다리라"고 하신 것이다. 추수를 기다리다가 포기하는 농부는 없다. 그들은 하늘을 믿고 오랜 세월 동안 살아온 경험으로 하늘과 땅은 속이지 않는다는 것을 철석같이 믿고 있다. 농부도 때로는 하늘을 바라보며 "금년은 폐농하겠구나"하며 낙담하기도 한다. 그럼에도 아슬아슬한 고비를 넘고 굶지 않고 살아온 지난 날들로부터 확실한 한 가지 믿음을 얻은 것이다. 그것이 이른 비가 없어도 늦은 비는 있다는 믿음이다.

"보라! 농부가 땅에서 나는 귀한 열매를 바라고"의 "보라(에이돈 Perceive)"는 단순히 시각적으로 보는(브레포 Look) 것과는 다른 것이다. 우리말에서도 "맛을 본다"거나 "생각해 본다"는 말이 있다. 그것은 시각적 "브레포"가 아니고 깨달음으로 "보는(에이돈)" 것을 말한다. "농부들을 보라!"는 것은 약속이나 기약도 없이 기다리는 농부들을 보고 깨달으라는 것이다. 그렇지만(알티) 너희들은 하나님의 약속을 믿는 자요 하나님의 총애를 받는 자녀가 아니냐는 것이다.

기다리기 위해서 믿는 사람은 없다. 믿는 것이 있기 때문에 기다리는 것이다. 농부가 하늘을 믿기 때문에 바라고 기다리며 굵은 땀을 흘리며 준비하는 것이다. 그것을 "보라! 농부가 귀한 열매를 바라고 길이 참고 비를 기다린다"고 한 것이다. 앙망하는 자는 일 년 농사를 바라는 농부의 기다림과는 비교할 수 없는 귀한 기다림이 아니냐는 것이다. 그런 기다림이라면 당연히 어렵고 힘든 기다림 속에서도 느슨하게 참아야(마그로두미아) 하지 않겠느냐!는 것이다. 그렇다면 정신을 바짝 차리고 기다릴 필요는 없지 않는가?

"길이 참고 기다린다(에크 데코마이)"는 '멀리서(에크 away from)'와 '받아들이다(데코마이Approve)'의 합성어로 여유 있게 받아들인다 혹은 인정하고 기다린다는 뜻이다. 이 '데코마이'는 매우 깊은 뜻을 가진 낱말이다. 당연히 불가능한 일을 가능한 것으로 인정하는 것, 당연히 "No!"해야 할 것을 "Yes!"라고 답하며 긍정으로 '받아들인다(데코마이)"는 뜻이다.

세상사는 내가 기대했던 대로 이루어지지 않는 경우가 많다. 그럴 때 그것을 인정하고 받아들이기가 매우 어렵다. 그러나 "부(否)"를 찍어야 할 판에 "가(可)"를 찍는 것을 "받아들인다(데코마이 Approve)"라고 하는 것이다. 믿음은 인정할 수 없는 일, 불가능한 일을 알면서 가능할 것으로 인정하고 받아들여 믿는 것이다. 만 달란트나 되는 태산 같은 죄의 빚을 회개함으로 사함 받는다는 가당치도 않는 일을 믿음으로 인정하고 받아들이라는 것이다. 산을 바다로 옮기는 것과 같은 불가능한 일을 가능하다고 믿고 여유 있게 기다리는 것이다.

누가 나를 무시하여 고의적으로 약속을 어겼거나 기대했던 일이 이루어지지 않을 때 "이럴 수가 있느냐?"고 분통을 터뜨릴 수 있다. 그러면 누구든지 눈에 핏대를 세우고 윽박지르게 된다. 그럼에도 그것을

"아마 그에게 부득이한 사정이 있었겠지"하고 너그럽게 받아들인다면 그것은 그에 대한 믿음이 있기 때문이며 하나님의 뜻이 있으리라는 것을 믿기 때문이다. 흔히 자기 욕심과 뜻이 이루어지지 않았을 때 남을 원망하고 "네 탓이다"라고 분통을 터뜨리는 대신 미소로 대할 수 있다면 그는 분명히 하나님을 닮아 용서하는 것을 배운 자이다(마 5:45-48).

그러나 피해의식이 많은 사람일수록, 의심증이 심한 사람일수록, 가시가 돋아나 있어 믿음이나 소망이나 사랑을 가지기 어렵다. 파란 많은 세상에 태어나 고난과 시련 속에 시달리면서 요원한 약속, 그것도 불확실한 미래를 믿고 숫기를 잃지 않고 참고 기다리는 것은 결코 쉬운 일이 아니며 인간적으로는 불가능한 일이다. 그뿐 아니라 능력 많으신 대장장이를 믿고 고통스러운 풀무불에 자진해서 들어가 고통을 참으며 잘 달구어지기를 기다리는 것은 더욱 힘들다. 그러나 잘 달구어지지 않은 쇠로는 아무리 능한 대장장이라 하더라도 귀히 쓰이는 연장을 만들 수 없다. 완악한 성품일수록 물러지려면 큰 고통을 참을 수 있어야 한다.

세월은 흘러가는데 한가로이 기다리며 허송세월 하는 것이 바보스럽게 느껴질 때도 있다. 그러나 앙망한다는 것은 단순히 기다린다는 뜻이 아니다. 딴 일을 제쳐두고 손 놓고 하염없이 기다리는 것이 아니다. 그래서 어떤 학자는 "에크데코마이"를 "열심히 기다리는 것(Expect Earnestly)"이라고 해석했다. 기다리는데 왜 열심이 필요하다는 말인가? 여기에 "에크데코마이"의 비밀이 담겨 있다.

농부가 비를 기다린다고 해서 멍하니 방 안에 틀어박혀 앉아 있는 것은 아니다. 김도 매고 거름도 주고 도랑도 미리 쳐 둔다. 이것이 비를 열심히 기다리는 "에크데코마이"이다. 한발로 가뭄이 계속될 수도 있다. 그러나 농부가 흉년을 기다리며 앉아 있는 사람은 없다. 언제나 이른 비나 아니면 늦은 비를 기다리며 준비하는 것이다. 그것은 결코 하늘은 소망하는 자를 외면하지 않는다는 믿음 때문이다.

그리고 주목할 점은 "그런즉 (지금은) 믿음, 소망, 사랑, 이 세 가지는 항상 있을 것인데 그 중에 제일은 사랑이라"에 있다. 그런데 이 말씀이 원어에서는 "항상(판토테, 혹은 디아판토스)"이라는 말이 없고 "제일"이라는 말도 없다. 단지 "그러나 지금은 믿음, 소망, 사랑이 머물러(메노) 있어야 한다"로 되어 있을 뿐이다. 즉 지금은 이 세 가지가 함께 머물러 있어야 한다는 뜻이다. 믿음으로 소망을 가지고 열심히 살며 사랑을 베풀라는 것이다.

그리고 "그 중에 제일은 사랑이다"에서도 "제일"이라는 말은 없고 "크다(메가스 Great)"의 비교급인 "더 크다(메이존 Greater)"를 사용하여 "그 중에 사랑이 더 위대하다"고 말하고 있을 뿐이다. 그래서 신학자 니콜(W.R.Nicoll)은 앞 문장과 연결하여 "그러나 지금은 믿음과 소망이 사랑과 더불어 함께 머물러 있어야 하지만 (그 때에는) 사랑만이 영원할 것이다"라고 해석했다. 그 말은 영원의 시점에서 보면 사랑이 더 크지만 현재로는 믿음과 소망, 사랑이 같이 머물러 있어야 한다는 뜻이다. 즉 어떤 사람들처럼 믿음만 강조하여 소망과 사랑을 무시하지 말라는 뜻이다.

오랜 고생이나 힘든 생활고에 시달린 사람들은 허무주의에 빠져 희망을 버리기 쉽고, 향락과 현실주의에 물든 사람들은 반대로 미래를 바라볼 눈이 없어 소망을 가질 수 없다. 그래서 허무주의자와 현실주의자와 피해의식을 가진 자는 현실의 시련을 이길 수 있는 믿음과 소망이 있을 수 없으며 남에게 사랑을 베풀 수 있는 여유도 있을 수 없다는 것을 말하고 있다.

소망이 믿음을 낳는 것이 아니라 믿음이 소망을 갖게 한다. 아기의 해산기약이 다가오면 산모는 힘들고 고통스러움을 무릅쓰고 아기 옷을 짓고 아기 이불과 장난감을 손수 준비한다. 그의 부산한 손끝을 응시하는 눈에는 벌써 귀여운 아기의 미소와 재롱이 떠오르는 것이다. 그런 여인에게 "가만히 있어도 힘 들 터인데 이런 수고를 왜 미리 하느냐?"고 물어 보라. 그는 분명 "행복한 기다림에는 힘든 일은 없다"고 대답할 것이다.

왜 그럴까? 그것이 핏줄이란 인연 탓일까? 아니다. 그것은 연줄 탓도 가문을 위한 의무 탓도 아니다. 의무 탓이라면 그런 고통이 즐거울 수는 없다. 태어날 아이가 기형아일 수도 지체 부자유자일 수도 있다. 그의 일생이 고통과 파란만장한 비운의 삶이 될 수도 있다. 그러나 그것을 믿는 산모는 아무도 없다. 건강하고 아름다운 아기에 대한 믿음과 소망과 사랑이 있기 때문에 힘든 일이 곤비치 않고 즐거운 것이다. 믿기만 하는 자의 기다림과 믿고 소망하며 사랑하는 자의 기다림의 차이가 여기에 있는 것이다.

성경은 하나님의 약속을 믿고 기다린 성도들의 수많은 사연과 응답의 역사다. 노아는 구원을 열심으로 기다려 방주를 지었고(벧전3:20), 모세는 미디안 광야에서 "40년이 차기까지"(출7:30) 기다렸다. 아브라함과 사라도 약속을 기다렸고(히11:11), 시므온도 메시아를 기다렸다(눅2:25). 성령 강림을 기다린 120문도(행1:4), 하나님의 나라를 기다린 아리마대 요셉(막15:43) 등은 기다림으로 축복 받은 자들이다. 그 밖에도 히브리서 11장은 기다려 약속받은 증거를 제시하고 있다.

다윗은 믿음으로 부르짖으며 기다리는 자에게 하나님께서는 응답하신다(시40:1)고 했고 "주 외에는 자기를 앙망하는 자를 위하여 이런 일을 행한 신이 예로부터 없었다"(사64:4)고 고백했다. 그리고 앙망하는 자는 현실의 고난 속에서 새 힘을 받으며 돕는 은혜를 받을 것이다(시62:1).

믿으며 지쳐 곤비한 자여 들으라!
앙망하며 쉼을 얻어 소망과 사랑을 가져보라!
그러면 기다림 속에 기쁨과 천국이 있을 것이다.

주여! 이 죄인에게도 앙망하는 자에게 약속하신 축복을 주옵소서!
믿음과 소망과 사랑을 주사 역경 속에서 견디며 앙망하게 하소서!

5) 두려움과 사랑

여러 해 전 어느 교회에서 겨울 부흥회가 연례행사로 열렸다. 구레나룻 수염에 수더분한 부흥강사는 굵직한 낮은 톤으로 웃기기도 하고 울게도 하면서 청중을 압도했다. 첫날 담임목사의 소개를 받은 강사는 단 위에 서면서 "할렐루야!"를 크게 삼창했다. 우렁찬 목소리는 볼륨이 어떻게나 크던지 스피커가 따로 필요치 않을 만큼 교회에 꽉 찼다.

"여러분! 구원받았다고 확신하는 사람은 손드시요!"라는 명령스런 어조에 갑자기 모두 당황하였다. 맨 앞자리에 앉은 장로님들은 서로의 얼굴을 쳐다 보며 어찌 할 줄을 몰랐다. 실망한 강사는 "내 말을 듣고 또 나 보내신 이를 믿는 자는 영생을 얻었고 심판에 이르지 아니한다고 예수님께서 말씀하셨는데 이 큰 교회에 예수 믿는 사람이 없단 말입니까?"라고 목에 힘을 주어 다그쳤다.

이쯤 되니 교회의 체면을 위해서라도 손을 들지 않을 수 없었다. 장로를 위시하여 권사와 집사들이 무거운 손을 밀어 올리고 있었다. 이렇게 시작된 부흥 성회는 전례 없이 뜨겁게 끝맺음을 할 수 있었고 많은 교인들이 은혜를 받았다고 간증했다. 그리고 감사헌금도 의외로 많이 나왔다.

그런데 몇몇 지성인들은 구원 문제를 일방적으로 손들어 결정할 수 있는 것인가 하는 데 의문을 제기했다. 그리고 구원은 하나님의 심판에 의한 것인데 인간이 그것을 단언할 만큼 분명히 알 수 있는 것인가 하는 것을 화두로 삼았다. 그에 반해 성격이 단순한 신도들은 그냥 믿으면 될 것을 긁어 부스럼만 일으킨다고 못마땅하게 생각했다. 그러나 진리를 바로 알고 손을 들어야 할 것이 아니냐는 지적에는 이견이 없었으나, 그것을 어떻게 알 수 있겠느냐는 데는 아무도 뚜렷한 견해를 밝히지 못했다. 그렇다고 이 중대한 일을 그냥 덮어 둘 수도 없는 일이었다.

바울이 감탄한 "깊도다 하나님의 지혜와 지식의 풍성함이여 그의 판단은 헤아리지 못할 것이며..."(롬11:33-36)의 깊음(바도스)은 그냥 깊다는 뜻이 아니라 "무진장 깊다"는 뜻이다. 주님께서는 깊은 데 가서 그물을 던져라"(눅5:4)고 하셨고, 농부가 아무리 좋은 수확을 바란다 하더라도 "흙이 깊지 않으면"(마13:5) 많은 수확이 불가능하다고 했다. 바울이 "지금은 거울을 보는 것 같이 희미하나"(고전13:12)라고 한 것은 진리의 바닥에 닿지 못한 답답한 심정을 고백한 것이다.

단순히 '구원'이라고 번역된 낱말도 원어에는 여러 말로 표현되어 있다. "바다에서 구원을 얻었다"(마8:25,행28:4)거나 "그 종을 구원하시기를"(눅7:3)이나 "믿음이 너를 구원하였다"(마9:21,눅8;48)의 "구원(소조 Save)"은 병이나 위기에서 구조(Save)한다는 것(요 3:17,5:34,10:9-10)을 뜻한다. 그리고 사망에서(고후1:10,딤후4:17), 악에서(마6:13,딤후4:18), 시험에서(딤후3:11,벧후2:9), 마귀에서(눅1:17, 골1:13) 영적으로 구출되는 것을 "뤼오마이"라고 한다. 바울의 "이 사망의 몸에서 누가 나를 건져 내랴"(롬7:24)는 "뤼오마이"의 구출이다. 그러나 그것도 잠정적인 구원을 의미할 뿐이다.

그런데 삭개오에게 "오늘 구원이 이 집에 이르렀으니"(눅19:9)나 "그로 말미암아 진노하심에서 구원"(롬5:9-10)하심이나 "허물로 죽은 우리를 그리스도와 함께 살리셨고 너희는 은혜로 구원을 받은 것이라" (엡2:5)의 '구원'(소텔리아 Salvation)은 육이나 영의 잠정적인 구원을 말하는 것이 아니고 영구한 참 구원(벧전1:9)을 말한 것이다. 주님께서 삭개오에게 하신 말씀은 이 세상에서 이미 "소텔리아"의 구원이 이르렀다는 뜻이다. 그러나 여기 "이르렀다(헤게네토)"는 "생기다, 일어나다(기노마이,Originate)"의 과거로 구원이 시작되었다는 뜻이다.

그리고 이 영적 구원(소텔리아)은 육적 혹은 영의 잠정적 구원(소조, 뤼오마이)과 달라 선물을 주고 받듯 간단한 동작이 아니라는 것도 알 수 있다. 육적 구원 "소조"라면 "독감에서 구원(소조) 받은 자는 손을 드시요"라고 한다면 "예"하고 손을 들 수 있다. 그러나 영혼의 구원 "소텔리아"에 관한 것이라면 우리가 하나님 앞에 서기 전에는 쉽게 손 들 수 없는 깊고 복잡한 진리를 함축하고 있는 것이다.

그 첫째 문제가 구원의 시기에 관한 것이다. "너희는 그 은혜에 의하여 믿음으로 말미암아 구원(소조)을 받았으니"(엡2:8)나 "나 보내신 이를 믿는 자는 영생을 얻었고 심판에 이르지 아니하나니"(요5:24)에서 구원이 이미 얻어진 과거사로 번역 되어져 있다. 그러나 다른데서는 미래로 표현 되어져 있어 많은 시비를 야기하여 믿는 자들을 혼돈에 빠지게 한다. 여기서 주의해야 할 일은 "믿는 자"와 "얻었고"가 과거나 과거분사가 아니고 "엑세이 has"로 현재시제로 표현 되어 있어 현재 믿고 있는 자는 영생을 얻었다가 아니고, 얻고 있다는 뜻으로 보기도 한다.

그리고 "심판에 이르다"도 역시 "엘케타이 Comes"로 현재형이다. 그리고 "옮겼다"는 "Pass over"라는 뜻이 있어 '위기를 넘겼다'는 뜻이며 최후 심판날(계20:12-13)에 구원이 확정 된다고 보는 것이다. 그 이유는 "주께서 나를 모든 악한 일에서 건져내시고 또 그의 천국에 들어가도록 구원하시리니"(딤후4:18)나 "구원(소텔리아)이 처음 믿을 때보다 가까웠음이라"(롬10:10)는 말씀을 보면 현재 진행중이며 현재에 구원이 완성된 것이 아니라는 것을 분명히 나타내고 있기 때문이다.

말씀을 읽을 때에 과거냐 미래냐 하는 것도 중요하지만 문맥 전체를 자세히 보아야 한다. 요한복음에 있는 말씀이다. "영접하는 자 곧 그 이름을 믿는 자들에게는 하나님의 자녀가 되는 권세를 주셨으니"(요1:12). 이 말씀을 들어 믿는 자는 하나님의 자녀가 이미 된 과거사라고 강조한다. 그런데 자세히 보면 "영접하는 자 곧 그 이름을 믿는 자"란 분명히 영접한 단계의 믿음을 말한다. 이 영접은 "청함에 응한 자"(마22:14)를 말하며, 즉 "응하다(엘람바노 Take)"는 초청에 응하는 것으로, 곧 "예수(구원)"의 이름 그대로 "구원자"로 믿는 자라는 뜻이다.

그에게 "하나님의 자녀가 되는 권세를 주셨다"는 하나님의 자녀가 되었다가 아니라 "되는(게네스다이 Become) 권세", 즉 자녀가 될 수 있는 특권을 주셨다는 것이다. 이 말씀은 과거에는 아브라함의 자손에게만 주던 특권을 그의 이름을 믿는 자에게 "유대인이나 헬라인이나 종이나 자유자나...유업을 이을 자"(갈3:26-29)가 되었다는 것을 강조하고 있다. 그러나 요한이 말한 "하나님의 자녀"(요일3:1-6,9)란 "성화된 신자"임을 분명히 알 수 있다. 그렇다면 "자녀가 될 특권을 주셨다"는 것은 성화 될 기회를 주셨다는 것과 성령의 도우심을 약속하고 있다.

"자기에게 순종하는 모든 자에게 영원한 구원(소텔리아)이 되게 하신다"(히5:9)에서는 "영원한 구원(소텔리아)"의 뜻을 명시하고 있으며 "더욱 지금 나 없는 때에도 항상 복종하여 두렵고 떨림으로 너희 구원(소텔리아)을 이루라"(빌2:12)는 미래에 될 구원(소텔리아)을 애써 이루어 나가라는 뜻이다. 만일 이미 완성 된 것이라면 두렵고 떨림으로 구원을 이루기 위해 노력할 필요가 무엇인가? 그렇다면 구원(소텔리아)은 그렇게 간단한 것도 "값싼 것"도 아님을 밝히고 있지 않는가?

"우리는 두려워할지니 그의 안식에 들어갈 약속이 남아 있을지라도 너희 중에 혹 미치지 못할 자가 있을까"(히4:1) 염려한다는 말씀도 있고, "모든 범죄함과 순종하지 아니함이 공정한 보응을 받았거든 우리가 이같이 큰 구원을 등한히 여기면 어찌 그 보응을 피하리요"(히2:2-3)라는 경고도 있다. 즉 구원을 믿는 자의 행위에 대한 보응을 들먹이며 우리의 순종과 협력이 없을 때에는 미래의 구원이 보장될 수 없다는 것을 밝히고 있다. "청함을 받은 자는 많으나 (마지막) 택함을 입을 자는 적다"(마22:14)고 하신 것은 초청과 구원을 혼돈하지 말 것을 당부하고 있는 것이다.

입에서 목구멍으로 넘어가는 도중에 있는 것이라도 미지근하면 토해내시겠다고 하신 것(계3:16)과 "한 번 빛을 받고 하늘의 은사를 맛보고 성령에 참여한 바 되고 … 말씀과 능력을 맛보고 타락한 자들은"

다시 새롭게 할 수 없다(히6:4-5)는 경고는 구원을 받았다고 장담할 것이 아니라, 마지막 구원을 받을 때까지 믿음이 식어 타락하지 않도록 늘 깨어 살피고 기도하여야 할 것을 암시하고 있다.

더욱 한 때에 회개하여 죄사함 받고 중생한 사람이 마지막 구원에 참여하지 못하게 된 예는 적지 않다(마7:22-23,12:43-44,18:21-35,행5:1-6,벧후 2:10-15). 그렇다면 구원받았다고 장담하며 손을 들 수 있는 사람이 누구라는 말인가? 있다면 그는 담대한 것인가, 당돌한 것인가?

두 번째로 두려움과 구원의 관계를 알아야 한다. 우리말에도 담대하다는 말과 대담하다는 말이 있으나 그 차이를 느끼지 못하기 쉽다. 담대하다는 말은 겁을 느끼며 용감한 것을 뜻하는 반면, 대담하다는 것은 겁 없이 덤비는 당돌함을 말한다. 성경에도 "두려움이 있는 담대함(아포보스)"(고전16:10,빌1:14)이 있고, 두려움을 모르는 담대함, 즉 대담함, "톨마오오"(롬15:18,고후10:2,11:21)가 있다. 어떤 이는 "아포보스"의 담대한 편에, 다른 이는 "톨마오오"의 대담함에 서 있다. 그러나 그 차이는 두려움의 대상을 알거나 모르는 데서 온다.

심리학자의 말을 빌리면 겁냄도 두 가지가 있다. 어떤 대상을 둔 두려움(Afraid)이 있고, 대상이 없는 막연한 두려움(Dread)이 있다. 전자는 뱀이나 사나운 짐승이나 굶주림이나 죽음 등 공포의 대상이 나타날 때만 느끼는 의식적 두려움이다. 그러나 후자는 그런 즉물적 대상이 없는데도 막연하게 오는 무의식적 두려움이다. 즉 이것은 양심과 영혼의 두려움이다. 이것이 이유 없이 불안하거나 숙면을 취하지 못하게 하는 원인이 된다. 즉 두려움을 느끼는 담대함(아포보스)에도 두 가지가 원인이 있다는 것이다.

그리고 하나님을 모르는 당돌함(다르레오)도 있다. 이것은 "톨마오오"의 대담함이 극심한 경우다. 원래 하나님께서 선악과 죄를 판단하며 하나님을 두려워하는 양심을 주셨다(히12:7). 그러나 그 양심이 죄악된 환경에 적응하기 위해 악해지고 더러워지면서(고전8:7,딛1:15) 화인 맞은 양심으로 추락한다. 죄에 대해 담력이 생겨(고전8:10) 당돌해진다. 이 대담함(다르레오)은 희망과 삶을 포기하고 막 사는 자의 당돌함이다. 모든 것을 포기한 '다르레오'는 누구의 충고도 받기 어렵다.

죄를 깨닫지 못하는(히10:2) 자, 화인 맞은 양심(딤전4:2) 그리고 "육체를 따라 더러운 정욕 가운데서 행하며 주관하는 이를 멸시하는 자들에게는...당돌하고 자긍하며 떨지 않고...발람의 길을 따르는"(벧후2:10-15) 자들은 '다르레오'의 대담함이 있다. "이런 죄인들은 눈 앞에 두려움이 없다"(롬3:8). 이성을 잃은(벧후2:12) 이들은 소위 "간이 배 밖에 난" 당돌한 자들이다. 이들이 선지자(마7:22)와 선생(벧후2:1-3) 등 교회의 지도자 역할을 할 수도 있다.

갈릴리바다 풍랑 속에 나타나신 예수님을 유령으로 착각하고 두려워 떠는 제자들에게 그는 "안심하라 내니 두려워하지 말라"(마14:27) 그리고 "세상에서는 너희가 환난을 당하나 담대하라. 내가 세상을 이기었노라"(요16:33)고 하셨다. 여기서 "두려워하지 말라"나 "담대하라"는 심리적 안심(다르세오)에서 오는 대담함(다르레오)을 말하신 것이다. 인간은 의식적이던 무의식적이던 반드시 두려움이 있다. 그 두려움은 주님과 함께하면 없어질 수 있다는 교시이다.

그런데 "담대하다(아포보스)"는 "위협한다(포보스)"에 그 뜻을 부정하는"아"가 붙어 위협을 극복한다는 뜻을 가지고 있어 두려워하면서(Afraid/Fear) 담대하는 것을 말한다. 그것이 권세자들로부터 받는 위협(롬13:3), 심판에 대한 위협(고후5:10,벧전1:17), 근심이 주는 위협

(고후7:9-11)을 받아 두려움을 느끼는 가운데 "담대하라"(아포보스)는 것이다. 믿음으로 이 모든 위협을 극복하고 담대(아포보스)하라는 말이다.

이 두려움을 느끼지 못하는 당돌한 자에게는 회개도 변화도 일어날 수 없다. "너희가 근심함으로 회개함에 이른 까닭이라 너희가 하나님의 뜻대로 근심하게 된 것은 우리에게서 아무 해도 받지 않게 하려 함이라"(고후7:9-10). 이 말씀에 "근심함으로 회개함에 이른다"란 회개의 진리를 가리킨 중요한 대목이다. 근심과 슬픔과 두려움을 깊이 느끼지 않는 회개는 회개가 아니다. 죄를 무서워하지 않는 자는 절대로 자기만 아는 숨은 죄를 회개하지 않는다. 죄에 대한 형벌의 무서움이 체면 손상이나 이익손실의 두려움보다 커야 회개가 이루어진다.

"회개"란 "통회(痛悔)"란 뜻이다. 양심이 징계의 고통과 공포를 느껴 그동안 쌓아 올렸던 모든 것이 무너져 허무로 돌아갈 때 터져 나오는 통회이다. 이것을 "하나님의 뜻대로 하는 근심"이라고 기록한 것이다. 그래서 당돌하여 자존심이 강한 사람일수록 덮어두고 숨기려는 본능 탓으로 회개하기가 어려운 것이다.

"주는 나를 돕는 자이시니 내가 무서워하지 아니하겠노라. 사람이 내게 어찌 하리요"(히13:6)나 "안심하라 내니 두려워하지 말라"(마14:27)나 "세상에서는 너희가 환난을 당하나 담대하라 내가 세상을 이기었노라"(요16:33) 등은 환난을 당할 때 두려움이 없을 수 없으나 배후의 하나님을 믿고 담대하라는 것이다. 그러나 여기에 담대하라는 것은 진리의 편에 서서 살아 갈 때 필연적으로 오는 세상의 핍박과 환난에 대해서다.

흔히 은혜를 받고 신앙생활을 하면서 두려움 없는 평강을 얻었다고 간증하는 사람들을 본다. 과연 신자에게 모든 두려움이 없어지는 것인가? 몸은 죽여도 영혼을 능히 죽이지 못하는 자들을 두려워하지 말고 오직 몸과 영혼을 능히 지옥에 멸하실 수 있는 이를 두려워하라"(마10:28)고 하셨다. 그리고 "두려워하지 말라 너희는 많은 참새보다 귀하니라"(마10:31)는 말씀도 있다. 이 말씀은 세상은 두려워 아니하되 하나님은 두려워하라는 뜻이다.

성경에는 담대하라나 안심하라는 말씀도 있지만 그와 반대로 두려워하라는 말씀도 있다. "종들아 두려워하고 떨며... 순종하기를 그리스도에게 하듯 하라"(엡6:5)고 하셨고 "외모로 보시지 않고 각 사람의 행위대로 심판하시는 이를 너희가 아버지라 부른즉 너희가 나그네로 있을 때를 두려움으로 지내라"(벧전1:7)라고 했다. 하나님을 아버지라 부르면서 왜 두려움으로 지내라 하신 것인가? 이해가 가지 않는다. 그것은 우리 아버지 안에서 "너희가 두려워하며 정결한 행실"(벧전3:2)을 지키기 위해서다. 그리고 "행위대로 심판하시는 하나님"을 두려워하라는 것이다.

그래서 "두렵고 떨림으로 너희 구원을 이루라"(빌2:12)고 했다. "두렵고 떨림"(포보우 카이 트로모우)은 몸이 덜덜 떨림(Trembling)을 느낄 정도의 극심한 두려움을 시사한 말이다. 믿음과 양심과 언약을 지키며 정욕과 악한 영들과 싸워 이기는 것과 맡은 종으로서의 충성을 다하기 위해 두렵고 떨림으로 구원을 이루라는 것이다. 두려워하면서 믿음으로 "아포보스"의 담대함을 가지라는 것이다. 이것이 기독교의 또 하나의 파라독스이다.

내가 전도지를 들고 길가에 나설 때에 기쁨이 충만한 승리자로 서지 못하고 하나님에게 대한 의무감과 두려움으로 서는 경우가 많다.

바울도 "내가 복음을 전할지라도 자랑할 것이 없음은 내가 부득불 할 일임이라 만일 복음을 전하지 아니하면 내게 화가 있을 것이로다"(고전9:16)고 한 것을 보면 그의 봉사 가운데 "화를 입을까" 하는 두려움이 있었음을 알 수 있다(고전9:27, 고후13:5, 딤전5:12, 빌2:12-13). 그러나 그와 우리의 차이점은 그 두려움을 그는 잘 극복했다는 데 있다.

그리고 세 번째로 믿음과 담대함의 관계이다. 담대함에는 믿음으로 오는 "파레시아"의 담대함이 있다. 이 담대함은 "다르레오"의 심리적 담대함과는 전혀 다른 담대함이다. "기탄없이", "담대히" 혹은 "자유로이"로 번역된 이 담대함은 두려움이나 공포를 전혀 느끼지 못하는 갓난아이나 깊은 신앙인이 갖는 담력이다. 그것이 믿음으로 죽음을 앞에 두고 태연히 잠 잘 수 있는(행12:6) 신비로운 담대함이다. 이것을 확신에서 오는 대담함이라고 한다.

이 "파레시아"의 대담함은 "그 안에서 믿음으로 말미암아"(엡3:12) 얻어지는 것이라고 했으며 "그리스도의 피를 힘입는 자"(히10:19), "우리 마음이 우리를 책망할 것이 없는 자"(요일3:21), 그리고 "담대함을 지킨 자"(히10:35), "성령과 믿음이 충만한 자"(행11:4), "부활의 권능과 고난에 참여한 자"(빌3:10) 그리고 그리스도의 사랑 안에 거하는 자(요일4:16-17)들만이 가질 수 있는 신앙적 대담함이다. 이것은 죄사함을 받고 능력자에 대한 신뢰와 그를 사랑함에서 오는 담대함이다. 이런 담대함을 가진 자는 "구원 받았다"가 아니고 "구원 받을 것이다"를 장담할 수 있다.

그렇다면 해답은 나온 셈이다. 신앙인은 두려워하지 않아야 할 것과 두려워해야 할 일을 구분할 수 있어야 한다. 우리가 두려워하지 않아야 할 일은 세상의 환난과 슬픔이다(요16:33). 그리고 곤고와 핍박과 기근과 헐벗음과 육신의 위험(롬8:35)들이다. 이들은 오히려 우리의 믿음을 허약한 체질에서 강건케 하고 온전케 하는(히2:10) 보약들이다. 그러나 두려워해야 할 것은 "세파에 흘러 떠내려 갈까"(히2:1), "뒤로 물러가 침윤에 빠질까"(히10:39)함이며 떨릴 만큼 두려워 할 것은 사명을 다하는 것과 영의 구원(빌2:2,고전9:27)과 심판(마10:28)이다.

그렇다고해서 언제까지나 심판에 대한 두려움에 시달리는 것은 결코 아니다. 마치 대 수술을 받은 중환자가 건강이 완전히 회복될 때까지는 먹는 것이나 움직임이나 여행을 절제하며 병이 재발하지 않도록 주의하며, 의사의 지시 안에 머물러 있어야 하는 것과 같다. 그렇게 함으로써 언젠가 두려움이 없는 튼튼한 모습으로 돌아갈 수 있을 것이다.

한 번은 실망한 부자 청년이 떠난 후에 예수님께서 제자들에게 말씀하셨다. "다시 너희에게 말하노니 낙타가 바늘귀로 들어가는 것이 부자가 하나님의 나라에 들어가는 것보다 쉬우니라". 그 말을 들은 제자들은 "몹시 놀라 이르되 그렇다면 누가 구원을 얻을 수 있으리이까?"라고 절망을 나타낸다. 그때 주님께서는 놀라운 답을 하셨다. "사람으로는 할 수 없으나 하나님으로서는 다 하실 수 있느니라"(마19:24-26). 낙타가 바늘귀로 들어갈 수 없는 이유는 등의 혹과 머리와 몸통과 긴 다리 때문이다. 그것들을 다 하나님께서 죽여 없이하면 들어갈 수 있다는 암시다.

"하나님으로서는 다(판타) 하실 수 있다". 이 말씀의 "하나님으로서는(파라 데 데오 With God)"은 "하나님과 함께 하면"이라는 조건을 말한다. 그리고 "다(판타)"는 예외 없이 "어떤 경우라도"라는 뜻이다.

즉 "하나님과 함께 하는 자", 즉 "겨자씨 믿음"(마17:20,요14:14)을 가진 자에게는 "어떤 경우에라도" '바늘귀를 통과' 하는 기적이 가능하다는 뜻이다. 그 가능성을 이렇게 설명하셨다.

"천국은 마치 사람이 자기 밭에 갖다 심은 겨자씨 한 알 같으니 이는 모든 씨보다 작은 것이로되 자란 후에는 풀보다 커서 나무가 되매 공중의 새들이 와서 그 가지에 깃들이느니라"(마13:31-32). 큰 나무일수록 씨도 큰 법이다. 다년초의 씨앗(뿌리)은 일년초의 씨앗보다 대체로 크고 굵다. 일년초인 겨자의 씨앗은 먼지같이 작다. 그 씨앗이 자라나 가을에 새들이 깃드는 나무가 된다는 것은 낙타가 바늘귀만큼 작아지는 반대현상의 기적이다. 이런 기적이 자연 속에서는 왕왕 일어나고 있지 않느냐는 것이다. 겨자씨와 나무, 낙타와 바늘귀는 하나님의 능력의 상징이다.

"작은 것"을 말씀하실 때 그냥 작은 것이 아니라 "진정으로(멘) 더 작은 것(마이크로테론, Less)"이라고 극심한 비교급으로 표현하셨다. 사람들은 "작은 겨자씨"를 "믿음이 작아도 충분하다"는 뜻으로 오인한다. 이 작은 겨자씨 만한 믿음에는 크게 자라나는 생명력이 있어 반드시 크게 자라날 것이다는 뜻이 담겨져 있다. 처음은 보잘 것 없으나 "자라난 후에는" 새들이 앉을 만한 나무가 된다는 것이다. 여기에 "겨자씨"를 말씀하신 이유가 있다.

"자란(옥크사노 Cause to Grow) 후"의 뜻은 자기의 힘으로 자란다는 뜻이 아니고 하나님에 의해 "키워진다"는 뜻이 담겨 있다. 그것을 "사람으로는 할 수 없으나 하나님으로서는 다 하실 수 있다"고 하신 것이다. 씨가 자라나려면 성령의 단비도 태양 빛도 있어야 한다. 그리고 씨앗에서 움이 돋고 뿌리가 생겨 물과 영양분을 섭취하여야 하며 잎에서 탄소동화작용도 일으켜 성장하는 것이다. 생장점에서 생긴 성장 호르몬과 뿌리가 흡수한 수분과 영양분, 그리고 잎에서 합성 된 탄수화물과 단백질이 화합하여 성장하고 열매를 맺는 기적을 일으킨다. 그러나 그것을 통괄하여 성장케 하는 절대적 요인은 하나님께서 하신다는 뜻이 담겨 있다.

그 기적의 자람이 우리의 믿음의 열매에서 나타나게 된다(벧후1:6-7). 그 때에는 "하나님이 우리를 사랑하시는 사랑을 우리가 알고 믿었노니…사랑 안에 거하는 자는 하나님 안에 거하고 하나님도 그 안에 거하시게" 되는 것이다. 작은 믿음이 자라나는 것은 하나님의 사랑과 그의 품안에 거하는 탓이다. 이것이 사람으로는 할 수 없으나 하나님께서 수분과 온기와 빛으로 성장 환경을 이루어 주실 때에 겨자씨가 자라나 나무가 되는 이치다.

그리고 네 번째 진리는 두려움과 사랑의 관계다. "이로써 사랑이 우리에게 온전히 이루어진 것은 우리로 심판 날에 담대함을 가지게 함이니 사랑 안에 두려움이 없고 온전한 사랑이 두려움을 내쫓나니 두려움에는 형벌이 있음이라. 두려워하는 자는 사랑 안에서 온전히 이루지 못하였느니라"(요일4:16-18)고 밝히고 있다. 여기에 담대함을 얻게 되는 것은 믿음만으로가 아니고 사랑이 온전히 이루어질 때라는 것을 명시하고 있다. 즉 믿음과 소망과 사랑이 성숙해지면 두려움이 없어진다는 진리다.

여기 "두려움이 없고"는 사망의 위협(포보스)이 없어진다는 것이며 그것이 "온전한 사랑"을 이루었기 때문이라고 밝히고 있다. 하나님의 그 위대한 아가페의 사랑! 자기의 독생자를 우리의 죄 값으로 십자가로 죽게 하신 그 사랑을 우리도 실천할 때, 그때에는 심판에 대한 두려움이 없어질 것을 믿는다. 그래서 바울은 "우리가 그 안에서 그를 믿음으로 말미암아 담대함과 확신을 가지고 하나님께 나아감을 얻느니라"(엡3:12)고 했고 "만일 우리 마음이 우리를 책망할 것이 없으면 하나님 앞에서 담대함을 얻고"(요일3:21)라 하였다.

이 말씀은 사랑과 두려움은 빛과 어두움처럼 공존할 수 없다는 것을 밝히고 있다. 그리고 "사랑이 우리에게 온전히 이루어질 수 있다"는 것과 그 때에는 "그 사랑이 두려움을 내쫓는다"는 진리가 담겨 있다. 나의 알량한 의지나 각별하다고 자인하는 믿음이 두려움을 내쫓는 것이 아니라, 내 안에 거하는 하나님의 사랑이 "온전해지면(테레레이 오타이 has been perfected)" 두려움을 내칠 수 있다는 진리이다. 내 안에 그이의 사랑이 자라나 온전해 지다니?

그의 사랑이 에고로 가득찬 내 안에서 성장한다는 것이 가능한 것인가? 그것이 나는 죽고 내안에 그가 살아나면(갈2:20), 그의 사랑도 내 안에 자라날 것이며 그것을 "성령이 친히 우리의 영과 더불어 우리가 하나님의 자녀인 것을 증거"(롬8:16) 하신다고 한 것이다. 내가 내 자신을 위해 아무 증거를 세울 수 없다. 나 자신이 남을 내 몸처럼 사랑할 수도 없다. 그렇지만 성령이 내 안에 거하시면 그것을 알 수 있고(요일3:24) 가능케 한다. 다만 나를 변화시키고 자라게 하시는 하나님의 영이 그것을 증거하고 보증 설 것이다.

사랑 안에 거한다는 것은 갓난아이가 어머니의 품에 거하는 것과 같다. 어머니가 미소 지으면 저도 방긋 미소 짓는다. 어린이는 사랑이 무엇이라는 것도, 믿음이 무엇이라는 것도 모른다. 그러나 차츰 자라면서 정겨운 "어머니", "고향", 또는 "홈(Home)"에 대한 그리움으로 남는다. 아무리 먼 곳으로 달려가도 그리움에 사무쳐 결국 돌아오는 곳! 어머니와 아내와 귀여운 자식들이 반기는 사랑의 자력선이 뻗어나는 곳, "홈(Home)"이다. 이것은 인간의 진심이요 본질이다. 마음이 못내 그리워하는 고향은 사랑 때문이다. 이 진심을 잃은 자는 쓸쓸히 고독을 씹으며 두려워하는 것이다.

똑같은 집과 현관들이 즐비한데 하필이면 나를 반기는 현관문은 단 하나뿐인가? 그것은 그 현관문을 들어서는 순간 애틋한 사랑의 시선이 나를 향해 집중되는 안식처라는 것을 알기 때문이다. 그리고 그 다음 순간 모든 쌓였던 긴장과 피곤과 두려움이 안개처럼 사라질 것을 나는 안다. 거기에는 어떤 두려움도 있을 수 없다는 것을 나는 안다. 그것이 지상에서 얻은 기적이다.

"천국은 마치 사람이 자기 밭에 갖다 심은 겨자씨 한 알 같으니… 공중의 새들이 와서 그 가지에 깃들이느니라!"(마13:32).

눈에도 뜨이지 않는 작은 씨가 어떻게 그렇게 성장하겠는가?

나무같이 자라나 아름답고 향기로운 십자꽃을 피우며 짙은 그늘을 만들겠는가?

공중의 새들에게 사랑의 안식처가 될 것을 상상이나 했겠는가?

이것이 "하나님으로서는 하실 수 있다"고 하신 기적이 아니겠는가!

새들이 가지에 무겁게 앉은 것을 보고 무겁다하지 않고 용납하고 사랑하고 희생하는 것을 알게 되는 날 하나님 앞에 두려움 없이 설 수 있을 것이다. 그러나 지금은 당당하게 "나는 영생을 얻었습니다"라고 할 수 없다. 단지 내 믿음이 비록 겨자씨만한 작은 것이라 할지라도 어느 날엔가 자라나 가시 없는 큰 나무가 되어 사랑의 그늘을 만들 때에, 공중의 새들이 내 가지에 앉아 기쁨과 감사의 재잘거림을 듣게 될 그 때, 그 때에는 감사의 눈물을 흘리며 부르짖을 것이다.

"감사합니다. 하나님의 도우심으로 천국을 얻었습니다!"

"그러나 아직은! 아직은 아닙니다!"

"만삭 되지 못하고 태어난 자 같이 부족투성이지만 하나님의 사랑을 가슴으로 깨닫고 그 사랑이 자라기를 바라고 있습니다."

"아직은 꼭 넘겨야 할 에고의 고개가 험난해 넘지 못하고 되돌아 옵니다. 그 고개만 넘는다면 누구나 '저 사람은 사랑의 사람, 하나님의 자녀!' 라고 하나님에게 찬양을 돌리겠지만 아직은 아닙니다."

"공중의 새들이 아무 두려움도 눈치봄도 없이 나의 가지에 날아들어 둥지를 틀고 재잘거릴 것입니다." 그리고 이것이 "내 집(Home)" 이라고 "평안 하다고" 재잘거릴 것입니다.

그 때에는 나를 아는 사람들이 "겨자씨가 이렇게 자랐군요!" 라고 감탄하며 하나님을 찬양할 것입니다. 그 때가 온다면 겨자 나무도 "오직 하나님만 찬양을 받으소서!" 라고 외칠 것입니다.

고생과 수고 다 지난 후, 광명한 천국에 편히 쉴 때,
주님을 모시고 나 살리니, 영원히 빛나는 영광일세,
영광일세! 영광일세! 내가 누릴 영광일세!
은혜로 주 얼굴 뵈옵나니 지극한 영광!
내 영광일세! 아멘! 아멘!

6) 죽은 자의 부활

며칠 전 부활절 성일을 맞았다. 부활절 특별 헌금과 젊은이들의 특별 순서가 없었다면 여느 주일과 다를 바가 없었다. 담임 목사는 '부활의 증인들' 이라는 제목 아래 예수님의 부활에 대해 설교를 하였다. 그런데 예배가 끝난 후 교회 문을 나서는 성도들의 얼굴에는 부활의 생기는 보이지 않았고 출구에서 받은 삶은 달걀마냥 굳어져 있었다.

왜 부활을 축하하는 날 이토록 생기가 없고 죽어 있는가? 뜨거운 압력 솥 밑바닥에서 삶겨진 달걀이 되었는가? 그것은 그리스도의 부활과 나의 부활의 관련성을 알지 못하기 때문이다.

1997년 3월 28일 저녁 미국 CBS방송은 미국 시민의 부활에 대한 여론 조사 결과를 발표했다.

"당신은 신의 존재를 인정합니까?"라는 질문에 95%가 "Yes"라고 답했다.

"당신은 예수를 역사적 인물이라고 인정합니까?"에는 91%가 "Yes"라고 답했다.

그런데 "당신은 예수님께서 부활하셨다는 것을 믿습니까?"라는 질문에는 16%가 "예"라고 답했다. 하나님도 그리스도의 오심도 믿으나 그의 부활은 믿지 않는 현실을 실감했다.

그리고 나는 그 다음 질문이 몹시 궁금하고 아쉬웠으나 종래 방송 사는 그 다음 질문을 언급하지 않았다. 내가 궁금했던 질문은 "당신은 죽은 후 당신의 몸이 다시 부활할 것을 믿습니까?"였다. 아마 그 물음에 "Yes!"라고 답할 사람은 1%, 아니 0.1%도 되지 못할 것이라는 예감을 떨쳐 버릴 수 없었다.

많은 신자들이 주일마다 사도신경을 외운다. "성령을 믿사오며... 죄를 사하여 주시는 것과, 몸이 다시 사는 것과, 영원히 사는 것을 믿습니다. 아멘!" 그러나 이것은 단순한 예배 절차일 뿐 그렇게 믿는 사람은 거의 없다. 죽어 시체를 땅에 묻으면 몸의 70%인 수분은 땅속으로 스며들거나 증발한다. 살과 뼈와 머리카락은 미생물에 의해 분해되어 한 줌의 흙으로 돌아가고 만다. 그 어느 구석에 몸의 부활의 가능성이 남아 있다는 말인가? AD 8세기에 책정 된 사도신경이 빛을 잃을 수밖에 없어진 것이다.

예수님에게 가장 가까웠던 친구를 든다면 베다니에 살던 나사로와 그 누이 마르다와 마리아였을 것이다. 그들의 집이 성 밖 2킬로 지점인 길목에 있었다는 이유 때문이 아니라, 그를 사랑했다는 것은 주님과 그의 제자들을 성심으로 반기며 대접한 사실에서 충분히 짐작할 수 있다. 그런데 나사로가 죽었다는 소문을 듣고 주님께서는 일부러 늑장을 부리시다가 찾아가셨을 때는 그가 죽은지 나흘이 지나서였다.

주님께서 장례를 치른 슬픔이 아직도 채 가시지 않은 그들에게 "나는 부활이요 생명이니 나를 믿는 자는 죽어도 살겠고 무릇 살아서 나를 믿는 자는 영원히 죽지 아니하리니 이것을 네가 믿느냐?" 하셨다. 마르다는 "죽어도 살겠고"에는 관심을 두지 않고 기탄없이 "주여 그러하외다 주는 그리스도시요 세상에 오신 하나님의 아들이신 줄 내가 믿습니다"(요11:25-27)라고 엉뚱한 대답을 한다.

그의 남다른 친분과 믿음에는 "죽어 부패된 자의 부활"은 포함되어 있지 않았다. 그래서 주님께서 "돌을 옮겨 놓으라!" 하셨을 때에 "주여 죽은 지가 나흘이 되었음에 벌써 냄새가 나나이다"(요11:39)라고 "벌써"에 힘을 주어 만류했다. 그렇다면 그가 그저 "하나님의 아들인 것을 믿습니다"라고 얼버무렸으나 "죽어도 살 것을 믿느냐?"는 질문에 대해서는 역시 "아니요"였다.

이것이 예나 오늘이나 있는 신자들의 대표적 동문서답이다. 예수님께서는 십자가에 처형당하시고 무덤에 묻히셨다가 사흘 만에 부활하셨다는 역사를 부인하지는 않는다 하더라도 "죽어도 살 것을 네가 믿느냐?"라고 주님께서 물으신다면 우리의 대답은 "주님은 믿습니다 그러나 그것이 나의 부활과 무슨 상관입니까?"라고 할 것이다. 시체는 화장터에서 한 줌의 재가 되고 바람에 먼지로 흔적도 없이 날아 갔는데 부활은 무슨 부활이 있을 수 있습니까? 라고 반문할 것이다.

그는 예수님에 대한 메시아 신앙도 확고했다. 그러나 죽어 부패한 시체가 부활하는 부활신앙은 없었다. 믿음에는 여러 단계가 있고 어디까지 믿느냐가 중요한 것이다. 베데스다까지 믿는 사람도 있고, 사마리아까지 믿는 사람, 기적들이 일어난 갈릴리 해변까지, 그리고 드물게 갈보리 십자가까지 믿는 사람은 있다. 그리고 주님의 부활까지 믿는 사람은 드물다. 그보다 나의 부활을 믿는 사람은 더욱 드물다. 거기에 부응해서 다만 영혼 구원만을 믿는 것도 감지덕지로 여길 따름이다.

"빛이 어둠에 비치되 어둠이 깨닫지 못하더라"(요1:5)는 말씀이 있다. 그러나 원어에는 "어둠이 그것을 압도하지 못하더라"로 되어 있다. 즉 압도한다(카타라무바노 Overtake)는 경쟁에서 앞지른다거나 싸움에서 이긴다는 뜻이다. 즉 그리스도의 오심은 어둠과의 싸움의 시작이며 어둠이 빛을 이기지 못하더라는 것이다. 그러나 현실의 세상 어둠은 블랙홀과 같아 빛과 모든 것을 삼켜 버렸다. 몸은 등이요 기름은 성령이다. 드물게 나약한 등불이 잠깐 보이지만 기름이 소모적이어서 어둠을 압도하기가 어렵다. 이것이 아무리 본질과 범주가 함께 성화된다 하더라도 세상 어둠을 압도하기는 불가능하다.

그런데 어둠이 이기지 못하더라는 뜻이 무엇인가? 까딱하면 어둠이 빛을 이길 뻔했다. 예수님께서 십자가로 끝났으면 말이다. 그의 부활로 그가 승리한 것이다. 우리의 몸도 부활이 없다면 육뿐만 아니라 우리는 패배한 것이다. 여기서 빛과 어둠의 싸움은 무엇을 말하는가?

빛과 어둠의 싸움에서 빛이 이길 것인가? 아니면 어둠이 이길 것인가? 하는 것은 생각할 것도 없이 뻔한 사실이다. 어두운 밤에 등불을 켜면 기름이 타는 동안 잠시 어둠을 물리친다(마25:8-10). 등불은 바람이 불거나 무엇으로 덮어버리면 쉽게 꺼지고 힘을 발하지 못한다. 그러나 어둠은 무엇으로도 덮어지지도 꺼지게도 할 수 없다. 온유하고 겸손한 양이 노호하는 사자나 이리를 이길 수는 없다(마10:16). 천진한 어린 아이가 악랄하고 교활한 수단꾼을 싸움에서 이길 수는 없다. 그것이 예수님께서 십자가에 달려 고난을 당하신 이유다.

나약한 등불이 꺼질까봐 불신자와 멍에를 같이 하거나 사귀지도 말라고 경고한다(고후6:14). 그리고 성령의 기름을 항상 예비해야 하고 깨어 기도에 힘써야 한다. 그리하여 자신을 뜨겁게 불태워 꺼지지 않게 해야만 한다(살전5:19). 그러나 그것으로 마귀를 완전히 이길만한 힘(눅4:39,8:22-25,13:11)을 갖기는 쉽지 않다. 단지 마귀를 이기는 힘은 부활에 있다. 그래서 "그리스도께서 다시 살아나신 일이 없으면 너희의 믿음도 헛되고 너희가 여전히 죄 가운데 있을 것이요 또한 그리스도 안에서 잠자는 자도 망하였으리니"(고전15:17-18) 하신 것이다. 주님의 부활로 말미암아 사도들은 비로소 승리의 길을 걸을 수 있었다(행1:8,3:6-7,12,16,12:10,14:3,16:16,25,19:12,20:8).

"죽은 자의 부활(아나스타시스 에크(from) 네크론(Death))"을 신약에서만 35회나 언급하고 있다. "부활(아나스타시스)"은 "아나스테미(일어나다 Rise up)"의 제2과거분사로써 "죽은 육체가 살아 일어난다(아나스테미)"는 불변의 진리를 나타내는 문법이다. 부활(復活)! 즉 죽은 상태에서(에크 네크론) 다시 일어난다는 불멸의 진리를 뜻한다. 중생이나 가사상태에서 소생(Resuscitation)하는 것이나 영혼이 하늘나라에 들어가는 것과는 분명히 다른 것이다.

예수님 자신이 "예루살렘에 올라가 장로들과 대제사장들과 서기관들에게 많은 고난을 받고 죽임을 당하고 제 삼 일에 살아날 것"(마16:21,17:27,26:32)을 세 번이나 미리 말씀하셨다. 그러나 제자들은 예수님께서 부활해야 할 이유도 가능성도 전혀 믿지 못했다. 제자들 뿐만 아니라 오늘의 신자들도 현실에 주와 동행하는 삶이 있고 죽으면 내세가 있는데 그 이상 왜 몸의 부활이 필요한가를 깨닫지 못한다. 그렇다면 예수님께서 부활하셔야 할 이유는 어디 있는가?

예수님께서 부활하신 후 열세 번이나 제자들에게 출현하셔서 부활을 입증하셨다. 그러나 사람들은 부활은 예수님의 일이지 나의 일은 아니라고 생각한다. 그의 부활은 "하나님의 권능과 기사와 표적을 보이시기 위한"(행2:22) 전시효과가 목적이었다는 말이다. "만일 죽은 자가 다시 살아나는 일이 없으면 그리스도도 다시 살아나신 일이 없었을 터이요"(고전15:16)하신 뜻이 무엇이며 예수의 부활은 "우리를 의롭다 하시기 위함"(롬4:24-25)이라는 뜻은 무엇인가?

놀랍게도 사도들의 전도는 너무도 단순하여 단지 두 가지 내용에 국한되어 있었다. 그 하나는 예수는 구주시라는 것과 다른 하나는 그가 부활하셨다는 것이다(행17:18,24:21). 그리고 그들 자신이 부활의 증인이라는 것을 강조했다(행2:22,3:15,4:2,13:36-37,17:32,23:6). "하나님께 향한 소망을 나도 가졌으니 곧 의인과 악인의 부활이 있으리라"(행24:15). 즉 육의 부활은 마지막 심판을 위해 이루어지는 것이다(계20:5-6). 알곡과 쭉정이, 가시와 엉겅퀴, 열매와 죄는 영혼과 육의 합작품이다. 강간은 육의 말초신경의 쾌감을, 도적은 시각과 미각과 쾌락을 위해서다. 이 공범자의 심판을 위해 부활한다는 것이다. 이것이 첫 번째 이유이다.

예수님의 증언에 사람의 부활은 선한 자나 악한 자나 다 마지막 날에 부활하는 것으로 되어 있다. "이를 놀랍게 여기지 말라 무덤 속에 있는 자가 다 그 음성을 들을 때가 오나니 선한 일을 행한 자는 생명의 부활로, 악한 일을 행한 자는 심판의 부활로 나오리라"(요5:28-29,눅

14:14). 그리고 "마지막 날에 다시 살리심"(요6:39-40,54)으로 부활 후에 상벌과 형집행이 있다는 것을 말씀하셨다. 그렇게 보면 죽음은 잠자는 것이요 대기상태를 뜻하고 있다. 바울도 "하나님이 그리스도를 다시 살리셨고 또한 그의 권능으로 우리를 다시 살리시리라"(고전 6:14)고 증언하였다.

바울은 아그립바 왕과 중신들에게 자신은 이 부활의 소망 때문에 생사를 건 소송을 받게 된 것이라고 말하면서 "당신들은 하나님이 죽은 사람을 살리심을 어찌하여 못 믿을 것으로 여기시나이까?"(행26:7-8)라고 답답한 마음을 토로한다. 부활이 액세서리였다면 그것 때문에 목숨을 걸 필요가 어디에 있었겠는가? 그가 부활을 주장하는 그리스도인의 박해자에서 그리스도의 종으로 전환하게 된 동기는 그가 3-4년 전에 죽은 예수가 부활했다는 끊임없는 소문이 확실한 사실이었다는 것을 확인했을 때였다(행9:3-9).

그는 사두개파인 대제사장의 종으로 임무를 띠고 다메섹으로 가다가 주를 만났다. "나는 네가 박해하는 예수"라는 몇 년 전에 분명히 처형 되어 매장 된 자의 음성을 듣고 놀란다. 죽은 자가 어떻게 살아있다는 것인가? "사흘 동안 식음을 전폐"하며 그 의문을 풀려고 괴로워했다. 그리고 식사는 고사하고 물 한 모금도 마시지 않은 것을 보면 그가 받은 충격과 놀라움이 너무도 컸다는 것을 짐작할 수 있다. 분명히 십자가에 처형 받고 장사 된 시체가 지금 살아있다니! 이것이 있을 수 있는 일인가? 그는 충격과 혼돈으로 곤두박질하고 있었을 때 아나니아를 만나 부활하신 예수를 확인하게 된다.

당시의 유대인들은 사두개인을 제외하고는 육의 마지막 부활을 믿고 있었다. 바리새파였던 그도(빌3:5-6,갈1:14) 마지막 부활을 믿고 있었을 것이다. 그들은 욥기(8:13-21)와 마카비후서(7:1-3,32:1)와 에녹

하서에 기록된 마지막 부활을 믿은 것으로 추측된다. 그러나 욥기에는 이런 말씀이 있다. "내가 알기에는 나의 대속자가 살아 계시니 마침내 그가 땅 위에 서실 것이라. 내가 가죽이 벗김을 당한 뒤에도 내가 육체 밖에서 하나님을 보리라"(욥19:25-26). 이 말씀은 사후에 영혼이 하나님을 볼 것을 말하고 있다(고후5:1).

예수님 당시에 정치와 종교계에 3대 세력파가 있었다. 그중에 스스로 "분리된 자"(바리새)라고 자처한 경건당원들이 예루살렘에 7백 명, 국내외에 6천여 명이 있었다. 그들은 율법과 유전을 엄격히 고수하며 마지막 부활을 믿고 있었다. 그리고 역시 부활을 믿는 엣세네파가 있었다. 그들은 약 4천 명에 달했으나 대부분이 농업과 수공업에 종사하며 채식과 독신주의자로서 공동체를 이루어 기도에 열중하고 있었다. 그들은 종말과 부활을 기다리며 스스로 "거룩한 자"로 자처하기도 했다.

그런데 최고의 교육을 받고 정치와 종교계의 최고 지도자들이었던 사두개파는 불과 몇 백 명에 불과했으나 세력은 막강하여 부활을 인정하지 않았다. 그들은 종교적으로는 모세의 5경만 인정하며 보수적이었으나 생활은 현실적이며 세속적이었다. 그리고 합리적 사고를 바탕으로 부활은 물론 천사와 영혼의 존재도 인정하지 않아 영혼은 육과 함께 멸망한다고 믿었다(막12:18,눅20:27,행23:8). 예나 오늘이나 학문에 치우친 자는 기적은 물론 부활은 절대 믿지 못한다(고전1:27,갈4:9-11).

한번은 그들이 예수님에게 가상적인 예를 들어 함정질문을 했다. 일곱 형제가 있는데 맏형이 죽고 관례에 따라 아우가 형수를 아내로 삼아(신25:5) 살다가 죽어 부활한다면... 그 여인은 누구의 아내가 될 것인가? 하는 것이었다. 예수님께서는 "너희가 성경도 하나님의 능력도 알지 못하는 고로 오해하였도다"(마22:29) 하셨다. 여기 "오해"로 번역된 "프라나스테"는 "자기기만"이라는 뜻이다. 그들은 부활을 믿지 않는 사람들이었다 그러면서 믿는 것처럼 가정법을 사용하여 말하고 질문한다. 이것이 자신을 속이는 지식인들의 공통성이다.

어떤 이가 '불행의 씨'라는 글을 썼다. "인간은 욕망의 동물이다. 그래서 끝없이 채우려는 갈증과 욕망이 채워지면 교만의 '자기도취(Narcissism)'로, 그리고 그 욕망이 미달되면 불만과 아귀다툼으로 죽음에 이른다고 했다. 결국 욕망 때문에 필연적으로 허무주의에 빠져 죽음이 오는 것이며 그 허무주의(Nihilism)가 부활을 부인하는 두 번째 이유다.

이 허무주의는 생명력을 부인하여 믿음도 소망도 잠식한다. 이것은 인간 영혼에 깊이 뿌리내린 마귀의 힘(권세)이며 신앙의 연한 싹을 깡그리 잘라 먹는다. 어거스틴은 "인생은 죽어가는 삶이고 살아 있는 죽음이다"라고 했고, 철학자 하이데커는 "인생은 죽음을 향한 존재"라고 했다. 그리고 파스칼은 그가 신앙을 얻기전에 "연극의 다른 장면이 아무리 아름답다 하더라도 최후의 막은 죽음으로 끝난다. 결국 머리 위에 흙을 덮을 때 영원과 고별한다"라고 했다. 마르셀(G.Marcel)은 "죽음은 사랑하는 사람과 자신에게 전적 배신이요 자신의 전적 허무화"라고 했다.

바울이 아테네에서 전도했을 때 에피구레오와 스토이고 철학자와 부활에 관해서 쟁론한 사실이 기록되어 있다(행17:16-18). 에피구레오(Epicurean)들은 데모크리토스(Democritus)의 후계자로 향락주의와 식도락주의 등 현실주의에 도취되어 육체는 금생으로 끝난다는 것을 믿었다. 그리고 스토이고(Stoa)는 바벨론의 철학자 제노(Zeno)가 아테

네의 행랑(Stoa)에서 58년간 설파한 범신, 자연 숭배사상을 따라 생과 사를 초월하는 무관한 경지(Apathy)를 추종하고 있었다.

즉 인간은 동물로 태어났다가 죽으면 끝나는 것으로 아무리 발버둥 쳐도 소용이 없다는 비관사상이다. 그리고 그들은 이원론자로서 생과 죽음은 인생의 필연으로 보았다. 그리고 인생은 살기 위해 악할 수밖에 없으며 죽음으로 종식 될 수밖에 없다고 했다. 즉 인간의 육은 동물들과 다름없이 멸망한다고 보는 동시에 부활을 부인한 것이다. 오늘에도 에피구레오의 현실 향락주의와 스토이고의 허무주의가 부활의 희망을 삼키고 있다.

바울은 말했다. "만일 죽은 자의 부활이 없으면 그리스도도 다시 살아나지 못하였으리라. 그리스도께서 만일 다시 살아나지 못하였으면 우리가 전파하는 것도 헛것이요 또 너희 믿음도 헛것이며 또 우리가 하나님의 거짓 증인으로 발견되리니 우리가 하나님이 그리스도를 살리셨다고 증언하였음이라. 만일 죽은 자가 다시 살아나는 일이 없으면 하나님이 그리스도를 다시 살리지 아니하였으리라... 만일 그리스도 안에서 우리가 바라는 것이 다만 이 세상의 삶뿐이면 모든 사람 가운데 우리가 더욱 불쌍한 자이리라"(고전15:13-19).

여기 "부활이 없으면 전파도 헛것이요! 믿음도 헛것이다"의 "헛것(케노스 Empty)"이란 '헛수고'라는 뜻이다. 여기 "헛것"이라는 말은 두 번 나왔으나 자세히 보면 부활이 없다면 그리스도의 오심도 복음전파도 믿음도 증언도 다 헛것이 된다는 뜻이다. 즉 부활이 있기 때문에 우리는 현실주의자도 허무주의자도 될 수 없다는 선언이다. 왜 바울은 육의 부활이 없으면 영혼이 있는데도 "헛것"이라고 했는가? 즉 아무리 다른 확고한 믿음이 있다 손 치도라도 육의 부활을 믿지 못하는 현실주의적 신앙은 헛것이라는 것이다. 이 육체 허무주의가 부활을 믿지 못하는 세 번째 이유이다.

예수님의 부활이 없었다면 그의 육이 영광의 몸으로 변화 될 수도 승천도 불가능했을 것이다. 그리고 제자들의 성령세례도 죽음을 무릅쓴 출발도 없었을 것이며 오늘의 기독교는 없었을 것이다. 그가 나는 길이라고 하신 "길"의 종착점은 마태복음 27장의 갈보리의 십자가로 끝났을 것이다. 그리고 그것을 기념하기 위해 십자가로 온통 장식하게 되었을 것이다. 그러나 그의 길의 마지막은 십자가가 아니라 마28장이나 눅24장이나 요21장, 행1장과 그 뒤의 끝없는 사도들의 목숨을 건 증언에 이어진 것이 아니었던가?

"나는 부활이요 생명이니"는 부활이 없으면 생명도 없다는 말이다. 그리고 "무릇 살아서 나를 믿는 자는 영원히 죽지 아니하리니"(요 11:26)는 부활을 믿는 자는 육이 잠깐 잠자다가 부활하여 영과 더불어 영원히 살 것이라는 뜻이다. 그 부활신앙이 있는 자 만이 고난의 현실 속에서 인내와 감사와 기쁨으로 살 수 있다. 그러나 이 신앙은 비록 신자라 할지라도 쉽지 않는 것 같다.

주여 영원을 소망하면서 에피규레오나 스토이고가 되지 말게 하시오며

죽음으로 끝내려는 자연주의자가 되지 않게 하소서!

그리고 영혼에 치우친 맹신자로 헛것을 믿지 않게 하소서!

아멘

7) 사선(死線)을 넘어서

나는 어린 시절에 책을 많이 읽었다. 그 책들 중에 기억에 생생히
남는 책의 하나가 일본인 가가와 도요히고의 '사선을 넘어서' 라는 상,
중,하로 된 책이었다. 세 번이나 읽으면서 눈물도 많이 흘렸다. 그가
고오베 빈민촌 공동변소에 버려진 죽은 갓난 애기를 무릎에 안고 눈물
로 하나님에게 기도하다가 "쪽" "쪽" 하는 소리를 듣고 눈을 떠보니
죽은 애기가 자기의 눈물을 받아먹고 소생한 이야기가 있다. 그리고
사랑의 눈물의 기도는 생명을 살린다는 시를 써 유명해진다. 그리고
그 이후에 나는 참혹한 죽음도 사랑의 눈물에는 무능해진다는 확신을
얻었다.

그러나 영국의 신학자 발츠(hans W. Bartsch 1953)가 "복음의 선포
(Kerygma)와 신화(Myth)"를 발표한 얼마 후 불트만(Rudolf Bultmann
1955)이 "철학과 신학"을, 그리고 칼 야스퍼스(Karl Jaspers)와 공저로
"신화와 기독교(1958)"를 발표했다. 그 대략적 내용은 비합리적인 신
화를 배척해야 한다는 것을 강조하며 "부활 신앙은 십자가의 대속신
앙과 같은 것이어서 별도로 필요치 않다고 주장했다. 그리고 그리스도
의 역사적 부활도 부인하면서 그 이유를 이렇게 들고 있다.

1) 역사적이란 때와 날짜가 분명해야 한다. 그러나 그리스도의 부
활이 어느 해 어느 날이었다는 정확한 역사적 기록이 없다는 것

2) 예수님의 부활하신 순간에 대한 관찰자의 기록이 없다는 것

3) 예수님의 부활과 유사한 후속적 부활이 전무하다는 것, 즉 역사
적 실재(Realien)는 반드시 반복된다는 것을 들어 부활을 부인하였다.

그러나 역사는 반드시 반복 된다는 그의 실재(Realien)이론은 객관
성을 주장하는 과학의 이론이며 실재(Essence)는 반드시 중복 되거나

복제(復製) 될 수 없다는 진리와 상충 된다. 만일에 같은 인물이나 동일한 현상이 역사상에 나타났다면 그 중 하나는 거짓이거나 유사품이다. 그리고 그들의 말대로 반복성이 있어야 한다면 그리스도도 한 분일 수 없으며 단 한 번만의 종말심판도 있을 수 없다. 결국 그들은 부활의 신비에 나타난 하나님의 능력을 비과학적, 비합리적 기사로 볼수밖에 없어 신화로 규정한다. 그들은 그뿐 아니라 성경의 모든 기사를 과학적으로 평가하여 인간화(人間化)시켰다. 이 인간화는 과학적시대에 절대자로 등장하게 된 것이다.

그리고 부활을 부인하는 네 번째 이유로 성경의 다른 부분과 배치된다는 것을 든다.

1) 육은 썩어질 것(갈5:17), 육은 죽임을 당한다는 것(벧전3:18), 육은 미워할 것(엡5:29)

2) 예수님의 가르침에 "살리는 것은 영이니 육은 무익하다"(요6:63)하신 것

3) 바울이 "너희가 육신대로 살면 반드시 죽는다"고 한 것(롬8:13).

4) 사후에 영혼이 하나님 앞에 심판받는다는 것(시49:15)

5) 그 밖에도 육은 죽여야만 한다는 것(롬8:13), 육은 성령을 거슬러 썩어질 것을 거둔다는 것(갈5:17), 육신은 멸하고 영만 구원 받는다는 것(벧전3:18,롬5:5), 찢어진 성전 휘장은 육체를 뜻한다는 것(히19:20), 우리의 성전(聖戰)은 "혈과 육에 대한" 것이 아니라는 것(엡6:12)들을 든다.

그러나 그들의 근본적 착오는 이상 말한 "육" 또는 "육신"은 생리적인 "몸" 또는 "육체(소마)"가 아니라 영혼의 특성인 육적 본능(사르

크스) 즉 육성(肉性)을 뜻하고 있다는 것을 앞서 말한 바 있다. 바울이 "내가 율법을 향하여 죽었다"거나 "내가 그리스도와 함께 십자가에 못 박혔나니"(갈2:19-20)는 자살을 뜻하는 것이 아니라 외향적 본질, 즉 자기의 육성(肉性) 또는 육적인 죄악성을 영적으로 십자가에 못 박았다는 것이다.

마태복음에 이런 말씀이 있다. "만일에 네 손이나 네 발이 너를 범죄하게 하거든 찍어 내 버리라...두 손과 두 발을 가지고 영원한 불에 던져지는 것보다 나으니라. 만일에 네 눈이 너를 범죄하게 하거든 빼어 내버리라 한 눈으로..."(마18:8-9). 이 말씀대로 중세에는 도적질이나 도박이나 간음한 자의 손과 발, 혹은 성기를 자르기도 하고 한 눈을 뽑기도 했다. 그리고 범죄한 몸을 스스로 학대하기 위해 날카로운 자갈이나 유리조각, 그리고 숯불 위에 앉아 고행하는 제도가 있었다. 그들은 죄의 원흉을 육체로 보았고 육은 부활될 수 없는 저주 받은 존재로 본 것이다.

그러나 이 말씀을 LAB(Life Application Bible)에는 "손과 발 또는 눈은 범죄케 하는 걸림돌을 뜻하며 영적 성장을 저해하는 교회의 지도자들과 그 가르침을 말하는 것이다"라고 했고 세계적 권위를 가진 주석가 메튜 헨리(Matthew Henry)는 "오직 각 사람이 시험을 받는 것은 자기 욕심에 끌려 미혹됨이니"(약1:14)하신 말씀과 "너희가 육신(사르크스)대로 살면 반드시 죽을 것이로되 영으로써 몸의 행실을 죽이면 살리니"(롬8:13)를 들어 신체의 손과 발과 눈을 의미하는 것이 아니라 영의 손과 발과 눈을 의미한다고 말하고 있다.

"육체는 다 같은 육체가 아니니 하나는 사람의 육체요 하나는 짐승의 육체요 하나는 물고기의 육체라. 하늘에 속한 형체도 있고 땅에 속한 형체도 있으나 하늘에 속한 것의 영광이 따로 있고 땅에 속한 것의 영광이 따로 있으니"(고전15:39-40)의 "따로 있다"는 인간의 육체와 동물의 육체가 근본적으로 다르며 인간의 육체는 하늘에 속해 있다는 것을 말한다. 그럼에도 인간은 "스스로 지혜 있다 하나 어리석게 되어 썩어지지 아니하는 하나님의 영광을 썩어질 사람과 새와 짐승과 기어다니는 동물의 모양의 우상으로 바꾸었다"(롬1:22-23)라고 고발하고 있다.

여기 육체나 형체는 신체(소마 Body)를 나타내고 있어 원래 사람의 육체는 하늘에 속한 거룩한 것으로 짐승이나 고기의 육체와 다르다는 것을 말하고 있다. 여기에 필연적으로 예수님께서 부활하시지 않으면 안 되는 이유가 있다. 즉 인간의 몸은 썩어질 짐승의 형체가 아니라 썩어지지 아니하는 하나님의 형체라는 것이다. 이것이 그리스도의 부활하신 몸은 이전 몸과 현격히 달라진 이유다. 사람의 몸이 동물과 같다면 "하나님이 그리스도를 다시 살리지 아니하였으리라"(고전15:15)고 하신 것이다.

그 밖에도 육체의 부활을 중생(重生)과 같은 것으로 보는 이가 많다. 그러나 "거듭남(하나게나오)"은 '위를 향해 새롭게 태어나는' 영혼의 갱신을 뜻하는 반면 "부활(아나 스타시스)"의 "스타시스 Existance)"란 실존을 뜻하고 있어 육체의 부활을 나타내고 있다. 이 말씀은 "보이는 것은 잠깐이요 보이지 않는 것은 영원하다"(고후4:18)는 말씀과 모순되는 것으로 보이나 부활한 육체는 현실적 썩을 육체와 전혀 다른 육이라는 것을 예수님의 부활이 입증하고 있다. 그의 몸은 순간적으로 보이기도, 만질 수도 있었으나 보이지 않는 초월한 몸이었다.

그리고 어떤 이는 부활은 과학적으로 불가능하다는 것을 강조한다.

예수님께서는 금요일 정오에서 주일 새벽 다섯 시까지 41시간의 죽음 후에 부활하셨고 나사로는 나흘 후에 부활했음으로 가능했으나, 육체가 다 분해된 후에 재합성은 불가능하다고 보는 견해다. 그들이 착각한 근본 원인은 부활된 육체는 허약한 원형질 세포들의 재결합을 말하는 것이 아니다. 그것은 "하나님의 능력을 모르기 때문"에 일어난 "모르면서 아는 척" 하는 '프라나스테'(오해)라고 보여진다. 이 과학적 견해가 부활을 믿지 못하는 다섯 번째 이유다.

그것이 바로 하나님의 능력보다 과학의 진리를 절대의 것으로 본 결론이다. 그들은 가나 혼인 잔치에서 물(무기물)로 포도주를 만드신 것도 인정하지 않는다. 포도주에는 물 이외에 포도당과 주석산이라는 유기물이 들어 있어 무에서 유를 만들 수는 없다는 것이다. 그밖에도 오병이어로 5천 명을 먹이신 일, 물 위로 걸어가신 일, 하나님께서 흙으로 사람을 지으신 일 등은 흔히 종교마다 즐겨 지어낸 신화(神話)에 불과하다는 것이다. 그래서 그들은 실증적 과학만 인정할 뿐 하나님의 능력을 알지 못한다. 그렇다면 과학이 자연의 모든 진리를 다 밝혔다고 보는가? 그렇지 않다면 물리학자 아이작 뉴톤이 "과학은 어린아이의 소꿉장난"이라고 한 것이 옳은 말이 아닌가?

예수님께서 십자가에 못 박혀 운명하셨을 때 그 주변에 몇 가지 큰 징후가 나타났다. 지진이 났고, 해가 어두워졌고, 성전의 지성소 안쪽의 주황색과 자주색 바탕에 청색으로 수놓은 휘장이 위에서 아래로 찢어졌다. 그리고 그때 "무덤들이 열리며 자던 성도의 몸이 많이 일어나되 예수의 부활 후에 그들이 무덤에서 나와서 거룩한 성에 들어가 많은 사람에게 보인"(마27:52-53) 사실이 기록되어 있다. 그러나 그 기록도 그들은 당연히 못 믿겠다는 것이다. 그렇다면 그때 부활한 그들의 그 이후의 기사가 왜 없는 것일까?라고 그들은 반문한다.

　사두개인이나 희랍 철학자들이나 진화론자 뿐만 아니라 교육을 많이 받은 사람일수록 인간의 육체를 동물로 보고 육체는 죽으면 끝나는 것으로 보았다(시49:12). 이 철학적이고 현실적인 사고가 그 당시의 교회 내에 편만해 있어 부활은 없다고 주장하는 사람들이 많았다(고전15:12). 그래서 바울은 "부활이 없다면" 다른 믿음이 있다 하더라도 "헛것"이라고 한 것이다.

　어떤 이는 "경건하지 아니한 자를 의롭다 하시는 이를 믿는 자에게는 그의 믿음을 의로 여기시나니"(롬4:5)의 "여기신다"(로기조마이)란 자격이 미달하더라도 "쳐준다", "봐준다"는 뜻이어서 그리스도의 십자가의 공로를 믿는 믿음만으로 의롭다 인정함을 받는다고 주장한다. 그런데 "의로 여기심을 받을 우리도 위함이니 곧 예수 우리 주를 죽은 자 가운데서 살리신 이를 믿는 자니라. 예수는 우리가 범죄한 것 때문에 내줌이 되고 또한 우리를 의롭다 하시기 위하여 살아나셨느니라"(롬4:24-25)라고 하셨다. 여기 "의롭다 하시기 위해서" 부활하셨다고 했다. 즉 부활믿음, 죽음을 넘는 믿음, 이것이 의롭다 여기시는 믿음이라는 것이다. 여기에 부활신앙의 참 의의가 있다.

　그리스도의 메시아성(Messiaship)은 "육신으로는 다윗의 혈통에서 나셨고 성결의 영으로는 죽은 자들 가운데서 부활하사 능력으로 하나님의 아들로 선포되었다"(롬1:3-4)는데 있다. 즉 그가 부활하지 않았다면 그가 하나님의 아들이심도, 메시아로서의 역할도 입증될 수 없다는 뜻이다. 만일 우리가 사망에서 부활하지 못한다면 하나님의 능력으로 완전한 구원이 이루어질 수 없다는 뜻이다. 이것이 인간의 육적 죽음은 "잠자는 것"이라는 데 있다.

말씀에는 "형제들아 자는 자들에 관하여는 너희가 알지 못함을 우리가 원하지 아니하노니 이는 소망 없는 다른 이와 같이 슬퍼하지 않게 하려 함이라"(살전4:13)라고 했고 "우리가 예수께서 죽으셨다가 다시 살아나심을 믿을진대 이와 같이 예수 안에서 자는(코이마오오) 자들도 하나님이 그와 함께 데리고 오시리라"(살전4:14)고 했다. 부활한 몸과 영혼의 재결합을 암시하고 있다. 이것이 대 환란 후에 있을 그리스도의 재림과 천년왕국이 임할 것을 말한 것이다. 이것이 부활의 두 번째 의의다.

여기 "자는 자"라는 말이 나온다. 성경에는 "잠든다"는 단어가 세 종류 있다. 가장 가벼운 잠으로 조는 "휘프노스"(마1:24,눅9:32,행20:9,롬13:11)와 좀 더 깊은 잠 "카템도오"(마26:43-45,엡5:14,살전5:6-7,10)가 있다. 그리고 꿈도 의식도 없는 깊은 잠 "코이마오오"(마27:52,28:13,요11:11,행7:60,고전7:39,15:36,살전4:14)가 있다. 죽은 자를 "코이마오오"라 한 것은 부활을 믿지 못하면 이해할 수 없는 대목이다. 그래서 예수님께서 죽은 나사로를 "잠들었다(코이마오오)" 하셨을 때 제자들은 그것을 보통 '잠'으로 오해 하였다(요11:11-14).

"그러나 이제 그리스도께서 죽은 자 가운데서 다시 살아나사 잠자는(코이메멘) 자들의 첫 열매가 되셨도다... 아담 안에서 모든 사람이 죽은 것 같이 그리스도 안에서 모든 사람이 삶을 얻으리라. 그러나 각각 자기 차례대로 되리니 먼저는 첫 열매인 그리스도요 다음에는 그가 강림하실 때에 그리스도에게 속한 자요"(고전15:20-23)라고 부활의 차례가 있다는 것을 시사 하셨다.

여기 "첫 열매(아파르케)"란 하나님에게 바친 "첫 예물"(레23:10)을 뜻하며 완전한 십일조는 추수가 끝난 후에 바치게 되어 있었다. 즉 첫 열매는 축복의 상징으로 바치는 것이었다. 첫 열매를 보아 마지막 추수를 확인할 수 있다는 것이다. 즉 그리스도가 부활하신 그대로 그에게 속한 성도들이 후속적으로 부활할 것이라는 보증의 말씀(고전 16:15,약1:18)이다.

첫 열매로 보여주신 그의 부활하신 모습은 이전과는 판이한 질적 변화를 보여주었다. 첫째로 부활한 몸은 시공간을 초월한 자유로운 몸이었다. 부활하신 직후 하늘나라를 다녀오셨고(요20:17), 닫힌 문도 그의 침입을 막을 수 없었다(요20:26). 예루살렘에서 25리나 되는 엠마오에 나타나셨다가(눅24:30) 그 직후에 예루살렘에서 제자들에게 나타나셨다(요20:19). 특히 이 일들은 부활하신 당일 일어난 것이었으니 그는 영적 공간(스피시튜드)과 물질적 공간(칼테시안)을 아무 구애 없이 신출귀몰할 수 있었다. 그의 육은 만질 수도 있었고 음식을 먹을 수도 있고 안 먹어도 지장이 없는 신체(神體)로 변화되어 있었다(요 20:27,눅24:39,41-43).

그리고 용모는 부활 전과 다르게 변해 있었다고 보여진다. 그 이유는 제자들이 그를 보고서도 예수신 줄을 알지 못했으며(눅24:13-35) 그리고 부활한 자는 "흠이 없는 자"(계14:5)라고 하였으니, 육체적 결함이나 보기 흉한 부분이 없는 완전하고 아름다운 모습이었던 것으로 보여진다. 그럼에도 그의 용모에는 빛이 나고 신의 위엄이 있어 제자들이 두려워 했다(마28:10,눅24:38). 그뿐 아니라 많은 표적과 기사를 행할 수도 있었다(요20:30). 그리하여 2천 년이 지난 오늘 세계인구의 30%를 차지하는 막강한 종교로 성장한 것은 오로지 그의 부활능력 때문이었다.

프랑스의 철학자 오거스떼 콩트가 친구인 스코틀랜드의 수필가 토마스 카라일에게 이렇게 말했다. "내가 기독교를 대신할 수 있는 완전한 종교를 창시하겠소. 그리고 그 종교는 일체의 신비와 비합리를 배제한 분명하고 명확한 것이 될 것이오! 그 종교의 명칭을 나는 '실증주의'라고 할 것이요"라고 선언했다.

친구 카라일은 웃으며 이렇게 대꾸했다. "매우 놀라운 생각입니다! 그러나 그것이 성공하려면 당신이 해야 할 일이 있소! 그것은 당신이 특별한 삶을 살다가 십자가형을 받고 운명한 후 삼일 만에 다시 살아나서 당신이 영원히 죽지 않는 존재라는 것을 증명해야 할 것이요!" 콩트는 그 말에 아무런 대꾸를 하지 못했다. 옳다! 세상에는 많은 위인들이 훌륭한 진리와 기적을 행하며 사람들의 이목을 끌다가 죽었다. 그러나 그들 중에 누구도 죽음을 이기고 부활했다는 말은 없다.

이 이야기에 어떤 시골 농부가 토를 달았다.

"콩트씨! 당신은 꽤나 똑똑하고 자신만만한 것 같군요! 자연과 생명을 주관하는 합리적 종교를 창시하겠다고요? 자연과 생명을 주관하려면 먼저 당신이 당신의 생명의 주인이라는 것을 입증해야겠지요. 그렇게 하려면 먼저 당신의 몸의 건강도 언젠가 찾아올 죽음도 그리고 그 이후에 부활하여 영원히 사는 것도 당신 마음대로 할 수 있어야겠지요? 만일 그렇지 못하고 당신이 감기나 고뿔이나 몸살을 앓았다면 당신은 당신 자신의 주인이 아니라는 것이 증명된 것 아닌가요? 당신도 구원 못하는데 남을 구원할 수 있겠소? 죄송한 이야기지만 그것을 무지한 '엿장수 마음'이라고 하는 거요."

"나는 부활이요 생명이니 나를 믿는 자는 죽어도 살겠고
무릇 살아서 나를 믿는 자는 영원히 죽지 아니하리니
이것을 네가 믿느냐?"(요11:25-26).

이렇게 말할 수 있는 분이 어디 있던가요?

죽음을 이기고 부활한 절대자가 아니고는 말할 수 없는 진리가 아닌가요?

그러나 누구든지 이 진리를 겸손히 믿고 따르는 자만이 영생을 얻을 것입니다.

"내가 곧 길이요 진리요 생명이니 나로 말미암지 않고는
아버지께로 올 자가 없느니라" (요14;6)

예수 부활했으니 할렐루야!
만민 찬송하여라 할렐루야!
천사들이 즐거워 기쁜 찬송 부르네!
길과 진리 되신 주 할렐루야!
우리 부활 하겠네 할렐루야!
부활 생명 되시니 우리 부활 하겠네! 할렐루야!

아멘!